泉州文庫

選堂題

（明）林希元　著
肖滿省　點校

易經存疑

泉州文庫整理出版委員會　編

创于1897
The Commercial Press
商務印書館

前　　言

泉州建制一千三百多年，爲中國歷史文化名城和古代海外交通的重要港口。“比屋弦誦，人文爲閩最”，素稱海濱鄒魯、文獻之邦。代有經邦緯國、出類拔萃之才，歐陽詹、曾公亮、蘇頌、蔡清、王慎中、俞大猷、李贄、鄭成功、李光地等一大批傑出人物留下了大量具有歷史、文學、藝術、哲學、軍事、經濟價值的文化遺産。據不完全統計，見載於史籍的著作家有一千四百二十六人，著作多達三千七百三十九種，其中唐五代二十九人三十二種，宋代二百人三百九十一種，元代二十一人四十種，明代五百三十六人一千五百八十五種，清代六百四十人一千六百九十一種；收入《四庫全書》一百一十五家一百六十四種，《四庫全書存目叢書》五十六家七十四種，《續修四庫全書》十四家十七種。二〇〇八年國務院頒布第一批國家珍貴古籍名録，屬泉人著述、出版者十三種。

遺憾的是，雖然泉州典籍贍富，每一時代都有一批重要著作相繼問世，但歷經歲月淘汰、劫難摧殘，加上庋藏環境不良，遺存至今十無二三，多成珍籍孤本。這些文化遺産，是歷史的見證，是泉州人民同時也是中華民族的寶貴文化財富，亟待搶救保護，古爲今用。

對泉州地方文獻的搜集與整理，最早有南宋嘉定年間的《清源文集》十卷，明萬曆二十五年《清源文獻》十八卷繼出，入清則有《清源文獻纂續合編》三十六卷問世。這些文獻彙編，或已佚失，或存本極少。二十世紀四十年代，泉州成立“晋江文獻整理委員會”，準備整理出版歷代泉人著作，因經費短缺未果。八十年代，地方文史界發起研究“泉州學”，再次計劃編輯地方文獻叢書，可惜後來也因爲各種條件的限制，其事遂寢。但是這兩次努力，爲地方文獻叢書的整理出版做了準備，留下了珍貴的文獻資料和書目彙編。

二〇〇五年三月，中共泉州市委、泉州市政府决定將地方文獻叢書出版工作列爲國民經濟和社會發展第十一個五年規劃的一項文化工程。翌年,正式成立"泉州地方典籍《泉州文庫》整理出版委員會",着手對分散庋藏於全國各大圖書館及民間的古籍進行調查搜集,整理出《泉州文庫備考書目》二百六十七家六百一十四種,以後又陸續檢索出遺漏書目近百家一百八十餘種。經過省内外專家學者多次論證,最後篩選出一百五十部二百五十餘種著作,組成一套有一定規模、自成體系、比較完整,可以概括泉人著作風貌、反映泉州千餘年文化發展脉絡的地方文獻叢書,取名《泉州文庫》,二〇一一年起陸續出版發行。

整理出版《泉州文庫》的宗旨是:遵循國家的文化方針政策,保護和利用珍貴文獻典籍,以期繼承發揚中華民族優秀文化傳統,增進民族團結,維護國家統一,提高民族自信心和凝聚力,加强社會主義核心價值體系建設,增强文化軟實力,爲泉州的物質文明和精神文明建設服務。

《泉州文庫》始唐迄清,原著點校,收録標準着眼於學術性、科學性、文學性、地域性、原創性、權威性,具有全國重要影響和著名歷史人物的代表作優先。所録著作涵蓋泉州各縣(市、區),包括金門縣及歷史上泉州府屬同安縣,曾在泉州任職、寄寓、活動過的非泉籍人氏的作品,則取其内容與泉州密切相關的專門著作。文庫採用繁體字横排印刷,内容涉及政治、經濟、歷史、地理、哲學、宗教、軍事、語言文字、文化教育、文學藝術、科學技術等領域,其中不乏孤稀珍罕舊槧秘笈,堪稱温陵文獻之幟志。

值此《泉州文庫》出版之際,謹向各支持單位、個人和參加點校的專家學者表示誠摯的感謝!由於涉及的學科和内容至爲廣泛,工作底本每有蛀蝕脱漏,加之書成衆手,雖經反復校勘,但限於水平,不足或錯誤之處還是難免,敬請讀者批評指教。

泉州地方典籍《泉州文庫》整理出版委員會

二〇一一年三月

整理凡例

一、《泉州文庫》(以下簡稱“文庫”)收録對象爲有關泉州的專門著作和泉州籍人士(包括長期寓居泉州的著名人物)著作,地域範圍爲泉州一府七縣,即晋江(包括現在的晋江市、石獅市、鯉城區、豐澤區、洛江區)、南安、惠安(包括泉港區)、同安(包括金門縣)、安溪、永春、德化。成書下限爲一九四九年九月以前(個别選題酌情下延)。選題内容以文學藝術、歷史、地理、哲學、政治、軍事、科技、語言教育等文化典籍爲主,以發掘珍本、孤本爲重點,有全國性影響、學術價值高、富有原創性著作優先,兼及零散資料匯總。

二、每種著作盡量收集不同版本進行比較,選擇其中年代較早、内容完整、校刻最精的版本爲工作底本,并與有關史籍、筆記、文集、叢書参校,文字擇善而從。

三、尊重原著,作者原有注釋與説明文字概予保留。後來增加者,則視其價值取捨。

四、凡底本訛誤衍漏,增字以[　]表示,正字以(　)表示,難辨或無法補正的缺脱文字以□表示,明顯錯字徑直改正,均不作校記。

五、凡底本與其他版本文字差異,各有所長,取捨兩難,或原文脱訛嚴重致點讀困難,或史實明顯錯誤者,正文仍從底本,而於篇末校勘記中説明。

六、凡人名、地名、官名脱誤者,均予改正,訛誤而又查不到出處之人名、地名、官名及少數民族部落名同異譯者,依原文不予改動。

七、少數民族名稱凡帶有侮辱性的字樣,除舊史中習見的泛稱以外,均加引號以示區别,并於校記中説明。

八、標點符號執行一九九六年實施的國家《標點符號用法》。文庫點校循新版二十四史及《清史稿》例,一般不使用破折號和省略號。

九、原文不分段者,按文意自然分段。

十、凡異體字、俗體字、通假字,如非人名、地名,改動又無關文旨者,一般改爲通用字;異體字已經約定俗成、容易辨認者不改。個别著作爲保持原本文字語言風貌,其通假字則不校改。

十一、避諱字、缺筆字盡量改正。早期因避諱所産生的詞彙成爲習慣者不改正。

十二、古籍行文中涉及國家、朝廷、皇帝、上司、宗族等所用抬頭格式均予取消。

十三、文庫一般一册收録一種著作,篇幅小的著作由兩種或若干種組成一册,篇幅大的著作則分成兩册或若干册。

十四、文庫採用横排、繁體字印刷出版。每册前置前言、凡例。每種著作仿《四庫全書》提要之例,由編者撰寫《校點後記》,簡略介紹作者生平、著作内容及評價、版本情況,説明其他需要説明的問題。

泉州地方典籍《泉州文庫》整理出版委員會辦公室

二〇〇七年二月五日

易經存疑序

予自束髮讀書，即喜窮研經理，懼其遺亡，類皆劄記。然性喜知新，稿成輒棄去，至有一書而二三易稿者。經傳子史，多入議思，《周易》、四子，獨有全籍。既入仕途，王事經心，中遭斥逐，鴻迹東西。此書雖携以行，曾弗及目，而散逸者有之。泗水辭官，始獲追修舊業，稍稍就緒。視學嶺表，因出以示諸生，一二同志欲廣其傳，輒謀之梓，四子先出。繼而入丞大理，南北更官，重以負罪南遷，風波涉歷，干戈在念，而《易》遂以束之高閣矣。廼者被廢來歸，山居無事，念夙業未終，爰取所藏《易》説重加删飾。始于辛丑之冬，越一歲而告成，定爲十二卷，命曰《存疑》，從舊也。書林詹氏因求刻，予弗能止，懼其訛亂不倫，姑爲之校正而予之。

或見之，曰："今之談經者或薄傳註而喜新説，舉業者或忽義理而尚詞華，次崖此書非子雲之覆瓿與？"予聞之，曰："是何言與？是何言與？夫道在生民，如日用飲食不可離也。百姓日用而不知，聖人修道以立教，六經所以作也，聖人作經將使人由之以適道也。經不明則道無由適，傳註其可已與？漢儒專門授受，字疏句釋勤矣。然業專訓詁，微言奥旨欝而弗彰，由户升堂，吾無取焉。有宋真儒輩出，更互演繹，抽關啟鑰，升堂覩奥，六經之道，如日中天，有目者共見，可無恨矣。學者沿傳求經，沿經求道，精思力踐，深造自得，則將親見宓羲，面揖姬孔。若不追蹤游、夏，亦必方軌田、施，隨其所就，如飲江河，傳註其可少與？其或片詞隻翰，未協皇墳，千賢一失，容或有焉。然太陽有遺照，大海有遺潤，安能傷其明且大哉？况《大畜》之道，舍短集長；謙謙君子，裒多益寡。故大舜之知，成於好問；孔子之聖，竊比老彭。若立己於峻，前無古老，方於往聖，不亦遠乎？今必下視程朱，則吾之説焉能有易於彼。無已，則上宗鄭、賈，鄭、賈之説其可施於今乎？是故昔賢傳註庸可厚非，今之君子我未之信也。乃若捋精鬬巧，馳騁詞華，聖竅賢關，置而弗問，學士沿習，弊也久矣。前聖作經，皇明造士，意豈若是？賢公卿，明有司，方是之禁。子不知變而是之述，何所見之左乎？”

或者聞予言，悔曰：“吾過矣！吾過矣！”迺書其言于編端，以告學者。

目　　録

易經存疑卷一

䷀ 乾下
乾上

乾：元，亨，利，貞。

⚊讀奇音，⚋讀偶音。

⚊是一畫，⚋是二畫，奇偶是⚊、⚋之稱呼。“數”是數目。凡物屬乎陽者，其質一而實，數目便是一箇，豈不是奇？屬乎陰者，其質二而虛，數目便是兩箇，豈不是偶？如天，物之大者，其形包乎地之外，其氣則行乎地之中，只是渾淪一箇事物，可見其奇。地雖是一塊事物，然其氣却虛，能容受天之氣，生出物來，分明是兩箇，可見其偶。觀人之男女、物之牝牡雌雄，尤明白可見。凡單則爲奇，雙則爲偶。一、三、五、七、九，皆是單數，故亦爲奇。二、四、六、八、十，皆是雙數，故亦爲偶。朱子小註“數是氣之分限節度”，指一、二、三、四至十之數言，不可將來解陰陽有奇偶，是集《大全》時混收在此耳。

以上解陰陽有奇偶之數。

如天，陽也，天文則有晝夜、上下。晝屬陽，夜屬陰。晝午前屬陽，午後又屬陰。夜子前屬陰，子後屬陽。午前午後、夜半前後，又各分陰陽，至一時亦分上下四刻，此可見“一陰一陽有各生一陰一陽之象”。如地陰也，地理則有南北，如南高屬陽，北下屬陰。南屬陽，南中之南又屬陽；北屬陰，北中之北又屬陰。高山流水，亦分陰陽，如今山陰、山陽縣，以山分陰陽也；湖廣有漢陰、漢陽，以水分陰陽也，亦可見“一陰一陽有各生一陰一陽之象”。又如男陽女陰，然男女各有血氣，血陰而氣陽也，而血氣又各自分陰陽，此亦可見“一陰一陽有各生一陰一陽之象”。自人而推之物，無不如此，不能盡書。

以上解“一陰一陽各生一陰一陽之象”。

《本義》“見一陰一陽有各生一陰一陽之象”，此不特兩儀之陰陽，兼指四象之陰陽。見兩儀之陰陽有各生一陰一陽之象，故一倍而二，以畫四象。見四象之陰陽有各生一陰一陽之象，故再倍而三，以畫八卦。

一倍而二，初不成事物，必再倍而三，方成八卦，豈非三才並立，方成世界道理耶？觀《大傳》贊《易》以三才立説可見。

聖人信手畫去，自下而上，再倍而三，則自一至八之八卦成矣。而《乾》、《兑》、《離》、《震》、《巽》、《坎》、《艮》、《坤》之名，則得於觀象之餘也。所謂“三畫已具，八卦已成，見陽之性健而成形之大者爲天”是也。餘倣此。

“八卦已成，而又三倍其畫以成六畫”者，爲其生生之勢，固未已而。止於是，亦無以盡陰陽之消息，萬物之變化也。

《蒙引》曰：“三畫已具，八卦已成，則又三倍其畫以成六畫，而於八卦之上各加八卦者，只是以象此陰陽之生生不已也。”朱子曰：“陽氣只是六層，只管上去。上盡後，下面空缺處便是陰。”愚謂此卦之所以有六畫也。三奇之卦固已名《乾》而象天矣，下文“陽之純”、“健之至”，“故乾之名，天之象，皆不易焉”，是就六十四卦看。見得他卦皆奇偶間雜，惟此卦六畫皆奇，爲“陽之純”；他卦不得上下皆《乾》，其健未至，惟此卦上下皆《乾》，爲“健之至”。不然，三畫之奇，名《乾》象天，已爲“陽之純”、“健之至”，豈待至六畫始純陽至健耶？

《乾》之卦其數純陽，其性至健，其道則大通而至正，故文王繫辭，只就此道理發揮。

“乾德剛健”，剛以體言，健兼用言。剛則有立，健則有爲。人而有立有爲，何事幹不得？若一舉事，則志至氣至，本立道生，事无不立，功无不成，不見艱難，无能阻止，如乾旋坤轉，如雷厲風行，何天之衢，殆不足以擬之，是不惟亨而且大亨也。夫子之立斯立，道斯行，綏斯來，動斯和，可想見乾道大通氣象。

中者不偏不倚，正者无過不及，體用之分也。正大而天地之情可見矣，可見乾之中正也。“乾道大通而至正”，在人容有不正者，故聖人因以爲戒。元亨，天道之本然也；利貞，人事之當然也。

既曰“元亨”而又曰“利貞”者，此聖人以道義配禍福也。蓋乾之力量雖可以元亨，若恃吾力能爲而妄爲，終有不得元亨者矣。如漢高祖豁達大度，知人善任，使入關，秋毫无所犯，除秦苛禁，與民約法三章，爲義帝發喪，率諸侯兵討項羽等事，皆是王者之師，故能誅秦蹙項而成帝業。項羽力拔山、氣蓋世，喑噁叱咤，千人自廢，其勇力豈不遠過漢高？然无帝王之度，又不善用人，所過殘滅，如殺卿子冠軍、弑義帝、坑秦降卒、焚咸陽宫室，凡其所爲，无非失人心之事，故終无成而死於烏江。可見《乾》雖元亨，然必利於正，然後能亨，使不以正，元亨不可得也。故《本義》曰：“必利在正固，然後可保其終。”此非謂漢高可當《乾》，姑即二人所爲，以發明《乾》“元，亨，利，貞”之旨耳。

《本義》“然後可保其終”，要其終而言也。蓋《乾》有元亨之理，其所爲之事就當以正，則元亨可得。使不以正，則終不能亨，如項羽是也。故朱子要其終而曰：“必利在正固，然後可保其終。”《蒙引》謂：“元亨只是許他去做此事，言无所阻礙而已，未見有成功處，有何可保？”似謂“元亨”都未做事，方是許他可做，“利貞”方是教他去做事一般。似是看《本義》“可保其終”一句未破，而爲之説也。依此，則《易》卦只有“元亨”无“利貞”，如《大有》者，只有“吉亨”无“利貞”，如《泰》者，亦豈是方許他去做此事耶？有不通者矣。愚謂朱子當時只如《咸》《本義》“感有必通之理，然不以貞則失其亨而所爲皆凶”，《恒》《本義》“然又必利於貞，乃爲得所常久之道而利有所往”，不著“然後可保其終”一句似无病，亦不起人疑。蓋《乾》有元亨之理，然必以貞，然後得元亨，與《咸》“不以貞則失其亨”、《恒》“必利於貞，乃爲得所常久之道而利有所往”，同一旨也。《語録》“知其大通，却守其正以俟之”，其説不可曉，恐記録之誤。

《本義》云：“元，大也；亨，通也；利，宜也；貞，正而固也。”如此分解卦辭，是爲《彖傳》分四德設。

《蒙引》曰：“事有未正必欲其正，事之既正必守其正，此‘正’、‘固’二字之義也。”

《本義》“筮得此卦而六爻皆不變”云云，蓋六爻不變，然後是箇《乾》，故能得《乾》之占。

《蒙引》曰:"《乾》卦卦辭只是要人如《乾》樣,《坤》卦卦辭只是要人如《坤》樣。至如《蒙》、《蠱》等卦,則又須反其象。此有隨時而順之之義,有隨時而制之之義。"愚謂聖人畫卦繫辭,是爲人占卜而設,其占得卦爻,則占卜之人當之。如占得《乾》卦,則占者當《乾》,占得《坤》卦,則占者當《坤》。若占者之德不能當得此卦,則用不得此卦之辭。如《春秋傳》云"有忠信之德則可,不然,必敗"是也。至如《蒙》、《蠱》等卦,須反其象,或隨時而順之,或隨時而制之,其説盡之矣。

初九,潛龍勿用。

初九者,卦下陽爻之名,此是諸卦下陽爻之通稱,不專指《乾》初九也。《乾》初九是陽爻之首,故於此發之。

龍不止"陽物",乃陽物之神靈不測者,故象《乾》之六爻。蓋《乾》卦六爻,皆得乾道,不比他卦,故《文言》以聖人明之,比之於物,則是龍也。

初九是《乾》卦之爻,備得乾道,故於象爲龍。其在下而居初,則象龍之潛藏也。龍方潛藏,未能有及物之功,占者遇此,不可有爲,故曰"勿用",言不可出而施用。《蒙引》曰:"此爻在士之未仕者得之,則當隱約以待時。仕者得之,亦當隱身而退避。在庶民得之,則不利有所往。在商賈得之,則宜深藏而不市。若以天子之尊而得此爻,亦或時當主静,事當謹密也。"

龍就爻德上取,潛就爻位上取。《蒙引》曰:"聖人繫辭,或取爻德,或取爻位,或取本卦之時與本爻時位,又或兼取應爻,有取所承、所乘之爻,有兼取承、乘、應與時位兼全者,有僅取其一二節者,又有一爻爲衆爻之主者,則兼及衆爻。大都不出此數端。"

伏羲只設六十四卦、三百八十四爻,不立文字,最盡得天地間事變。爲只是虚象,初不局定是何物,隨甚麽事物都罩得著。如乾則如君父、如金玉。凡廣八卦所舉者,此一卦皆足以象之。如初九一爻,則如陽氣之潛伏于地中,日月寒暑之屈而未伸，在人如王公貴人、下至農工商賈之當隱微謹密，在物如龍蛇之蟄、尺蠖之屈、騏驥之未遇之類，此一畫，皆足以象之，故曰“最盡得事變”者，此也。至後聖繫辭則未免局定一事一物，其他事物有不能通者矣。如《乾》曰“元，亨，利，貞”，初九曰“潛龍勿用”，則只是人説得，其餘如何説得？《左傳》所載諸人卜筮，與聖人所繫之辭不能盡同，可見聖人繫辭不足以盡之也。予作《易蒙引序》謂“《易》可象而不可言，可言而不可盡”者，以此。

六爻盡事物之變，如初九一爻，豈止爲一潛龍哉？而聖人以潛龍象之者，可見聖人特假潛龍以顯初九之義，使人以類求之。凡天下事物之制於時，格於勢，而无其便者，皆初九之潛龍也。然則，今之説《易》者，以一爻局定一人一事，恐非聖人之旨矣。

朱子嫌伊川説《易》不應局定，今之科舉程文往往鑿定講，失《易》之本義矣。往嘗見江外人講《易》，多就象上發揮，於卦爻之義特略，依傍他意思講，不坐定作何事，甚有理。且如此爻之占，自天子以至庶人皆有其用，只作士之未遇講，如何可通？問：卦爻明有局定説者，如《訟》、《家人》、《歸妹》之類，則如何？曰：此在用之有活法耳！大抵卦爻以盡事物之變，固未始有定象，其間或有定象者，亦不可以定用。看《易》者要須看得洞洞流轉始得，故曰：“神而明之，存乎其人。”吕仲本殿元將會試，筮得《夬》之六三，其辭曰“臀无膚，其行次且”，皆謂非吉兆矣。乃中狀頭後，始悟得“臀无膚”乃“殿”字也，豈復拘其辭哉？於是可以見占法矣。

九二，見龍在田，利見大人。

九二，龍就爻德上取，見就時位上取。蓋九爲陽爻，以言其德則剛健中正，於象爲龍；在初之上，則出初之潛而離其隱，於龍爲見，故曰“見龍在田”。夫“大人不出則已，出則澤必及物；澤不及物則已，澤既及物，物必利見之，此理勢之自然也。”故占得此爻者，利見如是之大人，在訟者見之則獲伸，蹇者見之則獲濟，困者見之則獲通，升者見之則獲進，其利澤足以及人，故隨其人之所見，皆足以遂其所圖而濟其事功。若占者有見龍之德，則爲利見九五在上之大人矣。若天子之尊而得此爻，則當見在下之大人，如成湯之於伊尹，文王之於呂尚也。

《蒙引》曰："以九居二，亦非正也，但純《乾》之德與他卦不同，故朱子獨自主張曰'剛健中正'。'剛健'從'九'字取，'中正'從'一'字取。'出潛'承'潛龍'言，'離隱'以'出潛'之義言。"

九二之大人，亦是得時位者，如伊、周之儔，故能"德施普，天下文明"，其曰"雖未得大人之位"，言未得在上如九五耳。

九三，君子終日乾乾，夕惕若，厲无咎。

九三以九之陽爻居三之陽位，是重剛也。不在上下二體之中，是不中也。重剛是性質，過剛不中，則動輒失當。然使不當事任，猶未危也。不幸而居下卦之上，則是出乎群臣之上而當國家之重任，所謂"赫赫師尹，民具爾瞻"者。以若人而居若位，但見爲謀一不審而禍亂隨之，舉事一不當而傾危立至。信乎其爲危地也！夫九三之居危地，即當存乾乾惕厲之心，而性體剛健，又有能乾乾惕厲之象，故占九三之君子，必也終一日之間，健而又健，不少止息，至於日入之時，若可少休矣，猶惕然敬畏。如是則謀無不審，動无不臧，所以行之身施之事者，皆得其道，雖處危地而不至於傾覆矣，故无咎。

乾，健也。乾乾，健而又健也，是不息意。"夕惕若"，是襯帖"終日乾乾"意，只在"終日乾乾"内。至夕猶惕，乃爲終日。

何爲健？惕然敬畏，不爲物欲所奪，便是健也。故曰："自勝者强。"又曰："不以人欲害其天德之剛，則自强而不息。"《蒙引》曰："自勝者强，可見至健只是能勝其私。"

"惕然敬畏，不爲物欲所奪"，只是《中庸》"戒謹恐懼"意。戒謹恐懼欲何爲？只是恐物欲乘間以奪之，故總曰"戒懼"耳。觀《中庸章句》"君子之心，常存敬畏，雖不見聞，亦不敢忽，所以存天理之本然"可見。

依此看，則爻詞曰"乾乾"，又曰"惕若"，《本義》曰"憂懼"，俱可通矣。

九四，或躍在淵，无咎。

《本義》"進退未定之時"，通承上文"九陽四陰，居上之下，改革之際"三句説。蓋以爻與位言：九，陽爻。四，陰位。陽主進，陰主退。九陽欲進，四陰則又未必於進，是"進退未定"也。以上體言，四居上之下，居上欲進，居上之下則又未必於進，亦"進退未定"也。以上下二體言，四初離下體入上體，是爲"改革之際"，亦"進退未定"也。故總承之曰"進退未定之時"。

"改革之際"，决當依愚説。觀《文言》曰"或躍在淵，乾道乃革"可見。蓋《文言》只取"改革之際"一義，故爻《本義》前兼取"九陽四陰，居上之下"二意也。《蒙引》以"九陽四陰，居上之下"爲"改革之際"，非是。

龍一躍于淵，則升于天矣。"或"則遲疑而未必於躍也，故曰"或之者，疑之也"。

或躍在淵，將進而未必於進也。未必於進，非不進也。審進退之時，必時可進然後進也，是謂隨時進退，故《本義》曰："占者隨時進退，則无咎。"

人惟進退不隨時，故或先時而有爲，則不免於躁進；或後時而不爲，又不免於失時，皆咎也。隨時進退，既不先時有爲而至於躁進，亦不後時不爲而至於失時，何咎之有？

"隨時進退"，重在"進"一邊，"退"字輕，其未進便是退。

《蒙引》曰："龍在淵，一躍則升天，得水故也。若在田，則勢反有難者。西北方但可種[五]穀之地皆謂之田，不若南方人指有水種稻者爲田，然此[田]縱有水，亦甚淺。"

九五，飛龍在天，利見大人。

《本義》"剛健"就"九"字取，"中"就"五"字取，"正"兼"九五"二字取。九，陽爻，以體言，剛也；兼用言，健也。居上體之中，中也；以陽爻居陽位，正也。有此四德，故其象爲龍。居五，尊位，故爲飛龍在天。此爻"剛健中正以居尊位"，與他卦九五不同，蓋《乾》是純陽至健之卦，九五又得乾道之純，在人則聖人也。故《本義》特曰"如以聖人之德,居聖人之位",以别於他卦。

飛龍在天,則乘風雲、神變化,雷動八荒,霖雨四海,此其時也。聖人在天子之位,則議禮、制度、考文、行三重之道,使人得以寡過,此其時也,故爲人所利見。未仕者,則宜興行道濟時之心,用賓于王,以備朝廷之任使;已仕者,則宜舉朝覲會同之典,述職于王,以受天子之寵命。是其見之爲利,不見則不利。若占者有其位,則利見九二在下之大人矣。

上九,亢龍有悔。

上九,陽極於上,時已過矣,故爲亢龍。物極則反,勢盈則傾,故動必有悔。順時知變,可以免災。堯老而舜攝,舜亦以命禹,伊尹復政厥辟,蔡澤歸相印於秦,知此道也。

用九,見群龍无首,吉。

用九本是百九十二陽爻之通例,然於《乾》卦六爻之後發之,便是指《乾》卦六爻用九。人看差《本義》,把"用九"二字做百九十二陽爻,故與下文"見群龍无首,吉"勢不相接,中間不免添入"《乾》六爻用皆九"一句,故《蒙引》有"氣勢隔絶"之疑。依愚見,就把用九做《乾》六爻説,則"見群龍无首,吉"句氣勢不相隔越,亦不待添入"《乾》六爻皆用九"一句,而百九十二陽爻皆可見矣。

《本義》"凡筮得陽爻者,皆用九,而不用七"三句,作先發明其意,當另托在本文"用九"二字之上。觀《本義》"以此卦純陽而居首,故於此發之,而聖人因繫以辭",則其意已明矣。周公見得凡筮得陽爻者皆用九而不用七,故《乾》卦六爻既繫之後,總承而闡其例,曰"陽數九爲老,七爲少,老變而少不變,故《乾》卦六爻皆用九而不用七焉"。其例既闡,又從而繫其辭曰:"《乾》是純陽至健之卦,龍是純陽至健之物,《乾》爻得乾道之純,故有龍象。乾象龍,六爻則群龍也。用九剛變爲柔,不純乎剛,則群龍无首矣。夫一於剛則太鋭而取禍,一於柔則廢弛而取辱,剛而能柔,不鋭不弛,得中之道也。故往无不利,動罔不臧而得吉。”

因是用九推之，凡遇《乾》六爻皆不變者，當觀“元，亨，利，貞”之辭；遇《乾》而一爻變者，當觀所變之辭；遇《乾》而六爻皆變者，當觀“見群龍无首，吉”之辭。

或疑“无首”之吉，剛而能柔則吉也。牝馬之利，順而能健則利也。剛而能柔，與順而健者，性體自是不同。无首之吉，无所不吉；牝馬之利，有所不利，其得效亦自有異。而《春秋傳》曰“《乾》變之《坤》”，曰“見群龍无首，吉”，蓋即純《坤》卦辭云云，何也？曰：《乾》變之《坤》，雖爲《坤》之所爲，然本自剛來，與本是《坤》者不同；《坤》變之《乾》，雖爲《乾》之所爲，然本自柔來，與本是《乾》者不同。故《乾》“无首”之吉，終不可同於《坤》“牝馬之貞”；《坤》“永貞”之利，終不可同於《乾》之“元亨”。如此説，則《坤》用六《本義》“自《坤》而變，故不足於元亨”可通。聖人不教人即所變之卦以考其占，而別著自此至彼之象占者，正以其間有不可同耳。伏羲作《易》只是教人卜筮以知吉凶，孔子見得上面有許多道理，因説出道理來教人。後人沿之，如王輔嗣、程伊川等皆作道理説，至朱子始悟得伏羲作《易》不是如此，始作卜筮説。然當時人未之信，猶費許多辭説。愚惟以周公繫《乾》卦用九之辭斷之，可見伏羲作《易》本是教人卜筮，惜當時朱子不曾以是折之。

《彖》曰：大哉乾元！萬物資始，乃統天。

伏羲所畫《乾》卦，其義所該者廣，不止天道。文王“元亨利貞”之繫，只是箇占辭，原无他意。夫子贊《易》，則專以天道來發明《乾》義，不復及其他，又將“元亨利貞”之辭分做四德以發明《乾》義。“以天道明《乾》義”，他無所見，只在析“元、亨、利、貞”爲四德上見得。《本義》“又”字是因卦辭生。此字通指《彖傳》説，該到“萬國咸寧”，不專指“大哉乾元”一條，《本義》亦自明白。

語意謂：大哉乾之元乎！萬物生天地間，必有箇始也，而皆取之以爲始。蓋萬物生於造化，乾元，造化之始也。故乾元一動，萬物以之而始矣。是物之始者，取乾之元以始也。不特始物[而]已也。《乾》之德有四，曰元、亨、利、貞。是元則爲之首而貫其終。蓋乾元一動，由是而亨、而利、而貞。亨、利、貞雖不同，要皆一元之所貫耳，故曰統天。

元亨利貞，也有理，也有氣。萬物資始，當兼理氣説。蓋不獨始其氣，其理亦從此始也。看下文"各正性命，保合太和"可見。

朱子曰："如春之生物，夏時是生物之盛，秋是生意漸漸收斂，冬是生意閉藏。"又曰："天只是一元之氣，春生時全見是生，到夏時長也只是這底，到秋成遂也只是這底，到冬天藏斂也只是這底，此可體認統天意思。"《蒙引》曰："非以萬物之始處當元。始者，物之始也。物之所資以始者，元也。元自是天德。"

《本義》"彖傳"解及彖、象字解，《蒙引》有説，初學不可不看。

雲行雨施，品物流形。

此承上文言乾之亨，謂乾之元如此。以乾之亨言之，乾道未通之時，氣機未至，雖有雲雨之功，品物亦不能有發生之盛也。逮夫乾道亨通，氣機一到，但見陰陽交通，雲行雨施，諸品之物，向之資始於元、資生於坤者，今則形質既呈而生生不已，貌象既著而出出不窮，旦異而夕不同，日異而月不同。蓋暢然各流其形，發榮滋長，暢茂條達而不可遏矣，是乾之亨也。

"品物流形"，全自乾之亨上來。雲行雨施乃造物之功用耳。不然，物當閉藏時，非无雲雨，然亦不能流形，何也？變"萬物"言"品物"者，植物於雲雨爲尤切耳。《蒙引》曰："'流'字下得最好，有生生不已之意。品物露出形質，便從此迤逦生去。如一枝草，既有箇芽，便發[枝發葉]，抽心抽葶，自然接續出來，故曰'流形'。"

大明終始，六位時成，時乘六龍以御天。

上言天道之元亨，此以聖人配之。言天而必及聖人者，宇宙間惟天與聖人爲最大。故聖賢言天必及聖人，《乾·彖傳》與《咸》、《恒》諸卦是也；言聖人必及天,《中庸》言"至誠無息"之功用而及天地是也。乾道運行,元而亨,亨而利,利而貞,貞而復元,是"終而復始"也。乾道終始,時焉而已。聖人大明乎此,因見得卦之六爻"潛、見、惕、躍、飛、亢",亦各以時而成。蓋時者,氣運之所推,理勢之所趨,幾會之所值也。當其未至不能先,當其既至不能後。大哉時乎！雖天地人物有不能違者,故舉一可知其二,明彼即曉乎此。聖人大明終始,是文理密察,足以有别;表裏精粗,无所不到。蓋必乾即我、我即乾,有默契之妙,无彼此之間。所謂"至誠知天地之化育"者,非但聞見之知而已也,故能因此識彼,而見卦之六位各以時成。

《乾》之六爻,以其所居而言則曰位,以人之乘用而言則曰龍。六陽之"潛、見、惕、躍、飛、亢",各以其時,故聖人亦隨其時而乘之,時潛而潛,時見而見,時惕而終日以致謹,時躍而躍,時飛而飛,時亢而不與之俱亢。聖人一身駕馭六龍,不先不後而適當其可,故曰"時乘"。天道之妙,時焉而已。時之所在,即天道之所在也。時乘六龍,就是御天。蓋動惟厥時,惟天之命,隱於萬幾之表者,自我而運用,行當其可;上天之載,妙於事物之内者,自我而張弛。聖人非天,聖人之所行即天也,故曰"以御天"。《大有・彖傳》曰"應天而時行",可見時乘六龍即御天。

天下事物,《乾》六爻盡之矣。試觀天地間事物有出於"潛、見、惕、躍、飛、亢"之外乎？故聖人時乘六龍御天,就能致道化大行,萬國咸寧。

時乘六龍以御天,是道化方亨之日,萬國咸寧之機也,故爲聖人之元亨。

《蒙引》曰:"乾道不止謂天也,凡萬物皆有箇終始,其中便有箇四德,此理天地間皆是,故不曰'天道'而曰'乾道'。"

又曰:"不可以'御'字當'行'字,御以行之也,天道在其所御也。"

乾道變化,各正性命,保合太和,乃利貞。

此言乾之利貞也,細分之:各正性命,是利;保合太和,是貞;乾道變化,是通管。若用之,元亨亦可言乾道運行,自變而化,天下之物無所不利。向之資始於元、流形於亨者，今則變脆爲堅，斂華就實，各效法象，各成形質，而性命於是乎各正。既而愈斂愈固，實堅實好，生意凝蓄而不滲漏，化機内蘊而不外見，則太和於是保合矣。各正性命，是時非无太和之氣，然未保合也。其性命之理或未全，故於時爲利。保合太和，是時亦有性命之理。然其理已全，不但如向之各正而已，故於時爲貞。然聖人於利言性命而不言太和，於貞言太和而不言性命，蓋從利須言"各正"字，從各正須用"性命"字，從貞須言"保合"字，從保合須用"太和"字。而用性命於利，用太和於貞，亦因之互見爾，非利獨有理而无氣，貞獨有氣而无理也。

《蒙引》曰："或據先儒謂'性命以理言，而氣在其中；太和以氣言，而理在其中'，遂介言(然)謂各正爲得其理，保合爲全其氣，此於理氣之辨亦疎矣。蓋實未曉得性命以理言，而氣在其中；太和以氣言，而理在其中者矣。太抵從各正言須用'性命'字，從保合言須用'太和'字，而各正必居於保合之先，太和必置於性命之後，則確乎其有不可易者矣。"愚即其意推之，曰：各正性命雖是以理言，然這裏不可謂无氣在，但從利上須用"各正"字，從各正不可曰太和，須用"性命"字。雖是説各正性命，然當知這裏有氣在，不可謂專是説得其理也。保合太和雖是以氣言，然這裏不可謂无理在，但從"貞"字須説"保合"字，從保合不可説性命，須用"太和"字。雖是説保合太和，然當知這裏有理在，不可謂專是説保合其氣也。《本義》曰："萬物各得其理以自全。"蓋有以得其意矣，是豈少了"太和"兩字哉！

《本義》云："乾道變化，无所不利。"各正性命，保合太和，皆乾之所利也。此"利"字即《文言》"美利天下"之"利"。

《本義》曰："變者，化之漸；化者，變之成。"蓋變是潛運默移，以漸而推行，有迹者也；化是頓更倏改，消泯而不見，无迹者也。如一日之間，自卯而辰、而申至酉，以漸而進，這是變；到得酉時日入，便一日都消泯无迹了，這便是化。

性命，物所受之理也。萬物生天地間，各有形色、性味，如黍粒圓，稻粒長，柑紅橘緑，各自不同，此是各物所受之性命也。方其資始流形時，纔生枝、生葉、吐花、吐萼，安見黍、稻、柑、橘是如何？待到利遂時節，都斂華就實，收花結子，方見得黍形是如此，稻形是如彼，柑形是如此，橘形是如彼，都是他本來面目，此是各得其所受之理也。《本義》所謂“物各得宜，不相妨害”，正是如此，故曰“各正性命”。然曰“各正”，方是得其本然之理未全也，如黍、稻、柑、橘，實未飽滿，色未紅緑，味未香甜，其食不美，是其理未全也。待到愈收斂，愈堅實，則黍、稻、柑、橘，一箇成一箇，實皆飽滿，色皆紅緑，味皆香甜，食之甘美，是其理至是已全矣。太和曰“陰陽會合沖和之氣”，蓋萬物必須陰陽二氣交合始生，陰陽交合便是沖和，故曰“太和”。保合是和氣斂蓄韜藏于内。保是“如保赤子”之“保”，有調養覆護意；合是“聯合”、“合縫”之“合”，有韜藏秘密意。萬物之生，方其資始流形之時，是氣方發生流行，固未見得保合也。至各正之時，雖是各成形質，然未堅實，基氣尚行未結聚，亦未見得保合也。待至物成以後，黍是箇黍，稻是箇稻，柑是箇柑，橘是箇橘，這時氣不復行，皆斂聚歸藏於内，始足而保合。生意閉固不滲漏，有調養覆護意，故曰“保”；生意在内，不見於外，有韜藏秘密意，故曰“合”。

“得於有生之初”，得其理也；“全於有生之後”，全其理也，故曰“萬物各得其理以自全”。不可把“全”字當“保合”看。保合以氣言，其氣保合，其理始全也。

利、貞相去不遠，分有生之初、之後者，利去貞雖不遠，在先一步則爲有生之初矣。

首出庶物，萬國咸寧。

此言聖人之利貞也。謂聖人在上，高出於物，時乘六龍以御天，其道化覃敷，萬國之民，各遂其生，各復其性，而咸寧焉，此聖人之利貞也。萬國咸寧，即上文乘龍御天功效之所成就耳。合而言之，“時乘六龍以御天”，“萬國咸寧”，聖人之元亨利貞昭然矣。

“首出庶物”從《蒙引》主位説。

“元亨利貞”，本旨在卦辭者，與諸卦一般。至吾夫子分爲四德，而後世之言天道者因之，此夫子所以爲道德之宗也。又如“仁”字，首見於《尚書》，只作“愛人”説，至夫子始作“心德”説。以此立教，仁道始行於世。

資始是生意方動處，流形是生意長進處，各正是生意收斂處，保合是生意充滿處。

“利者，生物之遂；貞者，生物之成。”遂與成如何分别？《論語》“遂事不説”，註云“遂謂事雖未成而勢不能已也”，則知遂是方向成之勢，而貞則成矣，故曰“利則向于實也，貞則實之成也”。

《象》曰：天行健，君子以自强不息。

君子體乾，全在不息，蓋天行内有不息意，君子不息，所以法天行也。是何物不息？心之天理流行不息，《中庸》所謂“至誠無息”是也。如何方能不息？自强方能不息。如何是自强？《傳》曰：“自勝者强。”又曰“能勝物之謂剛”，是知所謂自强者，能勝物欲而已。故《本義》曰：“不以人欲害其天德之剛，則自强而不息。”“不以人欲害其天德之剛”解“自强”，蓋人心天理，本自流行不息，惟爲私欲所勝而不能自强，則天理遂壅塞而不行矣，不行則止息矣。人能勝其人欲之私而自强，則天理无所壅遏，常流行而不止息。

夫子贊《易》，既釋卦名、卦辭，而有《象傳》、《文言》諸作矣。見得《易》理无窮，又合二體之象，作傳以發明之，謂之《大象傳》。此首言《乾》也，謂《乾》之象爲天，此卦下體乾也，重之又乾，其象爲天之運行也。夫天之運行也，一日一周，明日又一周，反復其道，代行不息，亦惟至健，故然也。君子體之，謂天惟健，故能運行不息，人不能健，則天理奪于人欲，不能運行不息矣。于是克去己私，弗履非禮，挺然自强，毅然自健，使吾心天理常運行于日用動静之間而不止息，本然德性恒周流于人倫庶物之表而不間斷，體仁以長人，嘉會以合禮，利物以和義，貞固以幹事，皆君子之不息而本于自强也。自强不息，此君子所以法天行之健也。

味《本義》"非至健不能"句，是惟至健，故能運行不息，如人有力方能舉百鈞，牛馬有力方能任重致遠，其理甚明，故愚以此明自强不息。蓋君子惟自强，故能不息也。舊時説者俱云自强又不息，《蒙引》不主，極是。然《蒙引》作一串説，謂"猶云至公無私，健而不息"，亦未見明白，愚此説與《蒙引》頗異，學者詳之。

《蒙引》曰："凡《大象》'君子以'等，皆以見成者言；而時文所謂'君子法之，當如何哉'，皆失其旨。"愚謂當云"果何如哉"，則其旨不失矣。

"潛龍勿用"，陽在下也；

陽以爻言，下以位言。

"見龍在田"，德施普也；

"德施普"即《本義》"澤及於物"意，明爲人所利見也。"施"讀去聲，《程傳》、《本義》俱无音。

"終日乾乾"，反復道也；

"道"字輕。言九三"終日乾乾"只是箇反復底道理。反復者，行而復行。故曰"重復踐行之意"，即"乾乾"意。愚本義（爻）條謂"健而又健"是也。

"或躍在淵"，進无咎也；

曰"進无咎"，許其可進也。《本義》曰"可以進而不必進"，所以釋"進无咎"之義也。可以進而猶不必進，處之可謂審矣，所以進无咎。若未可進而不必於進，猶是本分事，未見詳審處，安得无咎？

"飛龍在天"，大人造也；

言大人作起於上，故其象爲飛龍在天。

“亢龍有悔”,盈不可久也;

盈不可久,故有悔。物極則變,勢盈則傾,天地人物,其理皆然。

“用九”,天德不可爲首也。

《本義》:“陽剛不可爲物先。”言不可以陽剛去先物也,猶云不以賢智先人。《蒙引》曰:“如與衆人共處,而獨任剛自遂,是謂物先。”意頗欠切。

《蒙引》曰:“天德不可爲首,偏言之天德也。偏言者,對柔順而言,只是一邊道理耳,故不可爲物先。”

《文言》曰:元者,善之長也;亨者,嘉之會也;利者,義之和也;貞者,事之幹也。

仁、義、禮、智,皆善也,而仁則爲衆善之長。仁所以爲衆善之長者,以其天地生物之心,人得之最先而兼統四者爾。何謂“得之最先”?蓋天地以生物爲心,人之生因得其心以爲心。天地生物之心,仁也。人得此心便有此生,是人之所以生,只是箇仁爾,所以説“得之最先”。問:“上天生人,仁、義、禮、智,一時都賦了,如何仁獨最先?”曰:“此亦就仁道最切處看,見得有似於在先爾。”蓋人之生,是得那仁,故曰:“心,生道也。有是心,斯具是形以生。惻隱[之心],人之生道也。”可見仁是生道最切處,義、禮、智雖一時同賦,然比仁爲“人之生道”差緩爾。何謂兼統四者?義在人爲羞惡,凡人之見己之不善而愧羞,見人之不善而憎疾者,義也。禮在人爲恭敬辭讓,人之見親賢賓客而恭敬揖讓者,禮也。智在人爲是非之心,人之遇是非美惡而鑑别者,知也。乃若仁之在人,則是惻隱之心。蓋天地生物之心,人得之以爲心者,惟其得夫天地生物之心以爲心。是以方寸之中生意盎然,慈祥惻怛,莫非天地生物之心。義、禮、智雖並列爲四德,仁則獨專心體而爲之總管。故夫親親仁民愛物,仁也。聞過見惡而羞惡,亦生生仁愛之心之激發也;見親賢賓客而敬讓,亦生生仁愛之心之致隆也;見是非美惡而鑑别,亦生生仁愛之心之生明也。夫愛者和敬,愛者必明,禮、知之管於仁是也。羞惡與仁乃相反者,謂管於仁,何也?蓋惡者愛之反,乃不愛也。人心有所愛必有所不愛,所愛如此,不如此者必所不愛。仁者之心,慈祥惻怛。舉天下民物皆在其愛育之中,其一身自愛,不忍一毫置之不潔之地,彼見不善之人爲民物之害,不潔之物爲吾身之害,吾方以仁民愛物、自好自愛爲心。見彼之傷人害物與自傷自害者,正傷吾之本心,豈不怵然痛絶之哉! 故羞惡之心,實本於惻隱之所激發。自外而觀,惡與愛若相反;推本而論,惡與愛實相因。此義之所以統管於仁,有非强合而紐説也。

或問朱子:"仁兼四端意思,理會不透。"朱子曰:"上蔡見明道,舉史文成誦,明道謂其'玩物喪志'。上蔡汗流浹背,面發赤色。明道言:'此便見得惻隱之心。'且道上蔡聞得過失,恁地慚愧,自是羞惡之心,如何却説道'見得惻隱之心'? 公試思。"久之,曰:"惟有惻隱,方會動;若无惻隱之心,却不會動。惟是先動了,方始有羞惡,方始有恭敬,方始有是非。動處便是惻隱。"問:"仁者有生意,如何?"朱子曰:"只此生意,心是活物,必有此心乃能知辭讓,必有此心乃能知羞惡,必有此心乃能知是非。此心不生,又烏能辭讓、羞惡、是非? 陳北溪曰: 仁是心中箇生理常流行,生生不息,徹終始,无間斷。苟无這生理,則心便死了。其待人接賓恭敬,何自而發,必无所謂禮;處事之際,必不解裁制而无所謂義。其於是非也,亦頑然无所知覺而无所謂智。"朱子又曰:"程子謂'四德之元猶五常之仁,偏言則一事,專言則包四者',須是統看仁如何却包得數者,又却分看義、禮、智,如何亦謂之仁。"

仁包四德,若以心之天理看,尤明白易見。蓋仁者,心之天理,義則天理之所宜,禮則天理之節文,智則天理之别白,豈不明白? 此理固然,但聖賢本意原不如此,乃是指愛言爾。

亨之在人,即禮也,乃天理之節文,人事之儀則,自一身達之萬事,自朝廷達之天下,燦然文物之盛,乃衆美之所聚也,故曰"嘉之會"。經禮三百,曲禮三千,可見嘉之會處。

利者,義之和。此句與上下文俱不類,蓋利即人之義也,義之體嚴,似嫌於不利,故特變例爲之説曰:"利者非他,即義之和也。"蓋自君臣父子以至萬事萬物，必合於義，然後各得其分而相安。安斯和矣，和則利孰大焉。故所謂利者，乃義之和處，而義之和即人之利也。

木有軀幹，枝葉方有所依以立；事必正固，其事方有所依以立，故曰："貞者事之幹。"

君子體仁足以長人，嘉會足以合禮，利物足以和義，貞固足以幹事。

"體仁"極難看，當把"體"字作身體看，謂身體夫仁。蓋不身體其身體，而身體夫仁也。身體其身體者，以身體爲身體；身體夫仁者，以仁爲身體。以身體爲身體，只是空一箇身體爾；以仁爲身體，是一箇身體都是仁也，故曰"以仁爲體"。

君子克己復禮，使仁充乎中而見乎外。中之所存，无一念之非仁；外之所行，无一事之非仁。則君子之身渾是一箇仁，非體其體而體夫仁也。體仁，仁之至也。故無一物不在所愛之中而足以長人，安土敦仁故能愛，正是如此。

"體仁"與《中庸》"體物"不同。體物是將鬼神爲物之體，重在物上；體仁是將仁來爲我之體，重在君子身上。體仁下面更有"長人"一節，體物下面更無作爲，其不同可見。張子曰："體物、體身，道之本也。身而體道，其爲人也大矣。""體物、體身"即《中庸》"體物"意，"身而體道"乃《易》"體仁"意。

朱子小註亦有兩説：一説"體仁如體物相似，人在那仁裹做骨子，仁是箇道理，須是有這箇人，方體得他做箇骨子"。一説"體仁不是將仁來爲我之體，我之體便都是仁。曰以仁爲體者，猶言自家一箇身體，元來都是仁"。今按前一説不是，當以後一説爲主。曰"不是將仁來爲我之體"者，蓋若將仁來爲我之體，猶與仁爲二，我之體便都是仁，則我即仁，仁與我爲一矣。畢竟是將仁來爲我之體，第語意有輕重爾。

《蒙引》"我其仁之體，仁無體，君子其體"之説即小註前説，乃《中庸》"體物"意，不可用。

"體仁足以長人"，即此亦可見仁之包四德處。若非包四德，如何一人(仁)

便能長人?

禮本諸心,達諸身,施諸萬事,自朝廷以及天下國家,無一處無禮,其道理至爲繁悉,其綱目有三千三百之多,故曰:“亨者,嘉之會。”使不嘉其所會,則有欠缺不備之處,不足以合禮;必嘉其所會,乃於禮無不合。《蒙引》曰:“嘉非難,嘉其所會爲難。如得其一不得其二,非嘉會也;得於此不得於彼,非嘉會也。得者千百,不得猶一二,非嘉會也。必自其一動一静、一語一默之際,以至於‘邇之事父,遠之事君’,許多嘉美,一時輻輳得來,如此乃合乎禮。”又曰:“嘉字做著力字,務必做恰好,方是嘉。”

“利物足以和義”,乃是聖人爲“義”字解釋。蓋義之體嚴,嫌於不和。故聖人爲之解釋曰:義主裁制决斷,如人之尊卑内外,截然不可犯,似若稜角峭厲不和矣。不知義者,事物之所宜也,其尊卑内外,皆分之所當然,是事之宜,義之所在也。使不以義處物,則彼此皆越其分,卑踰尊,内犯外,互相侵奪,互相陵犯,其害不可勝言矣,不和孰甚焉。惟義以處物,使尊尊而卑卑,内内而外外,則尊卑内外各止其所,各安其位,不相侵奪,不相陵犯,殆見尊有尊之利,卑有卑之利,内有内之利,外有外之利,何害之有哉?物物各得其所利,則衆情協順,欣歡交通,无違拂,无乖戾,何和如之?是義以方外,若嫌於不和,然義以利物,正所以爲和。蓋必分守之嚴明,足以處天下之物,不使其相瀆,然後恩意之浹洽,足以通天下之志,不使其相戾,是利不生於和而生於嚴也,孰謂義之嫌於不和乎?

此處與上文“利者義之和”當有辨。“利者義之和”是把“義之和”與“利”對,“利物足以和義”是把“和”與“義”對,“利者義之和”是把“和”與“義”合説。“利者義之和”,這裏雖含“義自然和”意,然爲此語時,方欲明利之即義,未重在義自然和意也。到“利物足以和義”,則言君子行義之德,始明義之自然和,謂義似嫌於不和,然使物各得其所,利本自无不和也。

聖人以利與義疑於相反也,故曰“利者義之和”,明利即義也。又以義疑於不和也,故曰“利物足以和義”,明義本无不和也。“利者義之和”之“利”,乃聖人天然之利;“利物足以和義”之“利”,乃人所以求乎天然之利也。“義之和”

之“和”，乃在人天然之和；“足以和義”之“和”，乃人所以求乎天然之和也。

凡事惟知其正之所在而固守之，則其事依以立矣，故曰“事之幹”。《蒙引》曰：“朱子曰：‘欲爲其事而非此之貞固，便植立不起，自然倒了。’此説最明。”

貞固是事事貞固，如嘉會利物都要事事盡理也，非是只一件貞固便事事都了。

君子行此四德者，故曰：“乾：元，亨，利，貞。”

此章三節自有三段意：第一段言人之四德，第二段言人之行四德，第三段言人之所以行四德。

此條“君子”字只是上文君子，然上文且言行四德，未重在君子上，至此始歸重於君子而提起“君子”字面，曰“君子行此四德者”，見惟君子之至健，然後能行此四德也，故引經文以實之。言“君子體仁以長人，嘉會以合禮，利物以和義，貞固以幹事”，是惟君子之至健，故能行此四德也。所以經文曰“乾元亨利貞”，於“元亨利貞”而繫之《乾》，見四德之行本於君子之至健也。

《本義》“非君子之至健无以行此”，就當貼本文“君子行此四德者”。《蒙引》“君子行此四德”下方貼入《本義》意，似有疊牀架屋之病，亦失本文意，學者詳之。

《蒙引》曰：“至健者，能勝乎人欲也。能勝乎人欲，然後能全乎天理。故曰‘非君子之至健无以行此’，不然，則至健與行四德意重疊矣。”又曰：“自勝者强，可見至健只是能勝其私。”

初九曰“潛龍勿用”，何謂也？子曰：“龍德而隱者也。不易乎世，不成乎名；遯世无悶，不見是而无悶；樂則行之，憂則違之，確乎其不可拔，‘潛龍’也。”

“不易乎世”要見“龍德而隱”意，“不易乎世”是高世之志，不爲世變易也。漢嚴子陵亦近之。“不成乎名”，不出來立名於當世也。“遯世”是避世之亂而不出，“不見是”是一事不爲人所知。遯世、不見是不難，无悶爲難，无悶是无些不平意。此何等胸懷，所以爲龍德也。

雖重在"憂則違之"一邊，説時不可太抑揚，當略放平説。常見往時説者，多云初九之志，豈偏於隱哉？使當樂時則亦行之，惟憂則違之，此抑揚太過。不可用、不可拔，只就憂違一邊説。"不易乎世"以下六句俱憂違也，六句作三節看，意思一節深似一節。

九二曰"見龍在田，利見大人"，何謂也？子曰："龍德而正中者也。庸言之信，庸行之謹；閑邪存其誠，善世而不伐，德博而化。《易》曰'見龍在田，利見大人'，君德也。"

庸言是尋常不打緊底言語，信是言必有實，无空言也。庸行是尋常不打緊底所行，謹是行有常度，无輕忽也。如此是細微不忽，乃至誠无息處也。故曰"盛德之至"。信、謹，誠也。不信、不謹，邪也。"閑邪存其誠"，恐猶有不信不謹者害吾誠，故欲閑而存之也。庸言信，庸行謹，宜无邪之可閑矣，而猶"閑邪存其誠"者，此聖人之心不自滿假處，即文王望道如未見之心也，故曰"无斁"，亦保之意，如此則其善足以蓋世矣。然猶不以爲善世而自伐其所信謹，而閑邪存誠者猶自若也。"不伐"不要説得粗，"德博"是德之及物者自週遍而廣博。蓋其風聲、意氣自足以鼓動乎人心，即《中庸》之"誠能動物"處也。化是物從而化，天下被其所動，皆革面革心而從之，即《中庸》之"變則化"也。"善世而不伐"以上皆是"龍德"意，"德博而化"一句屬"正中"，不是當正中之時，不能德博而化，凡此皆君德也。故舉爻辭而以是釋之曰：《易》曰"見龍在田，利見大人"者，正以九二雖未得君人之位而已備君人之德也。

九三曰"君子終日乾乾，夕惕若，厲无咎"，何謂也？子曰："君子進德修業。忠信，所以進德也；修辭立其誠，所以居業也。知至至之，可與幾也；知終終之，可與存義也。是故居上位而不驕，在下位而不憂。故乾乾因其時而惕，雖危无咎矣。"

忠信是此心真實爲善，如孝則真實是孝，弟則真實是弟，《大學》所謂"如惡惡臭，如好好色”是也。實心爲善，則善心日以充長，善念日以彰著，此之謂進德。《論語》註：“人不忠信則事皆無實，爲惡則易，爲善則難。”此不忠信則德不進也。但彼兼内外説，此專主内一邊説。實心爲善，孝實孝，弟實弟，乃誠也。若辭不修，語孝語弟俱是空言，無實事則此誠終於消散不聚集矣，何由立？又何績業可居？故工夫又在修治言辭上。先行其言而後從之，言必有物。凡吐口言語皆是實事，無一句虚妄，乃修辭也。修辭則行成，孝成箇孝，弟成箇弟，吾心之誠集聚而不消散，故曰“立其誠”。誠立則業就修而可居，非立誠之外，又有居業工夫也。

言君子於善心之所發，苟誠實而不自欺，則善心日長，善念日生，其德進進不已矣，故曰“忠信，所以進德”。忠信存於内者，誠矣，又從而修治言辭，語孝、語弟都是實事，無一句虚妄，則行成乎外，誠之存於内者集聚而不消散矣，故曰“立其誠”。誠立則績業成就而可終身守之矣，故曰“所以居業”。

忠信，心之誠也；德，道之得於心者也。修辭，身行乎道也；業，得於心者著於身也。忠信則心誠，得於心者日益進；修辭則誠立，得於心者著於身而可居。德者，業之基；業者，德之著。

忠信進德，誠心存而心之所得日以進也。修辭則身體之而有成，而言無不實，故誠無不立而業自可居。忠信進德都未有事，修辭是方有事，而忠信進德者，已見之躬行也。

忠信，求諸心者也；修辭，求諸身者也，而皆不外乎一誠。求誠於心，則德崇；求誠於身，則業廣。故君子之道，誠而已矣。

修辭工夫全在力行，到修辭處，又不止力行，乃行之成功也。故不言力行而曰修辭，不然，恁得言辭修治，都無一句虚妄，忠信方去進德，修辭則業自居，故曰忠信進德是去底字，修辭是住底字。

常時説“忠信”，俱作“求道實心”説，把“德”字作“義理之滋味有得於己”。依愚見，若作求道實心，則忠信方是立心向慕爾。初未著道，尚是皮膚工夫，德若只是義理滋味有得於己，則亦膚淺，何足爲終身事業而居之？且正經道理又在何處用工？其所謂德業，有何實地可據？予自知學，反覆深思，其說不可通，故特自爲之説。然舊説膠於人心，雖老師宿儒或有不曉其意者，學者宜深玩，不可以愚説爲新異而驚駭之也。

《蒙引》説“忠信”謂“[每]應一件事俱著箇心爲主”，説“修辭”謂“於事處置得好”，是以主事爲誠，以處置事好爲誠立。依此則忠信立誠另有箇事。事是事，忠信立誠乃是應事處，不知所應之事又將何屬，似乎未通。蓋即常時求道實心之説也。

又謂“忠信重在知上”，又謂“德以心言，未説到事上，大抵是從知上來”。又引朱子小註“道理須是實見得”之言，謂“可見進德所重在知上”。愚俱未敢從。原來《文言》説《乾》卦六爻俱以聖人明之，其言學，俱除致知工夫，就力行上説起，故忠信即《大學》之誠意，是格物致知後面事。謂忠信屬知，如何説得？且以進德爲知，自古未有此説。小註“道理須是實見得”，乃躬行心得之見，非聞見之見也。

按：忠信進德，在朱子小註原有二説。如沈舟破釜甑，示士卒必死無還心，一説也。以忠信作求道實心説者，實本於此。但此朱子未定之見，不必從。且如孝須實是孝，方始孝之德日進一日，悌須實是悌，方始悌之德日進一日，此一説也。愚之説實本此，人多不察爾。

忠信所以進德，是忠信所以至之也，何也？凡有所進，將必有所至，如人往長安進進不已，將必至長安也。人之進德亦然，進進不已，固將至之也，忠信進德是忠信所以至之也。知得忠信所以至之，即便去忠信以至之，則善心日長、神智日開，道之壼奥，理之玄妙，爲吾所當至者，一時雖未能遽至，固已先得之矣，故“可與幾”。先知爲幾，“可與幾”，許其能知幾也。

“修辭立其誠，所以居業”，是修辭立誠所以終之也。何也？居是居止，終是終身，居止而不移，如人建屋而居，將爲子孫百世之計，是居之即所以終之也。居業亦然。知得修辭立誠所以終之，即便去修辭立誠以終之，則踐履篤實，持守堅固，事理之宜，在心爲德，在身爲業，吾所當守者，可與能存之而不失矣。義者事理之宜,吾所當守者也,"可與存義",許其能守也。

進是至之漸,至是進之極。用"至"字貼"進"字。居是身之止,終是止之久。用"終"字貼"居"字。必進了方可至,至了方可居。蓋德業本一串,故其功程亦一串也。

朱子小註曰:"進德只管進去,便是要至之,未到那裏,先知得如此,所以説'可與幾'。'進'字貼著那'幾'字,'至'字又貼著那'進'字,'終'則止是要守業。今日如此,明日又如此,所以下箇'居'字。'終'者只是這裏終,'居'字貼著那'存'字,'終'字又貼著那'居'字。"

"可與幾"下當貼"德斯進"字,"可與存義"下當貼"業斯居"字。

常時説"知至至之",謂知理之所在而心必之焉。以是爲知至,蓋緣《本義》"知至至之,進德之事"一句,故爲此説。認忠信作知者,亦緣此爾。愚按:依此則"知終終之",獨不可作忠信説乎,其窒碍可見矣。

"知至"、"知終"之"知"俱輕説,是《孟子》"如知其非義"之"知",非《大學》"致知"之"知",《通典》把"知至至之"作"致知誠意","知終終之"作"明善誠身",此亦好聽耳。蓋《中庸》之"明善誠身"即《大學》之"格致誠正修",原非二事。

九四曰"或躍在淵,无咎",何謂也?子曰:"上下无常,非爲邪也;進退无恒,非離群也。君子進德修業,欲及時也,故'无咎'。"

上下无常,進退无恒,如何爲邪、離群?大底此處主在上進一邊,是可上進時了,可上而不上,疑於以隱爲高,可進而不進,疑於遯世離群。及時之時,上進之時也。"欲及時"是應"非爲邪"、"離群"句。无咎,得時也。

《蒙引》曰:"上下者,進退之已成;進退者,上下之未定。"

《蒙引》説"爲邪"、"離群"作"嗜進"説。愚不然者,以《本義》"可以進而不必進"句知之。可以進而猶不必進,是謹於進退者,豈可以嗜進疑之?其待聖人亦淺矣。

九五曰"飛龍在天，利見大人"，何謂也？子曰："同聲相應，同氣相求；水流濕，火就燥；雲從龍，風從虎；聖人作而萬物覩；本乎天者親上，本乎地者親下，則各從其類也。"

自"同聲相應"至"萬物覩"，且泛舉物類相從處，遞説到人從聖人處，未及其所以然也。"本乎天者親上"以下，則推物類所以相從處。蓋物類所以相從者，以其類之同耳。本乎天，天之類也，故親上；本乎地，地之類也，故親下。蓋其類之同也。由是推之：水，濕之類也，故流濕；火，燥之類也，故就燥；雲，龍之類也，故從龍；風，虎之類也，故從虎，皆以類之同也。"各從其類"一句承上二句説，而包聖作物覩意在其中。故《本義》云："聖人，人類之首也，故興起於上則人皆見之。"

"同聲相應"二句泛言人物，"同氣相求"一句包下文"水流濕"四句。

同聲相應，"鶴鳴子和"是也。同氣相求，"德不孤，必有隣"是也。吴氏取火取水之説太深，然亦是氣求之理。

水性下濕，下地，水所濡也，故流之。火性乾燥，乾物，火所利也，故就之。雲，水氣，龍，水物也，故龍興則雲從。風，陰氣，虎，陰物也，故虎嘯而風生。《蒙引》曰："子細尋求，乃是龍感雲水之氣而興，虎感陰風之將至而嘯爾。龍興便有雲在，故從來以爲雲從龍。虎嘯而風隨至，故從來以爲風從虎也。"愚按："雲從龍，風從虎"當以此説爲是。如《蒙引》後説，恐非正意。此亦天將大雨，商羊鼓舞之類爾，必以雲爲龍之雲，風爲虎之風，亦將以雨爲商羊之雨乎？劉季云："氣乃是天子之氣，上升勒兵，屋瓦俱震。盛言兵威所震，非兵有風也。渦口暴風，乃兵兆也，非烏珠有風。"

上九曰"亢龍有悔"，何謂也？子曰："貴而无位，高而无民，賢人在下位而无輔，是以動而'有悔'也。"

此條只據上九居卦之上説道理，不主進退盛衰説。无位則无以行其志，无民則无以戴於下，无輔則无以匡其不逮，是以動而有悔也。曰貴、曰高，皆以居卦之上言。无位，不居五也；无民，由於无位；无輔，以居高而亢也。

"潛龍勿用",下也;

《蒙引》曰:"《文言》前節'龍德而隱'以下,既詳言六爻之義以申《象傳》之意,至此又約其旨而申之曰:'初九所謂潛龍勿用者,蓋以其位下也。其位下,故爲龍、爲潛',此與'陽在下也'、'陽氣潛藏',概无異旨,只是反覆申言之意。"

"見龍在田",時舍也;

"舍"字讀上聲,言暫爲時所舍也。夫九二有君人之德,宜乎居九五之位,君臨天下。今見龍在田,亦暫爲時所舍爾。周公之不有天下,猶益之於夏、伊尹之於殷,皆若九二之時舍也。

"終日乾乾",行事也;

事,所當爲之事也,前章之"進德修業"是也。終日乾乾,日行其當爲之事而不止息也。

"或躍在淵",自試也;

言所謂或躍在淵者,未遽有爲,且自試其可否而未能決也。舜避堯之子於南河之南,禹避舜之子於陽城是也。

"飛龍在天",上治也;

言所謂飛龍在天者,是居上位以治下也。

"亢龍有悔",窮之災也;

言上九之亢龍有悔,是居卦之上,勢窮而生災也。

乾元"用九",天下治也。

乾元當君道説,用九剛而能柔也。君人之道,一於剛則威過,民不見其可愛,秦人之專任刑法是也;一於柔則恩過,民不見其可畏,漢元帝之優柔不斷是也,故皆有弊而不能治天下。君道剛而能柔,則恩足以結天下,使民有愛戴之心,不忍離散以背其君上;威足以肅天下,使民有畏懼之心,不敢玩弛以犯其君上,天下之民皆遵道遵路,會極歸極,而无不治矣。

"潛龍勿用",陽氣潛藏;

陽氣潛藏,只就爻位上説,明其爲潛龍也。

"見龍在田",天下文明;

謂天下被其化而文明也。周公相成王制禮作樂而成周有雍熙泰和之治,是天下文明也,不可以臣位而少之。

"終日乾乾",與時偕行;

三處危地,時當乾乾而乾乾也,故曰"與時偕行"。

"或躍在淵",乾道乃革;

此"道"字輕看,猶云陽道、陰道。九四離下體而入上體,是乾道改革之時也,故或或躍而未果。爻下《本義》"改革之際",正是取此,人都不察,妄爲之説。

"飛龍在天",乃位乎天德;

《蒙引》曰:"'乃'字似亦有意,言九五之位乃是位乎天德者,非无德而據尊位者也。"

"亢龍有悔",與時偕極;

此釋"有悔"意。言上九居卦之上,已過高亢,是時已極也。不能知時引退而與之偕極，所以悔也，便是後章“知進而不知退”意。

乾元“用九”，乃見天則。

天之則剛而能柔，君道剛而能柔，可見聖人之所爲即天也，故曰“乃見天則”。

乃見天則，言聖人之道即天道也，猶云聖人同天爾。不是天之法於聖人之剛而能柔上見得，亦不是聖人之剛而能柔便是那天之法則。

“乾，元”者，始而亨者也；“利，貞”者，性情也。

此是即物之生長收藏以釋四德，與《彖傳》不同。言所謂乾元者，何處見得？物之始而亨者是也。夫凡物在天地間，受陰陽之氣，即露其機緘；禀造化之和，即開其朕兆，是其始也。始不徒始，始則必亨，機緘一露即暢茂條達，朕兆一開即發榮滋長，物之始而亨如此。乾之元不可見，即物可以知之矣，故曰“乾元者，始而亨者也”。所謂利貞者，何處見得？物之得其性情者是也。夫何萬物之始亨也？生意方形，形象未立，雖有性情而未見。逮夫生意收斂，形象各成，其生理完具而无虧欠，化機伏藏而不止息，物之性情於是始見。物之性情如此，乾之利貞不可見，即物可以見之矣，故曰“利貞者，性情也”。此是於始亨處見乾元，性情處見利貞。

《蒙引》口講一條，是一直説下，視本題頗差，故不用，學者詳之。

乾始能以美利利天下，不言所利，大矣哉！

上既即物之生長收藏以釋四德，此則歸其功於乾始而贊其大，即《彖傳》“統天”之説也。謂乾雖四德之流行，要亦一元之所統耳。爲何？乾既始物，由是而亨，就能以美利徧利乎天下，又收斂神功於內，不言其所利，是皆乾始之所爲也，不其大與？“不言所利”者，乾也。乾如何不言？天下之物既蒙其利，形者形，色者色，大成大，小成小，而神功收斂於內，泯然无形可見，有似於不言也。蓋萬物歸根復命之時，造化生物之功不復可見，似不言也。韓琦詩云“須臾慰滿三農望，斂却神功寂若无"，亦是此意。

依愚見，"乾始"另作"乾元"説，"美"字當"亨"看。"亨者，嘉之會也。""美利"即"亨利"，"利天下"通指"亨利"，似有理，但《本義》不主此説。

大哉乾乎！剛健中正，純粹精也；

上既分、合釋四德了，因就見得四德之流行，即乾之所爲爾。其流行之間，剛健中正，純粹精之德可見，故從而贊之曰："大哉乾乎！剛健中正，純粹精也。"謂由上文觀之，大矣哉，乾之道乎！元亨利貞，四者運行，不可屈撓，无少間斷，一何剛也。其静也專，其動也直，一何健也。四序順行，无過不及，一何中也。各自爲德，无所偏倚，一何正也。剛健又極其純而不少雜於陰柔，中正又極其粹而不少雜於邪惡，而純粹又極其精焉。一言不足又再言之，再言不足又再言之，贊乾之德至是无以加矣，非至誠知天地之化育，又安能洞契至此哉？

剛以體言，是體段如此，非體用之體。《蒙引》云"是他本質如此"，與愚説亦同。健兼用字，則對體用之體説。

此條舊説四德之運，實一乾之統，不是。蓋四德即是乾，此外更无乾也。

六爻發揮，旁通情也；

此句舊説六爻備乾道，今看不然，蓋此只是起下文"時乘六龍以御天"意。緣《文言》此節申《彖傳》之意，《彖傳》説乾四德以聖人配之，此申其意，亦言乾四德以聖人配之也，如何此條又添箇《乾》卦備乾道意。况"時乘六龍以御天"句實承此句説，舊説之差无疑也。若單出此題，仍用舊説，蓋命題者不主此説也。發揮不著力，只是布列爾。情是事物之情，天下事情"潛、見、惕、躍、飛、亢"盡之矣。此卦六爻布列，有潛有見、有惕有躍、有飛有亢，便是盡此情也。

時乘六龍，以御天也；雲行雨施，天下平也。

承上文言"六爻發揮旁通情"，則六爻即六龍也。聖人以時而乘六龍以御天道，則道化覃敷，德澤廣被，如雲行雨施而天下平寧矣。雲行雨施天下平，此聖人之元亨利貞也。

此節若搭“大哉乾乎”一條出，當依舊説，作一頭兩脚説。

君子以成德爲行，日可見之行也。“潛”之爲言也，隱而未見，行而未成，是以君子弗用也。

《蒙引》曰：“君子之所以爲行者，以成德爲行也。夫既以成德爲行，初九德已成矣，不日之間就可以見之行也。夫既可見之行矣，而又何以曰‘勿用’？蓋初九時乎潛也，潛之爲言也，隱而未見，隱而未見則欲行猶未成，是以君子亦當如之而勿用也。”

成德者道，德行者功業也。“以成德爲行”，言以道德爲功業也。道德不見於功業者有之，未有功業不本於道德也。功業不本於道德，管晏之事功，君子不貴也。

君子學以聚之，問以辨之，寬以居之，仁以行之。《易》曰“見龍在田，利見大人”，君德也。

天下之義理無窮，弗聚則孤陋寡聞而無以盡之，而其聚也，非學不可。師之先覺以求多見多聞，學于古訓以識前言往行，皆學也。學聚則天下之理無所遺矣。然不詳加辨析，則是非得失無以識其歸，吾身莫知其所從。而其辨也，非問不可。上問於師，下問於友，詢于卿士，詢于芻蕘，皆問也。問辨則天下之理、是非得失識其所歸，吾身知所從矣。欲此理融會浹洽於心，無强探力索之勞，有居安資深之妙，則非可以急迫旦夕求也。必大著胸襟，寬著意思，把此理時加體認玩味，勿忘勿助，日就月將，如杜預所謂“優而求之，使自得之；厭而飫之，使自趨之”，則此理融會於心，浹洽於中，有居安資深之妙，左右逢原之機矣。居安是理，固與心爲一矣，然知易而行難，静易而動難，人多居常見得道理分分曉曉，到得行時又錯了，都與理不相干。蓋以行之難也，正以私欲奪之也。故必仁以行之，仁者去其私欲之謂也。《論語》："仁不能守之。"註云："智足以知此理，而私欲間之，亦無以有諸己。"可見仁只是去私欲爾，克己復禮、懲忿窒欲，皆其功也。

學聚問辨是知工夫，寬居是把義理放在胸中，詳玩深味，使透徹貫串，乃居安資深時也，故亦屬之行。

九三重剛而不中，上不在天，下不在田，故乾乾因其時而惕；雖危无咎矣。

"上不在天，下不在田"，即爻下《本義》"居下之上"意。天，五位；田，二位也。在天則其道大行於上，爲人利見而不用惕；在田則其道大行於下，爲人利見而不用惕。九三上不在天，下不在田，所以惕也。

九四重剛而不中，上不在天，下不在田，中不在人，故"或"之。"或"之者，疑之也。故无咎。

九四，以爻言，則九爲剛；以位言，則四爲不中。

九五"飛龍在天"，則進而居於君位；九二"見龍在田"，則未進而安於臣位；九三方是吾人進修之地，則安於人位，故皆不用疑。九四不在天、不在田、不在人，所以可疑也。疑是九四自疑，《本義》"隨時而未定"，言欲隨時進退而未定也，此便是疑。

夫大人者，與天地合其德，與日月合其明，與四時合其序，與鬼神合其吉凶。先天而天弗違，後天而奉天時。天且弗違，而況於人乎？況於鬼神乎？

天地之道，無不持載，無不覆幬。大人博厚所以載物，高明所以覆物，是與天地合其德也。日月有明，容光必照。大人智周萬物，旁燭無疆，是與日月合其明也。四時運行，各以其序。大人德、禮、政、刑，先後緩急，各有次第，是與四時合其序也。鬼神福善禍淫，害盈福謙。大人賞以勸善，罰以懲惡，恩以彰德，威以防奸，是與鬼神合其吉凶也。

凡天地間未有之物，如井田、城郭、宫室、舟車、弧矢之類，皆天地所未有，聖人起而制作之，此先天也。然爲之而可行，井田可以養民，城郭可以衞民，舟車以濟不通，宫室以避風雨，弧矢以威天下，此天不違也。

《蒙引》曰："雖先乎天而實合乎天，既合乎天便是行得去，行得去便是天不違。"天所已爲者，如天叙有典，天秩有禮，天命有德，天討有罪是也。故曰"時者，天理之當然也"。

《蒙引》曰："凡聖人之行權處，非先王之成法，非經綸之所有。而於理無悖者，先天事也。三重之道建諸天地而不悖，亦是先天而天不違之理。"愚謂天下事物各有當然之理，聖人因物付物，隨事處事，是後天而奉天時也。禹之行水也，行其所無事，亦奉行也。

"况於人乎"，言人亦不違也；"况於鬼神乎"，言鬼神亦不違也。此皆以明"利見"之意也，不可以"况於人乎"爲解"利見"之意。

"况於人乎"，言而民莫不信，行而民莫不説也。"况於鬼神乎"，天地鬼神亦呵護之。舜之烈風雷雨弗迷，漢高之敗於彭城而以大風免，光武之逼於王郎而以冰堅渡也。

"亢"之爲言也，知進而不知退，知存而不知亡，知得而不知喪。

上九，亢龍有悔，何也？蓋亢之爲言也，時有進退，徒知進而不知退；位有存亡，徒知存而不知亡；物有得喪，徒知得而不知喪，與時俱亢矣。此所以動而有悔也。

其唯聖人乎！知進退存亡，而不失其正者，其唯聖人乎！

知進極有退之理，遂退而不進；存極有亡之理，遂懼亡以圖存，是爲不失其正。

《文言》申《彖傳》，雖前後詞語重見疊出，而意義各有所當，不爲散亂無統，《蒙引》説得好，宜詳之。

☷ 坤下坤上

坤：元，亨，利牝馬之貞。君子有攸往，先迷；後得主，利。西南得朋，東北喪朋。安貞吉。

⚋者，耦也，陰之數也，已解在《乾》卦下。

二畫之耦，名坤而象地，固陰之純而順之至矣。重爲六畫，又得三耦，無復有陽以雜之，亦陰之純而順之至，故其名仍爲《坤》。若重之得《兑》或《離》，則爲《夬》、《大有》諸卦，不得仍爲《坤》矣。

坤，天下之至順也。人能至順，則隨其所至而人皆愛敬，隨其所圖而无不成就，故元亨。"言忠信，行篤敬，雖蠻貊之邦，行矣。"即此道也。

至信可以感豚魚、涉險難；和説以躡剛强之後，則"履虎尾，不咥人，亨"。故人能至順，則温柔巽順之德，雖强暴難化之人亦有以化之，横决難處之事亦有以處之，信乎元亨也。

"利牝馬之貞"，戒其順而健也，非順外有健也，只在固守其順而不失爾。蓋牝馬順而健行者，故取其象。

"貞"字隨卦而取，在《坤》卦則以順健爲貞。

曰"元，亨，利牝馬之貞"，説《坤》道理已盡矣。復有"君子有攸往"云云者，此爲條釋其事，開示其例，以明"牝馬貞"之意也。既曰"先迷後得"云云，復曰"安貞吉"者，此爲申言以致丁寧之意也。

陽本居先，陰本居後，此陰陽之分也，乃常道也，故曰"地道无成而代有終"。居先自主事，必昏迷而不知所往，蓋其力量不足也。若退居其後而從人以作事，乃得其常道，居後得常，其不迷可知矣。上只曰"先迷"，不曰"失道"，下只曰"得常"，不曰"不迷"，聖人之意以互見也，至《彖傳》始備言。

陽有發越、有斷制，故主義；陰主退藏、主收斂，故主利。此陰陽性質不可得而强也，故《坤》之君子，所主但在于利不在于義。處家必能生殖而致富，節儉而致羸；若夫嚴規範、肅紀度，以正倫理、閑有家，非其所長也。在國必能厚生以利用，富國而足民；若夫處大事、建大功，以安社稷、利生民，非其所長也。

西南陰方，凡陰類皆往；東北陽方，陰類則不往。往西南則陰與陰合而得其朋，往東北則陽非陰類而喪其朋。朋類既得，其足以濟事可知。朋類既喪而能濟事，無是理也。《彖傳》不言，欲人自得於言外也。

《蒙引》曰："西南、東北亦不必拘定，假如自今西南之方無親無故，其地有兵荒之變，有嫌隙之人，是不宜往也，故雖曰西南，然亦不可往，蓋即此便是東北道理矣。若東北方地果平易，俗果仁厚，又有親舊可依，即是西南道理，而吾所宜往者也。聖人只是要人所往得地，不可往非其所爾。"愚謂《蒙引》此説，發前聖未發之旨。

"利牝馬之貞"，是牝馬之貞則利，非牝馬之貞則不利也。"後得主，利。西南得朋"，利也，牝馬之貞故也。"先迷"、"東北喪朋"不主義，非牝馬之貞故也。"安貞吉"是結上文之意。如後也，利也，西南也，坤之貞也，後則得利，則主西南，則得朋，此安貞而吉也。如先也，義也，東北也，非其貞也，先則迷，東北則喪朋，而義亦不主，是不安貞則不吉也。

"貞"是實字，死字，兼順、健二字意；"安"是虚字，活字，其所安者只是順健而已。二字虚實死活不同，《本義》乃析"安爲順之爲、貞爲健之守"者，蓋爲《彖傳》"安貞之吉，應地无疆"豫設也。

安貞之吉，該順、健二意，《本義》"利以順健爲正"可見也。"安"字當奚屬，只人之順健，便是安於正也。蓋健不出乎順之外，只順得堅固便是健也；安不出乎順健之外，只人之順而健便是安也。看來"安貞"二字俱兼順、健二意。《本義》曰"安，順之爲；貞，健之守"者，姑就"安"字上取一"順"字，就"貞"字上取一"健"字，以配合《彖傳》"安貞之吉，應地无疆"之旨爾。蓋地德无疆，順而健也。君子安於貞，安是順之爲，貞是健之守，則君子之安貞亦順而健，故應地之无疆也。此《本義》分釋之意也。《彖傳》"應地无疆"，《本義》云"安而且貞，地之德也"，就把安貞當順健，正是因此。順、健雖是兩箇字，其實只是一箇字。蓋健不出乎順之外，只順而不息便是健也。除健不道，只道箇"順"字亦得。故

《本義》曰“安者順之爲”,原非遺了“健”字也。“貞”字雖是兼順、健兩意,然順非難,順而能健爲難,去其易者,只就其難者取亦得,故《本義》曰“貞者健之守”,亦非遺了“順”字也。

《本義》:“安者,順之爲;貞者,健之守。”如愚解,似覺明白。然《本義》此兩句明爲《彖傳》“安貞之吉,應地无疆”兩句,故如此分配,在《彖傳》原无此意。依愚見,不必如此分配,只據本文“君子能安于貞,便是順而能健”,于“應地无疆”一句,未嘗不貼,如此分配徒覺牽强而多事,不知明者以爲何如?

《彖》曰:至哉坤元!萬物資生,乃順承天。

至哉坤之元乎!萬物之生于天地間不能自生也,皆資坤之元以生。蓋元氣既至,萬物皆露其端倪,呈其形質,是萬物之生者,資坤之元也。然坤非能自生也,一順承乎天之施而生之爾。蓋天氣一至,即承之以發育,未至不敢先,既至不敢後,其所以承天者,實至順而无所違忤也。

“至哉坤元”,“至”是到那極處再无去處了。譬如人往京師,已至京師再无去處。“大哉乾元”,“大哉”是十分浩大廣博,再无與比並。“至”是就一邊去到盡頭處,見其至;大是就四方八面説,見其大,此“至”、“大”之别也。《蒙引》以伯夷、柳下惠、伊尹、孔子分釋,亦好。《本義》“比‘大’義差緩”,是就聖人命辭意思説,蓋“大”是極口急急稱揚,“至”則意思詞語比大又稍寬了,故以爲差緩爾。

高明在上,无不覆幬,悠久不息,此乾之无疆也。坤之廣博深厚,萬物无不持載,其德足以配合乎乾之无疆焉。故天覆地載,相爲對待,未嘗委靡而不支;古往今來,相爲終始,未嘗廢弛而不振。此可見坤之能配乾處。

含弘光大,品物咸亨。

含者,生意包於中,弘是其所包者廣也。光者,生意達於外,大是其所達者遠也。萬物生意,无所不包,可見其弘;萬物生意,无所不達,可見其大。“含弘光大”，坤之亨也。“品物咸亨”，是物隨坤亨而亨也。變“萬”言“品”者，就植物言，於坤亨尤著，與《乾》“雲行雨施，品物流形”一般。“含弘光大，品物咸亨”二句即是坤厚載物。《蒙引》問：“含弘光大，何以謂之厚德？”曰：“含萬物而化光，則萬物皆在吐納之中，不謂之厚德而何？”

牝馬地類，行地无疆，柔順利貞。君子攸行，

“牝馬地類”，順也；“行地无疆”，順而健也。故承之曰“柔順利貞”，言此即坤德之順健云爾。不敢自主，承天之施以生萬物，柔順也；承天生物直至於有終，利貞也。《彖傳》“利牝馬之貞”，本无四德，夫子以四德解，故爲之說如此。要“利貞”兩字既相連接，此亦概說去，不必太分析可也。《蒙引》謂：“自‘牝馬地類’至此，全是言牝馬之貞，殊未見有‘利’字意。”却未是。又以“至柔而動剛”條《本義》云“牝馬之貞”爲證，亦不是。蓋《文言》後面又有“後得主利而有常”句，把“利”字另解了，故《本義》只云釋“牝馬之貞”。若《彖傳》則“利”字兼解，不妨爲“利貞”並言也。

先迷失道，後順得常。西南得朋，乃與類行；東北喪朋，乃終有慶。

“先迷失道”，是以“失道”解“先迷”。蓋陰本居後，今居先是失道，故迷也。“後順得常”，是以順解得常。蓋陰本居後，居先爲逆，居後爲順，故得其常道也。“西南得朋”者，蓋西南陰方，凡陰之類皆往，往西南是與其類俱行，故得朋也。“東北喪朋，乃終有慶”，此《彖傳》外意，乃聖人以義言之，與《需卦》“自我致寇，敬慎不敗”一般。言東北雖喪朋，然能反而之西南，則終有慶，是爲占者開遷善之門也。《蒙引》謂：“‘乃終有慶’，此惟柔順利貞者能然。”蓋因《本義》“所行如是，則其占如下文所云”而言也，愚未敢主。爲何？蓋“先迷失道”以下六句，乃聖人解釋彖辭。又有好歹兩邊，不專是好邊，若“乃終有慶”本於柔順利貞，何緣有先迷喪朋一邊，故愚不主也。原來《本義》“所行如是，則其占如下文所云”，乃是指下文“安貞之吉，應地无疆”句，非指“先迷失道”以下六句

也。言柔順利貞,坤之德也。君子所行如是,則其占安貞之吉矣。依愚見,朱子當初若不用此句更好。

安貞之吉,應地无疆。

後也,利也,西南也,坤之貞也;先也,義也,東北也,非其貞也。君子居後而不居先,主利而不主義,往西南而不往東北,能安於貞焉,則有得常之利而无失道之迷,有得朋之慶而无喪朋之凶,斯其吉也。夫至柔而動剛,至静而德方,此順而且健,地德之无疆也。君子能安於貞,安者,順之爲;貞者,健之守。則君子之安貞,即地德之順健,在坤地非有餘,在君子非不足。其身心之理,蓋與无不持載悠久成物者同一揆,是有以應地之无疆也。

《象》曰:地勢坤,君子以厚德載物。

"地勢坤",言地勢順也,於此就見其厚,故君子以厚德載物。蓋坤之象爲地,重之又得坤焉,則是地之形勢,高下相因,愈遠而愈无窮;頓伏相仍,愈邈而愈无盡,何其順也!地勢之順,亦惟其厚爾,不厚則高下相因,便傾陷了,安得如此之順?惟其厚,故能无不持載,故君子以之厚德以承載天下之物。夫天下之物多矣,君子以一身任天下之責,則天下之民皆取足於我。非但群黎百姓倚我以爲安,而凡蠻貊夷狄、鳥獸、昆蟲、草木,亦倚我以爲命,使褊心凉德,其何以濟?而天下之望於我者亦孤矣。於是擴其心胸,弘其度量,展其經綸,普其利澤,舉一世之民躋之仁壽之域,知无不明,處无不當,政无不敷,恩无不洽,不但群黎百姓咸獲其安,必使蠻貊夷狄罔不率,俾鳥獸昆蟲草木罔不咸若。然後其仁始浹,其責始盡也。故曰"厚德載物",則君子亦一坤而與地同用矣。

高下只管相因去,都无窮盡,方見其順。若一望平夷,不見得順。《本義》解"地勢坤"只是順,若厚則於其順見之,《本義》"至順極厚",當如此看。《語類》曰:"惟其厚,所以高下只管相因去。若是薄底物,高下只管相因,則傾陷了,不能如此之无窮矣。"可見是因厚故能順。

初六，履霜，堅冰至。

陰數六老而八少，老變而少不變，《易》道占其變，故不用八而用六。初六一陰在卦之下，陰始生之象也。天下之理，无微不著。陰始生於下，其端雖若甚微，而其勢必至於盛大，故其象爲履霜而知堅冰之將至也。蓋霜，陰氣所結，陰之微者，一陰始生之象也；冰，凍水而成，霜之盛者，一陰積至六陰之象也。无微不著，无霜不冰。占者遇此，惟謹於微而已。微之不謹，而至於著，將无及矣。

陰陽者，造化之本，是不可相无之陰陽，於此爻无相關，特言先有此一項爾。其類有淑慝之分，是不可相有之陰陽，即此爻之義也。

《象》曰："履霜堅冰"，陰始凝也；馴致其道，至堅冰也。

當從《本義》作"初六，履霜，陰始凝也"，方説得去。若依本文作"履霜堅冰"，則"陰始凝也"意思當趕到下文"馴致其道，至堅冰也"方止，爲履霜堅冰内，著不得陰始凝也。

六二，直方大，不習无不利。

柔，以體言；順，兼用言。其意只是"承天生物而不主始"爾。正，柔順之德不偏也；固，其正不易也。"正固"，是方意思。有内外之分，故曰"直方大"。

凡物員（圓）則動，方則静，以其有四面，一面著地劄定，更不轉移也，故取以言坤德。《本義》謂"賦形有定"正是此意。《大傳》曰："蓍之德圓而神，卦之德方以知。"其義亦可見。

"直方"裏面便有"大"了，又曰"德合无疆，坤之大"者，用此以闡"大"之義爾。"德合无疆"只是"柔順正固，賦形有定"之德合无疆。

六二柔順中正，爻辭"直方大"之德皆自此而取。"又得坤道之純"，是合諸爻看，見得如此。《蒙引》以此句貼"大"字，恐未是。

《本義》曰"坤之直"、"坤之方"，明"直、方"之爲坤道也。六二柔順中正，比諸爻又得坤道之純，故其德在内則心无私曲而坦乎其直，在外則事皆當理而截乎其方，且其直純乎直，方純乎方，直方之德，光輝盛大，又不待學習而无不利，取之左右逢其原，坦然由之而无疑也。六二之德如此，若占者平素有"直方大，不習无不利"之德，則今日所占之事，亦自然行得直方大，不待習而後利矣。

《象》曰：六二之動，直以方也；

此當以"方"字屬"動"，把"直"作推原説。謂六二之動方矣，然由其存於内者直，是以見於外者方也。蓋體立用行之理，不專一則不能直遂，不静翕則不能發散，天下道理皆是如此。

"不習无不利"，地道光也。

直方大，地道也。六二具直方大之德，則六二之道即地之道也。地道光，只就"不習无不利"上見。蓋若待習而後利，尚有勉强矯揉之功，未免困苦艱難之弊，未見其爲光也。不習无不利，則不待勉强矯揉之功，无困苦艱難之弊，所以爲有光也。

《蒙引》把直方俱作六二之動，恐未是。

六三，含章可貞；或從王事，无成有終。

陽爲章美，含章是包含其美於中而未著於外也。六，陰爻。三，陽位。位本陽却以陰居之，是陽而帶陰，不純乎陽也。陽帶陰而未純，陽雖有章美，只是包含之而已，固未能充實光輝而著之外也，故取其象曰"含章"。"可貞"，言可貞固以守，未可出而有爲也，爲其才不足也。然非純於不出也，固將有待也。子使漆雕開仕，對曰"吾斯之未能信"，是欲信而後仕也。六三之可貞，亦如是爾，故曰"含章可貞，以時發也"。所以可貞者，以其有陽之章美爾，若无陽之章美，則如六四之括囊，終不許其出矣。

"或從王事"，以位言。蓋居下之上，出潛離隱之時也，故不終含藏，或出而從王事。

以三之才，固未可以有爲而但可貞以守。然以三之位，則居下之上，不終含藏又不容於守者，雖不容於守而亦未必能大有爲。故占者如有含章之德，則可貞以守，或從王之事，則始雖不能自成其功，而後必能因人以終其功。惟其含陽也，故但可貞以守无成而但有終。亦惟其含陽也，故可貞以守无成而有終。若非含陽，并其終亦不能有矣。此爻之辭純是占，其象則在占中。

无成有終是先迷後得之義，不能自成其功而因人以成其功也。《本義》"始"、"後"字不必太泥，原來兩字從"无成有終"來。可貞者，未從王事之无成有終也。无成有終者，已從王事之可貞也。

《象》曰："含章可貞"，以時發也；

"以時發"之"時"，不可作積滿之時。緣《象傳》不就三之才上説，以下之"知光大"觀之可見。

"或從王事"，知光大也。

此與《文言》同旨，但就爲臣之分上説，不就三之才説。識君尊臣卑之分、君逸臣勞之理，故曰"知光大"也。

六四，括囊，无咎无譽。

陰柔才弱，既不足以有爲而又重陰，柔益甚矣。不中則不當時位，又不可以有爲也，故其象爲括囊。斂身不出可以遠害，故无咎。然既不出以有爲，亦无自而有功，故亦无譽。

《象》曰："括囊无咎"，慎不害也。

"慎"字解"括囊"，即《本義》"謹密"也。

六五，黄裳，元吉。

六五居尊，明其爲君位也。六爲陰，陰性順，五又在上卦之中，是居順而得中也。中順之德充於内而見於外，其一言一動无往而非中順，《中庸》"九經"所謂"尊賢親親，體群臣，子庶民，來百工，柔遠人，懷諸侯"等事，皆備而有之，故其象爲黄裳。占者如之，以内則盡己之道，以外則感人之心，是不徒吉，大善之吉也。

中順以順爲主，順而得中也；黄裳以裳爲主，裳之色黄也。大善之吉，言不但其事之吉，於理且无虧也。

《象》曰："黄裳元吉"，文在中也。

黄裳元吉，文之在外者也，未有外而不本諸内者也，故曰"文在中也"。所謂"中順之德充諸内而見諸外"者也。

上六，龍戰于野，其血玄黄。

上六陰盛之極。夫陰盛至極，其勢必不肯下夫陽。陽之勢雖微，然見陰之抗，其心必不肯下夫陰。陰陽不相下，其勢必然相争，故其象爲"龍戰于野"。夫以陽之至微而與陰之極盛者争，固无能勝之理。然陰不循其道而與陽争，亦豈陰之利哉？故二者皆至於敗亡，其象又爲"其血玄黄"。陰盛於陽，故與陽俱稱龍；陽衰於陰，故與陰俱稱血。謂之龍戰，則陽固龍而陰亦龍也。謂之玄黄，則陽固傷而陰亦傷也。初六曰"履霜，堅冰至"，以著陵陽之漸於其始。上六曰"龍戰于野，其血玄黄"，以著陵陽之禍於其終。聖人扶陽抑陰之意於斯見矣。

《象》曰："龍戰于野"，其道窮也。

道，陰道也。窮，極也。陰盛之極，所以必與陽争，而有"龍戰于野"之象。

用六，利永貞。

用六，言筮得《坤》之六爻者，俱用六而不用八。蓋陰數六老而八少，老變而少不變，用六則陰變爲陽矣。陰柔不能固守，變而爲陽，則剛足以濟柔而能固守，故利永貞。若能固守，則无往不利，即乾之元亨也。

《象》曰：用六"永貞"，以大終也。

陽大陰小，柔變爲剛，始陰而終陽，故曰"以大終"。始小不能固守，大終則能固守矣。

《文言》曰：坤至柔而動也剛，至静而德方。

此釋牝馬之貞，不言利者，以下文有釋也。自此以下錯舉亨元，不順次序，聖人之意，毋亦以後得主利，難言四德，欲順序而言則缺一德，故錯舉而言之與？

坤承天之施以生物而不主始，其德蓋至柔也，然其生物也，悠久不息，直至結果成就處，未嘗委靡而半塗中止，是動則剛也。承天生物而不自造作，不爲繁擾，其德蓋至静也。然其所生之物，形體各定，不可移易，根核者不可爲胎卵，鱗甲者不可爲羽毛，是其德則方也。

至柔，坤之德也，動剛亦其柔中之剛爾；至静，坤之德也，德方亦其静中之方爾，故曰順而健。至柔至静，是坤之本體，這裏便有生物了，但就坤本體上見其柔静。非至柔至静是未生物，至動剛德方是承乾生物。若依此，則是釋《坤》之"元亨"非"牝馬之貞"。《蒙引》"柔无爲，剛能動，本體發用"等字，與"《乾》之施一至，則盡翕受而敷施之，其生物之機，沛乎莫之遏"，皆似説《坤》之"元亨"，難從。

後得主而有常，

言君子居後則得而主於利，乃爲有常之道，蓋坤之常道也。此就人事之占説，非釋坤德，又遺了"西南得朋"意。蓋西南得朋，東北喪朋，即先迷後得之理，舉此則彼可以例推也。

含萬物而化光。

此是申《彖傳》"含弘光大"意，言含萬物生意於中，即發達於外，其功化甚光顯也。

坤道其順乎！承天而時行。

此申《彖傳》"順承天"之義，是直説下。言坤道其順矣乎！承天之施而以時行之，天氣未至不先時而有爲，天氣既至不後時而不爲，時至而即應天運而即從，可謂至順而无所違忤矣。

積善之家，必有餘慶；積不善之家，必有餘殃。臣弑其君，子弑其父，非一朝一夕之故，其所由來者漸矣！由辨之不早辨也。《易》曰："履霜，堅冰至。"蓋言順也。

《文言》之意在一"積"字，其積必自其微而起，以見君子當謹之於微，所以明履霜堅冰之義也。

言積善之家，必有餘剩之慶；積不善之家，必有餘剩之殃。又以其大者言之，臣弑其君、子弑其父，原非一朝一夕之故，其所由來者漸矣，亦莫不由積而成也。由爲君父者不能辨之於早，故有今日爾。夫家之餘慶、餘殃，國之亂臣賊子，皆由於善惡之積，其積皆起於微，然則君子惟於微圖之爾。《易》曰："履霜，堅冰至。"正言君子當於微而慎之也。

"直"其正也，"方"其義也。君子敬以直内，義以方外。敬義立而德不孤。"直方大，不習无不利"，則不疑其所行也。

正爲本體，義爲裁制，不是以本體當正、裁制當義，乃是説本體之正、裁制之義也。看《本義》兩箇"謂"字，謂者言也，蓋云：正是言其心之本體，義是言其心之裁制云爾。

本體，心也。善惡未著，是非未形，而善惡是非之理具於心，无有增益少欠，此本體也。而六二之直，則是本體之正也。裁制，亦心也。善惡是非一到面前，爲之分别區處，截然不可移易，此裁制也。而六二之方，則是裁制之義也。

正謂本體，是謂其本體之皆正也。義謂裁制，是謂其裁制之皆義也。

《文言》之意謂六二之直，是其心本體之正也；六二之方，是其心裁制之義也。君子何由而直哉！亦曰敬而已矣。夫敬，撿束身心之法也。人心神明不測，出入无時，莫知其鄉，使无道以撿束之，則奔走放逸，无所底止，是非善惡，惟欲之從，陷於私邪偏曲而内不可直矣。君子有見於是，故敬以直之。内謹於心術念慮之微，以防其奔馳放逸之患；外謹於威儀動静之著，以禁其放肆怠惰之非。終日乾乾，罔有間斷，一敬純熟，則此心常存，是非善惡，不失其本然之正，而内罔不直矣，又何由而方哉？亦曰義而已。夫義，裁量事物之具也。事有萬殊，物有萬變，而理无定在，使不以吾心爲之權度，則善惡是非顛倒錯亂，而外不可方矣。君子有見於此，故義以方之。因物付物，不使有過不及之差；隨事處事，務必合乎大中至正之矩。此義既精，則善惡是非皆中其當然之則，停停當當，无偏无頗，而外罔不方矣。不是敬義立德就不孤，是敬義既立，由此以至不孤。蓋敬立則内直，内直則内有以養乎外，而外益以方。義形則外方，外方則外有以養乎内，而内益以直。内外交養，循環不已，由是直純乎直，方純乎方。直方之德，光輝盛大，至於窮神知化而不自知矣，是不孤也。程子曰："敬義夾持，直上[達]天德自此始。"意正如此。

"不疑其所行"一句是解"不習无不利"，《本義》"疑故習而後利，不疑則何假於習"，意自明白。蓋疑是滯碍也，如欲直則未能直，欲方則未能方，心欲而力未能赴之，是滯碍也。亦由工夫未到純熟故也，所以必待學習也。學習到純熟處，則欲直斯直，欲方斯方，從心所欲不踰矩，而无滯碍矣，无滯碍則利矣。

"不疑其所行"，正是"坦然由之而无疑"意。

《蒙引》把内直作動説，謂《象傳》明謂"六二之動，直以方"，故如此説。依愚見，聖賢論學，未有語動而遺静，《中庸》喜怒哀樂未發之中，《太極圖》主静，皆是從静處説起，何嘗遺了静。況《本義》明説"正謂本體，義謂裁制"，以直爲動，乃是《中庸》所謂"莫見乎隱，莫顯乎微"，周子所謂"幾"。是時已屬裁制，不得謂之本體矣。愚見如此，不知明者，以爲如何？

陰雖有美，含之以從王事，弗敢成也。地道也，妻道也，臣道也。地道无成而代有終也。

此與《象傳》同旨，與爻辭不同，專以君臣之義言，不主六三才質言。陰指六三，含是韜晦，言六三雖有陽明之美，然却含藏之不自耀其美焉。以是含章之道施之從王事，惟代君以終其事，不敢自專以成其事。爲何？此地道也，亦妻道也，臣道也。地之爲道，至柔至静，安常處順，不敢自專以成其功，惟代天以終其功也。地道如此，臣道、妻道可知矣。此六三之所以弗敢成也。

天地變化，草木蕃；天地閉，賢人隱。《易》曰："括囊，无咎无譽。"蓋言謹也。

言天地變化則草木蕃，天地閉塞則賢人隱。《易》曰："括囊，无咎无譽。"蓋言當此之時，當謹慎而隱去也。

天地變化，言草木不言賢人；天地閉塞，言賢人不言草木，乃互見也。

君子黄中通理，

黄中，黄德在中也。"黄"字當"中"字，"中"字當"内"字。通理，言中德通而且理也。通言其有觸即應，有感即通，周流无滯，圓神不倚，是箇通達活動底物，不是膠固凝滯死殺物也。理言其品節分明，一體之中有萬殊，渾然之中有燦然，不是渾淪籠統，无分曉、无區别物也。《孟子》註曰："聖人之心，至虚至靈，隨感而應，无有不通。"可見其通。《中庸》曰："仁足以有容，義足以有執，禮足以有敬，智足以有别。"可見其理。《蒙引》曰："黄中非通，則无以應乎外；通而非理，則所以應外者不能皆得其當。"可味"通理"之旨。

人心神明，所以具衆理而應萬事，"君子黄中通理"實本於此。"中者，天下之大本"，可見其通處。"沖漠无朕之中，萬象森然已具"，可見其理處。

説"君子黄中通理"後，當貼一句云："君子之德如此，其象之爲黄者可識矣。”

正位居體，

言正乎五位而居下體，是居尊而能處下也。履帝位之尊，能屈乎臣民之下，處皇極之上，能執乎謙讓之道，不以崇高自恃，不以富貴自驕，此五之正位居體也。

説“正位居體”，當貼一句云：“君子之德如此，其象之爲裳者可識矣。”蓋此二句雖釋“黄裳”之義，然其意隱然見於言外，若如《象傳》逼真説則不可，故須於末著此。

美在其中，而暢於四支，發於事業：美之至也！

天下之德，莫過於中。故中，天下之美德也。六五君子，學既成於敬義，道既積於厥躬，則清和純粹之美得之有生之初者，盎然於方寸之間而罔有遺漏；道德仁義之懿稟之賦受之始者，浩然於靈扃之内而无少虧歉。无積不施，靡誠不著，由是而暢於四肢，則温恭遜讓形於威儀動作之間者，宛然天道之下濟，所謂充實而有光輝也。由是而發於事業，則中正信順見於設施措置之表者，允矣坤道之承天，所謂情深而文明也。夫積而不發，是充積之未至也；誠而不形，必積誠之未至也。六五美積於中而發於外如此，非美之至不能也，故從而贊之曰“美之至也”。《文言》既分釋“黄裳”了，又恐人認爲二物，不知歸重處，故發“美在其中”一條，見得其所謂順，乃本於中，與《象傳》“文在中也”及“六二之動，直以方也”意思一般。大意謂：君子之德，黄中通理，所謂黄者可見矣。正位居體，所謂裳者可見矣。然二者豈判然不相干哉？夫黄中通理，人之美德也。君子惟美在其中，是以暢於四肢，發於事業，能正位居體矣。夫美在其中而至於發越之盛，是美之至也。觀此意可見是歸重於中處。或曰：“依此説，是在中爲中，發越爲順乎？”曰：“中未嘗不順，順未嘗不本於中。合言之曰‘中順之德充諸中而發於外’亦可，分言之曰‘在中爲中發外爲順’亦可，俱不相碍，况此‘中’

字本是順德之中。”

陰疑於陽必戰。爲其嫌於无陽也，故稱“龍”焉；猶未離其類也，故稱“血”焉；夫玄黄者，天地之雜也：天玄而地黄。

陰下於陽，本不敢與陽戰也。惟陰盛之極，其勢與陽均敵，故敢與戰，比如唐之藩鎮稱兵以拒王室也。陰盛之極，至與陽争，此時已无陽。聖人謂：“陽未嘗无，亦不可无也，故稱龍以存陽。”猶唐中宗爲武后所廢，《綱目》每年猶書“帝在房州”，以存君也。陰雖極盛而稱龍，然本是陰體，是未離其類也，故稱血，猶臣雖强而敵君，然臣子之名分猶存，尚當安分，未可與陽争也，此有陰折之之意。天色玄，地色黄，曰“其血玄黄”，見陽傷而陰亦傷也。自古臣子陵君父，小人害君子，國家既受其害而身亦不自保，如漢王莽，唐武三思，宋蔡卞、章惇、賈似道輩，與漢、唐之宦官，歷歷可見也。聖人重致意於《坤》之上六，鑒戒深矣。此以人事言也。

以造化言之，乾於方爲西北，於時爲秋冬之交，五行亦爲金，自巽至兑皆陰卦，而忽與乾遇，故陰疑於陽而必戰也。陽氣，天地間未嘗頃刻止息，十月純《坤》，已无陽矣。然陽盡於十月小雪之亥時，隨生於十一月大雪之子時，是陽未嘗无也。陰氣雖極盛而與陽争，然陰之體不能變，故曰“未離其類”。

易經存疑卷二

䷂ 震下坎上

屯：元亨，利貞；勿用有攸往，利建侯。

《本義》："一陽動於二陰之下。"陽是動物，而況居二陰之下，豈能止得？其必進動无疑也，故其德爲動。雷是陽動於地之物也，故爲震之象。

坎，一陽在二陰之間而爲之陷，何也？曰："此以淑慝之陰陽言也。"陽善陰惡，一陽在二陰之間，不惟欲加害乎陽，必且浼之使同爲惡矣。故其德爲陷，爲險。陷，物之麗乎險也，險即所陷之地也。

離，一陰在於二陽之間而謂之麗者，陽明陰暗，陰在陽間，得其所輔，故爲麗。以明輔暗，則變暗爲明，故爲文明。陰在上，陽上進不得，則蒸鬱四布，悠揚而成雲，雲盛則成雨，雨盛則成水。以甑蓋氣酒驗之最明。《小畜·象傳》："密雲不雨，上往也。"邵子《觀物篇》："陽爲陰累，則相持下降而爲雨。"即此意。故坎之象爲雲，爲雨，爲水。"乾坤始交而遇險難"，在造化則是物始生而未通也。震以一陽居二陰之下，是陰陽相交之始，故曰"乾坤始交"。坎險在前，是遇險難。陰陽交而萬物生，故以乾坤始交爲物始生。在人事，如漢高帝初興而遇項羽，唐太宗初興而遇王世充、劉黑闥、李密、蕭銑諸雄是也。凡人初作事而有阻厄者皆是，不專就天下國家説。

中溪張氏以《繫辭》"乾稱父，坤稱母，震一索而得男"爲乾坤始交，不是。蓋《繫辭傳》所言，乃文王後天之卦，非伏羲先天命卦之意也。

元亨，是未通終必通也，本於震之能動。利貞，戒占者宜守其正，不可行險僥倖也。是本於坎陷在前，道不可須臾離。天下未有舍正而能集事者，況在屯難之時乎？故凡所爲，利於固守其正。文王幽於羑里而演《易》，孔子厄於陳蔡而絃歌,得《屯》貞之義矣。或問:“漢高帝困於白登而用陳平之計以脱,可謂正乎?”曰:“君子不死於盗賊。當厄難之中,苟可以脱而无甚害於義者,亦君子所不避也,觀散宜生以美女、美玉釋西伯可見矣。”

“勿用有攸往”,是因其居屯而戒其輕進,非終不進也。故《本義》曰:“未可遽有所往。”項羽王沛公於漢中,漢王怒,欲擊羽,張良曰“漢中之惡不猶愈於死耶? 願大王”云云,此“勿用有攸往”之義也。“勿用有攸往”與“利貞”是二義,《蒙引》説“勿用有攸往”即是“利貞”,與愚説不同,在識者之自擇耳。

初九陽居陰下,以賢下人之象也,爲成卦之主。乾坤始交而遇險難,卦之所以爲《屯》也。以賢下人則得民,得民則可君,故利建[侯]。

《彖》曰:屯,剛柔始交而難生;

剛柔,以爻言也。卦辭《本義》言“乾坤”,就生物上言也。[坤]本是陰體,一陽生於下,是剛柔始交也。

動乎險中,大亨貞。

地有險阻,有平易,坎之地險阻,坤之地平易。地非坎之卦德,地之險阻乃坎之卦德也。故《本義》曰:“險,坎之地。”《蒙引》説似未是,且費力。

能動,是其才足以有爲也,故得元亨。在險則其時猶未易爲也,故又當利貞焉。

雷雨之動滿盈,天造草昧;宜建侯而不寧。

震之象爲雷,坎之象爲雨。震坎合體,是雷雨動作,盈滿乎兩間也。其在天造,或世尚洪荒,人物荒野;或四海分崩,生民擾攘而天下未定;或百姓不親,五品不遜;或三綱既淪,九法亦斁而名分未明。當此之時,宜於衆人之中擇才德出類之人,建之爲侯,俾任彌綸參贊之責,施迅掃盪定之功。然世難方殷,事變无窮,建侯特其大綱耳,而事所當爲者,尚未止此也。故既建侯了,又須憂勤兢畏,不遑寧處。未明求衣，日昃求食，天下若何而定，名分若何而明。凡可亨屯解難者，皆竭心力以圖之，不可謂建侯則其事已盡，邈然不加之意也。舜命五官，周建萬國，而憂勤惕厲者猶未已。漢唐創業之君率用此道，隋文帝平陳而驕，唐憲宗平淮蔡而肆，其忽於大《易》“不寧”之戒矣。

“不寧”，是建侯之人心上自不安寧。《本義》“未可遽謂安寧之時”，《語録》“須自以爲不安寧方可”，此意當安在“不寧”之上。

《本義》把“草昧”二字之義入在“滿盈”内，此會意解，不可爲正義。“滿盈”二字，是緣雷雨之動而生。

《象》曰：雲雷，屯；君子以經綸。

雲雷合體是雲雷交作，故其卦爲《屯》。“君子以經綸”，亨屯之事也。凡事有箇大綱、有箇細目，經是分（舉）其大綱，綸是理其細目。先舉其大綱，然後就中理其細目，則巨細畢舉。屯難之世，變爲亨通之日矣。

如今建五府、六部、九卿以總庶政，此舉其大綱也；府、部、卿、寺之中，各有許多節目，此理其細目也。分人爲父子、君臣、兄弟、夫婦、朋友五倫，此舉其大綱也；五倫之中各有許多節目，此理其細目也。自此推之，不能盡書。

初九，盤桓，利居貞，利建侯。

屯難之初，時未可進，以陽在下，陽欲進而在下，勢未可進，又居動體，其志欲進，而上應陰柔險陷之爻，則有擠之不與進者，故其象爲盤桓。夫在恒情，不得進多有行險僥倖以求進者，是雖得遂其進，而平生之守爲之掃地矣。義當守正，不可失其守。而初九以陽居陽，得其正又能守正之人也。故占者利於安處其正，言必安於義命，不可萌僥倖之心也。孔子進以禮，退以義，得之不得曰“有命”，孟子不肯枉尺而直尋者，皆是道也。

初九一陽交於二陰，卦之所以爲《屯》也。故曰：“本成卦之主，以陽下陰，爲民所歸，侯之象也。”占者能如初九，則利建以爲侯。卦辭“利建侯”，所建者，初九也。初九"利建侯",則自當之,爲人所建矣。二"建侯"俱作占説。《蒙引》謂卦辭是占,初九是象,尚未見得。

《象》曰:雖盤桓,志行正也;

言初九雖盤桓不得進,然其志在於行正而不行險僥倖以求進也。

以貴下賤,大得民也。

陽貴陰賤,初九以陽來居陰下,爲"以貴下賤"之象。夫屯難之初,天下未定,名分未明,生民愚蒙,未能自立。非有聖哲君子開其壅蔽而指其迷途,施其政教而立其準極,則生人之類不淪於禽獸夷狄者鮮矣。初九陽剛之爻,以德則爲時人之耳目,以位則爲生民之父母,是箇尊貴之人也。而居於三陰之下,是不以尊貴自驕逸而降身屈己以恤人窮、以理民事,汲汲乎爲生民造命立極,以遂其生養,明其倫理,息其争奪。如禹之治水,胼手胝足,八年於外,三過其門而不入,真能以貴下賤者也。當生民未能自立之時,一有聖哲君子能爲之造命立極,孰不望之如父母而來歸,不但得民而又大得民也。

《蒙引》謂:"已貴爲君了,何以説得建侯來?"愚謂:无箇君位,如何得以貴去下賤,聖賢如孔、孟非不貴,乃卒老于行,不能援天下之溺,何也?故貴當兼德位,曰"利建侯",則是得民而可君,如舜歷試諸難而堯禪,禹治水有功而舜禪爾。

六二,屯如,邅如。乘馬班如,匪寇婚媾;女子貞不字,十年乃字。

六二陰柔中正,不過於柔也,在人爲有德之士。與九五相應,或有平生之雅,或有聯屬之分,或有意氣之交,義所當從,不幸乘初九之剛。二之於初,雖无可從之義,然初知二之賢,實有攀援之意,而其力又足以相制,故能難之而使不得上進以應於五。故其象爲"屯如,邅如,乘馬班如"。然初之難二,非爲之害也,乃求與己共事耳,故其象爲"匪寇婚媾"。夫初之求二,其意本善,恒情鮮不爲所移者，而二獨有真見，以初與己非正應，固守其正而不之與，其象爲“女子貞不字”。至於十年，數窮理極，則初之妄求者去，而四、五之正應者合而可與矣，故曰“十年乃字”。竇融據隴西，志從光武而隔於隗囂，久然後得合，恍惚此爻之象。“女子貞不字，十年乃字”，純是象，占在其中。

《象》曰：六二之難，乘剛也；十年乃字，反常也。

二與五應，其常也。爲初所難，是失其常。十年乃字，是反其常道也。

六三，即鹿无虞，惟入于林中；君子幾，不如舍，往吝。

君子欲有爲於天下，必有其具，有其勢，有其輔。六三陰柔則才劣，不中不正則德偏，是无其具也。居上卦之下則位卑，是无其勢也。上六是陰爻，不得箇陽爻與之爲應，是无其輔也。无此三者，本不足以濟屯，但六三陰柔，智識暗昧而不能明理，不中不正，則輕舉妄動而不能擇行，故己雖不足以濟屯，乃不能審時度勢，而妄往以濟之，其取困也必矣，故其象爲“即鹿无虞，惟入于林中”。夫虞人，守山林之吏，山林之孰險阻孰平易，皆其所知也。即鹿而无虞人爲之指引，險阻何知，其陷于山林之中也必矣。隗囂、公孫述皆非霸王之器，又據偏安之地，豪傑如馬援者又不之與，乃欲與漢光武争天下，卒自取滅亡，亦三之謂也。

“君子幾，不如舍，往吝。”戒占者之詞也。是承上文“即鹿无虞”而言。《蒙引》曰：“六三固不能然也。”无虞不可以逐鹿，其理甚明，其吉凶之幾在於未即鹿之先。君子見幾，不如舍之而勿逐，不能見幾而往逐不舍，必致羞吝矣。隗囂、公孫述皆犯是戒者也。

《屯》初、二兩爻皆是實象，惟三一爻是虚象，蓋即鹿无虞非言即鹿之事也。

《象》曰：“即鹿无虞”，以從禽也；君子舍之，往吝窮也。

无虞不可以即鹿，而即鹿者心貪乎禽也。天下之禍皆生於人之貪心。

君子見幾，不如舍去，若往逐而不舍，其致羞吝而取困窮也必矣。

六四，乘馬班如，求婚媾；往吉，无不利。

六四以陰柔之才居屯難之世，不能上進以濟屯，故爲“乘馬班如”之象。然初九守正居下以應於己，可以爲吾輔，有“婚媾”之象。占者若下求婚媾，以往濟時艱，則忠賢陳力，而大難可平矣，故吉无不利。

往是往濟屯，小註作“四往求初”，不是。《蒙引》有辨。

《象》曰：求而往，明也。

知己之才不足以濟屯，知初之賢可以爲吾輔，是其明也。子陽井底蛙，不知己也。項羽有一范增而不能用，不知人也，可謂明乎？

九五，屯其膏。小貞吉，大貞凶。

九五以陽剛中正之德居九五君人之位，其於君道固无可議矣。不幸當屯之時，陷於險中，雖有六二正應而陰柔才弱不足以濟；又初九得民於下，衆皆歸之，内无可恃之人，外有方興之敵，大勢已去而不可爲。

九五坎體，一陽陷於二陰之間，有膏潤而不得施，爲“屯其膏”之象，占者若遇小事能守其貞，則吉；遇大事雖守其正而亦不免於凶。蓋飲食起居之常，无關於理亂興衰之數者，得正則可以獲安。若建侯行師之類，有關於國家之大體者，雖得其正，亦不能救其弊也。

《蒙引》曰：“小貞吉，大貞凶，明言其无可爲也。”

《象》曰：“屯其膏”，施未光也。

有膏潤而不得施，故曰“施未光”，非膏澤得施但未光大也。六四才无可爲，得賢自輔猶足以濟屯。九五才堪有爲，輔相无才，則終於不濟。人才有關邦國之興衰也如此。

上六，乘馬班如，泣血漣如。

上六陰柔，是本身“无才”。“无應”是外面又不得賢人爲之輔。處屯之終，否極而泰將來，正可有爲之時也。乃以无才无輔而不能進，卒於憂懼，故其象爲“泣血漣如”。

《象》曰：“泣血漣如”，何可長也？

喪无日矣，豈能長久哉？

䷃ 坎下艮上

蒙：亨。匪我求童蒙，童蒙求我；初筮告，再三瀆，瀆則不告。利貞。

一陽止於二陰之上，陽自下升，極於上則止也。故其卦爲《艮》，其德爲止。其象爲山者，山在地之上而隆起。坤爲地，艮本坤體，一陽在上，是坤體而隆其上也，故有山之象。

“物生之初，蒙昧未明。”凡物皆然，不獨人類。以坎險而遇艮止，爲山下有險。山下已自險阻，又遇箇險，使人蒙昧，莫知所往，故曰“蒙之象”。内險是中心危殆不安，外止是外面執滯不通，總是一片鶻突人，故爲“蒙”之意。

“蒙，亨。”蒙不終於蒙而必開通領悟也。然蒙之所以亨者，以發蒙有道爾。蓋童蒙不我求，則无好問願學之心，安能得其來而使之信我。求而誠或未至，則无專心致志之勤，安能警其惰而使之聽，故皆不足以致亨。此卦九二，以剛居中，能發人之蒙，而與六五陰陽相應，是其發蒙也，匪我去求童蒙，乃童蒙來求我；其發之也又因其初筮之誠而后告，若再三則瀆，瀆則不告。夫待其我求而發之，則相信之深，一投而即入矣；待其誠至而發之，則求道之切，一啟而即通矣，此蒙者所以得亨也。“匪我求童蒙，童蒙求我；初筮告，再三瀆，瀆則不告。”皆就“九二以剛居中，能發人之蒙，而與六五陰陽相應”二句見得，若非以剛居中，必不能待其我求，待其誠至而告之。若非六五陰陽相應，亦不能得童蒙我求而發之。“利貞”是戒占者，上言發蒙之有道，然養蒙之道未之及也，故發“利貞”之義。蓋童稚初生，志向未定，蒙養弗端，長益浮靡。明者之於童蒙，所以啟發與其所養育者不以正道，其弊有不可勝言者矣。故必啟其良知良能之天，充其仁義本然之善，捍其外誘以全其真純，閑其私邪以養其德性。奸聲亂色不入於聰明，淫樂慝禮不接於心術，務使所聞皆正言，所見皆正事，所行皆正道，則習與智長，化與心成，中道若性，聖賢同歸，其爲利无窮矣。賈誼曰："教得而左右正，則太子正而天下定。"此之謂也。秦始皇使趙高傅胡亥，漢文帝使晁錯教太子，皆刑獄法律之事，卒使胡亥好殺而亡，而景帝卒爲忌刻寡恩之主，其忽於大《易》"利貞"之戒矣。

"匪我求童蒙"至"利貞"，就蒙者一邊説，《本義》"筮者明，則人當求我"至"蒙者之養蒙，與蒙者之自養"，是發明占法，在《易》中多有如此者，《蒙引》有説。

"利貞"，《本義》就養蒙説，愚意欲就發蒙而兼養蒙説。蓋養蒙、發蒙原非二事。對前日之蒙言則曰發，對後日之作聖言則曰養。"利貞"之語，實蒙上文，如《咸》、《恒》"利貞"之例，非發蒙之後又别出養蒙之義也。或曰：據《彖傳》曰"蒙以養正，聖功也"，似就養蒙説。曰："《彖傳》聖功之語，是即利貞之旨而極言之，故不得不言養。發者一時之事，養者自初至終養之以至有成也。"《彖傳》之旨與彖辭稍異，愚見如此。但《本義》既有説，今亦未敢遽自主張。

《彖》曰：山下有險，險而止，蒙。

山下有險，"險"字只是水。險而止，"險"字只是不安之意。

"蒙，亨"，以亨行時中也。"匪我求童蒙，童蒙求我"，志應也。"初筮告"，以剛中也；"再三瀆，瀆則不告"，瀆蒙也。

謂蒙之所以亨者，由"九二以可亨之道發人之蒙，而又得其時之中"也。"初筮告，再三瀆，瀆則不告"者，亦以亨行，而得其時之中也。故曰："皆以亨行而當其可。""志應"即《本義》"二剛明，五柔暗，故二不求五而五求二，其志自相應"。

"以剛中也"，剛則能告，"温故而知新，可以爲師矣"是也。中則其告有節，

“初筮告,再三不告”是也。

蒙以養正,聖功也。

蒙以養正,即此就是作聖功夫,非謂他日方爲作聖功夫也。《朱子語録》之説少差。

聖人之所以爲聖人者,正而已矣。蒙而養之以正,雖未遽至於聖域,然由此而充之,由善信而美大,而聖神,而聖域,可馴致矣。是造聖之域,雖在後日,作聖之功,就在今日。

《象》曰:山下出泉,蒙;君子以果行育德。

泉水之始出者,其勢必是流行而有漸,故爲蒙之象。蓋蒙者,物生之初,蒙昧未明,水之始出,行而有漸,未至盛大流行,亦猶生物之初,蒙昧未明也,故取象爲蒙。“果行育德”,乃養蒙之功,不必粘著山泉。或以“果行”法水之必行,“育德”法水之有漸,蓋以“必”字帶“行”字,謂水之必行,故君子法之而果行爾,此不可用。

道之體諸身者,謂之行。行有弗果,則逡巡畏縮,因循怠惰,而道不可得矣。故必果決其行,猛勇直前,不逡巡而畏縮;奮發精進,不因循而怠惰。若“子路有聞,未之能行,惟恐有聞”,真能果行者也!行道而有得於心者,謂之德。德有不育,則急遽而无餘功,局促而无餘味,其德亦止於小成矣。故必優游涵泳,日就月將,待其自長,涵育薰陶,勿忘勿助,俟其自化。《文言》所謂“寬以居之”,杜預所謂“優之游之,使自求之;厭之飫之,使自趨之”,真能育德者也。果行育德,則雖愚必明,雖柔必强,蒙不終於蒙,而聖人之域可馴致矣。養蒙之道,孰有加於此哉?

初六,發蒙,利用刑人,用説桎梏;以往吝。

初六以陰居下,陰既暗,而在下又暗,故曰“蒙之甚也”。占者遇此,當發其蒙。夫蒙,无知也,告之而弗喻,引之而屢違,非威之以刑,莫能從也。故利用刑人。用刑之人,如今之皂隸是也。利用刑人,是必施其鞭朴,治以嚴威,然後愚蒙无知之人,克就規矩準繩之中而有啟發開通之美。然以資質庸下之人,責效於旦夕,恐未必遽能領略,而吾之鞭朴爲徒勞,又必從而寬假之,從而暫舍之。觀其懲艾奮發之餘,或能悔悟而通曉,故曰"用說桎梏"。若遂往而不舍,擊蒙無已,非惟在彼有所不堪,而在我亦失敷教之道,非惟不利乎蒙,則又有害乎蒙,必且見害於蒙矣,故爲吝。

《象》曰:"利用刑人",以正法也。

《本義》之説不待加增矣。

九二,包蒙,吉。納婦,吉;子克家。

九二以陽剛爲内卦之主,統治群陰,當發蒙之任者。以理言之,所治既廣,物性不齊,不可一概取必,固當有所包容,而爻之德剛而不過,又能有所包容,故占者能包蒙則吉矣。

九二以陽剛爲内卦之主,統治群陰,又有"納婦"之象,故占者納婦則吉。雲峰納婦之説,不是。

九二一爻統治群陰,而當發蒙之任,是居下而能任上事者,故又爲"子克家"之象。

《蒙引》曰:"此爻三句辭,就本爻言,只是'包蒙,吉'一句便了。其'納婦,吉;子克家'都是就包蒙之象特取出來。故《本義》'以陽受陰,又居下位而能任上事'二句,畢竟都是統治群陰之義。"

又曰:"三句各自爲一事。'包蒙'是爻有此象,占者能包蒙則吉矣。'納婦'是爻有此象,占者能(遇)納婦則吉矣。'子克家'又純是象,占意已在'克家'字内矣。"

"有其德而當其事",通解三句爲是。納婦亦須有德,《關雎》之詩可見。"子克家"一句純是象,與上"包蒙"、"納婦"不同。作此題若隨事體貼,又覺瑣碎，程文概作占講，辭語雖善，尚覺未安。

《象》曰："子克家"，剛柔接也。

《象傳》與爻辭不同，"子克家"作虛象説，其義是居下而任在上發蒙之事，如此方"剛柔接"可通。若把剛柔作父子，則淺矣，不可不知。言九二居下能任在上發蒙之事，其象爲"子克家"者，由六五居上與之相應，剛柔之情相接也。《程傳》："二與五剛柔之情相接，故得伸其剛中之道，成發蒙之功。苟非上下之情相接，則二雖剛中，安能尸其事乎？"

雖云"剛柔接"，然重在五應二一邊。《彖傳》"志應"亦然。蓋士不枉道以求合，君當屈己以下賢也。

六三，勿用取女，見金夫，不有躬，无攸利。

六三不就蒙説，又别取一義，此不可曉。意當時只因上爻取納婦一事，見得此爻在女子是箇不正之女，故發此象。《程傳》："正應在上，不能遠從，[近]見九二爲群蒙所歸，得蒙之時，故舍其正應而從之，是女之見金夫也。"其説似可用，不知《本義》爲何不取。

《象》曰："勿用取女"，行不順也。

"順"當作"慎"，言此女之行不慎也，即"見金夫，不有躬"也。

六四，困蒙，吝。

六四既遠於陽，以此爻言，上下皆陰也，又无正應。以應爻言，指初六。遠於陽，是左右前後无賢哲之人；无正應是平日親友无賢哲之士，故蒙終无啟發而致困，其占爲可羞吝。

《象》曰：困蒙之吝，獨遠實也。

陽實陰虚，遠實，遠於陽也，指上下皆陰説。

六五，童蒙，吉。

六，陰柔也。居上之中，中也。五，君位，居尊也。九二以陽剛爲内卦之主，統治群陰，而五與之相應。凡居尊位者多以勢自高，而情不下接，五以柔中居尊位，而能下應九二，是柔中道勝，好德心誠，不以勢爲有无者也。故《本義》云："純一未發，以聽於人。"蓋真純之天未喪，赤子之心尚存，不作聰明任己見以自主事，而惟虚心以聽仁賢者也，故其象爲童蒙。如成王之於周公是也，太甲亦近之。占者如是，則德性以之而明，治功以之而成矣，故吉。

《象》曰：童蒙之吉，順以巽也。

柔順以巽乎人，故其象爲童蒙，即《本義》所謂"柔中居尊，下應九二"者也。

上九，擊蒙；不利爲寇，利禦寇。

《蒙》卦六爻，凡處陽者皆是發蒙之人。上九陽爻，故爲治蒙之人。九陽性剛而又居卦之上，其性益剛，故其義爲治蒙過剛，其象爲擊蒙。蓋嚴威太過，鞭朴常用而少"敷教在寬"之道也。聖人因而開發之，曰：擊蒙固是未好，亦顧所以擊之何如耳。若不量其資質，取必太過，攻治太深，欲責效於旦夕，則蒙者有所不堪，雖曰愛之，其實害之，是爲寇也，何利之有？然蒙雖良知之天不喪，不能不壞於人欲。蓋一心之微，衆欲攻之，其寇蓋不勝其多矣。若以擊蒙之道而用之禦寇，過於防閑而不少怠弛，嚴於攻治而不少寬假。夏楚不廢，鞭朴常用，務使放心邪氣不得壞其天理之公，性命之正，則所以擊之者，實所以成之也，何不利之有？"不利爲寇，利禦寇"，於是見聖人開物成務之學，又以見《易》爲盡性之書，非後世卜筮之流也。

《象》曰："利用禦寇"，上下順也。

上之剛不爲寇而止寇，上之得其道也。下之人因其所止，而其寇爲之止，下之得其道也。故曰"上下順也"。

☰☵ 乾下
坎上

需：有孚，光亨，貞吉，利涉大川。

凡人作事，皆責成於目前，其間多有阻隔，而目前不可成者，其勢不容於不待。然不容不待者，其心多非所樂。其待也，未必出於中誠，不免於急迫覬望之意。如此則懷抱不開，胸中許多暗昧抑塞而不光明豁達，故聖人特發"有孚"之義。蓋遇事勢之未可爲，即安於義命，雍容以待幾會，而不切切焉以厚覬望，則其待也，出於真實而非虚假矣。如此則心逸日休，胸襟洒落而无滯碍，不亦光明亨通乎？然使心安於需，而事或未出於正，則將來亦未必可成。必也所需之事皆出於正，而无行險僥倖之爲，則功深而效得，時動而事起，向者之所需，而今皆就緒矣，故吉。漢高帝厄於項羽，强就漢中之王，蕭何勸以養民致賢、任用三傑，卒能破秦滅項而成帝業。劉盆子雖爲衆所推，四方未定，不能立綱陳紀以興復帝業，而猶踵盗賊之故習，而卒於无成。可以見聖人"貞吉"之旨矣。"利涉大川"作實象説，天下之險難亦在其中，大川多有風波之險，人多不能寧耐而致覆溺之禍，故聖人特於《需》發其義，使天下後世之人知涉大川巨險者，皆必能待然後有濟，其仁天下也至矣。

陰柔性躁，不能寧耐。陽性剛健，則沈毅不苟而能寧耐。蘇子瞻《張良論》云："能忍人之所不能忍者，天下之大勇也。"可見剛健能待之義。"孚，信之在中者"，是以心言。"發己自盡爲忠，循物无違爲信"，孚則"發己自盡之忠"也。

《彖》曰：需，須也；險在前也，剛健而不陷，其義不困窮矣。

言需之義，須也。此卦坎上乾下，坎之性爲險，而在其上，是險在前也；乾之性爲健，而在其下，以臨於險。剛健之性，能寧耐久待而不遽進以陷於險，此其理自不至於困窮矣。

"需，有孚，光亨，貞吉"，位乎天位，以正中也。

言需而有孚，則光亨；若又得正，則吉。何所取哉？蓋以卦體言，此卦以九居五而在上體之中,是居乎天位,正而且中,有“有孚”、“得正”之義。蓋以陽居陽,正也,正是“貞”之義。在上體之中,中也。中爲中實,是“有孚”之義。正則順乎道理而无行險僥倖之事,卦辭之“貞”取此。中則安於義命而无計獲期望之私,卦辭之“有孚”取此。彖辭“有孚”在先,“貞吉”在後;《彖傳》“正中”,則“貞”又在先,“有孚”又在後。“位乎天位”,只是明居五,不重在位上。《程傳》曰“居天位指五”可見。

“利涉大川”,往有功也。

據《彖傳》《程傳》不見兩象意,似只承“正中”説來。《本義》兼兩象,未知是夫子之意否,今但得依他,然不可遺了上文“正中”意。觀《本義》“以卦體及兩象辭卦辭”,以“及”字界卦體,似亦兼“正中”意。今爲之説曰:所謂利涉大川者,由卦體正而且中,卦象乾健以臨坎水。夫正則不行險僥倖,中則无私意期望,剛健則能從容寧耐,有此數者,故往涉大川,險必可濟而有功也,有功是利。

《象》曰:雲上于天,需;君子以飲食宴樂。

問:“《本義》‘雲上於天,待其陰陽之和而自雨’。雲既上於天,陰陽猶未和,何也?”曰:“雲是陰陽之氣,陰陽初交則成雲,及交而固則成雨,固則和矣。雲上於天,是陰陽相交之始,猶未固也,未固則未和。然亦自此積之,久之則固而和矣,无容别有造作矣。故曰:‘无所復爲,待其陰陽之和而自雨。’”《程傳》曰:“雲氣蒸而上升於天,必待陰陽[和]洽,然後成雨。雲方上於天,未成雨也。”

“飲食宴樂”,非教人飲食宴樂也,明其无所作爲爾。事之當需者,如爲學、爲治,以至凡百事務皆有之。爲學者,致知力行,工夫已做了,无容復爲。若夫學業之成,則不容急,惟當待之爾,《孟子》“勿忘勿助”,即此意也。爲治者,紀綱法度、治道規矩,皆已備舉,无容復爲。若夫治效之成,則不容急,惟當待之爾,夫子“必世而後仁”,即此意也。

《蒙引》曰:“飲食,即宴樂之具。”

初九,需于郊,利用恒,无咎。

郊,曠遠之地,未近於險。初九在《乾》卦之下,去上卦坎險尚隔二爻,是未近於險,故爲“需于郊”之象。郊未近險,義不可進,而初九陽剛,又有能恒於其所之象。占者止而不進,危邦不入,亂邦不居,則不陷於險而无咎矣。

《象》曰:“需于郊”,不犯難行也;“利用恒,无咎”,未失常也。

言不犯險難而行,即《本義》“未近於險”之意。“未失常”,言未失其所需之常也。常時需于郊,而今尚在其所而未失也。

九二,需于沙,小有言;終吉。

沙,水涯之物,近於險也。九二漸進近坎,故其象爲“需于沙”。去險漸近,雖未至於患害,然亦未能全无事,故未免小有言,蓋人以言語傷我也。言語之傷,雖災害之小,然使不善處之,未有不因以起禍者。九二剛而得中,剛則能寧耐,中則能善處,故不但不入于險,而終得出乎險,是終吉也。

《象》曰:“需于沙”,衍在中也。雖小有言,以吉終也。

言二雖近險,然九爲剛爻,剛則能寬裕而不急迫,是以寬在中而不急進也。以寬居中,故始雖漸近于險,而終則能出乎險,故曰“以吉終”。

九三,需于泥,致寇至。

近水有沙,沙下有泥,泥與水連,需于泥,將陷于水矣。九三去險甚近,地已可危,過剛不中,性又不善,乃致寇至,孽自己作,咎將誰歸,占者不可不慎也。

《象》曰:“需于泥”,災在外也;自我致寇,敬慎不敗也。

外謂外卦,言其災只在近也。寇自我致,不敬慎焉爾。若能敬慎,則不敗也。此聖人"發明占外之意",蓋占中所无,而聖人發之也。

六四,需于血,出自穴。

四交坎體,已入乎險,故其象爲"需于血"。血者,殺傷之地,四需于此,則害臨身矣。然六居四,爲柔得其正,柔得其正,則能需而不進,是有消災解難之術,而卒出乎險,故又爲"出自穴"。既傷有血,又曰需,何也?緣卦名而言也。均之四也,既曰血,又曰穴,何也?自其傷言則曰血,自其出言則曰穴。

沛公見羽鴻門,彷彿此爻之義。吴東湖工尚初爲江西參政,征姚源洞,爲賊所得,卒能誘説賊徒,使縛其酋長而自脱其身,又因以平賊,亦庶幾此爻之義。

《象》曰:"需于血",順以聽也。

言雖需于血,能柔順以聽時,而不躁進以犯難,故卒能出自穴也。

九五,需于酒食,貞吉。

九五居尊而當需之時,是治道之所當爲者,皆已爲之而无容復爲矣,特當雍容以待治功之成爾。然使急於功利之君,未必不妄有作爲,以生意外之患者。九五陽剛中正,陽剛則性能寧耐,中則心不偏,正則事不邪,故能安以待之而不妄有所爲。其象爲"需于酒食",言只以酒食爲事而无所作爲,非縱情於酒食,以銜盃爲高致也。需于酒食,貞也。占者如之而貞,則吉矣。

《本義》"需于尊位",《蒙引》重之,謂"非其尊位則不得安以待之"。依愚見,需于尊位,特言其爲君爾。世有苟於功利之君,非不居尊位也,而亦不能安以待之,何也?故不重爲是。

《象》曰:"酒食貞吉",以中正也。

居上體之中,是其中也。以陽居陽,是其正也。中則心不偏,正則行不邪,故當需之時,能安以待之,而不生急迫覬望之私。

《蒙引》曰:"'中正'字含得尊位意。"似不必用。大抵《象》、《象傳》,各自爲説,不可比而同之。

上六,入于穴,有不速之客三人來;敬之,終吉。

上六,據"不速之客"爻辭,未見得是不好人。據《本義》"柔不能禦"及"非意之來"二句,又似是不好人。今只依爻辭,大抵上六在險難之中,九三既與己相應,未必是不好人。其下二陽,與之同類,需極並進,未必有惡意。特其來非出於己之召致,故以爲不速之客爾。"敬之,終吉",言能致敬盡禮於三人,則可資其力以出險也。如沛公先入關,項羽怒攻之,項伯與張良善,欲與俱去,張良邀項伯入見沛公,奉巵酒爲壽,與爲婚姻,遂因以謝項羽而得免於難,彷彿此爻之義。

《象》曰:不速之客來,"敬之,終吉",雖不當位,未大失也。

未詳。

䷅ 坎下乾上

訟:有孚窒,惕,中吉;終凶,利見大人,不利涉大川。

訟,争辯,是訟於官,非"内自訟"之"訟"。爲卦,上《乾》下《坎》。上剛以制其下,則下情爲之不堪;下險以伺其上,則其智足以謀上,此訟之道也。内陰險,其奸足以害物;外强健,其力又足以濟奸,亦訟之道也。己險能執彼之短以爲辭,彼健能爲我之敵而不屈,亦訟之道也。故其卦爲《訟》。

聖人設卦、觀象、繫辭,觀卦爻中有此象,便繫以此辭。今術家六壬卦,取貴人、天喜、禄馬、六親之類,其源皆出於此。此卦九二中實,有中孚之象。上无應與,有見窒之象。坎爲加憂,有惕之象。卦變剛來得中,有得中之象。上九過剛,居訟之極,有終極其訟之象。九五剛健中正以居尊位,有"大人"之象。以剛乘險,以實履陷,有"不利涉大川"之象。故其占爲有孚信而見窒,能懼而得中則吉,終極其訟則凶,見大人則利,涉大川則不利,皆卦有此象而繫以此辭。"占者當隨其所處以爲吉凶也。"

言占得此卦者，必情本真實而不免見窒，一時或未能直。然訟非美事，必恐懼畏謹，如在己之枉，能伸即止，而不過於求勝，則既不傷身，又不費財，吉之道也。如訟不知止，過於求勝，終極其訟，不但傷身，而又費財，凶之道也。大人善於聽斷，必見大人，然後可以求直，故利。行險僥倖以取勝，是涉大川也。其理決難取勝，而所喪亦不爲小，故不利。

《彖》曰：訟，上剛下險，險而健，訟。

說見卦辭。

"訟，有孚窒，惕，中吉"，剛來而得中也。

《易》中卦變，見朱子《卦變圖》。凡一陰一陽、二陰二陽、三陰三陽、四陰四陽、五陰五陽之卦，各有所自來。《遯》卦二陰四陽，《易》中二陰四陽之卦凡十四，皆自《遯》而來。此非《易》之本義，乃有《易》之後，聖人看得有此義，故特發一例爾。言此卦自《遯》而來，剛自三來而居二，柔自二進而居三，是剛來而得中也。有得中之義，是以"惕，中吉"。

"終凶"，訟不可成也。

《程傳》曰："訟非善事，不得已也，不可終極其事。極意於其事則凶矣，故曰不可成也。"

"利見大人"，尚中正也。

《程傳》曰："訟者，求辯其是非也。辯之當，乃中正也，故利見大人，以所尚者中正。""尚中正"，是大人自尚，不是人去尚他。

"不利涉大川"，入于淵也。

以剛乘險，以實履陷，"入于淵"之象也，故不利涉大川。

《象》曰：天與水違行，訟；君子以作事謀始。

彼此違戾，訟之由也。若兩情相順，訟何由興。此天水違行，所以有訟之象。夫訟不興於訟之日而興於作事之始，作事不預謀，此訟端之所由起也。故君子於其始而謀之，看事理有无違碍，人情有无違拂，終久有无禍患。凡其事之不善而可以致訟者，皆杜絶之而不爲，則訟端无自起矣。

初六，不永所事；小有言，終吉。

陰柔則才弱，居下則力微，故不能終極其訟。其象爲“不永所事”，言不能久訟也。然當訟之時，必有雀角之災，而至於小有言，雖小有言，終得辯明，故吉。

“不永所事；小有言，終吉。”純是象，占在外。

《象》曰：“不永所事”，訟不可長也；雖“小有言”，其辯明也。

此只據理言，不本爻位言。訟非善事，不可終極也。終極其訟，縱使能勝，所損已多，而或不勝，禍兹及矣。“其辯明”，解“終吉”意。

九二，不克訟，歸而逋。其邑人三百户，无眚。

陽剛爲險之主，是剛强而且險狡也，故其志本欲訟。所幸者，以剛居柔，得下之中，是不獨任乎剛而有柔順得中者在，況所遇者九五，以陽剛居尊，其勢亦不敵，故其象爲“不克訟”，歸而逋逃。其邑只有人三百户，蓋自處於卑約之地，以示屈服之意也。苟猶據大邑，雖曰退伏，迹尚可疑，如都城百雉，足以偶國，豈能免於禍乎？占者如是，則可以免禍矣，故无眚。

《象》曰：“不克訟”，歸逋竄也；自下訟上，患至掇也。

“歸逋竄”直説下，至“患至掇”，方是解其意。言九二不克訟，隨退歸而逋竄也。所以然者，蓋自下訟上，患之至乃自取也。

六三，食舊德，貞厲，終吉；或從王事，无成。

六三陰柔則才弱，當訟之時亦不能訟，守舊而已，故其象爲食舊德而居於貞。受侮於人，不免可危，然含忍不較，畢竟是好，故爲終吉。以陰柔之才，使或出而從王之事，必无成功。

《象》曰："食舊德"，從上吉也。

此《傳》不復粘訟説，只舉"食舊德"一句，"或從王事，无成"俱帶了。惟"或從王事，无成"，故只宜食舊德；惟只宜食舊［德］，故"或從王事，无成"。二句只是一意。言六三之食舊德，或從王事无成者，蓋三之才不足以有爲，凡事惟主於上而已。一從其所爲，則事可成而吉也，若不從［上之］所爲而欲自主，事必无成功矣。此三所以食舊德也。

九四，不克訟；復即命，渝，安貞吉。

九四剛而不中，剛則不屈於人，不中則所行失當，故有訟象。以其居柔，則不純任乎剛而有退巽者在，故爲不克訟，"而復就正理，渝變其心，安處於正之象"。"復即命"以事言，"渝，安貞"以心言。曰"復就正理"，可見始之欲訟者，非正理也。曰"渝，安貞"，可見始之欲訟者，非貞也。見善則遷，有過則改，若四者可无愧矣。

《象》曰："復即命，渝，安貞"，不失也。

解"吉"字。此以理之得失爲吉凶，非以事之禍福爲吉凶也。

九五，訟，元吉。

九五陽剛中正，以居尊位，中則聽不偏，正則斷合理，故曰"聽訟而得其平"。占者遇之，訟而有理，必獲伸矣，故元吉。

《象》曰："訟，元吉"，以中正也。

即《彖傳》"尚中正"意。

上九，或錫之鞶帶，終朝三褫之。

上九以剛居訟極，剛則能訟，居訟極又能終極其訟。夫强辭足以奪正理，終訟无理而或取勝，世固有之，故有“或錫之鞶帶”之象。然理无終屈，人難常勝，得之既以終訟，失之亦不旋踵，故又爲終朝而三見奪之象。“或”者，未必然之辭；“三”者，不可得之甚。得之未必其果然，失之乃一朝而三褫，可見得之難而失之易，得者間一二，而失者常百千也。

《象》曰：以訟受服，亦不足敬也。

聖人爲此語，以抑僥倖之小人也。

䷆ 坎下坤上

師：貞，丈人吉，无咎。

“伏至險於大順”，即“坎險坤順”；“藏不測於至静之中”，即“坎水坤地”，就是“寓兵於農”之意，故有師之象。

卦有寓兵於農之象，九二有將之象，上下五陰有衆之象，二五相應有人君命將出師之象，合此數象，故其卦爲《師》。

兵凶器，戰危事，不可輕舉。師不以正，則有黷武殃民之災；將不得人，則有僨軍殺將之禍。故聖人於《師》發“貞丈人”之戒，言出師以正，任將得人，則可以成功而无咎也。“吉，无咎”當分看：有吉而无咎者，湯、武之伐桀、紂，漢高之誅秦蹙項是也。有吉而有咎者，嬴秦之滅六國是也。有无咎而不吉者，孔明之伐魏是也。“吉，无咎”，言其功可成，於理又无咎也。《語録》、《蒙引》説：“吉方无咎。”覺未是，使无名興師而倖勝，如嬴秦之滅六國，可謂吉矣，謂无咎可乎？故愚不用。

《彖》曰：師，衆也；貞，正也。能以衆正，可以王矣。

《本義》：“此以卦體釋《師》‘貞’之義。”卦體不甚明白，只在“以”字内見得,故《本義》曰:"一陽在下之中,而衆陰皆爲所以。"

"師,衆也;貞,正也。"只是解字義,於卦義、卦體俱无取。言師之義,衆也;貞之義,正也。以卦體言,此卦一陽在下卦之中,上下五陰順而從之,可見衆皆爲所以矣。夫師之正不正,全在以之何如爾。能以之而出於正,則爲王者之師而可以王矣,此師之所以利貞也。

《本義》"以卦體釋卦辭",未知是夫子之意否。依愚見,若作只據義理說,不粘著卦體,尤善。

剛中而應,行險而順,以此毒天下,而民從之,吉又何咎矣!

不剛則无威,過剛則太暴,无應則信任不專,不得行其志。行險而不順人心則殃民,剛中而應,行險而順,非有老成之德者不能也。以此行師,雖云師旅之興不无傷財害民而毒害天下,然天下皆知上之此舉非以殃民,乃以安民,咸服而從之,簞食壺漿以迎王師,而大功可成,吉莫加矣,又何咎之有?

《象》曰:地中有水,師;君子以容民畜衆。

坎水在坤地之下,故曰"地中有水"。地中有水,猶民中有兵也,故其卦爲《師》。君子體之,以爲兵衆不外於庶民,則所以畜兵衆者,亦豈外於民哉?故於无事之時,務本節用,以阜其財;薄賦輕徭,以節其力;省刑薄斂,以緩其生。凡以容保其民使有生之類,各得其所。然民生既厚,則膂力方剛;預養有素,則緩急得用。卒伍軍旅之衆,皆藏於比閭族黨之中;行伍戰鬬之事,咸伏於畎畝耰鋤之内。一有徵發,皆爲王敵愾,爲國禦侮,而不患於无兵矣。是容保其民者即所以畜養其兵衆,不待外民以求兵也。

初六,師出以律,否臧凶。

此爻只據在卦之初、爲師之始上說道理,如《蒙》初六一樣。言師者,關衆之死生,國之存亡。律則行師之法,師之所由以成敗者也。故師之出也必以律,必也造作進退之有節,攻殺擊刺之有則,牛馬臣妾之勿逐,或六步、七步之不敢越,或四伐、五伐、六伐之不敢亂,如此則將爲知兵而成功可保矣。若師出不以律而不善,則功不可成,僨軍敗國之禍立見矣,故凶。

《象》曰:"師出以律",失律凶也。

"失律凶",明否臧之爲失律也。

九二,在師,中吉,无咎;王三錫命。

九二在下,爲衆陰所歸,將之象也。有剛中之德,則恩威並行,謀猷克壯,以是而在師旅之中,將見戰必勝,而攻必取,故"吉,无咎"。上應於五,爲所寵任,又爲"王三錫命"之象。蓋將兵在將,將將在君,將雖有才,非君委任,亦无所施,此王者所以致隆於九二,錫命頻繁,至再至三而不已也。

《象》曰:"在師中吉",承天寵也;"王三錫命",懷萬邦也。

言九二在師旅之中而得吉者,以承天之寵任也。人臣非君寵任之,安得專征伐之權而有成功之吉。王者所以三錫命於九二者,蓋其心懷念萬邦之民陷於水火,寵任良將,使誅暴鋤亂以安之也。

六三,師或輿尸,凶。

以陰居陽,陰則才弱,陽則志剛,不中則心邪,不正則行頗,故犯非其分而至於輿尸。"犯非其分"者,不量勢力不敵而輕舉妄動,以取敗也。"師或輿尸"是象,"凶"是占。

《象》曰:"師或輿尸",大无功也。

"大无功"解"凶"字。

六四,師左次,无咎。

陰柔不中,其才智不足以料敵而制勝,而居陰得正,則能審時而量力也。故知其不可勝而全師以退，爲“師左次”之象，占者如此，可以无咎。

《象》曰：“左次无咎”，未失常也。

知難而退，師之常也。左次之得无咎者，以未失其常也。以“未失常”解“无咎”。

六五，田有禽，利執言，无咎；長子帥師，弟子輿尸，貞凶。

六五居尊，用師之主，柔順而中，不爲兵端，是有恭儉玄默之德，无喜功生事之心。敵加於己，不得已然後應之，是必蠻夷猾夏，寇賊奸宄，爲生民之害，然後興師動衆以伐之，故其象爲田中有禽，食我禾稼，其占利於搏（縛）執，而无黷武殃民之咎。夫用師得正，固可无咎，任將不專，亦難成功，故必用長子帥師可也。若以弟子參之，則權出多門，事无專主，而功不可成矣，故凶。

《象》曰：“長子帥師”，以中行也；“弟子輿尸”，使不當也。

言必用長子帥師者，由九二以中德而行師也。弟子輿尸，由上之所使不當也。夫將者三軍之司命，任不可不專也。既用長子，復參之以弟子，使事權不一而致敗事，是上之所使不當也，將誰咎乎？

上六，大君有命，開國承家，小人勿用。

“小人勿用”，若依《本義》“但優以金帛”之説，則一例有功，如何不及他得。若如《語類》之説，作“勿與之謀議經畫”，又與上文不相接，覺未是，似難判斷。今以愚見斷之，“小人勿用”，是以戒行師之初不可用小人立功也。蓋用小人立功，及至有功，不得不一例賞以爵邑。若一例賞以爵邑，又恐播惡於衆，故不若於行師之初不用之爲愈也。故《象傳》聖人謂其“必亂邦”。彖辭於“師貞”之下，即言宜用丈人，五爻之辭又戒用弟子，即此意也。或謂行師之初，戒之可也。今既成功，然後戒勿用，不已晚乎？曰：師之始既言之，師之終而復言，正戒人當謹於其始也。按愚之説，似可通，姑俟識者評焉。

《象》曰:“大君有命”,以正功也;“小人勿用”,必亂邦也。

言大君有命,或開國,或承家,所以正武功大小之等也。蓋軍旅之功,有大有小,論功行賞,務必停當,然後可以服衆人之心。如斬將搴旗,攻城略地,關成敗之大數者,功之大也。尋常斬數級挫一鋒,无關成敗之大數者,功之小也。必論量揆度功之大者受大賞,功之小者受小賞,務俾大小輕重,各得其當,爵必稱功,賞必酬勞,无僭差,无私吝,然後可服有衆之心,勸從事之臣,而塞禍亂之源矣。若功次不明、大小紊亂,人心何以服?從事之臣何以勸?禍亂之源何以遏哉?夫子特發其義於《象傳》,其旨深矣!

䷇ 坤下 坎上

比:吉。原筮,元永貞,无咎。不寧方來,後夫凶。

《比》之爲卦,不止是下比上,實兼上比下。蓋必在己有以爲人所比,然後人從而比之。故《本義》謂:“以一人而撫萬邦,以四海而仰一人之象。”兼上下解卦辭“吉”。《本義》解曰“當爲人所親輔”,是說下比上。“原筮,元永貞,无咎。不寧方來”,是說上比下。亦是兼上下説,非卦无此象,繫辭添入也。

《本義》:“比,親輔也。”下曰:“九五以陽剛居上之中而得其正,上下五陰,比而從之。”就見比之義,故不復提卦名而直及卦辭,從省文也,而其義亦未嘗不備。

“原”訓“再”,如人所謂“依原”之“原”。漢立原廟,《中庸或問》註謂“又一廟也”,可見。

元訓善,蓋元即仁也,仁即善也。《春秋》胡傳曰:“元即仁。仁,人心也。”亦是此意。《文言》曰:“元者,善之長也。”則以元爲善,其來遠矣。古有元而不永者,唐太宗貞觀之治而不克終,唐明皇開元之治變爲天寶之亂是也。有元永而不貞者,漢文帝恭儉二十年如一日,而不免溺於黄老清净之説;宋神宗鋭志更政,終身爲王安石所惑而不悟是也。用是知比人之道,“元永貞”三字缺一不得,真萬世君人之格式律令也。

“无咎”，是就爲人所比者言。“不寧方來”，又是極其效而言之，略似“有他吉”意。

“後夫”，依愚見，還是執迷不服者，如漢隗囂、公孫述之徒，故凶，言被誅戮也。不是不見受，王者於人，无有不受之理。

卦辭只就比上説道理，不用《彖傳》意。

《彖》曰：比，吉也；比，輔也，下順從也。

“比，吉也”，《本義》謂“三字疑衍”，《語録》謂“也”字羨，《程傳》曰：“比者，吉之道也。物相親比，乃吉道也。比，輔也，釋比之義。下順從也，解卦所以爲《比》也。”依愚見，《程傳》之説似是，文无加增而義亦无失。或謂不當先卦辭而後及卦名，不知卦辭之吉本於卦名。故《彖傳》先舉卦辭，而後以比之所以爲比者釋之，是一舉而卦名卦辭兩得之，則辭不重複而意俱完，亦從省文也。

“原筮，元永貞，无咎”，以剛中也。

此言聖人本卦體以繫辭也。蓋九五以陽剛居上之中，在比道爲元善而且永貞，故取其象。《程傳》曰：“以陽剛當尊位爲君德，元也。居中得正，能永而貞也。”九五“顯比之吉，位正中也”，亦當依此例看。

“剛中”即是“元永貞”，但就卦體言則曰“剛中”，就比道言則曰“元永貞”。或以天德、王道立説，不是。

“不寧方來”，上下應也；

言不寧方來，何所取哉？蓋卦體上下五陰皆應乎九五，即不寧方來也，故取其象。

“後夫凶”，其道窮也。

道即理也。執迷不服，其理當困窮矣，言當被誅戮也。

《象》曰：地上有水，比；先王以建萬國，親諸侯。

水流亦有不到之處，曰“地上有水，水比於地，不容有間”，何也？此指地中之水也。地若无水，不能生草木，地豈有一處无水哉？

“地上有水，水比於地，不容有間。”比之象也。先王觀斯象也，以天下至廣，億兆至衆，天子以一人之身，居九重之上，安得人人而比之。於是列爵惟五，分土惟三，建立公、侯、伯、子、男之萬國，而有巡狩述職之典，以親諸侯，則諸侯各承其命令，行其政教，而保其民人。天子雖不人人而比之，而惠澤周流，无一人之不被。此先王所以比天下而无間，亦猶水比於地，不容有間也。

初六，有孚比之，无咎；有孚盈缶，終來有他，吉。

孚，信之在中者。夫與人相比者，多事外貌而比之。初相信未久，又恒情之所不敢委以腹心也。故聖人發有孚之象，言與人初比也，内有誠心，不事外貌而有孚焉，則外不失人，内不失己，而无咎矣。若自此積之，自事上接下，事親交友，凡一切待人接物，无一而不出於誠，而充滿積實焉，則誠能動物，信以發志，將來有他至之吉，不止其初比之无咎矣！

《象》曰：比之初六，有他吉也。

曰“比之初六”，則“有孚比之”、“有孚盈缶”，皆舉之矣，故曰“有他吉也”。

六二，比之自内，貞吉。

臣必擇君而仕，然非有道之臣，則求非其類，亦不能得賢君也。六二柔順中正，是不苟於從人，而上應九五，又可事之君。故由内卦而往比之，是蓋遭逢有道，舍畎畝而依日月之光，以冀其道之得行，不甘與鳥獸同群而自失其可爲之機也。占者如是，則所比得人，可謂正矣。正則无失身之嫌，故吉。

“比之自内”，内卦也。在卦爲内外，在時位爲隱顯。比之自内者，入仕於君而自畎畝，如伊尹起於畎畝，太公興於渭水是也。

六二釋畎畝而際風雲，所親輔者，龍飛之天子，是比之自内而得其正者也。占者如是，則不降志，不辱身，進退以道，出處以義，何吉如之。

吉者得正，則无失身之辱也，本《象傳》意。未及功業者，聖人方喜其出處之得正，未及其功業之何如也。

《本義》："自内比外，爲得其正，吉之道。"是言爻有此象，占者如是，則正而吉，方是解爻辭"貞吉"。六四亦然。

《象》曰："比之自内"，不自失也。

不自失，解"吉"意。

六三，比之匪人。

六三，上面所承者六四，下面所乘者六二，與之相應者上六，皆是陰爻，故爲比之匪人。六二、六四在本爻皆爲善，就三言則爲惡者，《易》不可爲典要，隨在取義，故不得而同也。

《象》曰："比之匪人"，不亦傷乎？

爻辭无凶咎，此曰"不亦傷乎"，乃夫子之意，所以深警乎人也。

六四，外比之，貞吉。

六四居在外卦，是以在位之臣而比九五之君者，故曰"外比之"，"之"字指九五。六四以柔居柔而得其正，故能比乎正，而所比者九五又可比之君也，故曰"爲得其正，吉之道也"。占者如是，則正而吉矣。此"吉"字與六二不同，蓋二新進之臣，四則近君之臣，所以不同。遭逢有道而无"匪人"之傷，二之吉也；聖君賢相，共成正大光明之業，四之吉也。

《象》曰：外比于賢，以從上也。

《象傳》釋六四爻辭有兩意，言六四外比九五之賢，實以從君上也。君臣之義无所逃於天地之間,四之從五,豈徒以德而實以位也。

九五,顯比;王用三驅,失前禽,邑人不誡,吉。

顯與隱對。光明正大而无隱伏回曲闇昧褊窄者,顯也。隱伏回曲闇昧褊窄而不光明正大者,隱也。王者以父母天下爲職,生養教誨,但知吾分所當爲,盡其道而爲之,至於民之感恩與否,則聽其在彼,初不屑屑焉暴其私恩小惠,違道干譽,以求百姓之我親。此其施爲舉措,何等光明正大!而豈有隱伏回曲闇昧褊窄之病?故謂之顯比。譬如王者,解一面之網,用三驅之田,禽獸向我而入者取之,背我而前去則失之,初不求於必得。至於私屬,亦喻上意,不相警備以求必得焉。夫"王用三驅,失前禽"者,王道之得;"邑人不誡"者,王化之行,凡此皆吉之道也。占者能如九五之顯比,則亦王道得而王化行矣,是其吉也。

《孟子》曰:"王者之民,皞皞如也。"楊氏解曰"王者如天,不令人喜,不令人怒"。此最可玩味"顯比"氣象。夫王者,因民之所利而利之,初非有心於利之使民喜也;因民之所惡而去之,初非有心於去之而使民忘怒也,此其道不亦光明正大乎?若有心於利民而使人喜,有心於殺民而使民忘怒,則隱伏回曲闇昧褊窄而非王者大公之道矣。

《象》曰:顯比之吉,位正中也;

言九五顯比之吉,何所取哉?由其所居之位正而且中也。蓋九五以陽居陽,是其正也;居上之中,是其中也。在爻爲正中,在比道則爲顯比,故取其象。舊説以天德王道立説者,非是,以下句"邑人不誡,上使中"觀之可見。蓋"邑人不誡,上使中",則是"王用三驅,失前禽",上之中也。以是觀之,正中之爲顯比益明矣。凡諸爻《象傳》中正、正中之類,皆當如此看。

舍逆取順,失前禽也;

禽之逆我而去者,舍之;順我而來者,取之,是失前去之禽也。只就田獵上解，正意在言外，如《屯》六三“即鹿无虞，以從禽也”例。

“邑人不誡”，上使中也。

邑人不誡，邑人之中。所以然者，由上之中使之也。蓋“王用三驅，失前禽”，上之中也。上行下效，理之必然，故下之中皆上之所使。

上六，比之无首，凶。

居卦之上，首之象也。上六以陰柔居之，則无可比下，若人之无首然，故其占凶，漢之劉盆子是也。

《象》曰：“比之无首”，无所終也。

爻取上下之象，曰“无首”。《傳》取終始之義，曰“无終”。既无首可以比人，終竟如何收殺，故曰“无所終也”，故《本義》曰“无首則无終”。

䷈ 乾下
巽上

小畜：亨；密雲不雨，自我西郊。

巽之德，爲巽、爲入。陰性最善入，而其入必以巽。巽者，順勢漸入之謂也。氣之善入者莫如風，物之善入者莫如木，故其象爲風爲木。

《小畜》有二義，一是以小畜大，一是所畜者小。亦惟以小畜大，故所畜者小，其歸一而已矣。上巽下乾，以陰畜陽，固小畜也。六四一陰，上下五陽皆爲所畜，亦小畜也。

占得《小畜》者，當被畜止。張南軒謂：“君子之行事，小人得以擾繫之；大事之將就，小物得以邀阻之。”朱子謂：“君子爲小人所畜，君爲臣所畜，亦是。”亨是爲人所畜者得亨通也，《蒙引》“爲陽亨”是也。夫以小畜大，所畜者小，以勢言，陽固當亨。況此卦之德，内健外巽，此卦之體，二五皆陽，各居一卦之中，而用事在陽，又有不爲所畜者，故其占當得亨通。然以小畜大，所畜者小，畜未極而施未行，又有“密雲不雨，自我西郊”之象。筮者得之，則占亦如其象，蓋未能厚積而遠施也。“亨”是言目前被畜之事得亨。“密雲不雨，自我西郊”，言目下未能做大事業，不復粘著陰畜陽説。《蒙引》曰：“此‘畜’字難把‘以陰畜陽’‘畜’字來爲例，當與上九‘畜極而成’‘畜’字同看。”又曰：“文王演《易》時，方見囚繫，未能得志行乎中國，所謂畜未極而施未行也，故曰《小畜》之時。”

《彖》曰：小畜，柔得位而上下應之，曰小畜。

柔指六四，得位指六居四，得時位也。惟得時位而上下應之，故皆爲所畜。

健而巽，剛中而志行，乃亨。

内健則有能爲之資，外巽則有善處之術。二五皆陽，各居一卦之中，而用事則其勢猶得以有爲也。故當《小畜》之時，雖爲畜止而棲蹇，終能進作而亨通。

“密雲不雨”，尚往也；“自我西郊”，施未行也。

此是就造化説，不就人事説。言“密雲不雨”者，以陰畜陽，畜之未極，其氣猶上進也。所以然者，蓋“自我西郊”，陰先倡也。

陰倡而陽不與和，故其氣只管上進而不雨也。原來，雨澤是地氣上升，得上面天氣下降，畜得他固，則地氣進去不得，始下降而爲雨。天氣不降，畜陰不固，地氣猶上進，故不能下降而爲雨也。曰“自我西郊，施未行”者，蓋陰陽和而後雨澤降，陽先陰倡則陰和之而和，陰先陽倡則陽不和而不和。陽之倡必在東郊，東，陽方也。陰之倡必在西郊，西，陰方也。“自我西郊”，是陰先倡也。陰倡而陽不和，故雲雖密而不成雨。

陽之倡必在東，陰之倡必在西，各自其方而起也，然有不盡然者。大抵文王亦自陰方，以著《小畜》之義爾。問：“天氣屬陽，地氣屬陰。今以陰畜陽，反以天氣爲陰，地氣爲陽，何也？”曰：“以兩儀之分言，則位乎下而氣上騰者爲陰，位乎上而氣下降者爲陽。自四象之交言，則陰之騰上者又爲陽，陽之下降者又爲陰。"此《蒙引》之説也,可謂發朱子之所未發。

《象》曰:風行天上,小畜;君子以懿文德。

大風一過,草木皆爲之屈撓,過後則旋復其舊,是能畜而不能久也,有氣而无質故也。

"懿文德",威儀文辭之類是也。《論語》曰:"知及之,仁能守之,莊以涖之,動之不以禮,未善也。"然則,文德亦學問之不可少者。此是就人事中覓一件來配《小畜》之象,不是説君子之學專要懿文德也。

"風行天上",造化之小畜也。"君子以懿文德",人事之小畜也。

初九,復自道,何其咎? 吉。

乾上坤下,陰陽之定分也,故以乾爲在上之物。在上如何? 君子上達是也。在上之物屈而在下,故不能安。其志欲上進,蓋欲復其舊也。如君子或有不幸而遇小人,爲其所畜,不得行其志,然其志不甘於卑下而欲自振拔以向上,是志欲上進也。如竇融隔於隗囂,馬援隔於公孫,二人不能從光武,以自守不從,其後卒得歸漢,是二人不能阻,乃復自道也。

初九體乾則志欲上進,居下則未交於物而初心未變,得正則不苟合,前遠於陰則不近害。故雖與四爲正應,卒能自守以正,不爲所畜,而得遂其上進之志,有"復自道"之象。謂復其本位,自其故道也。蓋陽本在上之物,向也失之,而今復之也。夫不尼於邪而得遂其平生之志,在我不失其守,何咎之有哉? 无咎則吉矣。志行不虧,名節无喪,便是吉也。常説皆謂"无咎是理,吉是事",愚獨不然者,爲"復自道"是得遂其進,已是事吉了,難再説"吉"字。觀《小象》不復曰"何其咎",只曰"吉",以吉即无咎也。

"亦"者承上爻義。初《小象》曰:"復自道,其義吉也。"二《小象》曰:"牽復在中,亦不自失也。"以"牽復"之吉,爲"亦不自失",可見初復之吉,本不自失也。亦可見"何其咎"之爲吉矣。

《象》曰："復自道"，其義吉也。

言其无咎而得吉，理之宜然也。《小象》爲此語與爻辭"何其咎"，皆快之之辭，蓋嘉其能守，不爲陰畜也。不然，他處皆有"无咎""吉"之辭，爲何聖人都不如此立言？

九二，牽復，吉。

三陽志同，皆欲上進者也，而九二漸近於陰，不若初九之前遠於陰之尤善矣。然其德剛而得中，則其守猶不減於初也，故能與初九牽連而復，去邪歸正，不屈折其平生志義，相先在中行而獨復，吉之道也。占者如是，則不自失而吉矣。

《象》曰：牽復在中，亦不自失也。

言所以牽復者，以其在中，故亦有以自守而不至於自失也。以"亦不自失"之言觀之，可見初九之"何其咎"即是"不自失"。

九三，輿説輻，夫妻反目。

九三欲上進，與初、二同，然剛而不中，與初之得正、二之剛中不同，迫近於陰，又與初之前遠於陰、二之漸近於陰不同，故但以陰陽相説爲所繫畜而不能自進。蓋初志不終、見欲而動者也，故爲"輿説輻"之象。然三，陽爻也，其志素剛，雖一時動於欲而爲陰所畜，終能悟其非而思反乎正，故又不能平而與之争，有"夫妻反目"之象。三之不能平者，實自志欲上進而來也。志欲上進而爲其所畜者，天理之公卒无以勝人欲之私也。又不能平而與之争者，天理不終泯又有時而發見也。

《象》曰："夫妻反目"，不能正室也。

且就夫妻上説，正意見於言外，如"即鹿无虞，以從禽也"例。不能正室，咎在三也,聖人之情可見矣。

乾體三陽皆爲陰所畜者,初以得正而復自道,二以剛中而牽復,三以不中而輿説輻,可見吉凶皆在己而不在人,吾人可以自勉矣。

六四,有孚;血去惕出,无咎。

六四以一陰畜衆陽,力不能支,本有傷害憂懼。然以柔順得正,虚中巽體,是誠信足以孚乎人,而上二陽來助之,與之合力共濟,是有孚而血去惕出也。得衆力之與而免於患害,始雖不足有爲而終乃克有濟,有因人之功,无僨事之失,何咎之有?

"有孚,血去惕出"是象,"无咎"是占。

此爻是以寡畜衆,以弱畜强,如燕昭王用樂毅之策,連趙、魏之師以伐齊,劉先主用孔明之計,結好孫權以抗曹操是也。

《象》曰:"有孚惕出",上合志也。

《本義》"巽於二陽",言六四有孚而血去惕出者,由柔順得正,虚中巽體,巽於二陽,而上二陽與之合志也。二陽之助,固以四之能巽,然非柔順得正虚中,二陽亦未必助之。蓋必己能自立而後人輔之,不能自立而欲人之輔助者,未之有也。

九五,有孚攣如,富以其鄰。

巽體三爻同力畜乾,鄰之象也,而九五實爲之首,然无德者不足以孚人,无力者不能以使衆,其勢皆不能有爲。九五居中,則有其德矣;處尊,則有其力矣,故其勢能有爲,以兼乎上下之力,爲"有孚攣如,富以其鄰"之象。占者有孚,則能以其鄰矣。曰"富以其鄰",則"有孚攣如",亦攣其鄰也,一氣讀下。亦猶《論語》"揖讓而升,下而飲",其升揖讓,下而飲亦揖讓也,亦一氣讀下。

居中者,信之質,所謂有孚也。處尊者,有餘力,所謂富也。然必信爲之本,故爻辭"孚"、"富"兼舉,《本義》獨歸重"有孚"。

《蒙引》曰:"此爻雖巽體,亦不做小人説。故《本義》云:'占者有孚,則能如是也。'亦豈爲小人謀耶?故就人事,或是以下畜上,或是以弱畜强,或以偏裨而畜主帥之類,皆是以陰畜陽也,故其辭雖若善,而終不許以吉利之占,聖人之意可知矣。"

《象》曰:"有孚攣如",不獨富也。

言九五有孚攣如,富以其鄰者也,不獨以富厚之力也。

上九,既雨既處,尚德載;婦貞厲,月幾望;君子征凶。

陰陽和然後雨澤降,故以"既雨既處"爲陰陽和。其雨固和,雨止亦和,舉其始終言也。以陰畜陽,畜之既極,陽不與抗而順從之,是陰陽和也。然必陽尚陰德,至於積滿,然後肯帖然於陰而與比和。若陽尚陰德,未至積滿,陽猶未肯帖然於陰而與比和。蓋自陰之畜乎陽也,陽固亦有尊尚之心矣,但其勢未盛,此心未至於極,安肯遽帖然於彼耶,此便是未和也。逮陰之德至於盛大,能畜得陽住,陽尊尚之,至於積滿,到此時方肯帖然於彼而與比和,此方是陰陽和。如唐武后之勢既盛,高宗俛首而受其制;遼、金之勢既成,宋人帖首稱臣與連和。可見尊尚陰德至於積滿也。

陰加於陽,如何謂之正?蓋陰雖加陽,然其所行未必无善事,如季氏世執魯柄,田氏世執齊柄,武后易唐爲周,遼、金入據中國,其施政立教,皆有足以君國子民者,謂之非正亦不可也。然終不能保其常,所以有危厲之戒。

《象》曰:"既雨既處",德積載也;"君子征凶",有所疑也。

"德積載",言尊尚陰德,積至於滿也。小人而抗君子,君子安得不疑慮哉?故曰"有所疑也"。

☱ 兑下乾上

［履］：履虎尾，不咥人，亨。

一陰見於二陽之上，其德爲説者，陰本在下之物，又上升而在二陽之上，則自幸其得勢，故其情説。水，陰物，陰在陽上，如澤水在坤地之上，故取其象。

履者，有所躡而進之義也。此卦"以兑遇乾，和説以躡剛强之後"，則不犯其暴而得遂其進，故其占爲"履虎尾，不咥人，亨"。

均之"和説以躡剛强之後"也，取其卦爲《履》，取其辭爲"履虎尾，不咥人，亨"者，蓋卦名重在躡上，卦辭重在和説上，義各有所主。

《蒙引》曰："以兑遇乾一句，便當柔履剛了。"鄙意不然，如《需》《本義》"以乾遇坎"，亦就當險在前，乾剛而不陷耶？《蒙引》想是於《本義》覓不得"柔履剛"出，强以牽合於《彖傳》爾。

《本義》解經有全用《彖傳》意者，有不盡用《彖傳》意者。此卦《彖傳》"柔履剛"，以卦體言；"説而應乎乾"，以卦德言，而不用卦體者，毋亦以卦德"和説以躡剛强之後"，這裹就有柔之義了，故不復用卦體爾？未知是否，學者詳之。

以兑遇乾，取卦爲履，意不可曉。《蒙引》謂"以至柔而履至剛，履非所履，故名之曰履，危之也"。或然與？

《彖》曰：履，柔履剛也，説而應乎乾，是以"履虎尾，不咥人，亨"。

剛柔是卦體，蓋以卦畫言。觀《繫辭傳》"發揮於剛柔而生爻"可見。與《屯》"剛柔始交而難生"一例。

"説而應乎乾，是以履虎尾，不咥人，亨。"朱子曰："柔能勝剛，弱能勝强。"諺云："凶拳不打笑面。"以《履》卦辭觀之，信然。沛公見羽鴻門近之。

剛中正，履帝位而不疚，光明也。

剛，九也。居上之中，中也。以陽居陽，正也。五，帝位也。以九居五，則剛中正而履帝位也。剛中正,履帝位,則德稱其位而无疚病,由是功業著於四方,是光明也。

此别取一義以解"履亨",不復粘著"履剛"之意。

《象》曰:上天下澤,履,君子以辨上下,定民志。

夫民志不定,由上下之分不明,故定民志在於辨上下。然上下之辨,豈止章服、宫室、車旗之差等而已哉?必度德授官,因能任事,使自士庶至于公卿,各以其德而居位,无德者不敢以卑而謀尊,其間車服、采章亦爲之差别。農工商賈,各勤其事而食力,而非力者,不敢以賤而僭貴,其間宫室、服用,亦爲之限制。上下既辨,則人度德量力以居位任事,而不敢萌分外之思,民志於是乎定矣。故以諸侯則安於諸侯,而請隧與繁纓者无有也。以大夫則安於大夫,而僭八佾者无有也。以邑宰則安於邑宰,而僭稱公者无有也。如後世之庶人帝服、倡優后飾者,益无有也,是皆上下之辨而其效如此也。

初九,素履,往,无咎。

陽,君子也。在下則位卑而志未肆,居履之初則發軔之初,方與物接,合此三者,均未爲物遷。蓋富貴之念未興,窮居之初心未變也,故凡事只率其平生之所履而往,非仁无爲,非義无行,此初九平生之所履也。今兹之往,亦若是而已矣。非仁无爲,非義无行,視其平生不少變焉,是之謂"素履往"。伊尹耕於有莘之野,樂堯、舜之道,及殷湯聘而起,則欲使是君爲堯、舜之君,使是民爲堯、舜之民,可謂素履之君子矣。世之貪饕无恥之徒,則无素可率。若夫舉平生所學如弁髦而盡棄之,則有素而不率。然後知窮不失義、達不離道者之難。其人也,不負平生,不枉所學,達不離道,富貴不能淫,故曰"无咎"。

《象》曰:素履之往,獨行願也。

方其素履之時,其志願吾他日亦將以是行之。今之素履而行,獨行平日之所願也。

九二，履道坦坦，幽人貞吉。

在下則无位，无應則无援，是身在物外之人也。有剛中之德，則獨行其道而不願乎外，寵辱不驚，黜陟不聞，一路平坦，无崎嶇險阻也，故爲"履道坦坦"。坦，平坦也。坦坦，平坦之甚也，猶云平穩，所以平坦以履道也。雖在物外，然不履道而非理妄爲，鮮不及矣，欲坦坦不可得也。故必履道，然後平坦。順理則裕，爲善最樂，皆此義也。履道平坦，幽獨守貞之象也，故曰"幽人"。履道而遇其占，則貞而吉矣。貞吉如何？二之履道便是貞也，二之坦坦便是吉也。

《象》曰："幽人貞吉"，中不自亂也。

九二幽人守貞而得吉，是志在於道，不以外物而自亂也。所以然者，由其居下體之中爾。中德在内則内重而見外之輕，故不以外物而自亂。

六三，眇能視，跛能履，履虎尾咥人，凶；武人爲于大君。

六三不中不正，而又陰柔，是其才德俱无足取也。居三之陽位，是志剛也。志剛則有自用自專之病，故其象爲[眇、爲跛。]眇，本不能視也而自以爲能視；跛，本不能履也而自以爲能履。以此履乾，其剛愎自用之氣，必有以觸其剛忿之心，其見傷害也必矣，故又爲"履虎尾咥人，凶"，又爲"武人爲于大君"之象。蓋柔本无能也，而志剛則好於自用，武人本无能也，而爲大君則得以自肆。如此之人，豈能久哉？秦政、項籍可見矣。

《象》曰："眇能視"，不足以有明也；"跛能履"，不足以與行也。

此聖人以理斷之，言六三雖自以爲能視而實不足以有明也，雖自以爲能履而實不足與之有行也。

咥人之凶，位不當也；"武人爲于大君"，志剛也。

位不當，即不中不正。志剛，居三也。

九四，履虎尾，愬愬，終吉。

九四以不中不正，履九五之剛，故亦爲"履虎尾"之象。然以剛居柔，與三之以柔居剛者異矣，故能危懼而得終吉。

《象》曰："愬愬終吉"，志行也。

履，有所躡而進之象也。愬愬而得終吉者，是得遂其進也，故曰"志行"。

九五，夬履，貞厲。

九五以剛中正履帝位，剛中正則有能爲之資，履帝位則挾可爲之勢。下又以兑説應之，則无違拂之臣而得以遂其欲爲之志，故凡事必行，无所凝滯，爲夬決其履之象。夫才常傷於所恃，而危多出於所安，天下之事以夬履行之，能无蹉跌之患乎？故其占雖貞而不免於厲。

《象》曰："夬履貞厲"，位正當也。

位正當，即剛中正履帝位也，所恃在此，故至夬履。

上九，視履考祥，其旋元吉。

上九在卦之上，以始終言之，是履之終。夫吉凶生於人之所履，所履未終則吉凶未定而无可考，所履既終則吉凶既定而有可考者矣。故聖人繫辭特示考祥之教，祥非吉凶，乃吉凶之兆也。人事多方，有遠有近，其遠者吉凶或見於數百年之後，或見於數十年之後，目前未可見，然其朕兆則已見矣。故考祥者不必求之窈冥昏默也，惟即其云爲動作之著而求之，觀其或善或惡爲何如，則其朕兆之或吉或凶俱從可考矣。"其旋元吉"，示之考祥之例也。言若所履者，周旋无虧，有十分善，則得元吉。若只七八分善，亦只得七八分吉；或只五六分善，亦只得五六分吉，初未有定也。故曰："占者禍福視其所履而未定也。"

此於爻義俱无取，只是就《履》終説道理，如《比》初六、《小畜》上九之例。

《象》曰："元吉"在上，大有慶也。

此猶"其位在中，以貴行也"例。在上，履之終也。言於履之終而得元吉，則大有福慶也。"在上"是解所以元吉，"大有慶"是正解元吉，大即是元，慶即是吉。

易經存疑卷三

䷊ 乾下坤上

泰：小往大來，吉，亨。

《乾》下《坤》上之卦，伏羲名之曰《泰》者，蓋泰之義通也，此卦乾之象爲天，坤之象爲地，乾在下，坤在上，是天氣下降，地氣上騰，天地交而二氣通也，故名卦曰《泰》。文王繫辭謂：陽爲大，陰爲小。此卦之體，坤往居外，乾來居内，固小往大來也。此卦之變，自《歸妹》來，六往居四，九來居三，亦小往大來也。小往大來則是君子道長，小人道消之時。占者遇此，若有剛陽之德，則吉而亨矣。吉者得遂其進而無陰邪之傷，所謂“出入无疾，朋來无咎”是也。亨者，得行其道而無掣肘之患，所謂“動而不括，出而有獲”是也。其卦曰《泰》，以不可相無之陰陽言也。其辭曰“小往大來，吉，亨”，以淑慝之陰陽言也。惟天地交則小往大來矣，其理一也。

《彖》曰：“泰，小往大來，吉，亨。”則是天地交而萬物通也，上下交而其志同也。内陽而外陰，内健而外順，内君子而外小人：君子道長，小人道消也。

此卦釋卦名、卦辭，不取卦德、卦變等義，直曰“則是”云云，《否》卦亦然，是就卦上説上造化人事來，如今説《易》一般，此變例也。必然者，蓋聖人於《否》、《泰》之卦而三致意焉。《泰》曰“則是”云云，喜陽道之通也。《否》曰“則是”云云，憂陽道之塞也。一喜一憂而聖人之情見矣。

天氣下降，地氣上騰，二氣交感而萬物因之發生，是萬物通也，此泰之見於造化也。君禮其臣，臣忠其君，聖主得賢臣以弘功業，賢士得明主以顯其德，是其志相同也，此泰之見於人事也。陰陽以氣言，健順以德言，《蒙引》曰：“陰、陽以氣言，猶諸卦之卦體也；健、順以德言，猶諸卦之卦德也。體，猶人身也；德，猶人心也。"温厚和平，發生長育，此天地間之陽氣也。嚴凝凜冽，慘刻肅殺，此天地間之陰氣也。内陽而外陰，是温厚和平、發生長育之氣充塞乎宇宙，嚴凝凜冽、慘刻肅殺之氣斂藏而不見也。健順是陰陽之德，然最難體認，看來陰陽二氣各有性格：如"乾，確然示人易矣"，可見其健；"坤，隤然示人簡矣"，可見其順。然易簡健順以不可相無之陰陽言，外健内順以淑慝之陰陽言，此順是不好底順，當即此類推矣。

人因健順難説，多就人上説，不知《傳》分造化、人事説。陰陽健順是造化，君子、小人是人事。若健順就人説，則非造化矣。不可用。

内君子而外小人，不是真箇君子在朝廷，小人在州縣，但得志柄用者雖在外猶在内也，但不得志縮首者雖在内猶在外也。

《象》曰：天地交泰；后以財成天地之道，輔相天地之宜，以左右民。

《蒙引》曰："此句不宜於'交'字讀，直至'泰'字爲一句。如雲雷屯，火雷噬嗑，與天雷无妄之類。"

裁成是箇全體事物將來剪裁成箇器具，如渾淪一箇段匹，裁成一箇衣服相似。天氣籠統，都無分别。聖人曆象日月星辰，分别箇晦朔弦望，分至啓閉，以成歲功。地只是一塊荒土，不成世界，聖人畫野分州，分别箇東西南北，城邑井里，山川道路。民生之初，顓蒙無知，聖人爲之别生分類，以立親戚、君臣、上下。此是裁成處。

"輔相天地之宜"，是時勢所趨，合當如此，但力不能爲，聖人從而贊助之。如春夏宜耕耘，秋冬宜收穫，此天之宜。高宜種黍，下宜種稻，此地之宜。老者宜安，朋友宜信，少者宜懷，此亦天地之宜。聖人因天之時以教民耕穫，因地之利以教民樹藝，順民之情以教民孝信慈，此皆是輔相處。

裁成是就有餘處收斂入來使歸中道，故曰"制其過"。輔相是就不足處補起來使就中道，故曰"補其不及"。左右，是左右夾輔，使之植立也。天之立君以爲民也，故后之裁成輔相皆以左右斯民，使得其所，此聖人參天地、贊化育之事也。

初九，拔茅茹，以其彙；征吉。

三陽在下，其志相同。初九一陽進而上，二陽與之相連而進，如拔茅而其茹亦以其彙而起也。占者有其德而當其會，則衆賢協心相與，以成天下之泰者在，是征行之吉也。

《程傳》曰："茹，根之相牽者。"以《本義》"三陽在下，相連而進"推之，乃別茅之根，非本茅之根也。蓋一陽進而二陽與之相連，猶一茅拔根而別茅之根與之相連也。

《象》曰："拔茅征吉"，志在外也。

以三陽言，志在外，言其志欲上進也。三陽之志皆欲上進，故拔茅而連茹也。

九二，包荒，用馮河，不遐遺；朋亡，得尚于中行。

九二以剛居柔，在下之中，是中行也。上有六五之應，是主乎泰也。是居伊、周之任者。

當泰之時，人情安肆，則政舒緩而法度廢弛，庶事無節。治之者，若無含弘之度，有忿疾之心，則無深遠之慮，有暴擾之患，深弊未革而近患已生矣，故在包荒也。包容荒穢不急治之，非終不治也，姑從容以俟其機會耳。漢光武初定天下，久困兵革，而隗囂、公孫述尚割據未服光武，曰"且致（置）此兩子於度外"，是包荒也。泰寧之世，人情習於久安，安於守常，惰於因循，憚於更變，治之者若無剛果之志，有怠惰之氣，則無振作之心而有廢弛之弊，決不足以扶衰而革弊，故在用馮河。夫馮者，無舟而濟，非極猛勇果決不能也。治泰而用馮河，則挺特奮發，事無不果而弊無不革矣。如唐憲宗征淮蔡，功久不成，民間至有以驢代耕者,衆皆勸罷兵。憲宗與裴度獨斷然必征,卒能擒淮蔡而成大功。韓昌黎《平淮西碑》謂"凡此蔡功,惟斷乃成",是能用馮河也。

泰寧之時,人心狃於泰,則苟安逸而已,惡能深思遠慮,及於遐遠之事哉?故治泰者必深思遠慮,旁稽遠紹,周及庶事,盡於萬物,以成可久可大之治,雖遐遠不可遺也。如漢高祖初安天下,其時去古未遠,正好搜求二帝三王禮樂制度,以復古昔帝王之盛,而乃苟安目前,因仍秦人一切苟簡之治,不能祖述堯、舜,憲章文、武,以復古昔先王之盛。魯兩生不肯行,其人識見必有以高出漢廷諸臣之上,正可與興禮樂者,乃不能如商高宗之遠求傅説,而竟致不問,此其遐遺者也。

時之既泰,則人情習於安,其情肆而失節。凡所以妨政害治者,皆自近始。蓋前後左右之人依時憑勢,恣爲不法,然後四方之人從而效尤之,而天下之弊從此生矣。欲從而治之,則又夤緣請託,無所不至,使人主之心爲其牽制而終以阻格。似此之類,若非斷以大公之道,絶去朋黨之私,未必能有爲也。若漢人禁奢侈則害於近戚,限田産則妨於貴家,是其驗矣,故其道在於朋亡也。

四者皆中行之道,九二以剛居柔,在下之中,則自具此四者。占者能此四事則合乎此爻中行之道矣。四句純是占。

《蒙引》曰:"在下之中,兼位言。""以剛居柔,在下之中,得中道也。在下之中而上有六五之應,主乎泰也。"又曰:"事各有箇中行。蓋不能含容,非中也。當斷不斷,非中也。泄邇,非中也。忘遠,亦非中也。中也者,天理之當然恰好者爾。然析而言之,一事有一事之中,合而言之,則統體一中也。"

言九二以剛居柔,在下之中,上有六五之應,主乎泰而得中道者也。占者之治泰也,誠能包容荒穢而不傷於急遽,果斷剛决而不狃於因循,周及庶事而不遺遐遠,斷絶私情而不昵朋比,則合乎此爻中行之道矣。

《象》曰:"包荒"、"得尚于中行",以光大也。

"以光大",是推原所以得尚中行處,主心言。

不光則昧於義理,暗於事勢。但見凡事可行則行,安知其當包荒而未可遽行;但知目前可以苟安無事,安知當奮發振作;但知目前既安且治,可以無事乎遠圖,安知當不遐遺而周乎庶事;但知朋比爲我之私人,安知彼爲吾蠹而當去。故光則明足以有照,而知當"包荒"、當"用馮河"、當"不遐遺朋亡"。

不大則局量褊淺,規模卑狹。凡事惟欲速成,安能寬容而停待。凡事惟守常因循而已,安能奮發而改作。凡事惟苟辦目前,安能有深遠之慮。煦煦姑息而已,安能絶乎私愛。故大則氣足以有爲,能包荒,能用馮河,能不遐遺朋亡。

九三,无平不陂,无往不復;艱貞无咎,勿恤其孚,于食有福。

此爻之德位俱无取,只就時上説道理,見"聖人之情見乎辭"處。无平不陂,泰將極也。无往不復,否欲來也。九三將過乎中,泰將極而否欲來之時也。故聖人爲之戒曰:治亂安危,相爲倚伏,无有常平安而不險陂者,无有常往而不復來者。爲今之計,當何如哉?惟艱難其心,正固其行,則得保泰之道而无咎。雖曰泰極而否,理之必然,不必恤之,惟盡吾所以處之之道,則泰可常保而于食有福矣。

《象》曰:"无往不復",天地際也。

"天地際",言天地否泰之會,陰陽消長之交也。

《本義》曰:"无平不陂,天地際也。"《程傳》曰:"无往不復,天地際也。"雖有不同,總是舉一句以見其餘,如"包荒,得尚于中行"例。

六四,翩翩,不富以其鄰,不戒以孚。

九三无往不復,陰猶未復也。六四翩翩,則陰於是乎復矣。三陰翩然而下復,則乾往居外,坤來居内,而爲下復。

三陰翩然而下復,是小人之象,不主造化説。若九三无往不復,則兼造化説。

言時當六四,已過乎中,泰已極矣。故三陰翩然而下復,不待富厚之力而自以其鄰,不待戒命而其心自相信。所以然者,蓋小人黨邪害正之志,同惡相濟,其勢則然，故《象傳》謂"中心願"。君子當此之時，不可不爲之備也。

《象》曰："翩翩不富"，皆失實也；"不戒以孚"，中心願也。

言六四三陰翩然下復，不富以其鄰，何也？蓋陰本居下，今此三陰乃在上位，皆失其實矣。不待戒命而自相信，何也？蓋居上失實，既非所安，反本牽復，必其素志。其翩然下復者，實其中心之所願也。

三陰在上，何謂失實？君子上達，小人下達，爲惡而害君子者，實小人之本心，是小人之實也。今爲善而不害君子，是失其實矣。失實非其所安，故三陰翩然而下復，蓋小人之道既長，而小人之心復萌也。

六五，帝乙歸妹，以祉元吉。

六五以陰居尊，又爲泰主，乃不以富貴自驕，不以承平自肆，而柔中虛己，下應九二之賢，是爲帝乙歸妹不挾貴以驕夫家之象。占者如是，則君臣同德，上下交修，泰寧之業可保於悠久矣，有祉而元吉也。

此爻非帝女下嫁，帝女下嫁，其象也，猶《乾》九五飛龍在天，亦象也。然必是帝乙歸妹，筮得此爻，故因繫之爻。

《象》曰："以祉元吉"，中以行願也。

中以行願，就是《本義》"柔中虛己，下應九二之賢"。言由其有柔中之德以行下賢之願也。人君信任其臣，本自素願，然非有柔中之德，未免爲讒邪所間，鮮有能行其願者。如唐玄宗初任張九齡，及入李林甫之譖，恩意遂疎；宋真宗初任寇準，及入丁謂之譖，卒至貶斥。亦由二君皆[非]中常之主，於中德有虧，故不能行其願也。

上六，城復于隍；勿用師，自邑告命，貞吝。

《程傳》："隍土積累以成城，如治道積累以成泰。及泰之終，將反於否，如城土頹圮,復反于隍也。"

周室東遷,號令不行於天下,其後爲東周,君獨守河南二邑,即此爻之義也。雖貞亦吝者,自邑告命,未必無善事,然終不能有爲也。

城,墉也;隍,池也。今各州縣城隍,乃爲人象。又無城池州縣,亦有城隍,非其制矣。

《象》曰:"城復于隍",其命亂也。

因政令之亂,故爲否。《本義》爻辭則云"但可自守",《象傳》又云:"告命,所以治之。"二者若相反,何也?蓋"但可以自守"者,時也、天也;"告命,所以治之"者,尤冀人事或可以回天也。此聖人之開物成務處也。

䷋ 坤下乾上

[否]:否之匪人,不利君子貞;大往小來。

乾坤雖有定位,而其氣則相交。此卦《乾》上《坤》下,則天氣不下降,地氣不上騰,天地二氣不交而閉塞,伏羲以此命卦爲《否》也。文王繫辭,以爲泰者,人道之常,否與泰反,非人道矣,故曰"否之匪人"。其占不利於君子之正道,何也?陽爲大,陰爲小,此卦乾往居外,坤來居内,固大往小來也。以卦變言,此卦自《漸》而來,則九往居四,六來居三,亦大往小來也。大往小來則是小人用事之日,故"不利君子貞"。

《彖》曰:"否之匪人,不利君子貞;大往小來。"則是天地不交而萬物不通也,上下不交而天下无邦也。内陰而外陽,内柔而外剛,内小人而外君子;小人道長,君子道消也。

《泰》言"天地交而二氣通",《否》言"萬物不通"者,蓋萬物本於天地,天地二氣不通,則萬物因之也。

上下不交,則政令不行而天下亂,故曰"无邦"。

《泰》言健順，此變言剛柔者，聖人下筆偶然不同，初非有意也。《蒙引》説。

《象》曰：天地不交，否，君子以儉德辟難，不可榮以禄。

深自韜晦，不以賢能示人，使人無得而物色之。蓋否之時，不利君子貞，違時冒進，必遭小人之難。如此者，正以避小人之難爾，是雖萬鍾之禄榮於其身，亦不能强之而使就也，故曰"不可榮以禄"。

初六，拔茅茹，以其彙；貞吉，亨。

此爻是就初上説道理，於爻義無取。因其惡未形，故爲"貞吉，亨"之戒，而未必其能否也。《泰》初九爻辭只云"征吉"，此乃云"吉亨"者，聖人喜陽之長，故善辭以賀君子；憂陰之長，故盛辭以勸小人，無非爲世道計也。

《象》曰："拔茅貞吉"，志在君也。

讀"貞吉志在君"之語，可見小人之不正者，皆非爲君，只是爲身謀也。

六二，包承，小人吉，大人否亨。

六二陰柔，本是箇小人，而居中得正，則未純乎爲惡，乃小人中之君子也，故能包容承順乎君子，不敢肆其傷害之心。夫小人肆邪心以害君子，君子固不利矣，亦豈小人之福哉？占者小人能如是，不但名節可完，而身家亦可保，吉之道也。然在君子於此最易爲所溺者，故爲大人者必安守其否而後道亨，不可以彼包承於我，而自失其守也。"大人否亨"者，蓋道不以窮達而有加損也。

《象》曰："大人否亨"，不亂群也。

"不亂群"正解"安守其否"意。

君子以彼包承於我而遂與他去，便是亂於小人之群，如漢蔡邕之於董卓是也。

六三,包羞。

六三陰柔,本是小人志於傷善者。居陽則處非其位,不中正則才力未充,兼是二者,故雖欲傷害而力則未能,羞恥之心包藏於内而不發於外,包羞之象也。吉凶悔吝生乎動,包羞未發,故無凶咎之可言。

問:"不中正謂之無才,使居中正則爲君子矣,如何又志於傷善?"曰:"《易》不可爲典要,此爻在否,就當小人看。以中正爲小人之才者,蓋小人欲害君子也,須有權謀術數,方能濟其姦。不中正則權謀術數俱無足取,故志於傷善而猶未能。"

《象》曰:"包羞",位不當也。

即是以陰居陽,不中不正。

九四,有命无咎,疇離祉。

九四否過中矣,將濟之時,則是否極而泰,天道好還之日也,故爲"有命"。九四以陽居陰,不極其剛,則是不剛不柔,允執厥中,故爲"无咎"。占者所遇之時,能若四之有命,所處之事又若四之无咎,則足以承天之休命,而否可轉爲泰矣。豈特九四一陽之福,疇類三陽皆獲其福也。

此爻《本義》皆以爲占,是象在占中。

《象》曰:"有命无咎",志行也。

君子之志,未嘗不欲世道之泰。但無其時無其才,雖有是志,而終弗克伸,九四有命无咎,則否轉而泰,而其志得行矣。

愚於《否》、《泰》六四、九四二爻,見日中則昃,月盈則食,治亂安危,相爲倚伏之理焉。夫《乾》下《坤》上之卦,其時爲泰,爻纔過四而陰已復於此。其辭爲"翩翩",是日中則昃。泰兮否所伏,亂不生於亂而生於治也。《乾》上《坤》下之卦,其時爲否,爻纔過四而陽已復於此。其辭爲"有命无咎",月盈則食,否兮泰所伏，治不生於治而生於亂也。

九五，休否，大人吉；其亡其亡，繫于苞桑。

九五陽剛中正則有可爲之才，居尊位則有可爲之勢。故能撥亂世而反之正，休時之否也。休否乃大人之事也，故此爻之占，大人遇之則能休否而得吉，又當戒懼，以爲吾其將亡乎？吾其將亡乎？此心常在，則不至於亡而繫于苞桑矣。《程傳》曰："謂爲安固之道，如維繫于苞桑也。桑之爲物，其根深固。苞謂叢生者，其固尤甚。"

"其"者，冀其將然之辭，與《衛風・伯兮》之詩"其雨其雨，杲杲出日"意思相同。

《象》曰：大人之吉，位正當也。

即陽剛中正，以居尊位。"正"包陽剛中正，"當"指居尊位。

上九，傾否，先否後喜。

上九居卦之上，否極而泰將來之時也。九以陽剛之才而當其時，必能撥亂世而反之正，故曰"傾否"。占者先雖得否，後則有喜，否傾，故喜也。傾，倒瀉也。如傾水之傾，將水盡傾於地也。

《象》曰：否終則傾，何可長也！

傾否兼天運人事説，此專就天運上説。言否至於終，決然是傾，何可長也！

䷌ 離下乾上

[同人]：同人于野，亨，利涉大川，利君子貞。

陰麗於陽，則爲文明，何也？陽本明，陰本暗，陰麗於陽，資其明而明生，故爲文明。《家語》曰："與善人同居，如入芝蘭之室，久而不聞其香，則與之俱化。”亦此意也。

離之象爲火者,水陰根陽,火陽根陰,故水内明而外暗,火内暗而外明。離外陽而内陰,猶火陽根陰也。坎外陰而内陽,猶水陰根陽也。

《蒙引》曰:“其象爲日者,只就明上取,不必拘内陰而外陽。電亦然。”

《本義》解卦名兼取《彖傳》,“火上同於天”取諸《大象》。六二得位得中,取諸《彖傳》。又“卦惟一陰,五陽同與之”,乃自取。

“同人于野”,不是出野外去同人,乃曠遠無私之象也。

“同人于門”,亦不是出門外去同人,乃無私之象也。

于野對于門,廣狹之辨也;于門對于宗,公私之辨也。人在家,則有父母、兄弟、妻子之屬,自不能無私,故人家謂之私家。出在門外,則東鄰西舍皆吾人而無所私,然猶狹也。進而于野,則四方八畔皆吾人而無私,則曠遠無私矣。

《本義》曰“于野,謂曠遠而無私”,最看得好。曠是横説,遠是直説,曠遠無私,是至廣至遠皆無私係而與同,凡是人皆與之同而無分爾,蓋大同也。君子之心,無藩籬,無畔岸,視民爲同胞,物爲吾與,視天下猶一家,中國猶一人,大度弘量,兼臨博愛,而情無不孚,恩無不洽。在一家,則一家之人皆與之同而無分爾我;在一鄉,則一鄉之人皆與之同而無分爾我。在國與天下亦然,所謂視天下無非我,故曰“大同”。

《序卦傳》曰:“與人同者,物必歸之。”同人于野,則恩無不敷,物無不應,人無不助而事無不濟,故亨。雖大川之險,亦利於涉矣。然必所同者合於君子之正道,乃爲于野而亨且利涉。使不以正,雖所同滿天下,畢竟是私情之合,不足謂之于野,又何以致亨而利涉哉?

“利涉大川”,濟難之象也。與《需》等卦“涉川”不同。

“同人于野,亨,利涉大川”,又有“利君子貞”之戒者,蓋天下固有不正之同,如陳恒相齊而人歸之,非不大同也,乃以厚施得民;王莽居攝,獻符命者成群,非不大同也,乃以奸僞欺天下,是皆不可謂君子之正道。如周公居東,惠愛在人,臨去而民思之,有“無以我公歸”之咏。召公治南,惠愛在人,既没而民思之,有"甘棠勿伐"之咏,可謂君子之正道矣。

問:"《同人》,君子之正道,何如?"曰:"《同人》與《比》相似。夫鳥獸不可與同群,斯人同生天地間,焉得而不同比。然所以相同相比者,自有大公至正之道,非可以私恩小惠,私意小智爲也。故内而一家,父子、兄弟、夫婦之相接,各自有道,此君子之貞也。若子曲意以説其親,弟曲意以説其兄,婦曲意以説其夫,非君子之貞矣。外而朋友,其所以相交相處者自有道,此君子之貞也。若拍肩執袂,以爲氣合,飲食遊戲相徵逐,非君子之貞矣。遠而國與天下,其所以獲上治民者,各有其道,此君子之貞也。若阿意逢迎,以求獲上;違道干譽,以求得民,非君子之貞矣。"

《蒙引》曰:"必合於君子之貞,乃爲于野,乃得亨而利涉,此正與《恒》'亨,无咎,利貞,有攸往'一般。"

《彖》曰:同人,柔得位得中而應乎乾,曰同人。

此以君臣同心一德立説。柔得位,正也。得中,中也。應乾,應九五也,亦以中正也。二五中正,是君臣同心一德也。

"同人于野,亨,利涉大川",乾行也。文明以健,中正而應,君子正也。惟君子爲能通天下之志。

言《同人》"利君子貞",何也?蓋此卦之德,内離而其德爲文明,外乾而其德爲剛健。此卦之體,居上之中,中也,得陽之位,正也。上應九五,亦居中得正也。文明則能明乎正理,剛健則能存乎正理。中正,在己正也。有應,所應正也。凡此四者,皆君子之正道也。夫天下之人不同,所同者此心。天下之心不同,所同者此理。同人而出於正,則吾此心此理,天下之人亦此心此理也,寧有二乎?故能通天下之志,如父子、兄弟、夫婦同於家,父慈子孝,兄友弟恭,夫和妻柔,其所同者,天下之正理也。天下之爲父子、兄弟、夫婦者,不過如此而已矣,豈有不相通乎?若父子、兄弟、夫婦,曲意以相承,則私心邪意不能以相通矣。朋友同於庠序,切磨箴規,其所同者,天下之正理也。天下之爲朋友者,不過如此而已矣，豈有不相通乎？若拍肩執袂以爲氣合，飲食遊戲相徵逐，則非心邪行不能以相通矣。君臣上下同於國，君敬其臣，臣忠其君，上使其下，下承其上，其所同者，天下之正理也。天下之爲君臣上下者，不過如此而已矣，有何不相通乎？若阿意爲容，逢迎爲悦，則邪心詭道不能以相通矣。

必通天下之志，乃爲于野而大同。若不通天下之志，只是私情之合而已，雖所同者通天下，亦猶陳恒之於齊，王莽之於漢爾，豈足爲大同乎？

乾，健也，健則不屈於物欲，故無偏私之累而能同人。

《象》曰：天與火，同人；君子以類族辨物。

類族者，隨其族而類之，使各以其類而相聚。如類姓册一般，黄與黄做一族，張與張做一族，李與李做一族。天下之人，上而公卿大夫，下而農工商賈，内而中國，外而夷狄蠻貊，其族至不一也，皆隨其族而類之。使公卿與公卿爲一族，大夫與大夫爲一族，士與士爲一族，農工商賈各自爲族，中國居内，夷狄居外，是之爲類族。如是則公卿、大夫、士各享其尊，農工商賈各安其分，中國居内而不淪於蠻貊，蠻貊居外而不混乎中華，彼此相安而無胥戕胥虐之患矣。辨物非徒辨之而已，辨其性之同異而類之，使各自爲類以致用。於穀，辨高下耕穫之宜以養生；於藥，辨温凉燥濕之性以療病。辨牛之性以耕，辨馬之性以乘，辨鳥獸魚鼈之性而烹飪之以供祭祀賓客之需，辨金銀銅鐵而陶冶之以備民生之用，大而辨衣服采章之等以别尊卑，定冠婚喪祭之儀以備制度。又如益烈山澤而焚之，禹驅蛇龍而放之菹，周公驅猛獸之類，皆是，不能盡書也。辨物則天下之物各得其所，各適其用，而相生相養之道得矣。

類族中亦有辨物，辨物中亦有類族，各省文以互見也。

審其異，則同就在其中，無他作爲，故曰“審異致同”。如審黄與李異，不使混於李，則凡黄姓者同爲一族矣。審公卿與大夫異，不使混於大夫，則凡爲公卿者同一位矣。其餘以類推之，不能盡書也。

《蒙引》曰：“致同全在審異，不審其異，則混淆雜亂，反不同矣。”

類族辨物，所以審異致同，所以體《同人》之象也。

初九，同人于門，无咎。

同人之初以時言，剛以爻德言，在下以爻位言，上無繫應，以應爻言。同人之初，是在事始，初心未變也，固未有所私。剛則不屈於物欲，自不爲私。在下位則未與物交，未緣有所私。上無繫應，則在上無相知之人，亦無所與私。故其象爲"同人于門"。于門，其象也，非真出門外去同人也。夫人在家室之中，則有父子、兄弟、妻子之累，自不能無偏暱之私；出在門外，則父子、兄弟、妻子不爲吾累，而無復偏暱之私矣。是蓋無内外、無爾我，隨其人之來而皆與之同。親疎厚薄，其分雖有不同，亦隨其分而處之，而情無不孚，恩無不洽，不於其中有所偏暱，猶出門外去同人而無偏暱之私也。出門同人，則内不失己，外不失人，故其占爲无咎。

《象》曰：出門同人，又誰咎也！

出門同人，是解"同人于門"，明于門爲出門也。言出門外去同人，無私繫而能同人者也，内不失己，外不失人，又誰得而咎之。若有私繫，則人得而咎之矣。

六二，同人于宗，吝。

宗不解宗族而曰宗黨，是私黨也。六二中正，然有應於上，不能大同，故取此象。不能大同而繫於私，其如君子之道何？故可羞吝。

《彖傳》以二應五爲好爻，爻辭乃爲不好爻，何也？同人，貴公而嫌私。初九，以出門同人爲善，二則專與上應者，不若初之無私矣。《彖傳》以爲好爻，是舍其惡而取其善，亦猶《睽》、《姤》二傳，此孔子之《易》也。

《象》曰："同人于宗"，吝道也。

此以義斷之，言同人而繫于宗，其道可羞吝也。

九三，伏戎于莽，升其高陵，三歲不興。

剛而不中，則德性不善而妄於求同，上無正應則獨立無與而急於求同，故二與己雖非正應，而三必欲同之。三欲奪二，而懼五之見攻，故厚爲之備。其象爲伏戎于草莽中，又升其高陵以顧望。升高伏莽，三之情狀可見矣。然理既不正，勢又不敵，故至于三歲而終不敢發。

《象》曰："伏戎于莽"，敵剛也；"三歲不興"，安行也？

言所攻者九五，其敵剛强也。三歲不興者，由其敵剛，故終不能行也。

九四，乘其墉，弗克攻，吉。

九四亦欲同於二，而隔於三，故乘三以攻二，爲乘墉以攻之象。然四以剛居柔，不若三之以剛居剛，故能以義自反而弗克攻。占者如是，則是能改過而得吉也。

《象》曰："乘其墉"，義弗克也；其吉，則困而反則也。

"義弗克也"，是聖人嘉四之能知義也。困而反於法則，是以吉也。法則即是義。"弗克攻"如何有困？初欲攻而終弗克攻，中間自有許多困心衡慮處。

九五，同人，先號咷而後笑，大師克相遇。

九五隔於三、四，始不得同而終同，故其象爲"先號咷而後笑"。然三、四之强未易取勝，六二之弱有（又）難扶植，故必用大師克之而後能相遇。"大師克相遇"，明其所以後笑也。

九五不取君象，《程傳》説是，《彖傳》則取其善者言，故曰"孔子之《易》也"。若就君位言，豈有人君不能克三、四，而還用大師耶？

《象》曰：同人之先，以中直也；大師相遇，言相克也。

言二以中正應五中正，其理直也。所謂義理所同，物不得而間之也。大師克相遇者，言必克了三、四，然後得相遇也。

上九，同人于郊，无悔。

居外則無事任，無應則無交與，非不欲與人同也，但人不與同爾，故其象爲"同人于郊"。郊，荒僻無人之境。獨立無與者，實似之。吉凶悔吝生乎動，獨立無與，静而無動，悔安從生？

《象》曰："同人于郊"，志未得也。

上九之志，本欲與人同也。但居荒僻之地而莫與同，故其志未得。觀此則胡雲峰以此爻爲荷蕢之徒，不是。蓋荷蕢之徒，以隱爲高，正是其得志處也。

☲☰ 乾下離上

大有：元亨。

"火在天上，無所不照。"是四海九州皆在其照臨之下，所有之大也。六五一陰，居尊得中而五陽應之，五陽皆爲一陰所有，亦所有之大也。故其卦之名爲《大有》。"火在天上"，此"火"字當"日"字看。若作實火，焉有火在天上耶？

"居尊"、"應天"，二義俱重，有位有德，五陽所以應之也。

"火在天上"，取之《大象》。"六五一陰，居尊得中而五陽應之"，取之《彖傳》。《本義》兼取《彖傳》、《大象》二義解卦名。

乾健離明，應天時行，治有之道也。故凡有所爲，凡有所行，皆大善而亨通。《中庸》曰"君子動而世爲天下道，言而世爲天下則，行而世爲天下法"，此元亨也。《禮記》曰"禮樂刑政，四達不悖，而王道舉矣"，此元亨也。

據"大有"之時，似可得元亨而必本之卦德、卦體者，天下未有無道而可以致治者。《中庸》曰："雖有其位，苟無其德，不敢作禮樂焉。"此之謂也。

《彖》曰：大有，柔得尊位大中，而上下應之，曰大有。

五陽皆爲一陰所有者，陽多陰少，以少者爲主也。而況居尊得中，則其位與德亦足以有之矣。

《蒙引》曰:“只是中,而曰大中者,以大有之時而居尊位,故其中亦爲大中,非尋常之中也。”

其德剛健而文明,應乎天而時行,是以元亨。

此以卦德、卦體釋卦辭,“其”指居大有者。

其德之德,兼指卦德、卦體,剛健則不屈於物欲,文明則不惑於義理。應天時行則動維厥時,允執厥中,如此則凡施之政教命令者,盡善盡美而四達不悖矣,故元亨。言不特亨通,又大善而亨通也。

天者,理之當然也,理之當然處便是時。故曰:“當其可之謂時。”天之所在即時之所在,非應天之外又有時行也。

《象》曰:火在天上,大有;君子以遏惡揚善,順天休命。

治有“以遏惡揚善”爲言,何也?所有既大,無以治之,則釁蘖萌於其間。釁蘖之萌皆起於賞罰之不明,善惡之無懲勸。其初甚微,其終至於不可禦,而天下之禍成矣。故聖人於《大有》著遏揚之戒,以謹之於微也。

遏人之惡,揚人之善,非有他也。天命之性,有善無惡,惡是他性分所無者,故從而遏之,遏惡所以順天也。善是他性分所有者,故從而揚之,揚善所以順天也。“反之於身亦若是”者,此朱子之意。

“順天休命”,不是奉行天命,惇庸命討之意,亦不是遏惡揚善,欲以順全在人之天命,只是淺説。謂遏惡揚善,皆是因人性之本然而治之,彷彿行[其]所無事意思。

《本義》曰:“天命有善而無惡,故遏惡揚善,所以順天。”猶《孟子》註“天下之理,本皆利順,順而循之,則爲大智”意思。

遏惡揚善最是治天下急務,遏其惡使之懲也,揚其善使之勸也。民皆懲惡而勸善,天下所以治也。賞罰不明於天下,民無所懲勸,相趨於惡而莫之禁,亂之所由起也。周至康王,“大有”之時也。康王命畢公保釐東郊,其實只是“旌別淑慝，表厥宅里，彰善癉惡，樹之風聲，俾率訓典，殊厥井疆，俾克畏慕”，即“遏惡揚善”之謂也。

初九，无交害，匪咎；艱則无咎。

《書·周官》曰：“位不期驕，禄不期侈。”故“大有”有涉害之理。《程傳》曰：“大凡富有，鮮有不害。”初九雖當“大有”之時，然陽則剛正而心有守，居下則處卑而志未盈，上无繫應，則無内外之交，浮侈之心未作。在事初，則新與事接而勤儉之心未變，四者皆不涉乎害者也。占者如是，則無驕侈之失，故无咎。然“危者使平，易者使傾，《易》之道也”。若謂无咎而以易心處之，反有害矣。故必艱以處之，則終无咎。《書》曰：“居寵思危，罔不惟畏。”艱之道也。

《象》曰：《大有》初九，“无交害”也。

此傳文勢與《比》之初六“有他吉也”一般，只舉《大有》初九，《本義》“以陽居下，上无繫應，而在事初”，皆舉之矣。

九二，大車以載，有攸往，无咎。

剛中，才德之茂也。得應乎上，委任之隆也。以是才德，承是委任，用能竭其忠智以任天下事，如大車之能載物也。伊尹任天下之重，諸葛孔明發憤感慨，許先主以馳驅，皆此道也。《程傳》曰：“其才如此，所以能勝‘大有’之任。”大車之材强壯，能勝載重物也。

“有所往而如是”，兼“剛中得應”説。“无咎”，是能勝任而免責。

《本義》“剛中”字重，“在下”字輕，是對下文“得應乎上”字。

《象》曰：“大車以載”，積中不敗也。

此是解爻辭。言《象》云：“大車以載，是任物充積於中而皆不敗也。”即克勝任重之意。能勝重任，所以无咎。

九三,公用亨于天子,小人弗克。

九三居下卦之上,公侯之象。剛而得正,是才德之茂,克謹侯度,勳勞升於王室者。上有六五之君,虚中下賢,是人君嘉其勳勞,從而優禮之,如天王賜胙于齊桓、晉文者然。由是,三以其土地所産重物,如玉帛之類,朝獻于天子,以致尊君敬上之心,有"亨于天子"之象。若小人無剛正之德,無君上之禮遇,則無由朝獻于天子,故曰"小人弗克"。

《蒙引》曰:"亨于天子,蓋《周禮》所謂'時見曰會'者也,此在常朝之外,方'小人弗克'説得去。"

《象》曰:"公用亨于天子",小人害也。

言小人則不利也,此是與"積中不敗"句協韻,不然亦不用"害"字。

九四,匪其彭,无咎。

四近君之位,其位既高,又以剛居之,而所遇者又六五柔中之君,故有僭迫之嫌。所謂權不招而自大,威權太重,勢陵於君者也。猶幸其處柔不極其剛,故能謙降損抑,不極其盛而得无咎。占者亦當如是也。

伊尹之於太甲,周公之於成王,霍光之於漢昭帝,郭子儀之於唐代宗,此爻是也。臣罔以寵利居成功,伊尹之匪彭也。"公孫碩膚,赤舄几几",周公之匪彭也。出入朝堂,小心謹慎,郎、僕射竊識視之,不失尺寸,霍光之匪彭也。功蓋天下而主不疑,位極人臣而衆不嫉,子儀之匪彭也。

《象》曰:"匪其彭,无咎",明辨晳也。

言其明辨之晳然也。所明者,君尊臣卑之義,進退存亡之理也。

六五,厥孚交如,威如,吉。

六五當"大有"之世,柔中居尊,虚己以應九二之賢,是五之信有以孚於二也。上下歸之，是天下之民見二五之相孚，亦傾心信服於六五也。五之孚，感於上下，上下之孚應乎五，故曰“交如”，言上下之相交也。蓋當天下無事之時，不用刑威，而以德化民也。然君道貴剛，太柔則廢，時當“大有”，釁蘖易生。若一於孚信，而嚴威不立，則紀綱法度因之廢弛，人將慢易之而無畏避之心矣，故必濟之以威。猛厲之意常行於寬恕之中，神武之威常行於仁厚之内，則天下之人不敢玩法以安肆。所有之大，可以長保而無虞矣，何吉如之？先王之明罰勑法，周王之董正治官、克詰戎兵，皆是道也。

《象》曰：“厥孚交如”，信以發志也；

言一人之信，見於虚己以應九二之賢而上下歸之，是有以發上下之志也。

威如之吉，易而无備也。

“易而无備”，是解“威如吉”，是必用威嚴也。愚謂“大有”之世，天下既安且治，無事乎有爲，蓋享盈成之治者也。故人君但虚己下賢，而上下自歸之。若非“大有”之世，須費許多氣力，未必但如此而上下遂歸之。《本義》先下“大有之世”，不爲無意，如此看，方有著落，不然只虚己下賢，如何便上下歸之？

上九，自天祐之，吉无不利。

履信、思順、尚賢，俱就以剛居上、下從六五上取。六五“厥孚交如”，信也；而上下從之，是履信也。謙退不居，而下從六五，是思順也。但不可謂“履六五之信，思六五之順”。尚賢，作尚六五之賢説。言上九以剛居上，而能下從六五，是能履信思順而尚賢也，如是則行合乎天矣。是以“自天祐之，吉无不利”。

《象》曰：《大有》上吉，“自天祐”也。

此是解“上吉”意，要本爻德説，言《大有》“上九，吉无不利”者，是履信思順，又以尚賢，行合乎天，自天祐之也，故吉无不利。

䷎ 艮下坤上

謙：亨，君子有終。

謙者，有而不居之義。有德而不以德自居，有功而不以功自居也。止乎内，其心斂戢，不自大也。順乎外，卑以自牧，無驕亢也。

以山之高而處於卑地之下，故爲謙之象，總是居高能下之意。初非實象，豈真有箇山在地下之理哉？人能謙卑降屈，則隨其所至，而人皆愛敬之，而行無不得，故亨。始雖不居其有，所有終不可没而名成功立，故有終。亨，是目前通達無碍，如所謂“在邦必達，在家必達，州里可行，蠻貊可行”意。有終，是將來有結果成就，如所謂“汝惟不矜，天下莫敢與争能；汝惟不伐，天下莫敢與争功”意。《彖傳》：“尊而光，卑而不可踰。”《繫辭傳》曰：“謙也者，致恭以存其位。”皆是此意。

《彖》曰：謙，亨。天道下濟而光明，地道卑而上行。

《彖傳》不釋卦名義，徑釋卦辭，此一例也。其云天地之“謙亨”，亦與卦辭本義不甚相貼，要聖人之精，因卦以發者爾。

天雖在上，其氣常下交於地以生萬物，是下濟也。然氣一嘘而萬物以生，氣一吸而萬物以成，是其道則光明也。下濟，謙也，光明則亨矣。

地，以形言則處萬物之下，以德言則无成而代有終，可見其卑也。然其氣則上騰以交於天而生物，是其道則上行也。卑，謙也，上行則亨矣。

似此解“謙，亨”，與“人皆愛敬，行無不得”意稍差，此孔子之《易》也。

天道虧盈而益謙，

日中則昃，月盈則食，寒極則暑，暑極則寒，此虧盈也。日入而升，月缺而圓，暑生於寒極之後，寒生於暑極之後，是益謙也。

地道變盈而流謙，

盈滿者，傾變而反陷，如高岸爲谷，潮汐之大極而漸小，草木之榮而悴、開而落是也。卑下者，流注而益增，如深谷爲陵，潮汐之小極而漸大，草木之悴而榮、落而開是也。

鬼神害盈而福謙，

鬼神要不外天地之道，蓋天地之功用，造化之迹也。然依此説，則與上文無分别，當以福善禍淫言。《蒙引》欲兼動植之物説，愚按草木之榮悴開落，總在地道變盈流謙之内矣，惟當從福善禍淫之説爲是。

人道惡盈而好謙，

人之盈滿高亢者，則人情之所惡；柔遜謙屈者，則人情之所好。故曰："謙受益，滿招損。""德日新，萬邦惟懷；志自滿，九族乃離。"

謙尊而光，卑而不可踰：君子之終也。

承上言天、地、人、鬼俱好乎謙，故人而能謙，若其位居尊，則其德因之而愈光；若其位居卑，則人終不可得而踰。蓋謙者，德本自光，其位之尊，其德因之而愈光也。卑者，位本可踰，因其卑而能謙，其德則高而卒不可踰也。何謂謙尊而光？蓋君子居尊，則下民之所承載而瞻仰者，於是而能謙焉，其瞻仰又當何如哉？《書》曰"汝惟不矜，天下莫敢與争能；汝惟不伐，天下莫敢與争功"是也。九三《象傳》"勞謙君子，萬民服也"，可以見"尊而光"矣。何謂"卑而不可踰"？蓋居下位之人，不足以起斯人之景仰而有慢易之心，是可踰也。於是而能謙焉，則人尊仰之而不敢生慢易之心矣，故曰"不可踰"。所謂"瞻其顔色，而弗與争也。望其容貌，而民不生慢易焉"是也。

光是德。光不可謂謙德之光。《蒙引》説。

《象》曰：地中有山，謙；君子以裒多益寡，稱物平施。

地中有山，地本卑，而中却有山，是胸中有許多高處，乃自掩其高而卑以自牧也，故爲謙之象。此與《本義》“山至高而地至卑，乃屈而止於其下”不同，此説本之《蒙引》。

凡人待己之心常多，故己有片善便自以爲無前；待人之心常寡，故人雖有許多善，視之若不足。如此，則在己者多，在人者寡，而不得其平矣，非謙也。故體謙之君子，裒去在己之多，以益在人之寡。己有善，不大自張皇而深自貶損；人有善，不過於貶損而必加稱揚。于以稱量事物之宜，而平其施，使待己者猶待人，待人者猶待己，人己一致，無復有多寡之異焉，則人己各得其平，而謙在是矣。此君子所以體謙之道也。《本義》“損高增卑，以趣於平”，是就本文“裒多益寡，稱物平施”上貼入謙上去，觀下文曰“亦謙之意”字可見。

初六，謙謙君子，用涉大川，吉。

柔既能謙而又處下，謙而又謙者也，故曰“謙謙君子”，《本義》曰“謙之至也”。用此以涉險，則得衆力之助而險可濟，故吉。涉大川，是虚象。凡人之涉險難，皆是。與《需》、《訟》諸卦“涉大川”不同。

《象》曰：“謙謙君子”，卑以自牧也。

《程傳》曰：“自牧，自處也。”言以卑下自處也，釋“謙謙君子”。

六二，鳴謙，貞吉。

六二柔順中正，謙德之盛者也。由是積於中而著於外矣，故爲鳴謙。夫謙而有聞，己無不正，事無不成，吉也。占者能如六二之鳴謙焉，則亦正而吉矣。處己處人，不失其道，正也。動而不括，行無不得，吉也。

貞吉是占。《本義》“正而且吉”，是就鳴謙上先貼出占意，然後正言占者如是，則如其應。

《象》曰：“鳴謙貞吉”，中心得也。

言六二之鳴謙貞吉，由其中心之自得也。謙德得於中，則自聞於外矣，即

《本義》"柔順中正"意。

九三,勞謙,君子有終,吉。

卦惟一陽,居下之上,則其時爲獨尊,無有出其上者,此位之隆也;剛而得正,剛既足以有爲,而得正又爲之盡善,此德之隆也。德位兼隆而爲上下所歸,是功業足以蓋世,如唐之郭子儀是也。乃勞而不伐,有功而不德,以其功下人,故爲勞謙。夫雖不有其功,其功終不可掩;雖不伐其勞,其勞終不可没,所謂"汝惟不矜,天下莫敢與爭能;汝惟不伐,天下莫敢與爭功"是也,故曰"君子有終,吉",吉即君子有終。

《象》曰:"勞謙君子",萬民服也。

萬民服其功勞,不是服其有功勞能謙,即"天下莫敢爭能爭功"意,此釋"君子有終"。

六四,无不利,撝謙。

"柔而得正",柔,謙德也;得正,不過乎謙也。居上而能下,亦謙也。如是,則在彼無惡,在此無射,在邦必達,在家必達矣,故无不利。然居九三功臣之上,功不過於九三而位乃過之,恐三不能甘而釁蘖所由起也,故戒以更當發揮其謙,以示不自安之意,則爲之上者嘉其謙,爲之下者安其讓,而利可永保矣。撝謙如何?謙讓之意,恐無以表白於三,或見之言辭,或見之動作,或有意外之恩,殊常之寵,皆先彼後己,再三推讓於三,而己不敢當焉,務使此意表白於三,此之謂撝謙。若藺相如之讓廉頗,寇恂之屈賈復,彷彿此爻之義。

《象》曰:"无不利,撝謙",不違則也。

此爲六四之撝謙,恐人疑其太過,故爲之解釋如此。言六四之撝謙,似乎過於卑巽而違其法則矣。然四以無功而處九三有功者之上,理當如是,雖過於卑巽而不爲過,似乎違則實不違則也。

六五,不富以其鄰,利用侵伐,无不利。

六五居尊,富本其所有而能以其鄰者,亦其常事也。此曰“不富以其鄰”者,明六五之以其鄰,不以富而以德也。以柔居尊,在上能謙,是其德也。既曰“不富以其鄰”,又曰“利用侵伐”者,執謙之人,於武事多非所樂,如漢文帝之屈於匈奴與和親,是其驗也。故曰“利用侵伐”,以濟其不及也。《蒙引》曰:“此亦君道貴剛,不可一於柔之意。”“无不利”,放開説,言凡事皆利,不但侵伐之利也,以其能謙故也。

《象》曰:“利用侵伐”,征不服也。

此恐後世之好兵者泥“利用侵伐”之辭而失之,至於黷武殃民,故爲之解釋如此。言六五之利用侵伐,是因其不服而征之也,若苗民逆命而舜征之,淮夷背叛而宣王伐之是也。

上六,鳴謙,利用行師,征邑國。

於謙而著行師之利,何也? 盛言能謙之效,所以勸也。利用行師矣,又曰“征邑國”者,爲其質柔而無位也。質柔則才有所不及,無位則力有所不足,故不能征伐四方,但可征己之邑國而已。無位,是無君位,不然,説不得征邑國。

《象》曰:“鳴謙”,志未得也;“可用行師”,征邑國也。

依《本義》“志未得”只是箇過文爾。其志之未得,以陰柔无位,才力不足故也。此與爻辭意少異。

䷏ 坤下震上

豫:利建侯,行師。

“豫,和樂也。”是泛解字義。“人心和樂以應其上”,是説此卦之所以爲豫。蓋豫有二義:有一人自和樂者,有衆人共和樂者,而此則是衆人共和樂也。

"九四一陽,上下應之,其志得行",即"人心和樂,以應其上"也。以卦體言,是言卦具有此義也。"以坤遇震,爲順以動",以卦德言,是所以致"人心和樂,以應其上"也。順以動,順理而動也。夫天下之人不同,所同者心;天下之心不同,所同者理。既順理而動,則動合乎人心矣,故人心和樂以應之。《論語》曰:"舉直錯諸枉,則民服。"《孟子》曰:"得道者多助。"即其義也。

建侯立君,以治民也。若非素得民心,則民不服從,非立君之利也。故《屯》初九"以貴下賤"而"大得民",則利建以爲侯。行師,戡亂除暴也。然人心不樂,未有不激變而生災者。故曰:"多助之至,天下順之。以天下之所順,攻親戚之所畔,故君子有不戰,戰必勝矣。"

《彖》曰:豫,剛應而志行,順以動,豫。

說見卦辭下。"志行"屬九四。《蒙引》曰:"《彖傳》'志行'二字,只貼'應'字意,非如俗說,上下之和樂也。"愚謂其志得行,畢竟是誰志?若說上下之志,如何謂之得行?必是九四,上下應之,方其志得行。故爻辭謂之"大有得",《象傳》謂之"志大行"。《蒙引》之說,愚未敢從,識者擇之。

豫,順以動,故天地如之,而况建侯行師乎?

天地如之,是天地和樂以應之也。人君順理而動,則行合乎天地,天地有不和樂以應之者哉?如宋景公,有君人之言三,而熒惑爲之退舍;商高宗因雉雊而脩德,則天祐之而商道復興;漢高帝敗於彭城而以大風脱,漢光武逼於王郎而以冰合渡,是皆天地之應處。天地如之,是舉其大者以况其餘,故曰"而况建侯行師乎"。言必得人心之和應,而建侯行師无不利也。

"順以動",是舉其平日言,"天地如之",人心之應,乃平日順動之所召致。

天地以順動,故日月不過,而四時不忒;

天地順動,氣機之動静闔闢也。不可專就天左旋上説,爲地説不得左旋也。

日月星辰，寒暑晝夜之運轉，皆在“天地之動”内。天位乎上，地位乎下，其間氣機之闔闢往來皆有常則，日月五星各有纏度次舍。所謂“順動”，不過循其常則而運行，依其度數而旋轉爾。天地若不順動，則七政之行皆失其度，四時之行皆失其序，欲其不過不忒，不可得也。若以順動，則日月之行，秋冬而南陸，春夏而北陸。自春分而夏至，晝浸長；自秋分而冬至，晝浸短，何嘗有過差乎？氣一舒而爲春爲夏，氣一歛而爲秋爲冬，四時代謝，通復相仍，何嘗有差忒乎？

聖人以順動，則刑罰清而民服。

聖人在上，禮樂刑政之施，皆合乎天理而當乎人心，是以順動也。將見此以理感，彼以理應，從欲以治，四方風動，不用刑罰而民自服矣。

豫之時義大矣哉！

此承上言，順以動，豫之時義也。在天則以順動，而日月不過，四時不忒。在聖人則以順動，刑罰清而民服。天地之化，聖人之治，皆不外乎是。然則，豫之時義不其大哉！

《象》曰：雷出地奮，豫；先王以作樂崇德，殷薦之上帝，以配祖考。

雷始伏聲於地，及出地而奮震，則所以鼓天地之和氣，而發萬物之生意者在，是和之至也，故有豫之象。先王作樂，一則象其出地之聲，一則取其至和之義。爲之詩歌，宣以琴瑟鐘鼓，而樂於是乎有聲；爲之舞蹈，飾以干戚羽旄，而樂於是乎有容。聲容皆有，而樂之制於是乎備矣。然樂非無因而强作也。先王文以經治，武以戡亂，治功既成，於是述其功德，形之詩歌，被之聲音，效之舞蹈，以爲功德之形容，則先王之文德武功，昭彰乎人之耳目而不可掩矣，是樂之作，所以崇德也。先王之作樂也，自閨門而邦國而宗廟朝廷，無非用樂之所在也。而其大者，則冬至祭天於圜丘，以是樂薦之上帝而配以祖；季秋享帝於明堂，以是樂薦之上帝而配以考焉。

作樂以崇德,則人和樂矣;作樂以享神,則神和樂矣。樂所以和神人也。

初六,鳴豫,凶。

初六是陰柔小人,與九四爲應,是其强援也。九四方得時主事,初六依時附勢,其志因之得行。説樂之極,不能自勝,至於自鳴。所爲如此,其取敗也必矣,故其占凶。如唐順宗朝,王伾、王叔文用事,韓泰、柳宗元、劉禹錫等,采聽謀議,汲汲如狂,互相推獎,僴然自得,以爲伊、周、管、葛復出,是鳴豫也。

《象》曰:初六"鳴豫",志窮凶也。

"志窮"是解"鳴豫"。志意滿極,不勝其豫而以自鳴,凶之道也。

六二,介于石,不終日,貞吉。

豫雖主樂,然易以溺人,言此以起六二之不溺於豫也。六二居中得正,當可樂之地,獨以中正自守,不溺於豫,故其象爲"介于石",言其堅確如石也。凡人溺於富貴逸樂之中,其心遂爲昏蔽而昧乎吉凶禍福之幾。六二不溺於豫,則心無所蔽而不昏昧,故吉凶禍福之未來而幾先動,即能早見而預圖之,故又爲"不終日,吉"。不俟終日,而見凡事之幾微也。介于石,二之貞也;不終日,二之吉也。占者能如二之貞,則亦吉矣。

《象》曰:"不終日,貞吉",以中正也。

此推"不終日",本於"介于石"。言六二不終日,而見凡事之幾微,得正而吉者,由其以中正自守,其介如石也。《本義》"卦獨此爻中而得正",是取諸此。

六三,盱豫;悔遲有悔。

六三陰不中正,是小人也。位近於四,四爲卦主,得時主事,三依時附勢,竊取寵位而以自樂,名節頓喪,禍敗將及,可悔也。占者處此,惟當速悔。若悔之遲,則凶咎隨至而有悔矣。

《象》曰:“盱豫有悔”,位不當也。

只是《本義》“陰不中正”意。

九四,由豫,大有得;勿疑,朋盍簪。

九四,卦之所由以爲豫,是天下之豫由四致之。如伊尹、周公,其人也。舉天下之人蹐之壽富安逸之域,丈夫之事業志願無不遂矣,所得孰大焉?故其占爲“大有得”。然天下之豫,雖由己而致,非己所能獨保,所賴以共保天下之豫者,實在於天下之賢。天下之賢,非猜忌嫉妬者之所能致。必也任之勿貳,用之勿疑。如所謂開誠心、布公道、集衆思、廣忠益者焉,則同類之朋,合而從之,如髮之聚於簪,衆賢畢集,群策悉用,而豫可永保矣。“勿疑”以下,是戒占之辭。

《象》曰:“由豫,大有得”,志大行也。

“志大行”是解“大有得”。蓋君子所志,常欲舉一世而生全之,天下由九四以致豫,則平生之志,於是乎大得矣。

六五,貞疾,恒不死。

以柔居尊,則不能自振而沈溺於豫。又乘九四之剛,九四方得志於下,衆皆歸之而不附己。己之顛危,瀕於死亡,故爲“貞疾”之象。貞,常也。物以得正爲常,故謂貞爲常。常疾,言久疾而不痊愈也。然以所處得中,善道猶有存者,故又爲“恒不死”之象。衰周之君、漢魏末世之主,皆然也。

《象》曰:六五“貞疾”,乘剛也;“恒不死”,中未亡也。

乘剛,即《本義》“乘九四之剛”,“衆不附而處勢危”,此解“貞疾”,不及“以柔居尊，沈溺於豫”意。

“中未亡”，雖時勢已去，善道猶有存者，賴此一脉，生意猶在，故又爲“恒不死”之義。

上六，冥豫，成有渝，无咎。

陰柔居豫極，永溺於豫而無悔悟之期矣，故爲昏冥於豫之象。然在震之終，是動體也。居動體，尚有激昂奮發之資，而非衰頽不振者比，故又爲其事雖成而能有渝之象。革故而鼎新，悔過而遷善，如楚莊王以伍舉之諫而罷淫樂，秦穆公因于殽之敗而悔告群臣，以至漢武輪臺之詔，皆是也。占者如是，則能改而无咎矣。

《象》曰：“冥豫”在上，何可長也？

“在上”，是解“冥豫”，如“元吉在上，大有慶也”、“其位在中，以貴行也”例。何可長，言不能久，將死亡也。

䷐ 震下兑上

隨：元亨，利貞，无咎。

本自《困》卦，九自二來而居於初。蓋《困》卦下《坎》上《兑》，《坎》卦九本在二，今來居初也。又自《噬嗑》，九自上來而居於五，蓋《噬嗑》下《震》上《離》，《離》卦九本在上，今來居五也。而自《未濟》來者，亦爲九來居初、九來居五。蓋《未濟》之卦，《離》上《坎》下，《離》則九在上，《坎》則九在二。九來居初則成《震》，九來居五則成《兑》，《震》下《兑》上，則爲《隨》也。兼此二變者，自《困》自《噬嗑》一變也，自《未濟》一變也。

《困》卦九本在二，六本在初，今六自初上而居二，九自二來而居初，是剛來下柔，退居其後也。《噬嗑》九本在上，六本在五，今六自五上而居上，九自上來而居五，是剛來下柔，而退居其後也。《未濟》放此。故曰“剛來隨柔”。或疑

“剛來隨柔”，難説“己能隨物”，不知柔既爲剛所隨，便是己能隨物，初不論剛柔也，况此所主不重在剛柔。“此動彼説”者，此動而感乎彼，彼説而從乎我，亦隨之義也。必己能爲物之所隨，然後物從而隨之，如《比》卦以一人而撫萬邦，以四海而仰一人，亦是己足爲人之比，然後人從而比之。

彼此相從則何事不立，何功不建？故大亨。然使所隨不正則爲非道以相與，雖大亨亦未免於有咎，故必利貞方无咎。

“利貞”兼物我兩邊説。己之隨物，無違道之私；物之隨我，非于宗之吝。所謂貞也。七十子之從孔子，孔明之從先主，貞也，何咎之有？三千珠履之從田文，荀彧之從曹操，不正也，得爲无咎乎？

《彖》曰：隨，剛來而下，柔動而説，隨。

説見卦辭下。

大亨，貞，无咎，而天下隨時。

言大亨又能得正而无咎，則天下之所隨也。蓋“大亨”者，彼此之隨，一人之隨也。“貞，无咎，而天下隨時”，則不但一人之隨而天下皆隨之矣。天下隨之，極言其效也，猶天下歸仁，邦家無怨意。

“隨”當兼上下説，《蒙引》就有國者説，恐未是。

言隨出於正，則得隨之道而无咎。然不但彼此之相隨而已，將見近者悦，遠者來，自東自西自南自北，無思不服，盡天下之所隨也。何也？正者天下之達道也。惟君子爲能通天下之志，故隨出於正，則天下隨之。

隨時之義大矣哉！

正者，隨之時義也。夫隨一出於正而天下皆隨之，其義不亦大哉！人苟知隨義之大，則於所隨可不謹哉！可不貞哉！味卦辭及《彖傳》之意，雖云己能隨物，物來隨己，然歸重在己能隨物上。

《象》曰：澤中有雷，隨；君子以嚮晦入宴息。

此是於人事中覓箇來配《易》，非教人必如是也。只是出作入息之意，無大意義。窮冬閉塞之時，雷隱澤中，造化之宴息也；日入晦夜之時，君子入宴息於内，人事之宴息也。《易》中《大象》俱當如此看。如“后以裁成天地之道”，“先王至日閉關”之類，又一義，當别看。

初九，官有渝，貞吉；出門交有功。

初九以陽居下，即所謂“九來居初，剛來隨柔”也，爲震之主。震，動也，所謂此動彼説，亦隨之義也，是皆卦之所以爲隨者也。卦之所以爲隨，則爲成卦之主而主乎隨者也，故曰“官”。猶《屯》初九，爲成卦之主也。

初九以陽居下，爲震之主，卦之所以爲隨，是主乎隨者也，故爲官之象。官者，有所隨也。既有所隨，則心便有所主而變其常，不得如常時無所主之虚矣，是有渝也。私於所隨，固爲未善，然亦顧所隨何如爾。若所隨是正人端士，無匪人之傷，則有輔仁之益，猶爲吉也。雖然，終是狹而未廣。又當出門以交，不私其隨，但是正人端士皆與之交而不專主一人，則兼衆長，集衆善，事無不成，業無不就，是有功也。

《象》曰：“官有渝”，從正吉也；“出門交有功”，不失也。

言其集衆善而無有遺失也，故能有功。

六二，係小子，失丈夫。

六二，初陽在下非正應而實近，五陽是正應而在遠處，一時未得遂其交，六二陰柔，性急不能寧耐自守，以須五之正應，但狃於近便而從初，既從乎初，則不得復從乎五矣，是“係小子，失丈夫”也。女之從夫，臣之從君，弟子之從師，士之交友，皆有此事，不可不謹也。

《象》曰：“係小子”，弗兼與也。

二係小子，則弗能兼與乎丈夫。然則，人可不一於從正哉！

六三,係丈夫,失小子;隨有求得,利居貞。

四陽在上,丈夫之象;初陽在下,小子之象也。三近四而遠於初,則惟近之從而不暇及於遠矣,故其象爲"係丈夫,失小子"。係者,爲之牽係而不去也。四陽當任,而三隨之,何求不得?何欲不遂?富貴功名可以立致,何難之有哉?故其占爲有求得。雖有求得,以此之故而苟於求,雖得禽獸如丘陵,然於君子之道相去遠矣,故又利於貞。居易以俟命,不行險僥倖以饕分外之富貴,是三之貞而君子之所當戒也。

六三,上不就應爻取象而就四取象者,上無可隨,四陽當任,三之所欲隨者也。下不自比爻取象而就初取象者,因下云"係小子,失丈夫"而云也。

《象》曰:"係丈夫",志舍下也。

此當與上二爻"弗兼與"對看。聖人之意,謂初係小子,則弗得兼與乎丈夫矣。三係丈夫,不慮失小子者,蓋三之志在於舍下,失初非所顧也。二狃於近而失五,三志乎四而失初,二、三之得失見矣。

九四,隨有獲,貞凶;有孚在道,以明,何咎!

九四以剛德之盛也,居下之上,位之隆也。與五同德,與君同心共濟,如伊尹之於太甲,周公之於成王是也。人臣若是,何求不獲?故其占隨而有獲。夫人臣以功能而求於君,固亦義所當得而不爲過。然挾功陵上之嫌不能免矣,故雖正亦凶。必也内有誠心而外之所行者在於道理,如是而明哲以處之,則君嘉其讓而安於上,民服其謙而安於下矣!何咎之有?"有孚在道",只是一理,而分内外,總是不挾功而陵於五也,不可分講。有孚如何?在道又如何?愚謂有孚,存謙虚不伐之心也;在道,行謙虚不伐之事也。有孚在道,就是他明處。夫人臣挾其功能以陵於上,取敗之道也。自非聰明睿智,明於尊卑堂陛之分,達於虧盈益謙之理,孰能早見而預圖之。故卦辭就事論事曰"明哲之事",而《象傳》遡流窮源曰"明哲之功",交相發也。

《象》曰:"隨有獲",其義凶也;"有孚在道",明功也。

言以理言當得凶也。"有孚在道",以明此明哲之功也。

九五,孚于嘉,吉。

九五陽剛中正,下應六二亦中正,是明君任賢相。如堯、舜之於禹、皐,湯、武之於伊、周,孚于嘉者也。占者如是,則内焉有以啓沃乎君心,君德以之而成矣;外焉有以弼成乎治道,天下由之而治矣,吉之道也。

《象》曰:"孚于嘉吉",位正中也。

言五之信于善者,由其位正中也。蓋位正中,五之善也。惟己之善,故能信乎善。非成湯無以信伊尹,非文王無以信太公,孔子非不聖也,遇春秋而卒老于行,孟子非不賢也,遇戰國而終身坎坷,聖人因孚嘉而發正中之義,其所感者深矣。

上六,拘係之,乃從維之;王用亨于西山。

上六,拘係從維,爲何取此象?自隨言也。上六爻義無所取,只就居卦之上、隨之極上説道理。"王用亨于西山",又自此生出一意,言以上六之誠意,用之亨于岐山則吉也。

《象》曰:"拘係之",上窮也。

上,言居卦之上也。窮,極也。由其居上,是以窮極,即《本義》"居隨之極,隨之固結而不可解"意。

䷑ 巽下艮上

蠱:元亨,利涉大川;先甲三日,後甲三日。

"有事"有兩意:災害之來,有事也;救災解難,亦有事也。故《程傳》曰:"蠱非訓事,乃有事也。既蠱而治之,亦事也。"《本義》總其意而改之曰:"壞極而有事。”

《朱子語録》曰:“皿蟲爲蠱,言器中盛那蟲,教他自相并,便是積弊那壞爛底意思。如漢、唐之衰,弄得來到那極弊大壞時。”愚謂天下國家都是苟且因循,弄得那極弊大壞處方有事出來,壞未至極,未必有事。

艮剛居上,是其情高亢而不下接;巽柔居下,是其性退縮而不上交。故曰:“上下不交。”

下卑巽,是逡巡畏縮而不前進;上苟止,是因循止息而不事事。上下不交,則事無人共理;下卑巽而上苟止,則事聽其廢壞,所以積弊而至於蠱。

蠱,亂之極,亂當復治,故其占當得元亨。蓋否極而泰,亂反爲治,不但國勢自是而一伸,治道亦於是乎振舉,是不但亨而且大亨也。然元亨非可以坐致也,必也冒險越深以求濟,然後可以撥亂世而反之正,故曰“利涉大川”,言當有事以治蠱也。而治蠱之道,在乎“先甲三日,後甲三日”。蓋甲日之始,在治蠱則是事之端也。先甲三日,辛也;後甲三日,丁也。辛有自新之義,前事過中而將壞,則當自新以爲後事之始,而不使至於速壞,故曰“先甲三日”,言當革故鼎新也。丁有丁寧之義,後事方始而尚新,又當致其丁寧之意,而不使至於速壞,故曰“後甲三日”,言當憂深思遠也。自新於先,丁寧於後,則治蠱有道而亂反爲治矣。

《彖》曰:蠱,剛上而柔下,巽而止,蠱。

說見卦辭下。

蠱,元亨而天下治也。

此句與《坤》“後得主,利而有常”一般,“而”字當“是”字,後得主利,乃是常道。蠱,元亨,乃是天下治也。《蒙引》曰:“是實天下治,非謂天下將治也。”

“利涉大川”,往有事也。

《程傳》曰:“方天下壞亂之際,宜涉艱險以往而濟之,是往有所事也。”

"先甲三日,後甲三日",終則有始,天行也。

言"先甲三日,後甲三日",則撥亂反正,亂之終,治之始矣。終則有始,雖云人事,實則天道,故曰"天行"。非天有是時,則人亦無緣有是事矣,歸重在天時上。邵子曰:"時者,天也。事者,人也。時動而事起,天運而人從,猶形行而影會,聲發而響應與。"

《象》曰:山下有風,蠱;君子以振民育德。

《程傳》曰:"風遇山而回,則物皆散亂,故爲有事之象。"此只是一邊,尚遺了一邊,須兼兩邊看。《本義》"而事莫大於二者",方説得去。愚謂風遇山而回,物皆撓亂,固有事也。既撓亂旋復返舊,亦有事也。蠱之時,教化陵夷,風俗頽敗,故必振作其民,使去其舊染之汙以自新,而新民之本又必培養己德,使天之與我者常存不喪,然後推己及人,斯民始可得而治矣。

初六,幹父之蠱,有子考,无咎,厲終吉。

初六於爻義無取,只就卦初上説道理。

蠱者,前人已壞之緒,故有父母之象。初爲父母,則諸爻皆其子也,皆當以幹蠱爲責。獨九二上應六五,爲幹母之蠱,其餘諸爻,皆幹父之蠱。

在卦之初,故蠱未深;蠱未深,故事易濟;事易濟,故有子則能治蠱而考得无咎。然至於蠱亦危矣,又必戰兢自持,以危厲處之,方能終吉。蓋恐人以爲易而以易心處之,故爲是以戒之也。

《象》曰:"幹父之蠱",意承考也。

言初六"幹父之蠱",其意在於承考之志而置之無過之地也。夫前人之蠱已壞,未始不欲賢子孫振起之,故初六之幹蠱,謂之"意承考也"。凡有幹蠱之責者當知勉矣。

《本義》"蠱未深而事易濟",在"有子考,无咎"内。幹父之蠱是諸爻所共,不取爻義,獨六四"裕父之蠱"是取爻義。

九二，幹母之蠱，不可貞。

爻辭無"中"字，《本義》生出一箇"得中"，是本《象傳》意。《本義》"九二剛中，上應六五"，即《象傳》之"中道"也。

幹母之蠱而得其中，言所幹之事得其當也。司馬公入相，盡變熙寧之法，可謂善矣。亦有不必變者，如僱役之類，是未當也，故蘇子瞻諸公力争之。"不可貞"，是就容色上說。宋儒論諫官謂"言事是目，容色是綱"，正是此意。不可貞，本以剛乘柔來。蓋凡剛有多所違拂，而柔必有所不堪，故聖人特以爲戒。

《象》曰："幹母之蠱"，得中道也。

說見爻辭。

九三，幹父之蠱，小有悔，无大咎。

九三亦是幹父之蠱者，以剛居剛而過乎剛，又居下之上而不中，固是未善。然三是巽之上爻，爲巽之體，以陽居陽爲得其正，巽則可以制其剛，正則可以救其不中，故其幹蠱不無失當處，是小有悔也。然亦不至大狼狽，故无大咎。因是小有悔，故僅无大咎；因是无大咎，故僅小有悔。"過剛不中，巽體得正"二句當合説。過剛不中，若非巽體得正，豈止小有悔，正緣善惡相濟，故不至大違拂爾。《本義》分"過剛不中"於"小有悔"，分"巽體得正"於"无大咎"，似未穩。

《象》曰："幹父之蠱"，終无咎也。

言九三過剛不中，巽體得正以制之，其幹父之蠱初間雖若有小悔，然終无過咎也。

六四，裕父之蠱，往見吝。

夫前人之事已壞，爲子孫者，當如救焚拯溺以振起之。六四陰柔無爲，乃寬裕以治之，若無事者然，如是，則蠱將日深矣，安能有濟哉？故以往則見吝，占者當以爲戒也。

《象》曰:“裕父之蠱”,往未得也。

言未得幹其蠱也。

六五,幹父之蠱,用譽。

六五柔中居尊,當蠱之時,似未必能振拔以有爲者。得九二以剛中之德奉承之於下,有以匡己之不逮,故能振前人之蠱,垂聲譽於天下,得賢之效有如此哉!

《象》曰:“幹父用譽”,承以德也。

言六五之用譽,由九二承之以德也。

上九,不事王侯,高尚其事。

剛陽,有德也。蠱,有事之卦。在上,則在事之外矣。

以剛陽居卦上而在事之外,是賢人君子不偶於時而高潔自守者也,故其象爲“不事王侯,高尚其事”。

《程傳》可玩。

《象》曰:“不事王侯”,志可則也。

言上九不偶於時而高潔自守,是用舍惟時,進退以道,非潔身亂倫之徒也,故其志可法則。

䷒ 兑下
坤上

臨:元亨,利貞;至于八月有凶。

二陽之卦,取名曰“臨”,何也? 夫邪正不兩立,陽進則陰必退,其勢然也。當一陽來復之,時雖有剛長之勢,然其勢猶孤,未見其陵逼於陰也。及二陽並進,則衆正彙征爲《泰》、爲《大壯》、爲《夬》,皆勢所必至,小人始無容足之地矣,故取其卦爲《臨》。聖人慶幸之意,其見於此乎。

“元亨，利貞”，俱就“臨”上説。群邪退聽，君子之志得行，元亨也。不恃勢用壯而守道義，合於中行，利貞也。

二陽寖長，已有臨陰之勢。兑説坤順，九二剛中，上應六五，又有臨陰之善，故其占當得大亨。然又利於守正，蓋勢德兼隆，固君子得志之日。然所行不正，則德不合卦而失自處之道矣，又安能以得志哉？故元亨而利於貞者，乃理之當然。象《易》聖人以爲戒，而《彖傳》以爲天之道也。

《蒙引》曰：“元亨，大半自勢上得。利貞，大半自理上來。”愚謂大半自勢上得，則小半自理上得，蓋剛長之時又有此善也。大半在理上來，則小半從勢上來，蓋有其善既當利貞，有其勢又當善用之也。

“八月有凶”，言平陂往復，天運之常，陽之長既可喜，陽之消又可憂，自一陽之《復》至二陰之《遯》，以卦計之，凡有八卦，以月計之，當得八月，到此時，則陰浸而長，陽當退避，故有凶也。

《彖》曰：臨，剛浸而長，

剛浸而長，則駸駸乎不可禦之勢，有臨之義也，故曰“臨”。

説而順，剛中而應。大亨以正，天之道也；

説是和顔悦色，不壯于頄也。順是動而以順行，不突如其來也。“剛中”，所處得當也。“而應”，有助也。夫君子之去小人，固自有道，若徒剛壯見于面目而無深沈之思，不順不中而失善處之道，勢孤援絶而無正人之助，則不惟小人不可去而患害已生矣，又安能得志哉？故“説而順，剛中而應”，乃臨陰之善。聖人《彖傳》深嘉之，曰“大亨以正，天之道也”。

“至于八月有凶”，消不久也。

《本義》意頗緩。愚意聖人是説：“二陽雖長，然不久將消，君子當預爲之戒，不可付之天運之自然也。”《蒙引》曰：“或謂主周正八月，非也。文王繫辭之時，未有周正，至武王得天下，方用周正。”此可以破其説。

《象》曰：澤上有地，臨；君子以教思无窮，容保民无疆。

瀦水有澤，澤上有地，地高澤下，是上臨下也。臨下之道，教、養二者而已，故君子以之教民之意思無有窮盡，其容保乎民也無有疆限。“教思无窮”，其意思如兑澤之深也。“容保民无疆”，其度量如坤土之大也。

“教思无窮”者，所謂聖人之心无窮，世雖極治，然豈能必四海之内無一物之不得其所哉？故堯、舜猶以安百姓爲病，若曰“吾治已足”，便不是聖人矣，正是此意。“容保民无疆”者，蓋聖人之心無内外，如天地之無不持載，無不覆幬，天下民物，皆欲使之得其所，是无疆限也。

初九，咸臨，貞吉。

咸臨，偏臨也。君子以世道爲己責，初九陽德方亨，則四陰皆在所臨之内矣，故其象爲“咸臨”。占者能守其正，不失臨陰之道，則小人可去而吉矣，“貞吉”只是元亨利貞之意。

《象》曰：“咸臨貞吉”，志行正也。

此申“貞”字之義，如《屯》初九“雖盤桓，志行正也”例。

九二，咸臨，吉无不利。

剛得中而勢上進，所謂“當剛長之時又有此善”也，故其占吉无不利，即卦辭“元亨”也。不言貞者，意此爻與初九一體，初既言貞，此不待言也。若謂九二剛得中而勢上進，猶盛於初，無待於言，則貞自是戒占之辭，何與爻德。且四陽《大壯》，其勢豈不尤盛，亦有利貞，戒何也？

初言“貞吉”，二加之“无不利”者，蓋其德其勢俱盛於初，非初可得而比也。

《象》曰:“咸臨,吉无不利”,未順命也。

六三,甘臨,无攸利;既憂之,无咎。

六三陰柔,不中不正,無可臨人,却把甘辭好語臨在下之君子,“甘臨”之象也。夫惟誠動物,君子難説,甘臨詭道,其誰聽之,故其占无所利。然制行在我,能知其无所利而改之,則无咎。

《象》曰:“甘臨”,位不當也;“既憂之”,咎不長也。

言其不中不正也。

曰“咎不長”,則知其始之有咎也。始雖有咎,然能憂之,則可以免矣,故曰“咎不長也”。

六四,至臨,无咎。

處得其位,正也。下應初九,陰陽相得,其情密矣,故其象爲“至臨”。言情意懇篤,所謂情如膠漆,契如芝蘭也。朋友以信相臨切至,友道得矣,故无咎。不言吉利者,爻非剛中,相臨未必其善否也。《朱子語録》曰:“‘至臨,无咎’,未必極好,只是與初相臨得切至,故謂之至。”

《象》曰:“至臨无咎”,位當也。

只是《本義》“處得其位”。

六五,知臨,大君之宜,吉。

人君以一人之身,臨乎天下之廣,若區區自任,豈能周於萬事?故自任其知者,適足爲不知。惟能取天下之善,任天下之聰,明則無所不周而其知大矣。堯、舜之知而不偏物,急先務而已。六五柔中,下應九二,不自用而任人,可謂得臨下之道矣,故曰:“知臨,大君之宜,吉。”其所行乃知之事,大君之所宜也。如是,將見不用其聰而聰自周於九圍,不用其明而明自照於萬里,君道得而治可成矣,何吉如之?

《象》曰："大君之宜"，行中之謂也。

即《本義》"以柔居中"。在爻爲以柔居中，在臨爲不自用而任人，此何以謂中？蓋人君不自用而任人，便是理之正當處，便是中，故曰："道者，天理之當然。中而已。"

此題最難，程文未好。

上六，敦臨，吉，无咎。

此爻只是卦位説道理，於爻義無取。蓋居卦之上，處臨之終，與人相臨，自始至終而無替，可謂厚矣。子曰："晏平仲善與人交，久而敬之。"上六其有焉！故曰"敦臨"。厚德臨人，人無不服，而邦家無怨矣，故吉无咎。吉以事言，无咎以理言。

《象》曰：敦臨之吉，志在内也。

言其志專在於内卦之二陽也，有念念不忘之意，有厚道矣，所以釋"敦臨"之義也。

《程傳》以"志在内"爲應二陽，《蒙引》用其説，今從之。

易經存疑卷四

䷓ 坤下巽上

觀：盥而不薦，有孚顒若。

觀者，乃以中正示人而爲人所仰也。“盥而不薦，有孚顒若”者，亦以中正示人而爲人所仰也。蓋聖人教人爲觀也，九五居上，四陰仰之，是以中正示人而爲人所仰也。此即《中庸》所謂“脩身則道立”，《太極圖》所謂“立人極”，《書》之“皇極”，《詩》之“儀式刑文王，萬邦作孚”也。祭祀，無不致其誠敬者，盥是方用事之初，薦是既用事之後。方用事之初，誠敬方殷，既用事之後，便都過了。但盥手而不用以薦，是常持誠敬，如盥之意常在，不使過也。

盥將以薦，豈有不薦之理？曰“盥而不薦”，特以明敬常在之意爾。盥者，致其潔清也。不薦者，不輕自用也。《蒙引》曰“‘致其潔清而不輕自用’，是影此意説向爲觀上去。”“致其潔清而不輕自用”，依傍“盥而不薦”解，是致其潔清而不輕用出，輕用出則誠敬便過了，即是持這誠敬如盥之意常在也。要其實，只是君子之心常存敬畏爾，君子敬而無失也。《語録》或問：“聖人在上，視聽言動當爲天下法而不敢輕，亦猶祭祀致其潔清而不輕自用否？”曰：“然。”“盥而不薦”，就祭祀上説。則“有孚顒若”，亦是就祭祀上説，爲觀之意則在言外，亦猶“舍逆取順，失前禽也”例。孚信在中而顒然可仰，自爲觀上説，是有以中正示人而爲人所仰也，盥而不薦，即所以中正也。程子曰：“敬而無失，所以中也。”

《彖》曰：大觀在上，順而巽，中正以觀天下。

九五居上，其下四陰仰之，故曰“大觀在上”，言大觀而在上位也。大觀因“五”字而生，五爲君位，故曰“大觀”。

順者,慈祥、愷悌、温和、恭敬。如堯之允恭克讓,舜之温恭允塞,文王之徽柔懿恭也。巽者,善通人情,酌物理,隨物付物,因時制宜而得其中,不偏不倚。動而世爲天下道,言而世爲天下則,行而世爲天下法也。

中正就爲觀上説,則自一身以及於庶政,如《中庸》所謂"三重"是也。

"大觀在上",以位言。巽順中正,以德言。

巽順是天德,中正是王道。

"觀,盥而不薦,有孚顒若",下觀而化也。

此以其效言,"盥而不薦",以中正示人而爲人所仰也。"下觀而化",下之人仰之亦歸於中正也。

觀天之神道,而四時不忒;聖人以神道設教,而天下服矣。

天之所以爲觀者,不外春、夏、秋、冬之四時而已。四時各循其序而不忒,而其所以不忒者,在人有不可得而測焉,是則天之神道也。故曰:"觀天之神道,而四時不忒。""四時不忒",即天道之神也,設教爲觀也,神道不可測也。凡以言設教則有聲音,以事設教則有形迹,皆得而測也,非神道也。聖人設教,誠於此,動於彼;不以言,不以事;無聲音,無形迹;不可測其端倪,窺其眹兆,亦猶天道之神不可測也。故曰:"神道設教。"蓋其不顯之德,篤恭之妙,與上天之載無聲無臭者,同一機[緘]。其動静之妙,丕變之機,有非人所能測識者,是則所謂神道設教之實也。

"天下服"是神道設教之效,不與"四時不忒"對。《蒙引》曰:"即是下觀而化之極至處。"

《象》曰:風行地上,觀;先王以省方觀民設教。

風行地上,經歷踰閲,無遠弗届,猶先王巡歷天下以觀民俗也,故其卦爲《觀》。先王巡省方國所至,問百年者就見之,命太師陳詩以觀民風,命市納價以觀民之好惡，即省方觀民也。省方以觀民，隨因民俗以設教，如齊之末葉，教以農桑；衛之淫風，教以禮別。奢如曹，則示之以儉；儉如魏，則示之以禮。使天下同歸於中正之道也。

初六，童觀，小人无咎，君子吝。

童觀者，童子之觀，不能及遠也。初在下，若非陰柔 ，亦有致身之資，無自有“童觀”之象。惟陰柔在下，則既無自致之資，又處絶遠之地，故有“童觀”之象。占者遇之，若小人則无咎，若君子則可羞也。蓋小人細民，身居草野，不能遠見，乃其常分，不足謂之過，故无咎。君子以天下國家爲事而如是焉，是可羞也。

《象》曰：初六“童觀”，小人道也。

童觀乃小人之分，故曰：“小人道也。”

六二，闚觀，利女貞。

古者男子生，桑弧蓬矢以射天地四方。天地四方者，男子之所有事也，故雖身居一室而天下之事無不周知，乃大人之大觀也。六二以陰柔之質居下卦之中，則其見不能及遠也。天下之事有遺於見聞之外者多矣，故其象爲“闚觀”。自門内而觀門外，女子之觀也，故利女子之貞。丈夫得之，則可羞矣。二之闚觀，雖由居内，實本於陰柔，若以陽剛居之，亦不害乎？獨居一室而能知天下事，無由有“闚觀”之象矣。

《象》曰：“闚觀女貞”，亦可醜也。

以丈夫言，《本義》有解。

六三，觀我生，進退。

六三於爻義無取，只就位上説道理。以六三居下之上，可進可退之時也。

其不取爻義者，毋亦以三陰柔，不中不正，無德可稱，欲就此爻取義，則初、上兩爻已是不好，此不復取爾。

觀己所行之通塞以爲進退，量自家出去能成得天下事，是所行之通也，則從而進；量自家出去成不得天下事，是所行之塞也，則從而退。其進其退，惟當取決於己，而不在人也。漢高帝欲興禮樂，魯兩生不肯行，知漢高不足與興禮樂也。劉先主欲興復漢室，諸葛孔明從之，知先主猶可與有爲也。范增不知項羽之不足與有爲而從之以取天下，楊龜山不知蔡京之不足與有爲而欲維持天下事，可謂不善審於進退而失此爻之義矣。

此爻楊誠齋云："似漆雕開仕。"《蒙引》亦以德學爲説，似太深。蓋此爻只就目前進退上説，初不及德業也。

《象》曰："觀我生，進退"，未失道也。

審己之所行以爲進退，故未失道，若范增、楊龜山可謂失道矣。

六四，觀國之光，利用賓于王。

六四所居之位，切近於五，則大君之道德達之，而爲邦國之光者，皆得以目擊其盛，觀國之光也。占者得之，已仕者則宜朝覲於君，未仕者則宜應時而仕，故曰"利用賓于王"，言爲王所賓禮也。

《象》曰："觀國之光"，尚賓也。

解"觀國之光"，言其志尚作賓于王朝也。

九五，觀我生，君子无咎。

此爻純是占。君子指九五。蓋九五以中正示人，爲人所仰者，是則君子之道也。占者觀我生之所行，若合於君子之道，則足以觀示天下而无咎矣。與《比》卦辭相似。

《象》曰:"觀我生",觀民也。

此是夫子教人觀我生處。蓋民俗之善惡,由君德之得失。君德之得失,其效必徵諸庶民。故觀我生者,必并民俗而觀之,然後己之得失可得而見。徒觀之己而不觀之民,其得其失,曷從而知之?此爻辭曰"觀我生",《象傳》以"觀民"發其意,非爻辭本無而聖人加之也。

上九,觀其生,君子无咎。

"觀我生"乃爻爲主,占者爲賓也。我占者,自我也。"觀其生","其"字亦是指占者,但是别人説他,以占者爲其爾,是占者爲賓而他人爲主也。

《象》曰:"觀其生",志未平也。

《本義》云:"雖不得位,未可忘戒懼。"蓋"危者使平,易者使傾,《易》之道也"。

䷔ 震下
離上

噬嗑:亨,利用獄。

天下固有間阻而不得合者,皆必噬之而後合。故聖人因頤中有物之卦而取"噬嗑"之名,見有間阻者之必噬合也。蠻夷猾夏,寇賊奸宄,於是有五刑之作;四國流言,於是有東征之師;玁狁内侵,於是有太原之伐;四凶之去,少正卯之誅,與凡一事之有間阻,而必有以合之者,皆是義也。

亨者,有間故不通,噬之而嗑,則亨通也,此泛指萬事説。"利用獄",是專就治獄一事説。

"利用獄",雖卦具許多義,實本卦名。蓋治獄之事,噬嗑之最切者也,故六爻皆以治獄言。

治獄之道,過剛則暴而虐害乎人,過柔則懦,無以懾服乎人。剛柔中分,則既不傷於暴,又不失之懦,得其中也。卦變,六四之柔上行至五而得其中,柔則不傷於暴又不過於柔,亦得其中也。故《本義》總之曰:"得其中之爲貴。"震之德爲動，其象爲雷，離之德爲明，其象爲電。下動以斷獄，雷則其斷如雷之威也。上明以察獄，電則其察如電之明也。“由也果”，註謂“有決斷”，即其動如雷也。孔子謂：“片言折獄。”註謂“忠信明決”，即其明如電也。

治獄之道，惟威與明而得其中之爲貴，卦體、卦德、卦象、卦變備而有之，故“利用獄”。

《彖》曰：頤中有物，曰噬嗑。

《本義》：“爲卦上下兩陽而中虛，頤口之象，九四一陽間於其中，必噬之而後合，故爲噬嗑。”

噬嗑而亨，

以卦名釋卦辭，即《本義》“有間故不通，噬之而嗑則亨通”意。

剛柔分，動而明，雷電合而章，柔得中而上行。

説見卦辭。《本義》：“雷電交作而文成焉，故曰合而章。”此於卦義無干，始知聖人亦欲成文也。

雖不當位，“利用獄”也。

既不當位而利用獄者，蓋中重於正。以陰居陽雖不正，然柔得中而上行，因中可以求正，故“利用獄”。

《訟》九五“訟，元吉”。《象傳》“以中正也”。《本義》云：“中則聽不偏，正則斷合理。”以此觀之，不當位，當作斷不合理説。然動既能斷，又曰斷不合理，非相悖乎？曰天下之人，固有優游無斷者，而能斷者又未必皆當乎理。蓋能斷與不能斷，係於資質，而斷之當理與不當理，又係乎學問義理，固不可同也。

《象》曰：雷電，噬嗑；先王以明罰勑法。

此以制刑言。明罰者，明墨、劓、剕、宫、大辟、流宥、鞭朴、金贖之罰。原事情以定罪,本天倫以制刑,當墨者墨,當劓者劓,剕、宫、大辟以下皆然。使刑必當其罪,罰必麗於事,輕重毫釐之間,各有攸當。若此者,所以振法度以警有衆,使人不敢犯也。《舜典》“象以典刑,流宥五刑,鞭作官刑,朴作教刑,金作贖刑”,《吕刑》“五刑之屬三千”,即是此意。

初九,屨校滅趾,无咎。

初在卦始,罪薄過小,其所得之刑亦只在足趾而無大事。在卦之下,又足趾受刑之象,故爲“屨校滅趾”之象。言屨之以校,以滅其趾,使人不得行也。人之惡方形,而遽懲之,則其惡由是而止矣,故其占雖小傷而无過咎。

《象》曰:“屨校滅趾”,不行也。

《本義》曰:“滅趾又有不進於惡之象。”觀一“又”字,可見“不行也”非爻辭本意。蓋爻辭本意只是使人不能行走,非不進於惡也。然焉知《象傳》之意是如此,《本義》毋亦以使人不能行之意淺而無味,故爲此説與?《程傳》謂“古人制刑,有小罪則校其趾,蓋取禁止其行,使不進於惡”。則以爲實然矣,恐未是。

六二,噬膚,滅鼻,无咎。

中則聽不偏,正則斷合理,以此治獄,何獄不治?故如噬膚之易。然以柔乘剛,柔既不足於剛,乘剛則所治又强梗之徒,故治人而人不服,未免少損其威,猶噬膚而傷滅其鼻。然在彼既所當治,在我又善於治,始雖不服而終必服矣,故无咎。《蒙引》“不失暴縱”之説,於“以柔乘剛”有碍,故不用。

《象》曰:“噬膚滅鼻”,乘剛也。

此“乘剛”亦當跟帶“柔”字。

六三,噬腊肉,遇毒;小吝,无咎。

陰柔則不足於剛,不中正則失用刑之道,故治人而人不服,如噬腊肉而遇毒者。然今之斷訟,人不輸服而反致告訐者,是遇毒也。然在彼本有罪,在吾自當治之而不爲過,始雖頑梗,終必輸服,故雖小吝而終无咎。

"時當噬嗑"者,九四一陽間於其中,必囓之而後合,時當噬嗑,則其人在所當治也。

《象》曰:"遇毒",位不當也。

即不中正。

九四,噬乾胏,得金矢;利艱貞,吉。

九四以剛居柔,既不傷於柔又不傷於暴,剛柔相稱,故得用刑之道。夫用刑得道,人無不服,凡有枉者無不即之以求伸矣,故其象爲"噬乾胏,得金矢"。言所噬愈堅而得聽訟之宜也。得金矢非得聽訟之宜,得聽訟之宜而自得金矢也。得金矢,九四之吉也。占者艱貞,亦得聽訟之宜,如九四之得金矢矣,故吉。九四之得金矢,與六五之得黄金,一也。九四之得金矢者,得聽訟之宜,人願入金矢以求聽也,蓋人無不服也。六五之得黄金者,聽斷得中,人願入黄金以求聽也,蓋人無不服也。四得聽訟之宜,《本義》雖不言用刑於人,人無不服,然人無不服,蓋不待言而可見矣。五之用刑於人,人無不服,《本義》雖不言得聽訟之宜,然得聽訟之宜,亦不待言而可見矣。

上二句是象,下"利艱貞"一句是戒占者之辭。

《象》曰:"利艱貞吉",未光也。

此以聖人"必也使無訟"道理斷之。言爲民上者,使民無訟,始爲可貴,四雖善於决獄,其道則未光也。

六五,噬乾肉,得黄金;貞厲,无咎。

"柔順而中,以居尊位。"柔順則不失之剛,而中則不過於柔,即柔得中也,是得用刑之道。以是用刑於人，人無不服，故有“噬乾肉，得黄金”之象。占者必貞固危厲以處之，則得用刑之宜而无咎矣。

《象》曰："貞厲无咎"，得當也。

得當即是得用刑之道，不就爻位説。《蒙引》曰："若果是説位得中，當以解‘得黄金’，不宜以解‘貞厲无咎’矣。"

上九，何校滅耳，凶。

初、上皆受刑之爻，初爲過小，上則惡之極；初爲罪薄，上則罪之大。上之位又當滅耳之地，故其象爲“何校滅耳”，是項頸受枷，枷之厚没入其耳也，其凶可知矣。

《象》曰："何校滅耳"，聰不明也。

聰字單言則包明，與明並言則聰又爲體而明爲用。

䷕ 離下艮上

賁：亨，小利有攸往。

“剛柔交錯曰文。”此卦自《損》來者，二本是九，剛也，今則六自三來而居之，是柔來文剛也。三本是六，柔也，今則九自二上而居之，是剛上文柔也，此剛柔交錯也。自《既濟》來者，五本是九，剛也，今則六自上來而居之，是柔來文剛也。上本是六，柔也，今則九自五上而居之，是剛上文柔也，亦剛柔交錯也，故其卦爲《賁》。

柔來文剛，陽得陰助也。陽既足以有爲，又得陰來助之，事益濟矣。況離明於内，又物無不照，何事不可爲？故亨。剛上文柔，柔本無爲，雖得陽之助，亦不能有爲，況艮止於外，又是箇執滯不通之人，事焉攸濟？故僅“小利有攸往”。此看占者何如爾。如本身是剛，得柔之助則亨；如本身是柔，得剛之助則小利有攸往，所謂隨其德爲吉凶也。

《彖》曰："賁，亨"，柔來而文剛，故亨；分剛上而文柔，故"小利有攸往"。

說見卦辭《本義》。

［剛柔交錯，］天文也；

卦變剛柔之交錯，即在天日月星辰寒暑之交錯也，故曰天文。既以卦變釋卦辭，又因卦變上見有天文之象，故曰"剛柔交錯，天文也"。此不在卦辭内，在卦名内。"文明以止，人文也"，亦然也。故《本義》曰"又以卦德言之"，人文以卦德言，則此之天文是以卦變言也。

文明以止，人文也。

"文明"，自其燦然不紊者成文。"以止"，自其截然不易者成文。君臣、父子、兄弟、夫婦、朋友，燦然有禮以相接者，文明也；截然有分以相守者，以止也。文明，固文也；以止，亦文也，故曰"人文"。

觀乎天文，以察時變；

卦爻剛柔之交錯，即天文日月星辰寒暑之交錯也。聖人觀在《易》之天文，則用之以察時變。

蔡沈曰："日有中道，月有九行。"中道者，黄道也，北至東井去極近，南至牽牛去極遠，東至角，西至婁，至極中。九行者，黑道二，出黄道北；赤道二，出黄道南；白道二，出黄道西；青道二，出黄道東，并黄道爲九行也。日極南，至于牽牛則爲冬至，極北至于東井則爲夏至，南北中，東至角，西至婁，則爲春秋分月。立春、春分從青道，立秋、秋分從白道，立冬、冬至從黑道，立夏、夏至從赤道，此觀日月之交可以察四時之變也。

朱子曰："一陽始於震，震初爲冬至，歷離、兑之中爲春分，極於乾而夏至交焉。一陰始於巽，巽初爲夏至，歷坎、艮之中爲秋分，極於坤而冬至交焉。”此觀陰陽之交，可以察四時之變也。

觀在《易》之天文，如何察得時變？蓋《易》以模寫造化，在《易》剛柔之交錯，即天文也。聖人觀《易》之天文，亦不過即是變而觀之爾。

觀乎人文，以化成天下。

卦德之文明以止，即人文之君臣、父子、兄弟、夫婦、朋友之文明以止也。聖人觀在《易》之人文，則用之以化成天下，使天下皆文明以止也。聖人觀人文，亦如觀天文之例。

問：“聖人之察時變，化成天下，果待《易》乎？”曰：“此以《易》之所具言，天文、人文皆是聖人察時變、化成天下之事，故以歸諸《易》，猶《繫辭傳》言聖人窮理盡性至命，歸諸《易》爾。”曰：“如此，《易・大象傳》言君子之用，《易》不亦重疊乎？”曰：“此以聖人極言《賁》之道，與《大象傳》自不相妨也。”

《象》曰：山下有火，賁；君子以明庶政，无敢折獄。

火在山上，則所照者遠；在山下，則明不及遠。蓋地卑則照近，亦猶山下之火也。庶政：出納錢穀，均平賦役，平物價，治争鬭之類，故曰：“事之小者。”折獄係人死生存亡，故曰：“事之大者。”明不及遠，故但明庶政而无敢折獄，但敢理其小而不敢理其大。

初九，賁其趾，舍車而徒。

“剛德明體”，在《賁》之初，故有以自賁於下。《蒙引》曰：“剛德，則所守者正，内重而見外之輕矣。明體，則出處之分明，有見幾而作之義矣。是有以自賁於下也。”故曰“賁其趾”。“舍車而徒”，申“賁其趾”之義也。以舍車而徒爲賁，蓋不以乘車爲賁，而以徒行爲賁，所謂緼袍榮於衣錦，飲水甘於列鼎者歟？

初九剛德明體，自賁於下，是不以在外者爲重，守節處義，厚自賁於畎畝之中也，故有“賁其趾，舍車而徒”之象。車，富貴者之所乘，在外之物也。徒，貧賤畎畝者之事，守節處義者之所安也。初九不以在外之物爲重，而以在我之義爲重，故爲“賁其趾，舍車而徒”之象。

《象》曰：“舍車而徒”，義弗乘也。

言初九舍車而徒，是豈銖視軒冕者哉？特以義之弗可而弗乘也。如其義在初，未必不乘者，微夫子此語，初幾於以隱爲高矣。

此爻是實象，與《大有》九三“公用享于天子”一樣，與别爻義不同。

六二，賁其須。

賁其須，其賁如須也。須附頤而動，二附三而動，其賁如須也。二、三皆無應與，故只就比爻上取義。然亦義有相屬，非無據，蓋二陰柔，三陽剛，陰必從陽；二中正，三得中，同德必相應。二既無應與，其勢必依三，故其象謂“賁其須”，占者宜從上之陽剛而動也。

《象》曰：“賁其須”，與上興也。

説見爻辭《本義》。

九三，賁如，濡如，永貞吉。

九三以一陽居二陰之間，以二陰而事一陽，陽得其事而逸樂生焉，得其賁而潤澤者也。然常情於此最易爲其所溺者，占者必能常永貞固，雖蒙在彼之潤，不失在己之守，則二陰終莫之陵而吉矣。

曰“永貞”，最有意思。蓋易以溺人者，二陰也。一息不戒，則不覺爲其所入矣，故必永守其貞，然後無害。

《左傳》晉公子重耳出奔至齊，齊桓公妻之，有馬二十乘，公子安之，從者不可。將行，謀於桑下。蠶妾在其上，以告姜氏，姜氏殺之，而謂公子曰：“子有四方之志，其聞之者，吾殺之矣。”公子曰：“無之。”姜曰：“行也！懷與安，實敗名。”公子不可。姜與子犯謀，醉而遣之。醒，以戈逐子犯。按重耳當出奔之時，安於齊姜而忘四方之志，可謂溺於所安矣。不有齊姜、子犯之賢，安有霸晉之事？然後知二陰果足以溺人，聖人永貞之戒，信不誣也。

《象》曰：永貞之吉，終莫之陵也。

此釋“吉”意，“終莫之陵”，則三能全其守而吉矣。

六四，賁如，皤如，白馬翰如；匪寇，婚媾。

四與初相賁者，乃爲九三之所隔而不得遂，故皤如。然勢雖有所隔而不得遂，而其心則在初，爲已切矣，故曰“白馬翰如”，言如飛翰之疾也。然九三剛正，其隔四，非爲寇，乃求與己爲婚媾爾。而四不之從者，特以三非正應，於義不可爾。然則，六四可謂知義守正之君子矣。此爻之義，彷彿似關公。公本先主之臣，猶四與初相賁者，不幸爲操所得，猶四爲三所得也。操察其心，初無久留之意，公曰：“吾受劉將軍恩，誓與共死，不可背之，吾終不留。”所謂“白馬翰如”也。要之，曹操之留公，非欲害之，乃欲用之，公亦曰“吾極知曹公待我厚”，所謂“匪寇，婚媾”也。

《象》曰：六四當位，疑也；“匪寇，婚媾”，終无尤也。

六四所居之位，與初相遠而近於三，疑若有可求者，故來三之求而皤其賁也。九三雖“匪寇，婚媾”，若六四者，守正而不與，終亦無他患也。蓋可求者，所當之位，而不可求者，所守之志也。

六五，賁于丘園，束帛戔戔；吝，終吉。

六五以柔中之資而主乎賁，陰性恬静，不樂爲文采而好崇質素者也，故曰：“敦本尚實。”敦本尚實，曰得賁之道者，不貴文而貴質，即林放問禮之本之意也。

市朝繁華，丘園朴素，賁于丘園者，不以繁華爲賁，而以朴素爲賁，不賁之賁也。敦朴之人，用財必儉，故束帛戔戔，欲其文質之中，不可得也。然禮奢寧儉，故有奢而窮，未有儉而敗者。晏子一狐裘三十年，豚肩不掩豆，其束帛戔戔者與。不傷財，不害民，有富家之吉，无不節之嗟，是終吉也。

此爻不作君位説。

《象》曰：六五之吉，有喜也。

《蒙引》曰："衆方逐末之時，而獨能反本以爲之倡，是可喜也。"夫子大林放之問，是喜之也。

上九，白賁，无咎。

上九居賁之極，凡物極則反。夫賁，文飾也。賁極而反，則傷（復）於無飾，故爲"白賁"之象。夫文勝而能反之以就於質，善補過矣，故其占爲无咎。

老聃爲周柱下史，習於禮者，故夫子從而問焉，後一掃其繁文而事清净無爲，亦白賁之君子也。

《象》曰："白賁无咎"，上得志也。

當文勝之時，未必無反本之志。上九賁極反本，復於无色，則其志於是乎得矣，故曰"得志"。

賁，文飾之卦也。六五、上六皆取无飾之象者，蓋文勝則至於滅質，文至六五已過中矣，文勝之時也。聖人反取崇本之義，蓋亦慮其過而防之，挽文勝之弊而歸之中也歟？

䷖ 坤下艮上

剥：不利有攸往。

天時人事，相爲表裏。陰陽消長，天時也。君子、小人進退，人事也。人事本於天時,然天時則在人事上見得。此卦五陰剥一陽,陰盛長而陽消落,故爲《剥》。卦體陰盛陽衰,時固當止,卦德坤順艮止,又有順時而止之象。故占者不利有所往。《程傳》曰:"惟當巽言晦迹,隨時消息,以免小人之害也。"

《彖》曰:剥,剥也,柔變剛也。

《本義》:"柔進干陽,變剛爲柔。"蓋一陽在上,五陰在下。陰更進去干犯那陽,去那陽而居其位,則連那上面一陽都是柔了,是變剛爲柔也。

變剛爲柔,則純《坤》矣。盡是小人世界了,天下事有不可言者矣。

"不利有攸往",小人長也。

只是卦辭《本義》"五陰在下而方生"意。

順而止之,觀象也;君子尚消息盈虚,天行也。

《程傳》曰:"君子當剥之時,知不可有所往,順時而止,乃能觀剥之象也。卦有順止之象,乃處剥之道,君子當觀而體之。君子存心消息盈虚之理而能順之,乃合乎天行也。理有消衰,有息長,有盈滿,有虚損,順之則吉,逆之則凶。君子隨時敦尚,所以事天。"曰"天行"者,以見其爲天運也。

《象》曰:山附于地,剥;上以厚下安宅。

山附於地,取剥之象,似牽强,最難看。《本義》無説,《程傳》亦未明。依愚見,只是山附於地,地裂則山崩,山之剥由於地,有剥之象矣,故其卦曰《剥》。夫山之附於地,猶上之附於下也。地裂則山崩,下摇則上危,故君上以之厚利其下民,以安固其居宅。生之而不傷,厚之而不困,節其力役而不敢盡,皆厚下之道也。山附於地,見剥之端;厚下安宅,防剥之道也。

初六,剥牀以足,蔑貞,凶。

剥以牀取象,初是牀足,二是牀幹,四則人身矣。初、二禍未切身,猶可化以爲善,故曰"蔑貞凶"。言必蔑貞始凶,若不蔑貞,猶未害也。剥牀以足,言始剥去牀足也。

《象》曰:"剥牀以足",以滅下也。

《程傳》曰:"以陰侵没陽於下也。"即《本義》"剥自下起"。

六二,剥牀以辨,蔑貞,凶。

二比初則又進矣,故曰"剥牀以辨"。剥至牀辨,禍將及矣,然猶未也,故曰"蔑貞凶",言若不蔑貞,猶未凶也,尚有望其爲善之意。

《象》曰:"剥牀以辨",未有與也。

自初及二,尚只二陰,故曰"未有與",幸之也。

六三,剥之,无咎。

剥之,是去其黨而從正。與卦名"剥"字不同。

象義曰:"衆陰方剥陽,三獨與上爲應,是小人中之君子也。如三者雖得罪於私黨,實見取於公論,其義无咎矣,而利害之私何較哉?"

《象》曰:"剥之无咎",失上下也。

言其失上下四陰,而不與之同黨也。

六四,剥牀以膚,凶。

剥牀而及其肌膚,陰禍切身矣,故《象傳》曰"切近災"。禍既切身,又復何爲? 故不言蔑貞而直言凶。

《象》曰:"剥牀以膚",切近災也。

災害已及其身,不可免矣。

六五，貫魚以宫人寵，无不利。

五爲群陰之長，故聖人開其遷善之門，言能統率群陰，使循序而進，如貫魚然，以受制於陽，如宫人之受寵於君，則君子既得蒙利而己之身家亦因可保，无所不利也。

《象》曰："以宫人寵"，終无尤也。

陰不剥陽，而反受制於陽。不但君子之利，小人之身家亦可保矣，故曰"終无尤"。自古小人害君子，未有不敗者，丁謂、章惇之徒可見也。

上九，碩果不食，君子得輿，小人剥廬。

剥之爲卦，衆陽俱已剥落矣，惟有一陽在上，有復生之機，猶衆果俱已凋落，尚有碩大一果在上，不爲人所食，有復生之機也。得此占者，若是君子而在上位，則澤必及下，而下共承載之，得輿之象也。若是小人而在上位，則必盡去君子，不但天下之人無所覆庇，而小人亦失其庇，是自剥其廬也。自古小人害君子，未有不禍天下國家與其身者，侯節、曹覽、李林甫、丁謂、蔡京之徒可數也。

《蒙引》曰："《易》固爲君子謀，然其爲君子謀者，亦所以爲小人謀也。觀'小人剥廬'之辭可見。蓋道理自是如此。天地間豈可一日無善類哉？不然，人之類滅矣。可見聖人非姑爲是抑彼以伸此也。"

《象》曰："君子得輿"，民所載也；

言其象爲君子得輿者，蓋居上澤及於民，民從於下承載之，若車輿者然，故曰"得輿"。

"小人剥廬"，終不可用也。

言小人剥廬，則天下之事已去，不可復爲矣。故曰"不可用"，猶"十年勿用"之説。

《通典》説“不可用”“只是説小人自失其廬”,與此説不同。

䷗ 震下坤上

復:

《本義》:復,陽復生於下也。“至積之踰月,然後一陽之體始成。”此理當詳玩,今詳於後。

十月雖當純坤之卦,然不是立冬交十月節,一陽頓然就盡,自霜降九月中以後,陽一日剥一分,到立冬,陽已剥三十分之半了,這時尚有五分未盡之陽。小雪中,陽方盡而爲純坤。若小雪以前一二日,尚有一二分未盡之陽。然陽盡於小雪之日,亦必以漸。以一日十二時分之,小雪之日,若到申酉時,尚有一二釐未盡之陽,直到亥時,陽方盡。亥時以上四刻,尚有四刻未盡之陽,直到亥時八刻方盡。陽盡於亥時之八刻,已生於次日子時之初刻矣。逶邐生去,到大雪以前一日,爲十月終。這時尚是十月節氣,然陽已生三十分之半矣。又自大雪至十一月中,冬至陽生方滿三十分。一陽之體始成而後復,不是至大雪交十月節,一陽頓然就生。以是觀之,自立冬十月節,至小雪十月中,至十月終而交大雪,雖當純坤之卦,若論氣之消息,則小雪以前十五日尚有十五分未盡之陽,以後十五日已有十五分復生之陽。陽方盡於小雪日之亥時,旋生於次日之子時矣。其消息之間直是無毫髮間斷,孰謂十月純坤而盡無陽哉?十一月雖當一陽來復之卦,然一陽不生於大雪十一月節,而生於小雪十月半,至冬至十一月,凡三十日而一陽之體始成。故曰:“一氣不頓進,一形不頓虧。”十二卦、二十四氣,皆當依此氣看。

朱子曰:“陰剥,每日剥三十分之一,一月方剥得盡。陽長,每日長三十分之一,一月方長得成一陽。陰剥,一時十二刻,亦每刻中漸漸剥盡,一日方剥得三十分之一。陽長之漸,亦如此長。”

又曰:“且以一月分作三十分,細以時分之,是三百六十分,陽生時逐旋生,生到十一月冬至,方生得就一畫陽。這一畫是卦中六分之一,一分在地下,二畫又較在上面，至三陽，則盡在地上，四陽、五陽、六陽，則又盡在上面去，不解到冬至時，便頓然生得一畫。”

泰	立春正月節	雨水正月中
大壯	驚蟄二月節	春分二月中
夬	清明三月節	穀雨三月中
乾	立夏四月節	小滿四月中
姤	芒種五月節	夏至五月中
遯	小暑六月節	大暑六月中
否	立秋七月節	處暑七月中
觀	白露八月節	秋分八月中
剥	寒露九月節	霜降九月中
坤	立冬十月節	小雪十月中
復	大雪十一月節	冬至十一月中
臨	小寒十二月節	大寒十二月中

亨。

亨雖就人事説，然天道亦有之。《程傳》曰：“陽氣復[生]於下，漸亨盛而生育萬物。君子之道既復，則漸以亨通，澤於天下，故復則有亨盛之理也。”

夫陽之既剥，則正人君子寥落如星辰，摧折如霜木，阻抑困窮，其不通也甚矣。今既復反，則君子之氣既屈而復伸，正人之類既折而復振，君子揚眉吐氣，道可行而德可施，無復向之阻抑困窮矣。此陽之亨也。

出入无疾，朋來无咎；

陽動於下而以順上行，此卦之“无疾”、“无咎”也。无疾，无憂阻也，一陽之動而以順行也。无咎，亦无憂阻也，衆陽之動而以順行也，皆无陰邪之傷也。故其占己之出入既得无疾，朋類之來亦得无咎。

雲峰曰：“己之出入而得无疾，一陽順而亨也。朋類之來而得无咎，衆陽順而亨也。是皆陽順而動之義也。”“動而以順行依”,《程傳》、《龜山》、《蒙引》皆是説所以致无疾咎處。愚以“卦有此象,則其占當如此”之例觀之,當以愚説爲是。“七日來復”,亦是如此。

天下事非一人所能獨辦,君子有爲於天下,必與其類同心共濟。故《復》重“朋來”,而《泰》重“彙征”。

反復其道,七日來復。

“其”字當“之”字,反復者,來而復往,往而復來之意,循環之理也。言以反復循環之理計之,或出行,或失物,至於七日,當得來復。蓋自《姤》卦一陰始生,陽於是時已往,自《姤》而《遯》而《否》而《觀》而《剥》而《坤》,至是凡七卦,於日爲七日,陽當來復。凡占來復之期,當以是斷之也。

利有攸往。

陽之既復,則可以得亨。剛浸而長,則爲《臨》、爲《泰》、爲《大壯》、爲《夬》,以至於《乾》,無非君子得志之日矣,故利有攸往。大而建侯行師,小而婚媾、祭祀、涉川、攸往,无不利也。

建安丘氏曰:“以其既往而來反也,故亨。以其既反而漸長也,故利有攸往。剛反,言方復之初;剛長,言已復之後。”

“亨”,言君子之道可行;“利有攸往”,是泛占人事。

愚謂當陽復之時,凡事俱无不利,而出入无疾,朋來无咎,七日來復,利有攸往,皆其所必有矣。《彖傳》必分釋者,明卦有此象,其各占皆有自來也。

《彖》曰:“復,亨”,剛反;

説見卦辭《本義》。

動而以順行,是以“出入无疾,朋來无咎”。

説見卦辭《本義》。

"反復其道,七日來復",天行也。

說見卦辭《本義》。

"利有攸往",剛長也。

說見卦辭《本義》。

復,其見天地之心乎?

天地以生物爲心者也,天地生物之心無時止息,則無時而不可見者也,何獨於復見之?蓋十月純坤,窮冬閉塞之時,萬物歸根復命,生意盡斂於内,天地生物之心,固伏藏而不可見。自《臨》而《泰》以至於《乾》,則萬物發生暢茂,生意盡發於外,天地生物之心又散漫而不可見。惟積陰之下,一陽復生,萬物生意將絶而復續,造化之仁幾息而復接,天地生物之心,無時止息,於是始可見爾。蓋若有止息,則生意遂絶,而不復續矣,安能相生相續之無窮乎?故聖人謂:"復可以見天地之心",欲觀造化者,觀之於復,尤爲親切也。復見天地之心,是就一陽上見得天地生物之心,無時止息。《本義》:"天地生物之心,幾於息滅,而至此乃復可見。"語氣似云"天地生物之心,幾息而復可見"。微有不同,觀者詳之。

朱子答張敬夫曰:"復見天地之心。某則以爲天地以生物爲心,雖氣有開闔,物有盈虚,而天地之心亘古今,未始有毫髮之間斷,故陽極於外,復生於内。聖人以爲,於此可見天地之心,生生不息,使天地生物之心而有止息,則陽之極也一絶而不復續矣,尚何以復生於内而爲闔闢之無窮乎?"愚按:此説視《本義》尤似明白。

《象》曰:雷在地中,復;先王以至日閉關,商旅不行,后不省方。

雷在地中,一陽初動,但未離乎地爾,故其卦爲《復》。此時陽雖動而尚微,當安静以養之。故先王以冬至之日閉道路之關,使商旅不行,而王后於是日亦不巡省方國，安静以養微陽也。

《月令》："是月也，日短至，陰陽争，諸生蕩，君子齋戒，處必掩身，身欲寧，去聲色，禁嗜欲，安形性，事欲静，以待陰陽之所定。"註曰："此皆與夏至同而有謹之至者，彼言'止聲色'而此言'去'，彼言'節嗜欲'而此言'禁'。蓋仲夏之陰猶微，而此時之陰猶盛，陰微則陽盛，未至於甚傷，陰盛則陽微，當在於善保故也。"仲夏，"是月也，日長至，陰陽争，死生分"。註曰："陽盡午中而微陰眇重淵矣，此陰陽争辨之際也。物之感陽氣而方長者生，感陰氣而已盛者死，此死生分判之際也。"

君子齋戒，處必掩身，毋躁。止聲色，毋或進。薄滋味，毋致和。節嗜慾，定心氣，百官静，毋刑，以待晏陰之所定。

初九，不遠復，无祗悔，元吉。

初九爲復之主，正善復之人也。在卦之初，故爲事初。在事初，故失之未遠，能復於善而不祗於悔。蓋幾動於心而即覺其過，言出於口而旋悟其非，不待形之身、見之事而後能復乎善者也。過而不改，是謂過矣。失而既復，何至於悔？故其占爲大善之吉。失而能復，故吉。失未遠而能復，大善之吉也。

《大傳》以顔子解之，當參看。

《象》曰：不遠之復，以修身也。

失之未遠，能復於善，則人欲盡天理還，而身以之而修矣。此修身之道，所以不外乎是，而《程傳》曰："不遠之復，君子所以修身之道也。"

六二，休復，吉。

六二柔順中正，資質本善之人也。初九"不遠之復"，士之仁者也。以二之善，近初之仁，而能下之，資其善以自益，不待困心衡慮而善可復，是休美之復也。占者如是，亦如二之休復，故吉。

《象》曰：休復之吉，以下仁也。

子貢問"爲仁"，子曰："事其大夫之賢者，友其士之仁者。"子曰："弟子入則孝，出則弟，汎愛衆而親仁。"則仁人君子，進脩者之所當下也，六二能之，其休復也，宜哉！

六三，頻復，厲无咎。

陰性本柔，居陽則不正，居下之上則不中，是不善之人也。處動極則其性復躁妄，故復善不固，頻失頻復。頻失故危，頻復故无咎。

《象》曰：頻復之厲，義无咎也。

頻失頻復，雖云危厲，然既能復，亦有可取者，故曰"義无咎"，言於義无可咎也。

六四，中行獨復。

此爻雖應爻取象，而爻德亦自不可没。亦緣以陰居陰，而得其正爾。"中行"與他爻"中行"不同，言在群陰中行而獨能從善也。初九一陽初復，故曰"陽氣甚微"，其勢力未足以相濟也。

《象》曰："中行獨復"，以從道也。

初九"不遠復，无祇悔"，是箇賢者。蓋有道之士人所當從也，故曰："以從道也。"

六五，敦復，无悔。

"以中順居尊"，是太甲、成王之令主。中順則天資之美，固其寡過矣。當復善之時，則又以復善爲事者，故善復於内而不復失，善心恒存，善行堅固，爲敦厚於復之象。敦復无失，悔安從生？故其占爲无悔。

《象》曰："敦復无悔"，中以自考也。

五之敦復，德之已成者也，而有柔中之德，故不待如二之下仁而復，亦不待如四之從道而復，而其成也，蓋出於自成焉。"中以自考"，如"中无尤"、"中以行願也"例。

上六，迷復，凶，有災眚。用行師，終有大敗；以其國君凶：至于十年不克征。

"迷復凶"，執迷不復，是以凶也。"有災眚"，申言其凶，泛指人事說。又曰"用行師，終有大敗"者，以用師國之大事，尤不可迷復，故特著戒也。"以其國君凶"，言喪師之禍及其君也。晁錯曰："將不知兵，以其國予敵。"正是此意。

《象》曰：迷復之凶，反君道也。

《蒙引》曰："爻辭不專就人君言，《象傳》獨言'反君道'者，人君迷復之道爲尤大，爲尤著也。"

䷘ 震下乾上

无妄：元亨，利貞；其匪正有眚，不利有攸往。

程子曰："无妄之謂誠。"然則誠即无妄矣。朱子《中庸》解"誠"曰："誠者，真實无妄之謂。"今解"无妄"曰："實理自然之謂。"是知无妄即誠也，誠即无妄也。曰"誠"，曰"无妄"，一理而互其名爾。

實理自然，實對妄説，實則自然，妄則非自然矣。自然者，天也。非自然者，人也。是知實者，天理之自然；妄者，人爲之使然，故曰"實理自然"。《蒙引》曰："實理不假人爲，故曰自然。"尤切。

實理自然，謂之无妄，一有期望之心，則非實理自然，而爲有妄矣。然則"无妄"二字，實該"無所期望"之意。《本義》謂"其義亦通"者，此也。

《蒙引》曰："'无妄'、'無望'，二義固異矣。然無邪妄之心，惟盡其在我，而於吉凶禍福皆委之自然，亦未嘗有所期望也。人而有所期望者，即邪妄之心也。”其卦自《訟》而變，九自二來而居於初。剛德在内，内不妄也。又爲震主，震爲動，動不妄也，故其卦爲《无妄》。

動而健，則勇於義，而不屈於物欲。九五以剛居中，在己正也。下應六二，柔順中正，所應正也，皆正之道也。言忠信，行篤敬，雖蠻貊之邦行矣。《无妄》固有元亨之理，况其卦動而健，剛中而應，又有是善，故其占當得大亨，而利於守正。若其匪正，則有災眚而不利有攸往，何也？匪正則非无妄，且與《本義》之善相背故也。

《彖》曰：无妄，剛自外來而爲主于内，

剛自外來而居内，是一意。剛德在内，心不妄也，爲震主，是一意。震之德爲動，動不妄也。《彖傳》總以一句包之曰“剛自外來而爲主於内”，此題極難作。若作二項講則破碎，作一項講又不得意思出，予當初入試分二項。

動而健，剛中而應；大亨以正，天之命也。其匪正有眚，不利有攸往；无妄之往，何之矣？天命不祐，行矣哉！

“大亨以正”，看來當兼卦變説方是。觀《本義》“以卦變、卦德、卦體，言卦之善”可見矣。《本義》不分卦變、卦德、卦體釋卦名、卦辭者，正以卦變亦管卦辭“元亨利貞”爾。

《蒙引》曰：“合而觀之，剛自外來而爲主於内也。動而健也，剛中而應也，皆正道也，故其占大亨而必利於貞者，乃天之命也。何也？正則无妄。无妄，誠也。誠者，天之道也，而天祐之矣，故利。正者，天之命。匪正，則爲逆天之命，故曰天命不祐。”

“无妄之往，何之矣？”謂所以无妄者正也，既云无妄而乃以不正往，則爲有妄矣，欲往何哉？何也？大亨以正天之命也；不正，則行拂乎天而天不祐之矣，亦何往哉！

《象》曰：天下雷行，物與无妄；先王以茂對時育萬物。

天下雷行震動，發生萬物，各正其性命，是物物與之以无妄也。先王法此，以茂對時育萬物，因其所性而不爲私，亦是物物與之以无妄也。聖人參天地、贊化育，於是可見。茂，盛也，大也。此字不輕下，有大用力之意。

萬物之生，各有其時，老者衣帛食肉，黎民不飢不寒，鰥寡孤獨有養，不違農時，數罟不入洿池，斧斤以時入山林，不時不食，如此之類，不能悉數。是皆先王對時育物之功也。會試程文講"對時"不切。

初九，无妄，往吉。

"以剛在内"，即《彖傳》"剛自外來而爲主於内"，此卦之所以爲《无妄》也，故曰"誠之主"。此爻當以《彖傳》看。

无妄，誠也。至誠，未有不動者，如是而往，以上則得君，以下則得民，以内則順親，以外則信友，事無不立，功無不成矣，何往不吉？

《象》曰：无妄之往，得志也。

"得志"解"吉"字。

六二，不耕穫，不菑畬，則利有攸往。

六二柔順中正，在无妄則是因時順理而无私意期望之心。蓋凡職分之内當爲者，皆盡分以爲之，而此外利害得失皆所不顧。象似農田之人，也不去耕，也不望穫，也不去菑，也不望畬也。蓋無所爲於前，亦無所冀於後，自始至終一無所計較之心也。然不謀其利而自有其利，不計其功而自有其功，故占者如之，則利有攸往。是必謀無不遂，功無不成，無人不可處，無地不可居。天下之事業，皆無心者能致之，汲汲於得者，未必能得也。

田必耕，然後穫；必菑，然後畬。其耕也正以望穫，其菑也正以望畬，豈有不耕穫，不菑畬之理？爲此語者，特以明自始至終絶無營爲計較之心焉爾。

《蒙引》曰:“如爲人臣而事其君,盡吾爲臣之道爾,非懷利以事其君也。爲人子而事其父,盡吾爲子之道耳,非懷利以事其父也。”然雖不謀其利,而自無不利,豈有盡道事君而君不感,豈有盡誠事父而父不感,故曰:“則利有攸往。”

《象》曰:“不耕穫”,未富也。

“未”字當“无”字,“富”字當“利”字,言无求利之心也。

六三,无妄之災:或繫之牛,行人之得,邑人之災。

六三非有妄者,但處不得正,則是所處非其地,或所遇非其人,故有意外之災。如或繫牛於一處,被行人得去,或左右前後邑居之人,反遭詰捕之擾也。

《象》曰:行人得牛,邑人災也。

牛既爲行人所得,則詰捕之擾非邑人所受而何?故曰“无妄之災”。

九四,可貞,无咎。

九四陽剛乾體,儘可有爲。聖人不許其有爲者何?爲下無應與,累也,應與之義大矣。《復之》重“朋來”,《泰》之喜“彙征”,豈偶然哉?

《象》曰:“可貞,无咎”,固有之也。

《蒙引》曰:“謂守其陽剛之道也。”有猶守也。凡物守不得,便不爲我有矣。

九五,无妄之疾,勿藥有喜。

此爻之辭最不可曉,既爲无妄之至,何以不著吉利之辭?而曰“无妄之疾”,是不可曉。

愚按九五非必有疾者,爻爲此辭,特聖人假設之言,所以著无妄之疾意。謂如五而有疾,始可爲无妄之疾,未能如五而有疾,猶未得爲无妄之疾,未可忘自反之功也。

《象》曰：无妄之藥，不可試也。

既以无妄而復藥，則爲无妄之疾，試无妄之藥，則反爲妄而生疾矣。故爲无妄之藥，不可試也。然則所處既當於理，豈可因非意之事而改圖乎？

上九，无妄，行有眚，无攸利。

上九非有妄者，但處窮極之地，是執一而不變，膠固而不通。以是而行，則舉措乖方而緩急失當，故有眚而无利。蓋微生畝、尾生之流者。

《象》曰：无妄之行，窮之災也。

自居卦之上言，即《本義》"窮極而不可行"意。

䷙ 乾下艮上

大畜：利貞；不家食吉；利涉大川。

"大畜"之義有三：艮畜乾，大者畜也，是一義；所畜者乾，又畜之大，是一義；内乾剛健，外艮篤實輝光，日新其德，爲畜之大，是一義。《本義》"大，陽也"，是解"大"字，不及"大者畜"，遽及"所畜之大"者，以"大者畜"之義自明，無待於解釋也。又"畜之大"，此"大"字指陽；"日新其德，爲畜之大"，此"大"字不指陽。

卦辭"利貞；不家食吉；利涉大川"，《程傳》俱承"大畜"説，《彖傳》《本義》以卦變、卦德、卦體釋之，似於大畜不相涉，看來不是。今當兼用卦名、卦變、卦德、卦體解，但大畜不可專就學問説。《程傳》曰："在人有學術道德充積於内，乃所畜之大也。凡所畜聚皆是。"今當用之。凡人之畜學問，如所謂"多識前言往行，以畜其德"是也。畜天下之人，如六四"童牛之牿"、六五"豶豕之牙"是也。又如畜天下之財貨以備國家之用，亦畜也，而皆不可不正。"不家食吉；利涉大川”，只就學問之畜上説。

人之所畜非一，而皆不可不正。畜學不正，則爲異端曲學；畜人不正，則德不足以服人；畜財不正，則爲貨悖而入。故凡有所畜，皆不可不正。况此卦之變自《需》而來，九自五而上。以卦體言，六五尊而上之。以卦德言，又能止健，皆有正之象也，故其占利於正。所畜既大，則當出爲時用，况卦體六五之君，尊尚其賢，又可爲之機也，故不食於家而食於朝，則可行其道而吉矣。所畜既大，其才猷學術必能康濟時艱。况卦體下應於乾，爲應乎天，所謂一心合天，則何事不濟？故其占“利涉大川”，言當濟天下之險難，如漢平、勃之安劉，唐郭子儀之再造唐室是也。

《彖》曰：大畜，剛健篤實輝光，日新其德；

剛健則不屈於物欲，不安於卑下而有日進之幾；篤實則踐履誠慤而不涉於虚妄；輝光則德義日彰而不入於暗昧。内外合德，此所以日新其德而爲畜之大也。

《彖傳》釋卦名義，只用卦德不用“大者畜”、“所畜者大”之義。

剛上而尚賢，能止健，大正也。

剛自下而上，苟非大正，則德不稱其位矣。六五尚賢，若非大正，則讒色得以間之矣。止健若非大正，則自反不直，不足以服人矣。故曰“非大正不能”。

“不家食吉”，養賢也。

以卦體六五言，有養賢之君則賢者得行其道矣，故“不家食吉”。

“利涉大川”，應乎天也。

亦以卦體言，六五下應於《乾》之九二，是應乎天也。一心合天，則何事不濟？故“利涉大川”。

天即理也，應天只是事合乎理，不如《同人》之“乾行”，亦不如《需》之“乘木”。

《象》曰：天在山中，大畜；君子以多識前言往行，以畜其德。

天如彼其大也，乃在山之中，而爲所畜之大，故其卦爲《大畜》。君子體斯象，以爲孤陋寡聞，則德業無由盛。所畜之大，必自多聞多見而來也。於是多識前古聖賢之言與行，而因言以察其心，考跡以觀其用，於是以身體之，以心驗之，必使古人之言行爲己之言行，其德於是而畜積焉。“多識前言往行”，是知意；“以畜其德”，這裹是行意。

初九，有厲，利已。

乾之三陽爲艮所止，故内卦之乾取“爲人所止”爲義，外卦之艮取“止人”爲主。初九爲六四所止，其勢必不可進，故戒以往則有危，利於止而不進。識時知勢，君子所尚，反是，未有不敗者，然後知聖人作《易》開物成務之精意也。

《象》曰：“有厲利已”，不犯災也。

此解“利已”，言往則犯災也，已則不犯災也。

九二，輿説輹。

九二爲六五所畜，與初九同。然二之處中，賢於初九，故能自止而不進，爲“輿説輹”之象。

《蒙引》曰：“輿説輹，與《小畜》‘輿説輻’不同。”輻，車輪之轑，凡三十條者也。輹，車上伏兔，蓋所以承輻者也。《小畜》之“説輻”，所説者重，久住之計也。《大畜》之“説輹”，所説者微，暫止而可旋起者也。

《象》曰：“輿説輹”，中无尤也。

猶《履》九二《象傳》“中不自亂也”例，言二之所處在下體之中，是以能説輹而无尤也。

九三，良馬逐，利艱貞；日閑輿衛，利有攸往。

良馬指誰？指九三也。逐，逐誰？逐上也。蓋九三與上九居相應之位，在“大畜”之時，宜乎相畜。然三以陽居健極，健極則難畜矣。上以陽居畜極，畜極則不畜矣。又皆陽爻，彼此同德，故上不畜三，三逐上而進，如良馬之相逐而行也。然以陽居陽，而過乎剛，不無鋭進之嫌，故占者利於艱難其心，正固其事。日閑輿焉，圖其所以行者；日閑衛焉，圖其所以自防者，則事皆萬全而無傾覆之患矣，是利有攸往也。

《程傳》曰：“輿者，用行之物。衛者，所以自防。當自日常閑習其車輿與其防衛，則利有攸往矣。”

《象》曰：“利有攸往”，上合志也。

言上九與三皆是陽爻，與三合志而不相畜，所以利於往也。

六四，童牛之牿，元吉。

六四與初九，乃相應之爻。當“大畜”之時，是初乃其所畜者，初之惡始生於下而尚微，猶童牛也。人之惡當其微而止之，爲力則易，及其盛而後止，難乎其爲力矣。六四當初之惡方微而止之，猶童牛而加之牿也。止惡於方微之時，我不勞而彼無傷，不但吉，大善之吉也。

《象》曰：六四“元吉”，有喜也。

《程傳》甚好，當玩。止惡於微小之前，則大善而吉，不勞而無傷，故有喜也。

六五，豶豕之牙，吉。

豕性剛躁而其牙甚猛利，牙不可制，惟豶去其特，則其牙雖存而剛躁自止，牙亦不爲害。天下之惡已熾，徒欲以力制之，雖嚴刑峻法，未見其能止也。惟操得其機，事得其要，則道之斯行，止之斯戢，力不勞而事集，其用若豶豕之牙也。

六五以柔居中，故能如此，故其象猶豶豕之牙，天下之惡可止，故吉。然爲力頗難，不若初之易，故不言“元”。

《象》曰：六五之吉，有慶也。

《程傳》曰：“在上者不知止惡之方，嚴刑以敵民欲，則其傷甚而无功。若知其本，制之有道，則不勞无傷而俗革，天下之福慶也。”

慶重於喜，喜止於一身，慶及於天下。四臣位，故以一身言而曰“有喜”，五君位，故以天下言而曰“有慶”。

上九，何天之衢，亨。

此爻據畜道上説，不復粘著止惡矣。

上九居畜之極，畜極而通之時也，故其象曰“何天之衢”，言其通達之甚也。吕尚當窮時，屠而市不利，入而見棄於室人。韓信未遇時，寄食於漂母，受辱於胯下，可謂畜之極矣。及其畜極而通，吕尚則興於渭水，相武王伐紂而有天下；韓信則遇漢高祖，誅秦蹙項以定天下，真所謂“何天之衢”也。

“何天之衢”是象，“亨”是占。

《程傳》：“天衢，天路也，虚空之中，雲氣飛鳥往來，故謂之天衢。”

《象》曰：“何天之衢”，道大行也。

言其道大行於天下也，此解“何天之衢”意。

䷚ 震下艮上

頤：貞吉；觀頤，自求口實。

“頤”有三義：其卦上下二陽，内含四陰，如口含物，一義也；外實内虚，如口之中虚，一義也；上止下動，如口之食物，一義也。

卦辭只就“頤養”上取象，於卦體、卦德之類俱無取。“貞吉”是統言之，“觀頤,[自]求口實"是析言之。言占得此卦者,若所養得正,其吉如何? 人之所養有二,一是養性,一是養身,二者皆不可不正。觀其所養之道,如《大學》聖賢之道,正也;異端小道,則不正矣。又必自求其口實,如重道義而略口體,正也;急口體而輕道義,則不正矣。皆正則吉,不正則凶。

《彖》曰:"頤,貞吉",養正則吉也。"觀頤",觀其所養也;"自求口實",觀其自養也。

說見卦辭下。

天地養萬物,聖人養賢以及萬民:頤之時大矣哉!

天地養萬物,以《繫辭傳》"雷動風散,雨潤日晅"、"出震、齊巽、致役乎坤、始終萬物"諸意觀之始見。

萬民之衆,非人君一人所能養,必先養賢,然後推以及之,故曰:"以堯、舜之仁而不徧愛人,急親賢也。"

承上文言天地養萬物,此養也;聖人養賢以及萬民,亦此養也,則養之時,不既大哉!

《象》曰:山下有雷,頤;君子以慎言語,節飲食。

雷在山下,萬物皆震動發生,養之義也。君子於此謂言語關人身之榮辱,於此不謹,悔吝所由生也,故從而慎之。時然後言,可與之言則言,不傷之易,不傷之煩,則悔吝無自而生矣。飲食關人身之利害,於此不節,疾病所由以起也,故從而節之。不窮奢,不極欲,不時不食,不義不食,則疾病無自生矣。按:慎言語,節飲食,不但爲召禍致疾,於義理亦是有妨。如言語不慎,則言有尤矣;飲食不節,則用宴喪威儀矣,皆不可不慎密。

初九,舍爾靈龜,觀我朵頤,凶。

初九陽剛在下,其德足以自守而不食,如靈龜之咽息不食,而以氣自養者也。今乃上應六四之陰，陽既得陰，見可欲而動，遂棄其平生之所守而從之，故其象爲“舍爾靈龜，觀我而朵頤”。舍爾、觀我，若四語初之辭也。占者如之，則以陽從陰，迷欲而喪節，何所不至？凶之道也。

《象》曰：“觀我朵頤”，亦不足貴也。

謂初九有靈龜之操，本足貴也。乃觀我而朵頤，亦不足貴矣，故曰：“飲食之人，則人賤之。”

六二，顛頤，拂經；于丘頤，征凶。

六二陰柔，不能自養，其勢當求養於陽。若求養於初，則上反求下，顛倒而違於常理。若求養於上，則非其正應，必不吾與而反得凶。爲二之計，必不得已，舍上而求初可也。

《象》曰：六二“征凶”，行失類也。

言所求皆失其類也，爲二者亦不幸矣。

六三，拂頤；貞凶，十年勿用，无攸利。

“拂頤”與卦辭之“貞”相反，六三陰柔不中不正，而處動極，其徇利而忘義，縱欲以傷生，所以自養者荒迷顛悖矣。夫男女飲食之養，亦有生日用之不可缺者，非不正也。然用之不以其道，能不凶乎？故至于十年不可用而无攸利。太康以逸豫失天下，商紂以淫亂取滅亡，皆是也。

《象》曰：“十年勿用”，道大悖也。

解“拂頤”，言養道大悖也，即《本義》“陰柔不中正而處動極”。

六四，顛頤，吉；虎視眈眈，其欲逐逐，无咎。

四陰柔不能養物，而居上則有養人之責。然柔而得正，雖不能養人，而知所以求塞責者，所應又正，蓋初九之陽也，故賴其養以施於下。夫居上而求養於下，不免顛倒，然知己不勝其任而求在下之賢以共濟，則天下得其養，而己無曠職之咎，故爲吉也。然在四者，其下賢求益之心必如虎之視下，專而不他，其求食繼而不已，則於人爲不二，於己爲不怠，乃可以養人而不窮，而無負於養人之責矣。苟下賢之心不專，則賢者不樂告以善道矣；求益之心不繼，則纔有所得而遽自足矣，安能養物不窮而无咎哉？

《象》曰：顛頤之吉，上施光也。

是解“吉”字，賴初九之養而施於天下，是其施之光也，此四之吉也。

六五，拂經；居貞吉，不可涉大川。

陰柔則無才，不正則寡德，故不能養人，而反賴上九以養於人，故其象爲“拂經”，言反常也。然在己不能養人，而賴賢者以養人，亦正道也，故居貞而吉。若不用人而自用，則任大責重終不能勝，如涉大川終不能濟，故不可。

《象》曰：居貞之吉，順以從上也。

解“居貞吉”，順以從上九之賢去養人，六五之貞也，故可以養人而得吉。

上九，由頤，厲吉，利涉大川。

六五賴上九之養以養人，是天下之人皆賴上九以養也，故曰“由頤”。位高任重，豈可以易心處之哉？必也兢兢業業，而危厲以處之，思慮詳審，處置得宜，則天下得其所養矣。又有剛陽之才而在上位，以之而濟天下之難，則无不利也。

周公以叔父位冢宰，天下之未化，禮樂之未興，一沐三握髮，一食三吐哺，以待天下之賢，思兼三王，以施四事，夜以繼日，坐以待旦，然後能制禮作樂，以致太平，則“由頤，厲吉”，亦舉其能養者以教人與。

《象》曰:"由頤,厲吉",大有慶也。

"大有慶"是解"由頤,厲吉",言天下之人皆由上九以養,則其道大行,無一夫不被其澤矣,豈不是大福慶?蓋天下之人之福也。

䷛ 巽下兑下

大過:棟橈;利有攸往,亨。

大,陽也。四陽居中過盛,故爲大過。惟四陽作一彙居中,方見得是過盛。若隔散而居,則不成大過矣。

《程傳》曰:"大過者,陽過也。故爲大者過,過之大,與大事過也。聖賢道德功業,大過於人,凡事之大過於人者皆是也。"又曰:"所謂大過者,常事之大者爾,非有過於理也。惟其大,故不常見;以其非常所見者,故謂之大過。如堯、舜之禪讓,湯、武之放伐,皆是也。"

四陽之居中,如屋棟之居中也。上下二陰不能勝其重,故爲"棟橈"。

《蒙引》曰:"以人事言之,如頓十萬兵於泉城,兵過多而民力不堪,其勢必潰。又如以極剛治小邑,若進士作小縣,却鞭人至四五十,尚用夾棍之類,民不能堪,則其官不能保,亦是大剛則折之理。"

四陽雖過,而二、五得中,則不純任陽剛,而有審時知退者,在過而不過也。巽是極深研幾,巽入乎義理。説是寬裕温柔,不傷於猛暴,亦救過之道也,故"利有攸往,亨"。亨、利不必分。

《彖》曰:"大過",大者過也;"棟橈",本末弱也。剛過而中,巽而説行,"利有攸行",乃亨。

説俱見卦辭下。

大過之時大矣哉!

只是非常材所能濟,故見其時之大,無別意義。

《象》曰：澤滅木，大過；君子以獨立不懼，遯世无悶。

澤滅木，大水也，故有大過之象。

邱氏曰："人之常情，獨立莫我輔者，必懼；遯世莫我知者，必悶。惟聖人之卓行絶識，大過乎人，故能不懼无悶。"愚謂此惟有定見、有定力者能之，所以爲大過之行也。

初六，藉用白茅，无咎。

柔既能慎，巽又能慎，而又居巽之下，慎之過矣，故曰"過於畏慎"。夫物藉之斯可矣，況又用茅，又藉以白茅，是過慎之象也。占者如是，則凡事可萬全矣，何過之有？説見《大傳》。

《象曰》："藉用白茅"，柔在下也。

言陰柔又居巽下也，解"藉用白茅"之義。

九二，枯楊生梯（稊），老夫得其女妻；无不利。

"陽過之始，而比初陰。"是剛稍過，得一少陰，略柔以濟之，則不過於剛而利矣。陽過之始，剛未大過也；初陰，未大柔也。以此相濟，故无不利。庸君得一新進之臣，可以振國之衰。老夫得一賢助之妻，可以救家之弊。其餘人事，亦多類此。

《象》曰："老夫女妻"，過以相與也。

即上二"陽過之始，而比初陰"意。

九三，棟橈，凶。

以剛居剛，過於剛矣，故不能勝而棟橈，太剛則折之意也。

《象》曰：棟橈之凶，不可以有輔也。

就棟上説，言不可支持也。正意在外，如"失前禽也"例。

九四，棟隆，吉；有它，吝。

以剛居柔，不極其剛，剛柔適中也，必無摧折之患矣，故其象爲“棟隆”，而其占吉。然下應初六，亦以柔濟之，未免過於柔，是九四之所嫌也。故又戒占者，惟一於自信可也，若有它焉，則以柔濟柔而反可羞矣。

《象》曰：棟隆之吉，不橈乎下也。

解“棟隆吉”，不折橈而下也。

九五，枯楊生華，老婦得其士夫；无咎无譽。

“陽過之極”，剛極則不足以有爲矣。“又比過極之陰柔”，極亦不足爲之輔矣。以此相濟，其能成天下之事哉？故其象如“枯楊生華，老婦得其士夫”。枯楊生華，速其死也。老婦而得其士夫，無復生道矣。皆不足成事之象也。吉凶生乎動也，夫既无爲，吉凶何自生，故“无咎无譽”。

《象》曰：“枯楊生華”，何可久也？“老婦士夫”，亦可醜也。

枯楊不生根而生華，旋復枯矣，安能久乎？老婦得其士夫，豈能成生育之功？亦爲可醜。

上六，過涉滅頂，凶，无咎。

此爻文天祥可以當之。當宋事既去之餘，又非撥亂反正之才，故不足以濟天下之難，而反殺其身，爲“過涉滅頂”之象。事不能濟，故凶。忠臣義士之心白矣，故“无咎”。

《象》曰：過涉之凶，不可咎也。

過涉，故不免於凶，然其心則无可咎也。

☵☵ 坎下坎上

習坎：有孚，維心亨；行有尚。

“習，重習也。坎，險陷也。”是解字義。“其象爲水”，此句爲彖辭“水流而不盈”設。坎象爲水者，坎水内明而外暗也。解見《屯》卦辭。《本義》“陽陷陰中”解《坎》卦，“外虚内實”解“有孚”。

言三畫之卦，陽陷陰中，其名爲《坎》。此卦上下皆《坎》，故爲習坎。二五之陽，各居一卦之中，是剛而得中，已爲有孚之象。占者若内有孚信，而其心亨通，則不爲坎所困，而能出乎坎矣，故“行有尚”。

孚，信之在中者。有孚，只是内有誠信爾。其事如何？大抵當險難之時，中有定主，内有成筭，不束手無策，此便是内有誠信，乃有孚也。如寇準之禦契丹，謝安之禦苻堅，自是中有定主，内有成筭，故能不沮不屈，飲酒圍棋，視之若無事，而百萬之師折箠笞之。若王欽若、陳堯叟諸人，便懼怕了。

心亨者，利害得喪不入於心，通達無礙也。惟中有定主，内有成筭，方能如是。不然，則束手無策，惶懼莫知所措矣，何由心亨哉？故曰“維心亨”，乃以剛中也。有孚即剛中。

心者，萬事之本。心下無事，方能制事變。若方寸自亂，則先打倒了，安能有爲而出險？

《彖》曰：“習坎”，重險也。

謂險而又險也，只是據字訓義。

水流而不盈，行險而不失其信。

水流而不盈，謂水盈科而後進，不盈溢四出也。

水流而不盈，便是行險而不失其信，此是就水上説“有孚”上去，如《觀》卦《本義》“致潔清而不輕自用”意。蓋水盈科而後進，一坎而復一坎者，水之性常然而不改移,此水之信,猶海水之升落有時,人謂之潮信也。使不流而盈溢四出,則不依其常而失其信矣。

水之爲物,滔滔流行,而不盈溢四出,視其常時不少改移,何嘗失其信?海水之升落有時,萬古如是而未嘗失信也。

行險,謂行乎坎險之中也,猶云"在師中"。蓋水之爲物,流而不盈,便是行乎坎險之中而不失其信也。

《本義》"内實而行有常",是貼"不失其信"意,"内實"裏原自有"有常"了。

"維心亨",乃以剛中也;

解見卦辭下。

"行有尚",往有功也。

"往有功"是解"行有尚"。往即行,有功即有尚,其原則自"有孚,維心亨"來。故《本義》曰:"如是而生則有功。"

天險,不可升也。地險,山川丘陵也,王公設險以守其國。險之時用大矣哉!

"不可升",天之險也;"山川丘陵",地之險也。"王公設險",城池甲兵紀綱法度之類,凡所以固守其國者皆是。

《象》曰:水洊至,習坎;君子以常德行,習教事。

苟日新,又日新,是"常德行"意。勞之、來之、匡之、直之、輔之、翼之,使自得之,又從而振德之,是"習教事"意。

重習然後熟而安之,猶云既學而又時時習之,則所學者熟矣。

初六,習坎,入于坎窞,凶。

陰柔才既不足以自振,又居重險之下,益難矣,故爲習坎。入于坎窞,坎已深,又在坎之陷,則益深矣。凶只是入于坎窞,别无凶。

《象》曰:習坎入坎,失道凶也。

陰柔,故失出險之道,是以凶也。

九二,坎有險,求小得。

所處之地,在重險之中,未能自出,故爲“坎有險”之象。然剛而得中,剛則才足以自振,中則動不失宜,故雖未能出乎險,亦可以小自濟,不至如初之陷于深險也。

《象》曰:“求小得”,未出中也。

此是未滿之意,言九二雖求小得,然尚未能出乎坎險之中也。

六三,來之坎坎,險且枕,入于坎窞,勿用。

陰柔既非濟險之才,不中正又無淑善之行,以此而處重險之間,安有自出之理?故其來也亦坎,其往也亦坎。其往也坎,則是前有箇險矣;其來也坎,又是後枕一箇險矣。將見其陷益深,終無以自出矣。占者如是,不可用也。

《象》曰:“來之坎坎”,終无功也。

言終不能出險也。

六四,樽酒簋,貳用缶,納約自牖,終无咎。

九五尊位,六四近之,大臣之近君者也。而在險之時,則有艱阻而不得相遇者,如張良以腹心大臣而不能回高帝戚姬,如意之寵,左師觸龍以親信之臣而不能勸太后長安君爲質之行是也。然四以柔與五剛相應,則是能用其忠心誠意委曲遷就以求之。非若伸己陽剛之道,堅貞矯拂而無補於事者,故有但用薄禮,益以誠心,“納約自牖”之象。蓋不屑屑於上下禮文之際,惟在積忠信以動主心;不拘拘於尋常法度之間,惟欲得機關以回主意。如是,則始雖艱阻而不相遇,終則相遇而無間阻矣,无咎之道也。

按:此爻是在艱阻之時,而不可以直遂用此道也,要非臣子之所樂爲。

《蒙引》云:“六四在險之時,與五剛柔相濟,其相得當倍於恒情,故只用薄禮,益以誠心云云。”竊疑此説恐未通。蓋既相得倍於恒情,則可以直遂其所求矣,猶用誠意委曲以相求,何耶?《本義》云:“始雖艱阻,終則无咎。”何也?

《蒙引》曰:“樽酒簋,謂不必饔飧牢醴之盛,但一樽之酒、一簋之殽以將意。而其貳也,亦不必於酒殽之拘,但用缶器以備禮,斯可矣。缶,謂貳以缶樽,而不必拘於酒,貳以缶簋而不必拘於殽,承上‘樽酒簋’而言也。”

又曰:“處坎之時,故如此其艱阻。然剛柔相濟,則雖艱阻,亦得相遇,正與《睽》之‘遇主于巷,无咎’相類。”

九五,坎不盈,祇既平,无咎。

九五在坎中,故爲坎不盈。然以陽剛中正居尊位。陽剛中正,則其才足以濟險;居尊位,則其力足以濟險,故又爲“祇既平”。坎既祇平,則出乎險,故其占“无咎”。

《象》曰:“坎不盈”,中未大也。

中未大,極難説,若以“中”作“坎中”,一時未能出險爲未大,似通,但《本義》謂“有中德”,則不主此説矣。《蒙引》以中爲德,未大爲時,亦説不得過來。依愚見,九五“坎不盈”者,因在坎中,故雖有中德而未能出險,是未大也。

上六,係用徽纆,寘于叢棘,三歲不得,凶。

言終不得脱也,是終不能出險之象。以陰柔居險極,故如此。“三歲不得”與“三歲不興”是一樣,與“十年勿用”不同。曰“三歲”,未久也。曰“十年”者,終窮也。十者,數之終。

《象》曰:上六失道,凶三歲也。

"失道"只是《本義》"陰柔居險極,無濟險之道也"。凶三歲,言其凶至於三歲也。

䷝ 離下 離上

離:利貞,亨;畜牝牛吉。

"陰麗於陽",解其卦爲《離》。"體陰而用陽",解其象爲火。凡火皆内暗而外明,體陰用陽之義也。

"利貞亨",言所麗得其正也。在人則爲所親附之人,所由之道,所主之事,皆其所麗也。所麗得正,則可以亨通,不然窒礙者多矣,其能亨乎?"畜牝牛吉",明是畜牝牛,蓋卦中有此象也,如"田獲三品",亦是實象。

《彖》曰:離,麗也;日月麗乎天,百穀草木麗乎土。重明以麗乎正,乃化成天下;

此解卦名不用卦體,又是一例。

"離,麗也。"只是解字義。此釋離之爲麗,而舉天地人之麗,以明其義也。

言離之義,麗也。日月麗乎天,此麗也。百穀草木麗乎土,此麗也。重明以麗乎正,乃化成天下,亦此麗也。觀是三者,離之義可識矣。

"重明"以君臣言,"正"以位言。君臣重明以麗乎正位,則君臣同德而政教可行,禮樂可興,天下化之而成文明之治矣。"化成天下",要就"重明"上説,《蒙引》"一身之正"稍遠。

柔麗乎中正,故亨,是以"畜牝牛吉"也。

柔指二、五説,二兼中正,五中而不正,以中該正也。君臣各麗乎中正,故亨。且柔麗乎中正,則柔順之道得,是以"畜牝牛吉"也。

《象》曰：明兩作，離；大人以繼明照于四方。

二離合體，一明而兩作也。是大明當空，週而復始，寅賓出日，往而復來，離之象也。夫明惟兩作，故有以照乎萬物，大人法此象也，格致誠正，自昭明德，日新又新，連續光明，自一身以達於庶政，自初嗣服以至於耆耄，皆必純乎天理之正，絶乎人欲之私，則明德遠及於四方，普天率土照之而無外矣。總是明德新民之事，重在新民邊。

初九，履錯然，敬之，无咎。

以剛居下，剛則欲進，居下則急於進，處明體則自恃其聰明，故有"履錯然"之象。所以然者，不敬故也，敬之則無錯矣，故无咎。蓋能慎重而安詳，則不至於違錯矣。《象傳》曰"以辟咎"，益明矣。

《象》曰：履錯之敬，以辟咎也。

履錯而處之以敬正，所以辟咎也。

六二，黄離，元吉。

即《彖傳》"柔麗乎中正"意。蓋所親附之人，所由之道，所主之事，皆得正也。所親附之人正，亦可以宗矣。所由之道正，可以入德矣。所主之事正，則事可成矣。吉不徒吉，大善之吉也。

《象》曰："黄離元吉"，得中道也。

六二中正，獨言中道者，中重於正，以中而該正爾。

九三，日昃之離，不鼓缶而歌，則大耋之嗟，凶。

前明將盡，後明將繼。凡履盛衰之際者皆然，不獨人在衰老之年也。蓋盛衰老少，循環之理，人之所不能無者，惟在處之有道爾。"不鼓缶而歌，則大耋之嗟。”教人以處盛衰老少之道也。

《象》曰:“日昃之離”,何可久也!

言死期將至也。

九四,突如其來如,焚如,死如,棄如。

後明將繼者,四也;突如其來者,亦四也。《程傳》曰:“善繼者,必有遜讓之誠,順承之道,若舜、啓然。”今九四突如其來如,失善繼之道矣,其能成事也哉!故至於“焚如,死如,棄如”,甚言其凶也。《傳》曰“无所容”,其義益昭矣。

《象》曰:“突如其來如”,无所容也。

六五,出涕沱若,戚嗟若,吉。

此爻依《本義》,亦説得去。但愚不能無疑者,他卦以六居五,如《泰》則取“帝乙歸妹”,如《大有》則取“厥孚交如”,此卦六五陰麗於陽則明生,乃陰之幸也。何以曰“逼於上下之二陽”?意此爻病在下无應與,其本身既弱,又無人爲之輔佐,所以不見其好。二陽不爲之助,而反相逼,皆由於此。然則相道有關於人主之成敗也,顧不大哉!

他卦中該得正,此爻不能該者,獨立无應故也。中是存心好,不正是處事多有未好處。“出涕沱若”,則可以求其正矣,故吉。

《象》曰:六五之吉,離王公也。

言麗王公之位也,是得安其位。

上九,王用出征,有嘉折首,獲匪其醜,无咎。

上九爲何取“剛明及遠”?以剛在離之上也。剛在上,則剛及於遠;離在上,則明及於遠。剛則不廢,故威震。明則無蔽,故刑不濫。“有嘉折首”,威之象也。“獲匪其醜”,刑不濫也。

《象》曰:“王用出征”,以正邦也。

此説道理,於爻義無取。

易經存疑卷五

䷞ 艮下兑上

咸：亨，利貞，取女吉。

《彖傳》曰："咸，感也。"《本義》曰："咸，交感也。"又曰："交相感應。"三句當辨別得明。《程傳》曰："凡有動皆爲感，感則必有應，所應復爲感，感復有應。"自其有動爲感，感也；自其應復爲感，亦感也，故曰"咸，感也"。有動爲感，此感彼也；應復爲感，彼感此也，故曰"交感也"。有動皆有感，感必有應，此感而彼應也。所應復爲感，感復有應，彼感而此應也，故曰"交相感應"。四字只是兩字，兩字只是一字。

柔本在下，今往居於上，是柔上交於剛也。剛本在上，今來居下，是剛下交於柔也。二氣相交，故其卦爲《咸》。艮止則感之專，兑説則應之至。"艮止兑説"，是緣上文"剛柔相感"而取，若非上文有"剛柔感應"字，亦不取此義矣！"男下女"亦然。

艮以少男下於兑之少女，男先於女，男女之正也，二少相與，婚姻之時也。

凡物不相感則竟，無有感而不應者，感而應則其情通矣！故感有必通之理。卦辭"亨"，自卦體、卦德上取。"取女吉"，就卦象上取。言占得咸卦者，其占當得亨通，然必利於貞，然後可以得亨，使不貞則失其亨，而所爲皆凶，是取女亦不吉也。所爲皆凶，取女皆在其中。

《彖》曰：咸，感也，

説見卦辭下。

柔上而剛下，二氣感應以相與。止而説，男下女，是以亨，利貞，取女吉也。

解見卦辭下。

天地感而萬物化生，聖人感人心而天下和平：觀其所感，而天地萬物之情可見矣！

言天氣下降，地氣上騰，此天地二氣相感應也。由是乾元資始，坤元資生，或氣化，或形化，萬物於是乎化生矣！聖人道德齊禮，使民感發而興起，是感人心也。由是從欲以治，四方風動，無有作好，無有作惡，暴民不作，諸侯賓服，天下於是乎和平矣！夫天地感而萬物化生，天地之有感必通也。聖人感人心而天下和平，聖人之有感必通也。大凡自有所感，而觀之天地萬物之情，咸可見矣！無有感而不通者，故天地感而萬物化生，天地此感通也。聖人感人心而天下和平，聖人此感通也。屈伸相感而利生，日月寒暑，此感通也。同聲相應，同氣相求，水流濕，火就燥，雲從龍，風從虎，人物此感通也。此句已説未説者，俱在其中。蓋再照上文，又因以盡其餘也。

曰"天地萬物之情可見"，則上文天地、聖人及所未言者，如人物之類，皆在其中。《程傳》謂"天地萬物之情"，只是指上二句，覺未盡。《蒙引》謂"推説"，似是。然上文已説"天地"，復云"天地"，似贅了，故止作包已説未説底説爲是。

天地交感，則其氣相通，萬物化生，在天地感通之後。然非天地感通，無緣有是，蓋天地感通之功效也。謂天地之感通者，要其終言也。天下和平，亦是聖人感人心之功效。曰聖人之感而通者，亦要其終而言也。與天地感通一般，天下和平，若作"欲心釋，躁心平，天下化中"，太深。若作"人人親其親、長其長"，又不切。予舊作人民歸順説，似淺，今改，似安帖。

《象》曰：山上有澤，咸；君子以虛受人。

山上有澤，以虛而通，咸之象也，故其卦爲《咸》。君子體斯象也，謂吾人一身與萬物酬酢，此心則爲之主也。夫山惟虛，則能受澤之感；人心不虛，則有物先實其中,物之至者皆拒而不受矣！故不以己見私意,先實其中,使其心空空洞洞絶無一物,以受斯人之感焉。《程傳》曰:"中無私主,則無感不通,以量而容,擇合而受,非聖人有感必通之道也。"

"受人",兼善惡説,或謂只就善邊説。夫人之言行非善則惡,受人之感,善惡皆當兼受。若專取善去惡,心已不虚,又安能别其孰善孰惡哉？故當兼善惡爲是。

初六,咸其拇。

咸以人身取象,初六處下,拇之象也。咸以感物爲義,初六感於最下,感以拇也。"咸其拇",若就象説,全不通,要只是象相感之淺者爾,須得意忘象。

《象》曰:"咸其拇",志在外也。

言其感雖淺,然其志已在外而感物,非若方外自守之士矣！

六二,咸其腓,凶,居吉。

腓在人身,隨足而動,躁妄而不能固守,二當其處,有其象矣。而六復以陰柔居之,則其德亦躁妄而不能固守者也,故其象爲"咸其腓"。夫咸其腓,固非善者。然有中正之德,則其心本善,用能反之,以居其所,卒亦無不善矣。占者如二之咸其腓,則凶;若能反之而居其所,則吉。隨所處而爲吉凶也。

《象》曰:雖凶居吉,順不害也。

順理也,言守道而不先動,則無害也。《程傳》説。

九三,咸其股,執其隨,往吝。

股隨足而動,不能自專者也。三當其處,故其象爲感物以股,而專執其隨。夫不能自立而專於隨人,亦可羞矣,故往則見吝。

"執其隨","咸其股"之義也。

《象》曰:"咸其股",亦不處也;"志在隨人",所執下也。

"亦"字承下二爻而言,謂下二爻陰躁,其不處,不足怪,九三陽剛之爻,亦隨之而不處,則可怪也。夫丈夫生世,貴卓然自立也。九三之志,專欲隨人,其所執亦卑下矣,寧不可愧乎?

九四,貞吉,悔亡。憧憧往來,朋從爾思。

以"憧憧往來"反觀,九四之貞,只是往來付之無心爾。蓋盡吾所感之道,而人之應與否,皆所不計也,此便是正而固。"憧憧"猶云"切切","憧憧往來"不是憧憧於往來之間,亦不是往來憧憧然,是把箇往來放在心上,一往就要來,切切然不能已,纔去感人,就要人來應。我只管思慮,心中切切然不能放下,故曰"何思何慮",言其不消如此。《朱子語類》曰:"往來自不妨,只是不合'憧憧'爾。"又曰:"往來,是感應合當底,'憧憧'是私,感應自是當有,只是不當私感應。"

言心之應物也,誠盡其當然之道,而往來付之無心,如是正而固焉,則無物不感,無感不通,故吉而悔亡。若方往時就要他來,一箇往來憧憧然在心而不能斷絶,則但其思慮之所及者從之,所不及者不從也。故曰"朋從爾思"。

"憧憧往來"者,不知感應之理爲自然,而用其思慮計獲之私心,必不能一視同仁,而有揀擇去取於其間,其思慮有及與不及矣。其及者即應之,不及者不應也,故曰"朋從爾思"。蓋所應止於其朋,所思之外不能及也。

貞者,施己之感不必人之應也。惟不必人之應,則不私己之感,其應者亦感,其不應者亦感,無一人之不感,亦無一人之不應,故吉而悔亡。憧憧往來者,施己之感必人之應也。惟必人之應,則私己之感,應者則感,不應者則不感。而其應之,亦惟其感者即應,不感者則不應矣,故"朋從爾思"。蓋"憧憧往來",思也。朋則思之所及者,以其思之所及,故從而目之曰"朋",猶云"朋黨"也。

《象》曰:"貞吉悔亡",未感害也;"憧憧往來",未光大也。

"未"字當"無"字看。《本義》"不正而感",即下文"憧憧往來,朋從爾思",是有害也。"貞吉悔亡",則無此害矣!

"未光大",以心術言。王者如天,不令人喜,不令人怒,其心術何光明正大也!若一箇感應,憧憧而不能斷絶,則計獲覬望之私横於胸中,暗昧窄狹之甚,其去王者大公之道遠矣,故曰"未光大也"。

九五,咸其脢,无悔。

此於爻義無取,只就位上説。

脢不能感物而曰"咸其脢"者,帶卦名説,猶《同人》上九帶卦名而曰"同人于郊"也。以其不能感物,故曰"咸其脢"。以其無私係,故无悔。五之咸脢,是箇偏枯寂寞之士,當世寡與,固無足取。然吉凶悔吝生乎動,五既不能感物,則悔吝無自而生,故无悔。

《象》曰:"咸其脢",志末也。

士君子之生天地間,舉天地間事,皆吾分内事,固無絶人逃世之理。今九五之"咸其脢",則不能感物,既不能感物,則其志抑亦末矣!"志末",不可以不能感物就是"志末"。因其不能感物,所以謂之"志末"。

上六,咸其輔頰舌。

上六,當輔之處,又兑爲口舌,故取其象。

上六以陰,則有邪媚之嫌,居説之終,過於媚説者也。處咸之極,欲感人之極者,故其象爲"咸其輔頰舌"。三者備言,極言其無實也。凶咎可知,不假言矣!

《象》曰:"咸其輔頰舌",滕口説也。

"滕口説"只是解"咸其輔"。

☳☴ 巽下震上

恒：亨，无咎，利貞，利有攸往。

“恒，常久也。”是解“恒”字。“四者皆理之常”，是解卦之所以爲“恒”。惟常故久，若變則不能久矣！

“恒，常久也。”是不已之恒。“皆理之常”，是不易之恒。惟其不易，所以不已。剛上柔下，以陰陽定位言，剛當居上，柔當居下，此理之常也。雷震則風發，二者相須，交助其勢，亦理之常也。亦有有雷而無風，有風而無雷者，不盡然也。《蒙引》作“雷之風”，恐未是。《本義》云“二物相與”，依其説，難言二物矣！

巽而動，亦理之常也。若逆理而動，則非常矣。

“二體六爻”，是二體之六爻也。初柔與四剛，二剛與五柔，三剛與上柔，各相應。謂二體震剛與巽柔相應，非是。《易》卦無以二體相應者。

道者，日用事物當行之理，大而君臣父子，小而事物細微，皆是也。於其道而久焉。講學以明之，篤信以守之。時止則止，時行則行。不爲私欲之所移，不爲異論之所奪。積之以歲月，持之以終身。毋鋭於其始而怠於其終，毋作於其前而輟於其後，則静虚而動直，守貴而行利，以之齊家則家齊，以之治國則國治，以之平天下則天下平。經綸運用，其出不窮，盛烈豐功，動而有獲。所謂“亨，无咎”者，此也；所謂“利有攸往”，亦此也。曰“恒，亨，无咎”，説盡了。又曰“利貞”，戒占之辭也。不是上只説“恒”，到下方説“利貞”、“利有攸往”，只是上面“亨，无咎”，“亨”與“无咎”須有分别。自其見於用而無阻，則曰“亨”；自其揆之理而無失，則曰“无咎”。《本義》曰“則亨而无咎”，固自有分矣！

《本義》“久於其道”，與《彖傳》“久於其道”不同。《本義》“久於其道”，重在“久”字，至“得所常久之道”，方重在“道”字。“得所常久之道”，即《彖傳》“久於其道”。

大意謂：占得《恒》卦者，若能立心有恒，則可以致亨而无咎。然必利於守正，乃爲久於其道，而亨且无咎也。

《彖》曰：恒，久也。剛上而柔下，雷風相與，巽而動，剛柔皆應，恒。

說見卦辭下。

"恒，亨，无咎，利貞"，久于其道也。

此"道"是正道，乃解"貞"字意。

言恒固能亨且无咎矣，然必利於正，乃爲久於其道；不正，則久非其道矣！漢文帝恭儉二十年如一日，非不久也，然久非其道，卒歸於黄老清净之習，終無以復唐、虞、三代之治。王安石執拗終身，非不久也，然久非其道，卒歸於管商功利之私，而基宋室之亂。然後知聖人"利貞"之戒不苟也。

天地之道，恒久而不已也；

此句最難看。《本義》曰："天地之道所以長久者，亦以正而已矣！"是欲明"天地之道，恒久不已"只是一箇正，不是說"天地惟其正，故恒久不已"，蓋無不正之天地也。"正"字，不可安在天地之道上，亦不可安在天地之道下，蓋如此就是"天地之道惟正，故恒也"。看來只當把"正"字入在天地之道内，言天地之道只是一箇正，恒久而不已爾。天地之道只是一箇正，恒久而不已，以見人不可不利於正也。

大意謂：恒固能亨且无咎矣，然必利於正，乃爲久於其道。獨不觀天地乎？天地之道，只是一箇正，恒久而不已，此人所以不可不利於正也。蓋莫大乎天地，莫正乎天地之道。萬物並育而不相害，道並行而不相悖，是其正也。而自有天地之始至天地之終，又自天地之終至有天地之始，皆是如此一道，綿延無終，窮無止息，是恒久而不已也。此說頗條暢。

"利有攸往"，終則有始也。

《本義》"久於其道，終也"，終非静，静之極則終也。"利有攸往，始也"，始非動，動之端則始也。

言“利貞”之“利有攸往”者，蓋動静相生，終始相因，静極則動，終則有始，理自然也。“久於其道”，是有終矣，終則有始而自“利有攸往”矣。蓋其守不固，則其行不利；其體既立，則其用有以行也。

日月得天而能久照，四時變化而能久成，聖人久于其道而天下化成。

《程傳》曰：“得天，順天理也。”《正蒙》曰：“得天，得自然之理也。”愚謂日月循躔度而行，便是循天理之自然也。蓋天無所不統，風雲雨露，無一而非天，日月之躔度次舍，何者而非天之所爲？故以迹而觀，則天左旋而日月右轉，天之行一日一周，日之行比天不及一度，月之行又不及十三度。其行雖有左右遲速之不同，然以理論之，則其左右遲速，一皆天理之自然也。此《程傳》所以曰“順天理”，《正蒙》所以曰“得自然之理”。非即蒼蒼之天，蓋若指蒼蒼之天，則日月與天皆相戾矣！惟不以迹而以理，所以見其未始有違也。

言日之行一日一夜一周天，而在天爲不及一度；月之行一日一夜一周天，而在天爲不及十三度。此日月順天之道，往來盈縮者也。由是日出於東，月生於西，始終循環，相從不已，萬古此日月，萬古此照臨矣！此日月得天而能久照也。

五氣順布，四時流行，春而夏，夏而秋，秋而冬，冬而復春，往來變化。由是春生、夏長、秋收、冬藏，終而復始，萬古此四時，萬古此化工矣！此四時變化而能久成也。聖人之道，不過是人倫庶物之常而已。聖人之於道也，存之於心，體之於身，至誠而不息，悠久而無疆，是則“久於其道”也。聖人久於其道，雖不期於天下之化成也，然風聲之所鼓動，治教之所陶鎔，天下皆感發興起，舍惡趨善，潛消默化，而成淳美之俗矣！

聖人久於其道，禮樂刑政皆在其中。“天下化成”，則是禮樂刑政四達不悖，而王道舉也。

觀其所恒，而天地萬物之情可見矣！

上言日月、四時、聖人之恒，復言此以照上文，又以盡未盡之意也。謂日月之久照，四時之久成，聖人之久道，皆此恒也。大凡即其所恒而觀之，天地萬物之情可見矣。舉無得而遁矣。日月之久照，四時之久成，聖人之久道，此恒也。天地之道，貞觀者也；日月之道，貞明者也。動者常動，静者常静，飛者常飛，走者常走，亦此恒也，是皆天地萬物之情可見者也。其或有不如此者，謂之變怪。“觀其所恒”二句，如《咸》卦“觀其所感”一樣。

《象》曰：雷風，恒；君子以立不易方。

雷風相與，恒之象也。君子以之立不易方，蓋方者，道之所在也。君子立而不易，則居廣居，行大道，立正位。富貴不能淫，貧賤不能移，威武不能屈，造次必於是，顛沛必於是，所謂“久於其道”也。雷風相與，天之恒也；立不易方，人之恒也。立不易方以成德言，不是方用功。此是以人當天處，即“聖人久於其道”也。

初六，浚恒，貞凶，无攸利。

《易》之例，初本與四相應，是理之常也。然自初而言，則位居下而在初，居下則位卑，在初則交淺。自四而言，四是震體，震動无常，四又陽爻，陽性上而不下；以比爻言，又爲二三所隔，故四應初之意，異乎常時，不可以常理求之矣。然惟智者爲能知時識勢。初陰柔暗，既不能度勢，又居巽下，巽之德爲入，居巽下，入之深也，故深以常理求之。言欲其聽，施欲其報，求欲必得，如此，非惟不遂所圖，而反逢彼之怒，禍由是作矣，故雖貞，不免於凶而无攸利。雖貞，亦凶，而况不貞乎？浚恒而謂之貞，何也？四本正應，非有邪也，特以反常而不可求爾。如賈生之於漢文，劉蕡之於唐文宗，雖交淺求深，何常不正乎？

《象》曰：浚恒之凶，始求深也。

只是《本義》“居下而在初”意，不及其他。

九二,悔亡。

以陽居陰,爲失其正;居下之中,是能久中也。中以心言,正以事言。不正是事容有失其當者,故有悔;久中則其心本善,故卒能救其事之失,而悔可亡。

《象》曰:九二"悔亡",能久中也。

"久中","久"字自卦來。

九三,不恒其德,或承之羞,貞吝。

九三,以陽居陽,爲得其正,是立心制行,亦欲以道義自處者。然以陽居陽,兩箇陽則過乎剛,居下之上則不中,是性質有未善者。與上六陰陽相應,而其志在於從上,則是動心富貴而變其初者矣,故爲"不恒其德"之象。人而如是,動輒取羞,安往而不取辱哉?故又爲"或承之羞"之象。"或"者,不知何人之辭,蓋辱之者衆,莫知其爲誰也。占者如是,雖貞而不免於吝。貞不爲吝,不恒,吝也。

《象》曰:"不恒其德",无所容也。

言無所往而不取辱也。

九四,田无禽。

九四以陽居陰位,故曰"久非其位",在人事是久非其道也。久非其道,雖久何益?蓋雖有所爲,亦無成也,故其象爲"田无禽"。占者田無所獲,凡事亦不得其所求也。

《象》曰:久非其位,安得禽也?

此與《比》九五"失前禽也"一例,俱正意在言外。言久田於无禽之地,安得禽也?

六五,恒其德,貞。婦人吉,夫子凶。

以柔中而應剛中,在他卦則爲好爻,在此卦則爲不好爻,是被“恒”字累也。夫將順其美,匡救其惡,人臣之道。若以柔中而應剛中,常久不易,是一於將順而無匡救,所謂“上下雷同,以水濟水,以火濟火”也,而可乎?故謂婦人之道,非丈夫之所宜也。其占在婦人則吉,在夫子則凶。貞者,正固不易,是“恒其德”意,本義自明。貞,本義自好,然在《恒》卦却不好。

《象》曰:婦人貞吉,從一而終也;夫子制義,從婦凶也。

爻辭只曰“婦人吉”,《象傳》添一“貞”字,明恒其德爲婦人之貞也。一與之齊,終身不改,故曰“從一而終”。夫子裁制乎理義者,若一於從婦,則剛柔易位,牝鷄司晨矣,故凶。

上六,振恒,凶。

“振恒”,以振爲恒者,只是常常好動爾。好動無常,其凶可知,《傳》曰“大无功”,甚之也。

此爻取義有三:恒極則不常,就全體取;震終則過動,就上體取;陰柔不能固守,居上非其所安,兼“六”字取:總是從“上”字取。

《象》曰:“振恒”在上,大无功也。

“在上”,是居恒之極,處震之終意。言所以爲振恒者,以在卦之上爾,所以爲“振恒”而“大无功”也。

䷠ 艮下乾上

遯:亨,小利貞。

君子、小人不並立,二陽浸長則進逼於陰,而陰不能立;二陰浸長則進逼於陽,而陽不能立。二陽浸長,則陰當遯;二陰浸長,則陽當遯。聖人於二陽之長,不曰遯而曰臨者,爲君子幸也;二陰之長不曰臨而曰遯者,爲君子謀也。

遯何以亨？身雖退而道無損，禍不及，是以亨也。

“遯亨”，言遯則得亨也。《本義》又著“九五當位”一意，是如何？蓋是時小人未有害君子之意，聖人恐君子係戀不知去，終必取禍，故爲此説以唤醒之，使知及時而遯也，觀《彖傳》“與時行”之意可見矣！

“小利貞”，戒小人使不害君子也。自古小人害君子，其終未有獨全者，丁謂、章惇之徒可見也。聖人雖爲君子謀，未嘗不爲小人謀。

《彖》曰：“遯亨”，遯而亨也。剛當位而應，與時行也。“小利貞”，浸而長也。

九五居上之中，又以陽居陽而得其正，故曰“當位”。六二是小人，與五相應，是時未有害君子之心也。“與時行”，是就遯之時説，《本義》“二陰浸長，陽當退避”是也。朱子小註曰：“是去得恰好時節。小人亦未嫌自家，只是自家合去，若見小人不嫌，却與相接而不去，便不好。”最説得意思出。

遯之時義大矣哉！

陰方浸長，其勢日以盛大，天下之事，不可爲矣，故曰“處之爲難”。是時只得去爾，故嘆其時義之大。大者，大其遯也。聖人恐君子溺於所安而不知遯，故大其時義以唤醒人。

聖人既尋箇“剛當位而應”釋“遯，亨”，又嘆其時義之大，此意最不苟。蓋二陰浸長，剛當位而應，是時小人全未有害君子之心。然君子、小人，勢若冰炭，終無能容君子之理。夫富貴功名，人之不能忘情者，若以小人不我害，耽戀而不忍去，及其禍至而後去，已無及矣。苟能見幾而作，不俟終日，則殆辱不及，身名俱全，孰善如之。故當小人未害君子之時，正君子可去之日。聖人以“與時行”釋“遯亨”，以“嘉遯”許九五，其所以爲君子謀，爲世道計者，一何至哉！

《象》曰：天下有山，遯；君子以遠小人，不惡而嚴。

天下有山，天非有意於遠山也。然天體無窮，山高有限，而山自不能近。君子不惡而嚴,非有意於遠小人也。然盛德在己,邪心自靡,小人自不能近,所以體天山遯也。

君子之於小人,若徒見之惡聲厲色而無深沈之思,不惟不足以遠小人,而反逢彼之怒,其禍從此起矣。故不爲惡聲厲色,而但嚴於自守,非法不道,非禮不動,使吾身無可議之隙,則在我自有凛然不可犯者。在彼小人者,自然望之儼然,而不敢近矣。然君子之嚴,非專爲遠小人之故也。守身之道,自當如此,而小人自不能近爾。

初六,遯尾,厲,勿用有攸往。

卦以始終言,則上爲終,下爲始;以前後言,則上爲前,下爲後;以首尾言,則上爲首,下爲尾。初六在下,則遯之尾也。在遯之尾,禍將及矣,尚可以有爲乎?故其道爲危厲,其占"勿用有攸往",惟晦處静俟,可免災爾。

《象》曰:遯尾之厲,不往何災也?

解"勿用有攸往",亦是唤醒人之語。不往則无災,所以不可往也。

六二,執之用黄牛之革,莫之勝説。

六二居下之中,中也;爻位俱陰,順也。有是中順之德,則不爲危言激論而儉德避難,確乎其不可奪,故曰"以中順自守,人莫能解",爲"執之用黄牛之革,莫之勝説"。《本義》"必遯之志"一句,貼"以中順自守,人莫能解"句,此爻純是象,其占當如其象爾。

象曰:執用黄牛,固志也。

即《本義》"必遯之志"爾。

九三,係遯,有疾厲。畜臣妾,吉。

九三當遯之時,下比二陰,乃爲所纏而不能去,故爲"係遯"之象。係遯者,維係其遯，使不得遯也，故《本義》曰："當遯而有所係。"委靡不振，如人有疾，將及死亡，故危。"畜臣妾，吉"，言他無所用，惟用之畜臣妾則得其心而吉也。此非教其畜臣妾也，明言其無所用爾，故《傳》曰："不可大事也。"

《本義》"臣妾不必其賢而可畜"，言大事必賢人方幹得，惟臣妾則不必賢人，都能畜得，非謂臣妾不必其賢，凡愚者皆可畜也。

《象》曰：係遯之厲，有疾憊也；"畜臣妾吉"，不可大事也。

"憊"只是貼"有疾"意，人疾則困憊，自然之理也。

大事只是遯，出處去就，亦大事也。

九四，好遯，君子吉，小人否。

四與三俱陽，而所行絶不同。三下比二陰，乃爲所係而不能遯。四下應初六，有所好乃能絶之以遯。人之賢愚何如是其相遠也！所以然者，蓋三以陽居陽，過剛不中，四則以陽居陰，不極其剛，又居乾體爾。在君子則吉，在小人則凶，所謂隨其所處以爲吉凶也。

"否"讀作"缶"。

《象》曰：君子好遯，小人否也。

九五，嘉遯，貞吉。

此即《彖傳》"剛當位而應，與時行也"，九五陽剛中正，下應六二柔順中正。六二雖是小人，然是箇好人，未有害君子之心。但九五見得其時當遯，引身而去，全身全節，不辱不殆，故爲"嘉遯"，言遯得好也。占者如是，則正而得吉。知時而遯，貞也；不辱不殆，吉也。

《象》曰："嘉遯貞吉"，以正志也。

當小人未害君子之時，見得自己合當去，所以爲"正志"。若三之係遯，則牽於私而志不能正矣！

上九，肥遯，无不利。

剛陽有德之士也，居卦外，不當事任者也，下无係應，當路無相知之人也，是無所係而遯，無所好而遯。身在林泉，深自韜晦，不幹當世之事，如伯夷、太公、商山四皓之流也，故曰“肥遯”。《本義》謂“遯之遠而處之裕”，占者如是，則寵辱不驚，理亂不聞，衡門之下，可以棲遲，何所不利？

《象》曰：“肥遯，无不利”，无所疑也。

是解“肥遯”意，言其坦然无疑也，即“寵辱不驚，理亂不聞”意。

䷡ 乾下
震上

大壯：利貞。

陽爲大，陰爲小，此卦四陽盛長，大者壯也，故爲大壯。大壯，君子道長之時也。君子之道雖長，然所行不正則不異於小人，小人得起而乘之矣，豈能勝小人哉？故其占利於守正。

《本義》解卦名，只用卦體，不及卦德。

陽生於十一月，極於四月；陰生於五月，極於十月，此一歲陰陽之消長盛衰也。若所謂“天下治，地氣自北而南；天下亂，地氣自南而北”，此世運之陰陽消長盛衰也。

《彖》曰：大壯，大者壯也。剛以動，故壯。

以卦體言，陽爲大，四陽盛長，大者壯也。以卦德言，乾之德爲剛，震之德爲動，以剛而動，則志直氣壯而人莫能撓，所以壯也。卦體、卦德各自爲義，不相干涉。

“大壯利貞”，大者正也。正大而天地之情可見矣！

“大者正”，若依《蒙引》云“大者却要正”，必須添字，恐非聖人本意，只當云“大者自然正”。蓋凡君子之人,心無私曲,行無偏邪,其與小人不可同日而語矣,故曰“大者,正也”。劉共父作《王龜齡文集序》有曰:“天下之人,凡其光明正大,磊磊落落,如青天白日,如高山大川,如雷霆之爲威,如雨露之爲澤,如龍虎之爲猛,如麟鳳之爲祥者,必君子也。而其依阿淟涊,瑣細盤屈云云者,必小人也。”此可以味“大者正”之義。

“正大”之“大”與“大者正”之“大”字不同,上“大”字以人言,此“大”字以理言。

言大壯之利於貞者,以大者本無不正也,即正大而天地之情可見矣。天地正大,於覆載生成見之,天無私覆而無所不覆,地無私載而無所不載,覆載此正大也。當生而生而無所不生,當成而成而無所不成,生成此正大也。夫天地之情,不外乎正大,大壯其可不利於貞乎?

《象》曰:雷在天上,大壯;君子以非禮弗履。

非禮,己之私也。難勝莫如己私,於是而弗履,則有以勝其人欲之私矣。君子之强,孰大於是?所謂“自勝者强”也。《蒙引》曰:“造物以雷在天上爲大壯,君子以非禮弗履爲大壯。”

初九,壯于趾,征凶,有孚。

趾是在下而進動之物,初九在下而壯於進,故取“壯趾”之象。取趾有二義:一在下,一進動。

初九有剛陽之資而處下位,又當陽壯之時,剛陽則志鋭於進,處下則不安於卑。當陽壯之時,其勢又足以遂其進,是恃勢妄爲而不度乎事機,乘時妄作而不量乎時宜者也。故其象爲“壯于趾”。夫壯于趾,雖居上猶不可,况居下乎?必值摧抑之虞,自取窮困之災,故曰“征凶,有孚”。

《象》曰:“壯于趾”,其孚窮也。

《本義》自明。

九二，貞吉。

九二以陽居陰，爲失其正，其見之於事者，未免有恃壯之失。然所處得中，其宅心則循良而無邪妄之非者也，故能因以不失其正。聖人因占設戒，以爲占者如能因中求正，不恃壯妄爲，如是正而固焉，則得遂其進而吉矣。

九二得中，猶有恃壯之失，何也？賢人君子在壯時而失事者亦多，如唐五王不去武三思，卒致唐再亂。又自貽伊慼，宋寇準始藉天書以進丁謂小人，既稱譽之，復鄙其拂鬚，卒慚恨而受其禍，君子固有不正也。

《象》曰：九二"貞吉"，以中也。

中則宅心之善，德性之良，故能損過就中，領惡全好，因以不失其正。

九三，小人用壯，君子用罔，貞厲。羝羊觸藩，羸其角。

過剛則志太鋭，不中則事失當。當壯之時，其勢又足以遂其進。在小人，則專恃勇力而不顧道義；在君子，則蔑視世事而無所忌憚。既用壯、罔，則其事雖出於正，然發之過剛而亦不免於危，故其占爲"貞厲"，其象爲"羝羊觸藩，羸其角"。

《象》曰："小人用壯"，君子罔也。

《本義》："小人以壯敗，君子以罔困。"此據理之所必至者言之，《象傳》之意未及也，此朱子之《易》也。

九四，貞吉，悔亡。藩決不羸，壯于大輿之輹。

大壯之道，所利者貞。九四以陽居陰，爲失其正，是不無恃壯之失矣。然惟其以陽居陰，不極其剛，非若九三過剛不中，當壯之時者比。故雖以陽居陰，有可轉而貞之理。聖人因占設戒，曰："占九四者，若能不恃壯以進，如是正而固焉，則得吉而悔亡。"況前遇二陰，不如三前之有四，其象如藩籬決開，前途洞達而無羸角之困。高大之車，輪輹强壯，任重致遠，而無摧折之患焉。

"藩决不羸"二句,是"吉,悔亡"之象。三前有四猶有藩焉,四前二陰則藩决,是卦中有此象,因而及之,不甚重其源頭,還在九四以陽居陰,不極其剛上來。

輹,車輪之中幹也,俗云"車心",猶磨心。

《象》曰:"藩决不羸",尚往也。

言九四"藩决不羸",則得以上進矣。"壯于大輿之輹",是尚往也。

六五,喪羊于易,无悔。

卦體似兑,有羊象焉,以其外柔而内剛也。何也?羊之爲物,外柔内剛,故好抵觸。此卦之體,二陰在外,四陽在内,外柔内剛,有似於羊,故諸爻皆取羊象。六五以柔居中,則失其内剛,必不能抵觸,无復有羊象矣,故爲"喪羊于易"。易者,容易。言忽然失其壯也。夫吉凶悔吝生乎動者也,六五不能進,固無足取,然悔吝亦無得而生,故無悔。

《本義》"以柔居中","中"字當"内"字,與《坤》六五"黄中"一般,如此《象傳》"位不當",方説得去。不然,以柔居中,正是好處,如何説位不當?以"位不當"謂之"喪羊於易",决當從予説。

《象》曰:"喪羊于易",位不當也。

"位不當"最難看。若以以陰居陽爲不當位,則五居中,因中可以求正,位不當未爲病也;若以柔居中爲不當位,則柔中正其好處,而不當位未安也。依愚説,以柔居中,爲失其内剛,故爲"喪羊",許多通暢,識者詳之。

上六,羝羊觸藩,不能退,不能遂,无攸利。艱則吉。

"羝羊觸藩,不能退",就位上取。蓋以全體言,則上居卦之終;以二體言,則上居震之極,故觸藩而不肯退。"不能遂",是就爻上取,蓋六是陰爻,其才不足以進,故不能遂其進也。

上六壯終動極，是好進喜事，不肯安静之人也，故爲羝羊觸藩而不能退。然其質本柔，則才有所不足，雖好進喜事，卒亦不能成其事，故爲不能遂而无所利。其象如是，其占可知。然以陰柔不足之才，而有輕鋭喜事之心，於是而無變計，則終不足以有爲矣！猶幸其不剛，則有可轉回之理，故戒占者能稍去其輕鋭之習，而艱難以處之，則以有爲之志而加之以審慎之心，必有以矯其陰柔之偏，而爲濟事之美，終得以遂其進而吉矣。

《象》曰："不能退，不能遂"，不詳也；"艱則吉"，咎不長也。

言不詳審也。

"咎不長"，不能退，不能遂之咎不久矣。

䷢ 坤下離上

晉：康侯用錫馬蕃庶，晝日三接。

晉之義，上進也。此卦之象，《離》在《坤》上，爲日出地上。夫離日出於坤地之上，則進而上，以進於中天，上進於中天，上進之義也。此卦之德，以坤之順而麗乎離之大明。大明是人君之象，而坤附麗之，亦上進之義也。此卦之變，自《觀》而來，六四之柔進而上行，以至於五而得其中，自四而進居五位，亦上進之義也。三者皆有上進之義，以此命卦曰"晉"。

日出地上，時當明盛之象也，不可當實説；若當實説，則昏亂之時，日未嘗不出地。

《蒙引》曰"明是日字"，《易》多以明爲日，如"明兩作"、"明入地中"之類。順而麗乎大明，雖取上進之義，然所重在順，有是順德，故能受君寵也。荀息所謂"竭股肱之力，罄忠貞之節"，孔明所謂"鞠躬盡瘁，死而後已"，皆順也。

柔進而上行，如舜起側微而爲天子，太子由春宫而履帝位是也。所重在柔上，謂有虚中下賢之德也。

占者必有是時，有是德，又遇是君，方有是寵。"錫馬蕃庶"，錫予之多也。

晝日之間,三次接見於君,恩意之密也。用,是康侯用此卦也,猶"王用亨于岐山"。言康侯用此卦,當錫馬蕃庶,晝日三接也。朱子謂是虚字,《蒙引》謂"當'得'字",俱未穩。

《彖》曰:晉,進也。

解卦辭下。

明出地上。順而麗乎大明,柔進而上行,是以"康侯用錫馬蕃庶,晝日三接"也。

解卦辭下。

《象》曰:明出地上,晉;君子以自昭明德。

即《大學》"明明德"意。在人之性本明,爲氣質所拘,人欲所蔽,則明德有時而昏,猶日入地中,明爲地所蔽也。"自昭明德",則本心之德復明,猶日出地上,其明不爲所蔽矣,功夫只是格致誠正。

初六,晉如摧如,貞吉。罔孚,裕无咎。

初六以陰,則其才不足以進,居下,則其地不足以進,應不中正,則上面又有擠排之者,故爲欲進而見摧之象。占者如是而能守正,則吉何如!當欲進見摧之時,是己之德未見信於上也。苟上未見信,則當安静自守,雍容寬裕,無急於求上之信,則進退不失其道而咎可无。苟求信之心切,非汲汲以失其守,則悻悻以傷於義矣,能无咎乎?

此爻是新進之士有人阻抑之,未見信於上,若賈生之遇絳、灌是也。"罔孚,裕无咎",只是解"貞吉"。

《象》曰:"晉如摧如",獨行正也;

言初六雖欲晉而見摧,然其志在於行正,而不汲汲於求進也,即下文"罔孚,裕无咎"。

“裕无咎”，未受命也。

此句最有意思。《孟子》：“有官守者，不得其職則去；有言責者，不得其言則去。我無官守，我無言責，則我進退豈不綽綽然有餘裕哉？”初之“罔孚，裕无咎”，亦未受官守言責之命爾。若既受命而以是處之，則泄泄沓沓者之所爲也，而可乎？聖人恐居位者以此爲辭，怠慢不恭而失其職，故爲此辭，其垂教之意深矣！

六二，晉如愁如，貞吉。受兹介福，于其王母。

六二中正，其才德可以進矣。上无應援，則當路无汲引之者，故欲進而愁如。然不可因是遂失其守也，故戒占者若能守正，居易俟命，不汲汲於求進，則中正之道，久而必彰，可以得吉而受介福于王母矣。“王母”如六五之象。

《象》曰：“受兹介福”，以中正也。

中正之道，久而必彰，故卒能受介福于王母。

六三，衆允，悔亡。

三不中正，是舉動不免過中失正，故有悔。以其與下二陰皆欲上進，故爲衆陰所信。由是匡其不逮而救其過失，故得以亡其悔。

《象》曰：衆允之志，上行也。

六三所以爲衆所信者，以三之志在於上進。蓋當晉之時，人皆有上進之志，六三亦有是志，此其所以爲衆所信也。“志”字專指三言。

九四，晉如鼫鼠，貞厲。

不中不正，以竊高位，要説得貪而畏人出。蓋以不中正處高位，則德不稱其位而有愧於心，若盜得而陰據者然，一心戀戀，常恐爲人所奪，是貪而畏人也，故爲"鼫鼠"之象。蓋鼫鼠貪而畏人者。處非其位,豈能久安,故雖得之以正而非枉道,終以德之不稱而失其有,故曰"貞厲"。

《象》曰:"鼫鼠貞厲",位不當也。

即是不中正。

六五,悔亡,失得勿恤,往吉,无不利。

六五以陰居陽,所處不正,其見之治道者,或未能盡善,而不免於有悔。然五居離體而在五位,是以大明之德而在上位,坤居其下,是下皆順從之。蓋以英明蓋世之才,而爲天下所服,足以蓋其不正之失,故其悔因之可亡。然以不貞之資,當晉盛之時,有英明之才,挾長駕遠馭之勢,必有計功謀利之心,而少蕩蕩平平之氣象,如是則狃於近利,終無以進於王道,故必一切去其計功謀利之心。人心之化與不化,世道之治與不治,皆不之恤,吾惟修吾德盡吾事焉,則功深而效自溥,德盛而化自行,不期人心之日化,世道之日治,而自無不化不治者矣,"往吉,无不利"也。

《象》曰:"失得勿恤",往有慶也。

是解"吉,无不利"。

上九,晉其角,維用伐邑,厲吉,无咎,貞吝。

極剛以伐私邑,而不免於危,太剛則折,危之道也。其道雖危,勢必取勝,故吉。夫牛刀割雞且云"焉用",治小邑又焉用極剛哉? 不惟理所不當,抑亦勢所不宜,祇可吝爾。

《象》曰:"維用伐邑",道未光也。

解"吝"字意。

䷣ 離下坤上

明夷：利艱貞。

離日入於坤地之下，明而見傷，故爲明夷。在人事則是暗主在上，賢人君子爲其所傷，如紂之時是也。

在他卦則曰"利貞"，在《明夷》則曰"利艱貞"。蓋當明夷，雖欲守正，有不能直遂者，故須艱難委曲以守其正，如箕子之佯狂爲奴是也。

《彖》曰：明入地中，明夷。

以卦象釋卦名，不及義者，只見卦之所以爲名，未及其義也。

内文明而外柔順，以蒙大難，文王以之。

内體離也，其德爲文明；外體坤也，其德爲柔順。時當明夷，是"内文明而外柔順，以蒙大難"也。夫大難在前，内抱明德，若不柔順以處之，鮮不及禍矣。故"内文明而外柔順，以蒙大難"，處明夷之道也。"文王以之"，言文王用此道也。

此卦中之一義，故《本義》曰："以卦德釋卦義。"

《蒙引》曰："《本義》云'蒙大難，謂遭紂之亂而見囚'也，此就'文王以之'句内取其實而言也。下節'内難，謂爲紂近親'云云亦然。"

"利艱貞"，晦其明也。内難而能正其志，箕子以之。

"晦其明"是解"利艱貞"；"正其志"是申"晦其明"。晦其明，其明自在而不失，是能正其志也，如箕子之佯狂受辱，是晦其明也。故曰"箕子以之"，言箕子用此道也。

《象》曰：明入地中，明夷；君子以莅衆，用晦而明。

君子之莅衆也，不明則爲人所欺，而物無以照；過明則聰察太甚，而物無所容，故“用晦而明”。蓋雖明而用晦，雖晦而明自在，總是不盡用其明之意，既不察察而明，亦不汶汶而暗也。用晦而明，不是以晦爲明，亦不是晦其明，蓋雖明而用晦，雖用晦而明也。用晦而明，只是不盡用其明，蓋盡用其明，則傷於太察而無含弘之道。惟明而用晦，則既不汶汶而暗，亦不察察而明，雖無所不照而有不盡照者焉，此古先聖帝王所以威震天下之術也。

《程傳》意思甚好，但其意是“用晦所以爲明”，與本文之意稍異。

初九，明夷于飛，垂其翼；君子于行，三日不食。有攸往，主人有言。

初九在明夷之初，去上六暗主又遠，故其被傷特淺，故其象爲飛而垂翼，其占爲行而不食，所如不合。

三日不食，如孔子絶糧之事。初九取象爲飛，當時繫辭，聖人必有所感，但今不可考矣。

《象》曰：“君子于行”，義不食也。

此夫子以義言之，無亦有感於在陳絶糧之事歟？

六二，明夷。夷于左股，用拯馬壯，吉。

六二去暗主亦遠，故傷而未切，爲“夷于左股”之象。然亦不可無拯之之道，故用拯之而得馬壯，則事幾不失，禍可免而吉矣。“明夷，夷于左股”是象，“用拯馬壯，吉”是占。初、二二爻，俱就位説，不取爻義。

《象》曰：六二之吉，順以則也。

依《蒙》六三“行不順”、《咸》六二“順不害”之例，“順以則”有二意。《蒙引》曰：“乘其傷未切而救之，順也。救之又速，是有則也。”

九三，明夷于南狩，得其大首。不可疾，貞。

以剛居剛，純乎剛也。在明體之上，明之極也。居於至暗之下，正與上六暗主爲應，則身當其禍，身任其責，不得已而舉事，所謂"予弗順天，厥罪惟均"者也。故爲"明夷于南狩，得其大首"之象，是向明除害，成湯之伐桀、武王之伐紂是也。"不可疾，貞"，言事須有漸，不可急遽也。夫爲民除害，固所以解一時倒懸之急。然以臣伐君，非萬世綱常之福也，故占者當其事，不可疾急堅貞爲之，必從容停待，若能悔過遷善，化暗爲明，吾之本心也。不然，亦至於不獲已，然後舉事可也。苟無寬裕之心，有急迫之爲，則是幸其君之不明，而乘時以邀利，乃後世篡弑之臣也，豈湯、武弔民伐罪之舉哉？若武王之觀兵於孟津，可見聖人不獲已之意，其有得於"不可疾，貞"之旨矣！

愚意周公繫此爻，是有感於武王伐紂之事。

《象》曰：南狩之志，乃大得也。

《大傳》此句甚有意義。湯放桀，猶有慚德。南狩之志，乃爲大得者，明伐罪弔民，聖人之志，以臣伐君，非聖人之得已也。

六四，入于左腹，獲明夷之心，于出門庭。

"六四以柔正居暗地而尚淺"，得力全在"柔正"、"尚淺"上。有此二者，故猶可以得意於遠去。若非尚淺則爲六五"箕子之明夷"矣！若非柔正，則爲《需》九四之"致寇至"矣！

六四居暗地，入于左腹也。然以柔正居暗地而尚淺，則猶可以得意於遠去，故雖入於左腹而幸獲明夷之心，于出門庭。左腹、門庭，皆自四居坤體而取。左腹，人之身也。門庭，人之家也。四與上六同居坤體，猶人之一身一家也。故其始也，爲入左腹，言其在身側也；其終也，爲出門庭，言離去其家也。此爻似漢梅福見王莽顓政，一朝棄妻子，至九江，入會稽，變名姓爲吳市門卒。

《象》曰："入于左腹"，獲心意也。

即《本義》"得意于遠去"之義。

六五，箕子之明夷，利貞。

居至暗之地，近至暗之君，内難而能晦其明正其志，箕子之明夷也，此箕子之貞也。占者利於守貞，亦當如箕子也。

《象》曰：箕子之貞，明不可息也。

箕子之貞，佯狂爲奴也。佯狂爲奴，晦其明也。雖晦其明，而明自不可息。爻辭無此意，此夫子之意也。

上六，不明晦，初登于天，後入于地。

“不明其德以至於晦”，有“惡不積不足以滅身”之意。言其初也，不明其德，而終至於昏暗之極也。夏桀、商紂可見矣！

《象》曰：“初登于天”，照四國也；“後入于地”，失則也。

言身居九重之上，而照及乎四國也，故《本義》曰“以位言”。“失則”，言失君道也。

䷤ 離下 巽上

家人：利女貞。

此卦所以名“家人”者，以九五、六二内外各得其正也。人而不仁則非人，國而不治則不國，家而不齊則非家。九五、六二内外各得其正，則爲家矣，此“家人”所由名也。

莫難化者婦人，家之離必起於婦人，故占《家人》之卦，利於女貞。非止正其女也，先正其女也，女正則男之正，易易爾。女貞如何？閨儀必肅，饋事必慎，必孝舅姑，必順夫主，必和家衆，必睦宗姻，不生讒妬以間夫之骨肉，不預外事以貽夫之禍患。凡有數端，不止中饋一事也。

所正雖在女，所以正之者則在丈夫，蓋主家之人也。舜之刑于二女，文王之刑于寡妻，皆“女貞”之義也。下至庶人，莫不皆然。

《彖》曰：家人，女正位乎内，男正位乎外。男女正，天地之大義也。

《彖傳》以卦體、九五、六二釋卦辭“利女貞”之義。言家人之利女貞者，蓋此卦之體，六二以陰居陰而得其正，女之正位乎内也；九五以陽居陽而得其正，男之正位乎外也。男女正乃天地之義，此家人所以“利女貞”也。

男女正，何以爲天地大義？蓋天以陽而居乎尊，地以陰而居乎卑，一尊一卑，定分不易，天地之大義也；男以陽而正位乎外，女以陰而正位乎内，一内一外，定分不易，此義即“天地之大義”也。蓋男女居室之間，而内外之界限攸存；夫婦配合之際，而尊卑之名分以立，實有根陰根陽之不可易，根天根地之不容已者，故曰“天地之大義”。《蒙引》謂“亦猶云陰陽之大義也”，亦是，但欠明白。一說“男正位乎外，猶天位乎上；女正位乎内，猶地位乎下”，意太淺無味。

家人有嚴君焉，父母之謂也。

此就以二、五當父母言。家門之中恩常掩義，治家之道以嚴爲主，一家之人必有嚴威儼恪者，爲君以主宰於上，然後一家之政，由是而振舉。嚴君爲誰？九五、六二，父母之謂也。蓋九五以陽而主乎外，父之象也；六二以陰而主乎内，母之象也。父以陽居陽，正位乎外，必能正身率物，而主一家之外政，固嚴君也。母以陰居陰，正位乎内，必能正身内助，而主一家之内政，亦嚴君也。故家人嚴君，舍二、五不足以當之。家人嚴君見，有“利貞”之義。

父父、子子、兄兄、弟弟、夫夫、婦婦，而家道正，正家而天下定矣。

此以卦畫推之，見其有父子、兄弟、夫婦各正之義，亦所以盡“家人，利女貞”之義也。

一家之中，父子勢分，最爲隔遠。此卦上九以陽居上，初九以陽居下，二爻相去隔遠，故爲父子之象，而上上初下，父父、子子之各正也。比肩爲兄弟，此卦九五以陽居上，九三以陽居下，二爻相去不遠，有比肩之象，故爲兄弟，而五上三下，兄兄、弟弟之各正也。相配爲夫婦，此卦九五與六四以陰陽爲夫婦，九三與六二以陰陽爲夫婦，而五上四下、三上二下，夫夫、婦婦之各正也。正家而天下定，猶云“人人親其親、長其長而天下平”，不作正家之效説。此卦《彖傳》與他卦不同，不釋卦名，只以二、五二爻發明“利貞”之義，蓋必男女、父母、父子、兄弟、夫婦備，然後成一家。雖不明釋卦名，然其所以爲家人者，亦於此可見矣。此一例也。

《象》曰：風自火出，家人；君子以言有物而行有恒。

“風自火出”，猶風化自家而出也，故其卦爲《家人》。君子體此象也，謂家之本在身。修身之道，言行而已。故以言則有物，無虚言也；以行則有恒，始終不變也。先行其言而後從之，未行而言，斷必行之，言有物也。久於其道，立不易方，行有恒也。如是則身正，身正則家齊，而風化之本端矣。

初九，閑有家，悔亡。

初九以陽剛處有家之始，有家之始，義當防閑。初九剛陽，又能防閑，是當有家之始，能立紀綱法度以防閑之。凡一家之尊卑、長幼、内外、親疎、貴賤，皆有箇法度以爲之持循，則一家之人皆守其約束條教，不至於害義傷恩矣，故悔可亡。此爻純是占。

有家之始，法度未立，衆志不一，自不能無越禮犯分處，故有悔。必能防閑之，始可亡爾。《程傳》曰：“群居必有悔，以能閑，故亡。”是也。《蒙引》謂“亦‘九三，悔厲，吉’之意”，覺未是，豈閑有家者，其初皆必有悔，待後始能亡之耶？

《象》曰：“閑有家”，志未變也。

言有家之始，人心未變，正好防閑之時也。待人心既放，然後從而防閑之，難乎其爲力矣！此與《大畜》初九“童牛之牿”同意。

六二,无攸遂,在中饋,貞吉。

六二柔順中正,女之正位乎内者也,故他無所遂,而所遂者,惟在乎中饋爾。夫陰必從陽,女必從男,天地之大義也。故地道无成而代有終,以順爲正,婦之道也。婦人而有攸遂,則妻反夫綱而奪夫之權矣。故家中凡百事務,皆不敢自專,一聽命於丈夫,而其所職,惟中饋之事而已。蓋必精五飯,幕酒漿,縫衣裳,奉祭祀,孝舅姑,順夫子,其所爲者,皆職分之所當爲,自此之外,一毫不敢預也。"无攸遂,在中饋",六二之貞也。占者如之,則男女各正,家人其宜,風化自此而出矣,故吉。

《象》曰:六二之吉,順以巽也。

此釋"吉"義,言六二之吉,是柔順以巽,從乎人而不自主事也。"順以巽",只是"无攸遂,在中饋"意。

九三,家人嗃嗃,悔厲,吉;婦子嘻嘻,終吝。

九三以剛居剛而不中,治家過剛者也。治家過剛,人情不能堪,有睊睊胥讒,衆口嗷嗷之意,故爲"家人嗃嗃"之象。夫家門之内,以恩爲主,威嚴之過,於人情不能無傷,未免有悔而可危。然法度沿之以立,家道齊肅,人心祗畏,猶爲家之吉也。若一於慈祥而恩勝義,致使婦子嘻嘻然而笑樂之無節,則家範不立,法度必虧,家道於是乎壞矣,故曰"終吝"。

《象》曰:"家人嗃嗃",未失也;"婦子嘻嘻",失家節也。

"未失"解"吉"字,"失家節"解"終吝"。

六四,富家,大吉。

陽主義,陰主利,六四以陰居陰,是善營利之人也。在上位或襲父兄之餘資,或有意外之財帛,是有致富之勢也,故能致富其家,如陶朱、猗頓之流也。禮義生於富足,故其占大吉。

《象》曰："富家大吉"，順在位也。

大意已見上。"順在位"，即《本義》"以陰居陰而上在位"也。

九五，王假有家，勿恤，吉。

九五剛健中正，下應六二之柔順中正，是以聖賢之君而得聖賢之后，如周文王之得后妃也。王者以是至於其家，則上可以配至尊而主宗廟，下可以宜家人而刑邦國，勿用憂恤而吉可必矣。《蒙引》"夫得婦爲之内助，婦得夫以刑家"之説，似太狹。

《象》曰："王假有家"，交相愛也。

夫愛婦以内助，婦愛夫以刑家，故曰"交相愛"。情既相愛，其"勿恤吉"，不假言矣。

上九，有孚，威如，終吉。

上九以剛則有賢德，居上則爲家主，在卦之終則有家也久，故聖人特言正家久遠之道。一家之人皆骨肉之親，若待之不以誠信，則人不見恩，情義乖離，不相維繫，故在於"有孚"也。然一家之中，群情不一，人心易流。若一於誠信而嚴威不足，則人心流放，釁孽易生，越禮瀆倫，將無所不至，而家道從此壞矣，故又在於"威如"也。有孚，則足以固結乎人心，而情義不至乖離；威如，則足以震懾乎衆志，而禮法不至於瀆亂。家道可以長久而無弊矣，故曰"終吉"。

有孚則恩義以篤，威如則倫理以正，故爲正家久遠之道。

《象》曰：威如之吉，反身之謂也。

此聖人恐人認"威如"作"刑威"，故爲之説如此。反身所該者廣，身之所具，若視聽言動，皆在禮法之中。身之所接，若人倫庶物，皆在道義之内，如是則身無不正。瞻其儀表而人之非意自消，望其容色而人之邪心自息。雖不厲聲色以作威，儼然人望而畏之，自有不威之威矣。爻辭所謂“威如”者不過如此，故曰“反身之謂也”。

䷥ 兑下離上

睽：小事吉。

睽，乖異也。爲卦上火下澤，上火只管炎上，下澤只管流下，其性相反，睽之象也。中少二女，雖云同居，其志各在其夫家而不同歸，亦睽之象也，故其卦之名曰“睽”。當人心睽離之時，本不可大事。然此卦之德，内兑而其德爲和悦，外離而其德爲文明，是有和悦之德，而濟之以通達之才也。此卦之變，自《離》來者，柔自二進而居三；自《中孚》來者，柔自四進而居五；自《家人》來者兼之，亦自二進居三、四進居五，是性質太柔而得剛以濟之也。以卦體言，則六五得上體之中，而下應九二之剛，是在己有德而輔相得人也。有此三者，是知當人心乖離之時，不足以合天下之睽，而成天下之大事，而小事無待衆力之助者，或可以濟也。

此卦有三者之善而不免於睽離者，其睽出於他人而不在己。如三國鼎分，海内人心涣散，本於漢室之亂，不在於曹、劉、孫吴三氏也，以曹操、劉備、孫權之雄略，而不能一天下以成帝業，可見睽之害大。其可小事而不可大事者，乃遭時之不幸，非才力之不足也。

《彖》曰：睽，火動而上，澤動而下；二女同居，其志不同行。

説見卦辭下。

兩“動”字不偶。動而上，炎上也；動而下，潤下也。

説而麗乎明，柔進而上行，得中而應乎剛，是以小事吉。

説見卦辭下。

天地睽而其事同也，男女睽而其志通也，萬物睽而其事類也；睽之時用大矣哉！

天地以質而言，則天陽而地陰；以位而言，則天上而地下，天地睽也。然乾知大始，坤作成物，相合而成化育之功，其事實相同也。以質而言，則男陽而女陰；以位而言，則男外而女内，男女睽也。然夫欲刑家，婦欲内助，相與以求爲生，其志實相通也。飛潛動植之生，異形而殊質，殊分而異方，萬物睽也。然睽不終睽，睽必有合；異不終異，異必有同。舉一物而物物皆然，是其事盡相類也。曰"事同"，曰"志通"，曰"事類"，兩者之合而爲用也。然兩者之合，原於兩者之睽，故不曰"合之時用"而曰"睽之時用"，蓋動不生於動而生於静也。

睽之時用，以其睽而爲用也，故曰"睽之用"。

"其事類"與"其事同"異。其事同，天地生物之事也；其事類，萬物有睽有合之事也。

睽是不好之卦，聖人却尋出好處來説，亦是實理，而非牽强，可見聖人胸襟不比尋常，蓋韋編三絶之後，其得於《易》者深矣。

《象》曰：上火下澤，睽；君子以同而異。

人同此心，心同此理，故君子不違衆獨異而必與人同。然習俗多非，人情易失，故不徇衆苟同而必有所異。不必於同，不必於異，此所以爲君子而異於人也。故曰"君子和而不流，群而不黨"。二卦合體，而性不同，同中有異也。君子以同而異，亦同中有異也。

初九，悔亡。喪馬，勿逐自復；見惡人，无咎。

初與四皆陽而无應，是位分既无相關之素，情意又无相得之歡，孤立無與，不可以有行，是有悔也。而當睽之時，初九是陽，九四亦陽，同聲相應，是雖無相關之素，相得之歡，然以之同處艱危，彼此各欲求濟，於是相與而相求，初既得四，可以行矣，故得"悔亡"。其象爲"喪馬，勿逐而自得"，蓋馬所以行也，睽獨則不能行，是喪其馬也。四既相與，則能行矣，是勿逐而馬復得也。然當睽之時，君子固所當親，小人亦不可拒之，拒絶小人亦非遠害全身之道也。故惡人之我求，亦必見之而勿絶焉，則不至取怨於人、斂禍於己，而咎可无矣。

劉備結好孫吴以拒曹操，似初九之喪馬自復也。及孫權妻之以妹而入吴，亦見惡人以辟咎也與。

《象》曰："見惡人"，以辟咎也。

此明所以見惡人之故也，言非得已也。

九二，遇主于巷，无咎。

九二與六五陰陽相應，宜相遇者，然居睽之時，乖戾不合，必有他故而失其歡者。然本其正應，君臣之義定之自昔，不可以一時之故而失平生之歡，故必委曲相求而得會遇，始得无咎。如周公相成王，遭四國流言，成王之心不能無疑，是亦睽之時也。周公告二公曰："我之不辟，我無以見我先王。"公乃辟居東都三年，罪人斯得。後公又爲《鴟鴞》之詩以貽王，及《金縢》之啓，周公之心始白，王乃迎公以歸，是亦"遇主于巷"之意。

《象》曰："遇主于巷"，未失道也。

此是恐人疑遇主于巷爲失道，故如此爲他解釋。言九二之於六五，委曲宛轉，相求而得會合，近於爲邪而失其道也。然本其正應，雖委曲宛轉相求，亦是施於其所當施而不爲過，故曰"未失道也"。《程傳》"至誠感動，竭力扶持"雖好，但恐非此爻本義。

六三，見輿曳，其牛掣，其人天且劓。无初有終。

六三與上九爲正應，不幸處二、四二陽之間，其欲進以會於上也，二從後而曳之，求與之合也；四從前而掣之，亦求與之合也。夫二、四雖求乎三，而三終不肯從乎二、四，然上九不諒其心而猜疑於此乎積矣，故從而天劓之。但邪不勝正，故其始也，雖有"曳"、"掣"、"天"、"劓"之傷，終則妄求者去，正應者合。蓋二、四之心至是而各休，上九之疑至是亦釋矣。

“天”是去髮之刑,“劓”是去鼻之刑。

《象》曰:“見輿曳”,位不當也;“无初有終”,遇剛也。

“不當”謂處二陽之間,“遇剛”謂遇上九。

九四,睽孤。遇元夫,交孚,厲无咎。

九四,陽也,與初九本相應之爻。不合,亦是陽,與己不相應,是睽離孤立者也。然當睽之時,人情患於无與,各欲求合以相濟;而四與初以陽遇陽,乃以同德而相與,故爲“遇元夫,交孚”之象。然人之相與,在無事之時,則安常處順而釁孽無門;處多事之秋,則變故横生而風波易起,故九四之於元夫又必危以處之。委之腹心以致其誠,悃慎其舉錯,以杜其嫌疑,則終合而无咎矣。

此爻如晉劉琨與段匹磾,本是非類,不幸長史以并州叛降石勒,劉琨奔薊,石磾見琨,與結婚姻、爲兄弟,歃血同盟,翼戴晉室,是“遇元夫,交孚”也。乃以子群之書爲匹磾所得,琨遂被殺,可見睽之時,若非危厲,難於免咎,然後知聖人之體悉世態人情也。

此爻頗難看,《蒙引》謂“睽孤且勿露出初九爻,至下文‘遇元夫’方可露出”,依此却似兩人了,依愚説亦不相犯且有序。

《象》曰:“交孚无咎”,志行也。

凡人處睽之時,其志未必不欲求合。今九四睽孤,遇初九之同德而相信之,則有謀有助,濟睽之志必行矣。

六五,悔亡,厥宗噬膚,往何咎?

六五以陰居陽,或所處非其地,或所爲乖其方,本當有悔也。雖有悔而卒亡之,何也?蓋六五以柔居中,而得九二與之相應,柔中則有虚己下賢之美,得應則有明良相得之歡,是其與二合也,有若噬膚之易者。然以是而往,則可以匡吾力之所不逮，成吾志之所欲爲，睽無不合，而事無不舉矣，何咎之有？

宗，黨也。二與五相應，固其黨也。

《象》曰："厥宗噬膚"，往有慶也。

"厥宗噬膚"，君臣易合之象也。以是而往，則自足以立非常之功，建非常之業矣，不有慶乎？此其所以无咎也。

常説是解"悔亡，无咎"。依愚見，似尤深一節。言"厥宗噬膚"，以是而往又有福慶也，豈但"悔亡，无咎"而已哉？

上九，睽孤，見豕負塗，載鬼一車，先張之弧，後説之弧。匪寇，婚媾，往遇雨則吉。

上九與六三爲正應，不幸處二、四二陽之間，欲進與上合，乃爲二陽所制，在六三無從二陽之心。上九以剛處明極、睽極之地，剛則果毅而失詳，明極則過察而多疑，睽極則拂戾而難合，故其象爲睽離而孤立。六三本不汙於二陽也，而彼則以爲汙，本無受汙之事也，而彼則以爲有。其以爲汙也，如見豕負塗；其以無爲有也，如載鬼一車，於是遂欲射而去之矣，故先張之弧。然無是事者，其事必白；空有是疑者，其疑必釋。少間，則説之弧。蓋至是始知其匪寇而實親也，往而求之，遂得相遇合而吉矣。

《象》曰：遇雨之吉，群疑亡也。

"群疑"指"見豕負塗，載鬼一車"，先張之弧至説弧，則群疑亡矣。

䷦ 艮下坎上

蹇：利西南，不利東北。利見大人，貞吉。

《本義》曰："蹇，難也。"又曰："足不能進，行之難也。"明其爲行之難也。蹇字，從寒從足，足所以行，故蹇爲行之難。"見險而止"，即足不能進，行之難也。此皆明卦之所以爲“蹇”。

卦名爲“蹇”，取卦德“見險而止”之象，凡人之居於險阻而不得有行者皆是。

“東北險阻，又艮方也”，是二義。“東北險阻”，以天下大勢言。“又艮方”，是就卦上取，乃文王後天之卦。

方在蹇中，不宜走險。如戰國諸侯西有强秦之患，乃自相攻伐；劉備北有曹操之難，乃恥關羽之没而伐吴；漢後主之時，國勢既弱，乃連年出師北伐，皆在蹇而走險也。如沛公入關而見羽鴻門，就漢中之封而不攻羽，乃蹇而不走險也。

“陽進則往居五而得中。”蓋卦自《小過》而來，陽本居四，今則進居於五而得上體之中，是進而得其所安，有平易之義，故利西南。“得所安”，猶云“安從坦道”。退則入於艮而不進，其退爲誰？指九三也。九四進而居五，則九三爲退，三雖不退，以四之進觀之，則爲退矣。退則入於艮而不進，東北艮方，正卦中所忌也，故不利。

“利見大人”，占者若是在下之人，則“大人”當兼德位説；若是在上之人，則“大人”專以德言。如劉先主之於孔明，唐肅宗之於郭子儀也。

《彖》曰：蹇，難也，險在前也；見險而能止，知矣哉！

言蹇之義，難也。卦之所以爲《蹇》者，蓋此卦之德：坎爲險而居乎上，險在前也；艮爲止而居乎下也，險而能止也。見險而能止，則不陷於險矣，其知大矣哉！

“見險而止”與“能止”不同。見險而止，是勢不得不止，止不在我也；能止，是可止而止，止在我也。加一“能”字，所以贊其知也。

釋卦名義，而因贊其美，所以勸也。

“蹇利西南”，往得中也；

言“蹇利西南”者，以此卦之變，陽自四進而居五，得上體之中，是平易之地也，故利西南。

"不利東北",其道窮也。

"其道窮"是解"不利"。其義自卦變來,猶《需》卦《彖傳》"往有功"解"利涉",其義自兩象來。言"不利東北"者,以此卦之變,九三退則入於艮而不進,艮方是其所忌也,故其道窮而不利也。

九三非卦變,亦謂之卦變者,因四進居五而得也。

"利見大人",往有功也;

《蒙引》:"往有功是本卦體有'大人'之象。"若作虛説,則下文"貞吉"却是本卦體,今但得依其説。

當位"貞吉",以正邦也。

言卦之六爻,陽則居陽,陰則居陰,而各當其位,正之義也。故能貞則可以濟蹇而得吉,又由是可以正邦,不但濟險而已也,正邦又是推出一步。

蹇之時用大矣哉!

言蹇之時,必往西南,不利東北,必見大人,必正然後其蹇可濟,則其時用,不亦大哉!

《象》曰:山上有水,蹇;君子以反身修德。

山既險阻,上復有水,難以措步,蹇之象也。行有不得,人之蹇也。君子以之反身修德,自有失而致之乎?有則改之,無則加勉,如是而修焉;將見在邦必達,在家必達,而蹇可濟矣。

初六,往蹇,來譽。

初六當蹇之時,往則險在前也;險而不能進,蹇也。不往而來,則有見幾知時之知,是有譽也。

隆山李氏曰："古人生居亂世，無官守之責，類皆高蹈遠引以待天下之清，卒之身名俱高，傳播萬世。夫是之謂往蹇來譽，與夫履富貴而蹈危機，以致身名俱仆，爲後世之指笑者，有間矣。"

《象》曰："往蹇來譽"，宜待也。

此發明"來譽"之意，謂初六往蹇來譽之時，非謂其勿往也，謂宜待時而往也。無夫子此説，初幾爲無用之廢人矣。

六二，王臣蹇蹇，匪躬之故。

六二柔順中正，是靖恭忠藎之士，君臣之義，纏綿固結於其心者也。上應九五而在險中，君在難也，故能不避萬死一生之難以求濟之，是爲蹇而又蹇，初不爲一身之謀也。諸葛孔明曰："臣鞠躬盡瘁，死而後已。至於成敗利鈍，則非臣之明所能逆覩也。"其二之謂歟？

"匪躬之故"，是言不爲一身之謀。《蒙引》云："所以蹇而又蹇者，初非以其身之故。"似是人疑爲一身謀，方爾蹇蹇，故如此解之，似乎不通。世豈有爲身謀而蹇蹇者耶？其爲身謀而不蹇蹇者皆是也。

《象》曰："王臣蹇蹇"，終无尤也。

此以明忠臣義士之心也，與《大過》上六《象傳》同旨。

九三，往蹇，來反。

此爻以六四參看，頗難。九三陽剛，只云"來反"，不許往濟；六四陰柔，則云"來連"，許其往濟，又連九三皆許之，何也？《蒙引》謂"三與四，乃上下體之别"，又謂"三在險之外，四則入於險，故其象不同"，似未透徹。依愚見，六四位近九五，乃近君大臣；三居下體無位，是不當事任之人。聖人不許三而許四，又并三而許之者，四居可爲之位，其勢足以有爲；三居無位之地，自不能爲，必待四之連引，然後足以有濟爾。

《象》曰："往蹇來反"，内喜之也。

此是《象傳》之意，爻中未必有此意。言九三當蹇之時，反就二陰。内之初、二二陰，亦喜其來，《本義》因此就下箇"得其所安"。

六四，往蹇，來連。

六四既連於九三，合力以濟，則是亦欲往而非來者矣。曰"往蹇來連"，何也？往者，獨往也；來者，欲人俱往也。上九"往蹇，來碩"亦然。

《象》曰："往蹇來連"，當位實也。

此明"來連"意，"當位"指六居四，"實"指九三。言四以六居四，爲得其正，九三陽爻爲實，以六四之正而遇九三之實，所以爲來連以共濟也。

九五，大蹇，朋來。

九五君位，其蹇也，國家治亂所關，宗社存亡所係，非他人尋常之蹇也，故爲大蹇。然居尊而有剛健中正之德，居尊則名位爵禄足以奔走天下之士。有剛健中正之德，則道德仁義足以固結天下之士，故必有朋來助之，將見智者獻其謀，勇者效其力，而蹇將必有濟矣。

九五與六二爲應，六二是匪躬之臣，《本義》不取與五共濟而取諸朋來者，蓋九五之大蹇，非一人之力所能濟。二之陰柔，又難與共濟，五之中節，又足以廣致天下之群賢，故濟蹇不無望於六二，而次於群朋者，此也。

九五"大蹇，朋來"而無吉利之占。《程傳》謂："六二才弱，不足以濟。"《本義》不取六二爻義，似不用其説者。依愚見，《蹇》卦五爻，皆在蹇中而未出乎險，故聖人未許吉利之占。上六居蹇之極，將出乎險，故許其"來碩，吉，利見大人"。蓋否極則泰，物極則反，雖云人事，亦天道也。上六《程傳》説亦好。

《象》曰:"大蹇朋來",以中節也。

天下之難方殷,非聖賢之才莫能濟。而五剛健中正之德,適合濟蹇之用,是中節也。惟其如是,故在大蹇之中而有朋來之助,不然則爲豎子不足謀,天下之賢有望望而去者矣。

上六,往蹇,來碩。吉,利見大人。

此爻《本義》:"已在卦極,往无所之,益以蹇耳。"《蒙引》有疑。委[實]可疑。按自初至四,皆未在卦極,而亦往蹇,何也?六四來連九三,合力以濟,九五有朋來之助,皆不得吉利,而上六吉利,又何也?依愚見,上六往蹇,以在蹇之時,與三、四同,其有吉利之占,則以居卦之極,爲出險之時爾。但《本義》當時必有所見,今未能知,姑記於此,以俟知者評焉。

《本義》云"來就九五",就象上解。又云"利見大人,指九五",就占上説。

《象》曰:"往蹇來碩",志在内也;"利見大人",以從貴也。

"志在内",雖有所指而未明言其爲五。"以從貴",始明言之也。"以從貴"不作推本説,如《比》卦"外比於賢,以從上"例。

易經存疑卷六

䷧ 坎下 震上

解：利西南。无所往，其來復吉；有攸往，夙吉。

“解，難之散也。”爲卦下體坎也，其德爲險；上體震也，其德爲動。震動在坎險之上，是在險能動也。居險能動，則出乎險之外矣，故爲難之既散，解之象也。

難之既散，斯民方離湯火殘傷之災，乃元氣復還之始，正當培養調息之時也。若以煩苛嚴急治之，則人情弗堪，而元氣必爲之損，故利于平易也。若无所往而不安静，則自啟事端，自作禍孽，必害平寧之治，故利于安静。若有所爲而不疾夙，則遷延歲月，養釁醸禍，或生意外之事，故不利久爲煩擾也。成湯放桀之暴而以寬治，武王伐紂之暴而反商舊政，有得于“西南”之義矣。漢光武隴蜀平後，不復言兵，潁川盜起，即日討平，有得于“无所往，其來復吉，有攸往，夙吉”之義矣。

天下之難方解，病者未瘳，傷者未起，必在安全培養，而後生意復完。故无所往，則宜來復其所而安静；有所往，則宜早往早復，不久爲煩擾，然後斯民無生離死别之憂，而有室家之樂，閭閻無差調供輸之苦，而遂生息之天，是以吉也。不然，無聊困苦之餘，又從而促之，一脉生意，其存幾何？未有不激變生災而至于覆國也。

天下之難既解，國家之元氣方復，閭閻之生意方蘇，正當培養之時也，必當埽去煩苛嚴急，而存寬大簡易之政，然後人心懷而安之，故利于西南也。若方隅寧謐而無意外之警，是无所往也。即當來復其所而安静，歸將于朝，歸兵于野，與斯民相安于無事之天，如是則不激變生災，蒼生蒙福，而吉可得矣。如或事變生于意外，風波起于旦夕，是有所往也，則宜早往早復，兵不再籍，役不三載，速收平定之功，如是則不養釁釀禍，國家治安而吉可得矣。

《程傳》謂："'无所往'，是天下之難已解；'有攸往'是當解而未盡者。"《蒙引》謂："只當泛説，難後安得盡無事？"看來《蒙引》爲是，當從。

《彖》曰：解，險以動，動而免乎險，解。

說見卦辭。

"解利西南"，往得衆也；

《坤》之象爲衆，其義爲平易，此卦自《升》而來，三往居四，入于坤體，是爲得衆，有平易之義，故其占利于西南。

"其來復吉"，乃得中也；"有攸往，夙吉"，往有功也。

"其來復吉"者，蓋三往居四，入于坤體，二居其所而得其中，是即所安也，有安静之義，故來復其所而安静。"有攸往，夙吉"者，亦以九二得中能即所安，有不久爲煩擾之義，故能早往早復而有功也。

卦變只是三往居四，二得其中，亦謂之卦變者，蓋二之得中是因三而得也。《蒙引》説。見《蹇》《彖傳》下。

"乃得中"，《蒙引》有二説：一説二居其中，而得中是即所安之意，故以釋无所往其來復之象；一説九二得中，能審時宜，故能來復，夙往而得吉。二説不同，今以《解》"利西南"、《蹇》"利西南，往得中"之例觀之，從前説爲是。蓋均有是義，故其占如之也。

天地解而雷雨作，雷雨作而百果草木皆甲坼：解之時大矣哉！

解之道，極而言之，窮冬閉塞之時，天氣不下交，地氣不上騰，其氣鬱結而不開舒。既而天道下降，地氣上騰，天地之氣絪緼和暢，于是乎舒解，由是奮而爲雷，沛而爲雨，雷以動之，雨以潤之，而百果草木皆于是乎甲坼矣。夫天地一解而功用至于如此，解之時其大矣哉！

甲者，生意含于中；坼者，生意達于外。

《象》曰：雷雨作，解；君子以赦過宥罪。

震之象爲雷，坎之象爲雨，震坎合體，是雷雨交作也。雷雨交作，雷以動之，雨以潤之，萬物之勾者萌、甲者坼，爲解之象，故其卦爲《解》。君子以之，有過者赦之而不問，有罪者宥之而從輕，而民之鬱者舒、困者通，亦猶天地之解萬物也。過是小過，出于無心，故赦之，今詔書云"盡行赦除"是也；罪是重罪者，宥而從輕，今之"兩京熱審、差官審録，有減等之恩"是也。

初六，无咎。

天下之難既散，初六以柔在下，則能安静而不生事以自疲。上有九四正應，則能主事，足爲吾倚仗以自安。但見上善作而下善守，政令無紛更之失，斯民戴寧一之治，何咎之有？占者如是，則无咎矣。"无咎"是占，象在占中。

《象》曰：剛柔之際，義无咎也。

天下之難既解，初六與九四以剛柔相交際。初之柔既足爲彼之承順，四之剛又足爲此之倚仗。彼此相承，何事不濟？故于義當得无咎也。

九二，田獲三狐，得黄矢，貞吉。

卦凡四陰，除六五一爻是君位，其餘三陰便是三箇陰柔邪媚之小人，故云"三狐之象"。夫邪正不兩立，邪媚不去，則中直不得進。九二當解之時而能解之，則三箇邪媚俱去，而正直之君子並進矣，故其象爲"田獵而獲三狐，得黄矢"也。然必己正而後可以正人，自爲邪行，欲去小人之邪，難矣！故占者必所行合于道義之正而固守焉，則一正可以服千邪，然後邪媚可去，而中直可得矣，吉之道也。

《蒙引》曰："'貞吉'二字是占,'田獲三狐,得黄矢',自是二之貞也。占者能守其正,則無不吉矣。卜田固吉,去邪媚亦吉也。"

此爻《本義》既曰"大抵卜田之吉占,亦爲去邪媚而得中直之象",以卜田爲先,去邪媚爲後,曰"大抵"、曰"亦",又皆未定之説,難以命題,今亦姑依《本義》爲之説,欲求一定之説,未也。

《象》曰:九二"貞吉",得中道也。

得中道,不是得中直,尚在得中直之前。言九二去邪媚,得中直,能貞而吉者,由其居下體之中,得中道也。已得中道,然後己正而物可正。

六三,負且乘,致寇至,貞吝。

六三陰柔,居下之上則不中,以陰居陽則不正,以是而居下之上是無才德而竊據高位者也。處非其位,終必失之,故其象爲"負且乘,致寇至"。雖云"得之以正而非詭道",然其德不稱,畢竟可羞,故其占爲"貞吝"。"避而可免",此朱子教人之意也,在三恐未必能然。

"負且乘",言肩負之人而且乘車也,故《大傳》曰:"小人而乘君子之器。"

《象》曰:"負且乘",亦可醜也;自我致戎,又誰咎也?

此夫子以義言之,爻辭未有此意,《需》九二"自我致寇,敬慎不敗"亦是此意。

九四,解而拇,朋至斯孚。

四與初相應,初則以陰居陽,四則以陽居陰,而皆不得其位,是其相應不以正者也。但四陽初陰,其類不同,四終是善類,初非其類也。道不同,是初固所當解,而四亦庶幾其能解之矣。故聖人戒之曰:"若能解去乎初,則同德之朋至而相信矣。”此爻取義是不可曉。初與四應,則取其剛柔際而得無咎;四與初應,則爲不善而能解之。他卦初四相應亦未有爲不善者,此獨爲不善,何耶? 愚意四居近五,乃大臣之位,大臣之義無私交。四位大臣,與初相應,而皆不正,有私交之嫌,故聖人因而致戒。蓋教人散私黨而上結于君者歟?

《象》曰:“解而拇”,未當位也。

《蒙引》曰:“未當位,兼初與四。所謂‘皆不得其位而相應’者也,故在四之陽,當解初之陰。”

六五,君子維有解,吉,有孚于小人。

五當君位,乃與三陰同類,則蠱心志,蔽主聰,妨正害治,無所不至,奚可哉? 故占此爻之君子維能解而去之,則社稷生靈之福也,何吉如之! 然君子之解,將何以驗之? 驗諸小人之退而已,小人若退,則吾能爲解也。若曰“吾欲去小人”,而小人尚在側,則實未嘗解也。蓋庸君世主,因有外迫公議必欲去小人而内牽私愛,姑飾辭以掩天下之耳目者,故聖人如此立言,其旨深矣。

六五本與三陰同類,未必其能解也。聖人爲社稷生靈計,故如此開導之爾。九四“解而拇”,意亦如此。

《象》曰:君子有解,小人退也。

言“君子有解”,以小人之退爲驗也,《象傳》之意與爻辭同。

上六,公用射隼于高墉之上,獲之,无不利。

上六以一陰居一卦之上,是小人而居高位,若隼之在高墉之上也。王公得此必射而獲之,則子孫黎民均蒙其利矣,故曰“无不利”。

《象》曰:“公用射隼”,以解悖也。

小人妨政害治,故謂之“悖”。

䷨ 兑下艮上

損：有孚，元吉，无咎，可貞，利有攸往。

下卦本《乾》，上卦本《坤》，今《乾》之上畫變陰，《坤》之上畫變陽，是損下卦上畫之陽，益上卦上畫之陰也。此是聖人名卦時，看得有此象，非真《乾》上畫陽變陰，《坤》上畫陰變陽也。

“損兑澤之深，益艮山之高。”《程傳》有二義：“氣通上潤”是一義，“深下以增高”是一義。澤在山下，其氣上通，潤及萬物百木，固損兑澤之深，益艮山之高也。下深則上益高，下面只管深去，上面只管高起來，亦損兑澤之深，益艮山之高也。

“損下益上”，以上下言；“損内益外”，以内外言。“剥民奉君之象”，總承上四句。

“有孚”，信實也，謂損其所當損而不妄也。蓋國家或不幸天災流行，饑饉洊臻，或兼之師旅之興，取民常數之内有不足用，其勢不得不于常數之外取諸民以自益，是損所當損而不妄，乃有孚也。若非天災流行，師旅之興，或營作土木，或窮兵黷武，以致倉廩空虚，乃于常數之外，立名色以取諸民，則不當損[而損]，其損也妄，非有孚也。

何謂損所當損？后非民不食，民非后罔克胥匡以生。上不足用，義當取之于民，民見上之不足，義當供給之，故爲當損也。損所當損而不妄，則民知上之取于下也，非得已，咸樂供輸而事易濟，故爲大善之吉也。若妄損于民，民不樂輸，嚴刑峻法以促之，或生意外之變，如吕秦驅民築阿房，隨煬驅民伐遼，不惟不足以濟事而反害事矣，其得爲元吉乎？

損所當損而不妄，則揆之于理而無虧，求之于心而無愧，上無悖入之貨，民無非上之心，何咎之有？若妄損于民，揆之于理則有虧，反之于心則有愧，上有悖入之貨，民有非上之心矣，其能免咎乎？

損下本非常法，權時用之則可；守以爲常法，不可也。損有孚而元吉无咎，則不但權時可用，雖常用之可也，故曰“可貞”，言可守以爲常法也。故國家不幸遇有此事，則此法可用也。

損本拂人情之事，行之未免傷民，君德治道皆有所損，本不利于有往也。損有孚而元吉无咎，則不傷民，不累德，不害治，决然可行，故曰“利有攸往”。

“元吉”要看得與“利有攸往”不相犯，方是。

“元吉，无咎”，本于“有孚”。“可貞，有攸往”，又本于“元吉，无咎”。

曷之用？二簋可用享。

既言損下之道，復言自損之道以終義，蓋既以乏用而損于民，必當損己而儉于用；不然，則用于己也易竭，取于民也不可繼。若又從而取之，所謂“有孚”者，將轉爲妄；所謂“元吉，无咎，可貞，利有攸往”者，俱不可得矣。故言“有孚”，須説到此，其義始備，言損而有孚，故有四者之應矣。然取之于民，既非得已，用之于己也，又可已而不已，殆非處損之道也。當損之時，將如何其爲用哉？雖二簋之薄亦可用以享焉。夫祭祀宜豐不宜嗇，鬼神無常享，享于克誠。當損之時，財用不充，欲備物致豐以祭鬼神，則不可得。苟積其誠意，則雖二簋之薄，以致享鬼神，鬼神鑒其誠而略其物，亦從而享之矣。夫祭祀猶在所損，其他用費在所損也，無疑矣。若用度無節，用之不繼，不免復取諸民，民財有限而己之用恒見其不充，上下俱困，而國非其國矣，其可乎？

《彖》曰：損，損下益上，其道上行。

“損下益上”，下損則上亦損，故曰“其道上行”。道者，損之道也，如此方“道”字説得去。《程傳》、小註、《蒙引》俱作“利歸于上”説。愚謂卦以損下取名，所重不在于利，又難以道爲利，故不用其説。

損而有孚，元吉，无咎，可貞，利有攸往。

只添一“而”字而其義自明，聖人之筆也。

曷之用？二簋可用享。二簋應有時，損剛益柔有時。損益盈虚，與時偕行。

夫子恐人泥"二簋可用享"之辭而失之固也，故解之曰：祭祀貴豐，"曷之用，二簋可用享"，何哉？蓋凡物皆有其時，當損之時，財用不足，凡百用費皆當减省，鬼神之祀亦從與殺焉，是二簋之享應有其時爾，非謂尋常皆可用也。且以卦言之，剛豈在所損？柔豈在所益？今而損剛益柔，亦以其時爾。又以造化人物言之，其日消月蝕者損也，日升月長者益也。益之不已而至于極者，盈也；損之不已而至于盡者，虚也。損益盈虚，一與時偕行爾。時之未至，不能先；時之既至，不能後，皆不能于時而獨違也。然則二簋之用享，亦時焉而已，使非其時，寧可損乎？

《象》曰：山下有澤，損；君子以懲忿窒欲。

忿，怒也；懲，治也。人情易發而難制者，惟怒爲甚，故遇忿心之發，須有以治之，使其不發。欲，人欲也；窒，塞也。欲生于心，易熾而難止，故遇人欲之發，須有以塞之，使其不流。懲忿如止火，窒欲如止水。

明道《定性書》曰："第能于怒時遽忘其怒，而觀理之是非。"朱子曰："忘怒則公，觀理則順。"此懲忿工夫。

窒欲工夫，不過省察克治人心隱微之間，動而未形之際，天理固當發見，人欲亦萌乎其間矣，故于是加察焉。但是人欲則窒塞之，不使其充長，《大學》、《中庸》之謹獨者，窒欲之事也。

初九，已事遄往，无咎，酌損之。

初九當損下益上之時，上應六四之陰，憫其陰柔之疾，輟所爲之事，而速往以應之，此其意急于濟君而不遑顧其私者也，于義得矣，故无咎。然居下而益上，上下之交尚淺，而君上之事无窮，在初濟君之志雖急，亦當酌其淺深之宜以益之，則其爲有漸，其言可入，而其功易成。若不量淺深，相與之初，盡舉其平生之所有者以益其君，如漢賈誼見文帝就爲之痛哭流涕，舉平生所見盡以獻之，不惟一時君父不能盡用，向後亦無得説矣，豈非不能酌損而無繼者乎？

此爻如廣文難繼及《蒙引》“有限無窮”之説，則“已事遄往”，似以利言，如舊時卜式助邊之説。以愚鄙見，焉有臣下有財可助國而責其長久者，其説不通，亦不待辨矣。如不以利言，則下之力有限，上之需無窮，又説不去。故愚爲此説，雖人之所未聞，而于理有可通者，因書之以俟知者評焉。

《象》曰：“已事遄往”，尚合志也。

上應六四，其志與之相合也。

九二，利貞，征凶，弗損益之。

九二，在爻則爲剛中，在人事則爲志在自守，不肯妄進。志在自守不肯妄進，九二之貞也，故占者利于守貞，若征行則是變其所守而得凶矣。夫自守而不妄進，宜若無益于上矣。然由是而啟時君尊德樂道之心，止士大夫奔競之習，其益于上也不少，是弗損乃所以益之也。桐江一絲，繫漢九鼎，清風高節，披拂士習，可當此爻之義。

《象》曰：九二“利貞”，中以爲志也。

此解利貞自守而不妄進，二之中也，而二以是爲志，所以爲利貞。總是《本義》“志在自守，不肯妄進”意。

六三，三人行，則損一人；一人行，則得其友。

下體本乾，乾三陽也；上體本坤，坤三陰也。如此則所謂“三”，則雜而亂，不得爲兩相與矣。惟乾之一陽上往，坤之一陰下來，則初與二兩相與，四與五兩相與，三與上兩相與，不至雜而亂矣。初二、四五，以相比而相與也；三與上九相去隔越，以相應而相與也。“三人行，則損一人；一人行，則得其友”二句緊緊相接説，言三人行則損去一人，一人既損去則得其友矣，此純是象，占者必當致一也。

此爻之辭兼舉六爻，以三正是當損之爻，乃卦之所以爲損者，故于此言之。

《象》曰："一人行"，三則疑也。

只舉"一人行"而"得其友"兼舉之矣，即《本義》"雜而亂"意。三則疑，所以必損一人也。

六四，損其疾，使遄有喜，无咎。

六四陰柔无位，是其疾也。下應初九之陽剛，則是箇賢者，資之切磨箴規以自益，而損其陰柔之疾，以友輔仁，從善克己之道也。然救過之道，當如救焚拯溺，若因循怠惰，終不能矯偏而歸之正。必也晝而有爲，夜而計過，孜孜汲汲，敏速以爲之，則雖柔必强，疾可去而有喜矣。占者能如是，則亦可以有喜而无咎。

《象》曰："損其疾"，亦可喜也。

損其疾，則其疾可瘳矣，故可喜也。

六五，或益之十朋之龜，弗克違，元吉。

柔順，堯之克讓，舜之温恭，文王之徽柔懿恭也。虛中，小心翼翼，不自滿假，文王望道如未見之心也。以是而居尊位，則履帝位而不疚。凡有血氣，莫不尊親者矣。當損下益上之時，或遇水旱凶荒，或有兵革之事，不得已取之于民，將見民皆樂于供輸，争出財以給公上之需，惟恐上之不受，雖欲違之，有不可得而違者焉，故其象爲"或益之十朋之龜，弗克違"。"或"者，衆無定主之辭，言人人皆益之，不知其所自來也，六五如是，大善之吉也。占者有柔順虛中之君德，亦當受天下之益而元吉矣。

《本義》既曰"當損之時，受天下之益"，便是惟正之供之外者。《蒙引》以"任土作貢"爲説，恐未是。蓋若非柔順虛中之君，正賦之供亦不可已，故難從。

"十朋之龜"，龜之直十朋也。兩貝爲朋，十朋爲二十貝；朋直二百一十六，十朋直二千一百六十。古人有三寶，爲：天用莫如龍，地用莫如馬，人用莫如龜。故以龜爲寶，蓋用之占卜也。此名元龜，天子所用，又有公龜、侯龜、子龜等，此諸侯以下用之也。

《象》曰：六五"元吉"，自上祐也。

六五元吉，受天下之益者也，所以然者，由其行合于天，自天祐之也。蓋天視自我民視，天聽自我民聽，五之得人者，天也。

上九，弗損益之，无咎，貞吉，利有攸往，得臣无家。

上九居卦之首，受益之極，始則損人以自益，終則自損以益人，蓋報施之道也。然居上而益下，必損己之財以益人，則天下之人欲得益者何限？亦不能給矣。惟夫弗損諸己而益之，則其出無窮，于人有濟，可以塞益人之責而无咎也。然弗損之益，亦或有不正者，如梁惠王所移特民間之粟，漢桓帝令民鑄錢以賑錢，宋王安石散青苗錢之類，如是則雖云"惠而不費"，然于民不見實惠，君人之德所損亦多矣，何由能吉？故必講求善道，必于己不損，于民有濟，而于君德無傷，乃得吉而利有攸往。如漢文帝當富庶之後，屢下蠲租之詔，我太祖既定天下，以應天等府及山東、河南各省頻年供給之勞，屢蠲田租，可謂弗損之益而得其正者矣。

"得臣无家"，謂人心歸服，無遠近内外之限也，以惠而不費故也。惠而不費，則其惠廣矣，故有此效。

"貞吉，利有攸往"與卦辭"元吉，利有攸往"一般，可以參看。

《象》曰："弗損益之"，大得志也。

只曰"弗損益之"一句，下文"貞吉，利有攸往，得臣无家"兼舉之矣。如《比》九五、《泰》九二《象傳》一例。言"弗損益之"，"貞吉，利有攸往，得臣无家"，則人君之志于是乎大得矣。或以《孟子》"其道大行，無一夫不被其澤，君子樂之"爲説，似稍差。

䷩ 震下巽上

益：利有攸往，利涉大川。

損上卦初畫之陽，益下卦初畫之陰，重在損上益下。上自上卦而下于下卦之下，重在下下。上申言其損上益下，實自上卦而下于下卦之下，謂其益之究于下，无所不利也，故曰"自上下下，其道大光"。

損上益下，自上下下，下益則上亦益矣，故其卦爲《益》。《蒙引》曰："損則上下通一損也，益則上下通一益也。要之關于上者爲多。"

當益之時，无所不益，又卦之九五、六二皆得中正，下震上巽，皆木之象，是以其占"利有攸往，利涉大川"。利有攸往，凡事之益也；利涉大川，一事之益也。損上益下，亦不是常事，在上安得有許多財物可以益下，故"利有攸往，利涉大川"，俱泛説爲是。

《彖》曰：益，損上益下，民説无疆；自上下下，其道大光。

以卦體釋卦名義，損上卦初畫之陽，益下卦初畫之陰，在人事是損上以益下也。損上以益下，下之受益者，感其惠而説无疆矣。且其所以益下者，實自上卦而下于下卦之下，是其澤无不周徧，海隅蒼生，罔弗丕冒也，如是則其道大光矣。下二句申上二句，皆見其卦所以爲《益》也。

"損上益下"，看來與《損》上九一般，皆在制民常産之外，如山林川澤之利，捐以予民，蠲民田租之類；不然，説不得"損上"。《蒙引》："損上益下，是人君薄于自奉，專務富民意。"然薄于自奉，只是不傷府庫之財，而下之供自有，惟正之常數，分毫不得減少者，安見得能益下，而制民常産，又不見自損。故愚作制民常産外之説，不爲无見。

"利有攸往"，中正有慶。

以卦體言，卦之九五在上體之中，以陽爻居陽位而得其正；六二在下體之中，以陰爻居陰位而得其正，是中正也。惟其中正，故有爲有行，无往不利。

“利涉大川”，木道乃行。

此卦之象，下震之象爲木，上巽之象亦爲木，皆木道也，是爲舟楫之象，故利涉大川。

益動而巽，日進无疆；

動，進、爲也；巽，入也。動而巽，是有所進爲而潛心懇到以入之，必當于理而後已，如是則理爲吾得，日增月益而不可量矣！故日進無疆。

巽，順以入之也。不順則不能入，入則無不順者，順以入，乃巽也。順不足言巽，“入”字重。

“日進无疆”，人事之益也。

天施地生，其益无方。

以卦體言，損上卦初畫之陽，益下卦初畫之陰，天之施也；以下卦初畫之陰，受上卦初畫之陽，地之生也。天施地生，舉萬物而並育之，其益无方也。

凡益之道，與時偕行。

益動而巽，時當得益也，則日進无疆矣；天施地生，時當得益也，則其益无方矣。以此推之，凡一切益道，咸與時偕行，大而造化，小而人事，凡時當得益者，无不益也。

《象》曰：風雷，益；君子以見善則遷，有過則改。

尋常風多有无雷者，雷多有无風者，自有風雷相益之風雷，不是雷之風也。

見善則遷，未必有過也，特見彼之善有勝于此，則遷徙而從之爾。有過則是有過失了，直須更改也。見善則遷，是未甚善者徙而甚善也；有過則改，是有不善改而善也。《朱子語録》曰:“遷善如滲淡之物要使之白,改過如黑物要使之白,用力自是不同。”

遷善則可以盡天下之善,有過能改則无過矣。益于人者,莫大于是。速于遷善則過當益寡,速于改過則善當益純,而其交相助益,亦猶風雷之交相益也。

初九,利用爲大作,元吉,无咎。

此爻極難看。若以受禄于君爲受上之益,則抱關擊柝皆有常職以食于上,如何教人利用大作?必是常禄之外有受上之賜,若魏徵之受金甕、受絹帛于太宗之類。然大事亦必上之人付託之,方可有爲。若无上之人付託,則非其分之所當爲,亦豈能越分以有爲?意是以事關國家生民大利病者,建白于上,若漢賈誼《治安策》之類。但其一見君父之初,就爲人痛哭流涕,又舉其生平所爲而盡陳之,未免不量淺深之失,以致絳、灌之徒不悦而生讒謗,其事遂爲所阻,是未能元吉,故不免于有咎也。

《象》曰:“元吉无咎”,下不厚事也。

此是發明“元吉无咎”之意。蓋居下而任厚事,已有越分之嫌,而所作又不善,其咎大矣,故必其所大作者大善而吉,然後其咎可免爾。

六二,或益之十朋之龜,弗克違,永貞吉。王用享于帝,吉。

六二虚中不自滿假,處下則卑以自牧而不矜高,皆臣德之極其盛者也。若禹之“不矜不伐”,周公之“公孫碩膚”是已。惟有是德,故名位寵禄群然而並至,多福畢集,百禄是遒,有“或益之十朋之龜”之象。然爻位皆陰而不足于陽剛,恐不能固守,故占者必固守其虚中處下之德而永貞焉,則能受上益而吉矣。然六二以下受上益者,若在王者則上帝又在上,王者又爲下矣,故王者占之,若有虚中之德,用之以享于帝,則實受其福而吉也。

“或”者,不知何人之辭,言人皆得益之,不知其所自來也。

《象》曰:"或益之",自外來也。

曰"或益之十朋之龜",是益之者衆,不但十朋之龜;曰"十朋之龜"是就中偶舉一件言也。《本義》曰:"'或'者,衆无定主之辭。"正是釋"自外來"之旨。言六二"或益之十朋之龜",益之者衆,莫可定主是何物,是皆自意料之外而來也。

《蒙引》曰:"《本義》云'或者,衆无定主之辭',蓋帶'十朋之龜'而取象之辭爾。"若受上之益,安得有許多人衆耶?竊謂此説未得《本義》之旨。

六三,益之用凶事,无咎。有孚中行,告公用圭。

六三陰柔則才弱,不中正則德劣,本不當得益。然當益之時,概當得益。而居下之上,又立乎多凶多懼之地者,以是故亦有以益之。然以是才德而居是位,故不益之以好事,而益之以凶事。蓋雖益之而以凶事,雖凶事而實益之也。蓋投之險阻艱難之中,置之利害憂患之途,使之勞筋苦骨,困心衡慮,于以動其心而忍其性,成其德而達其才也。爻辭如此,占者得之而受上凶事之益也,則可以動心忍性,增益其所不能而无咎矣。然此豈易能哉?蓋上之益我以凶事者,責望之意有在也。三之所以應上責望之意者,當如何哉?必也存諸心者,至誠无妄,而外之所行者,皆合于中道,則能動心忍性,增益不能,而不負上所以責望于吾之意,而告公用圭矣。"益用凶事"是象,"无咎"是占,"有孚中行"以下乃爲之計也。

《蒙引》可看。

《象》曰:益用凶事,固有之也。

"固有",言固守其本心之德。蓋秉彝之德,乃人之所自有,或不能不因物而遷,益用凶事,乃所以動心忍性,固有其德也。

六四,中行告公從,利用爲依遷國。

以益下爲心而合于中行,其所以益下者合于中道也,如是則真足以利民矣,故告于公而公從之。

“告公從”，上之人信之也；“利用爲依遷國”，下之人信之也，皆以益下，中行故也。

四居大臣之位者也，大臣能以益下爲心，則凡獻納陳謀于君，爲君者必諒其志在于爲國爲民而无不信從者矣，雖用爲依以遷國亦利也。蓋國者，宗廟社稷之所在，百官萬民之所居，一欲改遷，許多動摇，其利害所關不少，宜乎不可遷矣！苟于民物有利，則雖用之爲依遷國，民亦信之矣，是无不利也。盤庚遷殷以避水患，太王遷邠以避狄人，從之者如歸市矣，何不利之有？

古者遷國必有所依，如周、秦、漢依山河之險，遷都關中是也；亦有依大國者，如晉、鄭之依周，邢之依晉是也。

《象》曰：“告公從”，以益志也。

四告于公而公從之者，由其志在于益下也。夫苟其志在于益下，則圖事揆策而君必用其言，陳見悃誠而上必然其信，未信而諫，則人未免以爲病己也。

九五，有孚惠心，勿問元吉：有孚惠我德。

“惠心”，上惠下之心也；“惠我德”，下以上之德爲惠也。上“惠”字死，下“惠”字活，而皆有孚焉。上以誠感，下亦以誠應也。

九五以陽剛中正居尊位，而當益下之時，是有誠實惠下之心也，占者勿問而元吉可知矣，蓋下之人必誠實惠我之德也。

《象》曰：“有孚惠心”，勿問之矣；“惠我德”，大得志也。

《程傳》曰：“人君有至誠惠益天下之心，其元吉不假言也，故曰‘勿問之’矣。天下至誠，懷吾德以爲惠，是其道大行，人君之志得矣。”

上九，莫益之，或擊之。立心勿恒，凶。

陽性務進，居益之極，求益不已，貪心無厭，終必爲人所賤，故有“莫益之，或擊之”之象。求益不已，正立心勿恒者，故占者立心勿恒，則凶，即是“莫益之，或擊之”也。

《象》曰：“莫益之”，偏辭也；“或擊之”，自外來也。

求益不已，豈特莫益之而已哉？其莫益之者，猶從其求益之偏辭而言也。若究而言之，則又有擊之者矣，豈但莫益之而已哉？

䷪ 乾下兑上

夬：揚于王庭，孚號有厲。告自邑，不利即戎。利有攸往。

夬，决也。决者，必然之辭，不止于去，言去之决也。以五陽之盛而去一陰之微，决然是去之不遺餘力矣，故曰“决之而已”。以盛陽而去衰陰，其必勝者勢也。聖人繫辭，拳拳于决之之道者，理不可忽而勢不可恃也。卦辭五句當作五項説。

“揚于王庭”，正名其罪也。原來君子之去小人，必正名其罪者，豈徒欲情真罪當，使欲無辭而心服哉？實欲暴揚其罪于天下，使奸人無所掩其惡，無所逃其罪爾。如唐高祖代隋煬，後世猶恨不正其弑父之罪；唐中宗去武后，後世猶恨不正其革唐之罪，是豈慮無以服其心哉？正爲罪大惡極，無以暴揚于天下爾。蘇軾作《貶吕惠卿制詞》曰“惠卿以斗筲之才，穿窬之知，首建青苗，次行助役。均輸之政，自同商賈。手實之禍，下及鷄豚”云云，天下傳誦稱快，正得“揚于王庭”之義。

决小人非衆力不克，衆力非孚號不齊，若陳平交歡周勃以誅諸吕，狄仁傑密結五王以去二張，得“孚號”之義也。

君子之防小人也常疎，小人之謀君子也常巧。彼罪雖著，吾力雖齊，若安然自肆以爲無事，而忘危懼之心，未有不生意外之事者。若諸吕得志，陳平燕居深念，陸賈直入坐而平不見，陸生曰：“何念之深也？”平曰：“生揣我何念？”生曰：“足下極富貴無欲矣，不過患諸吕爾。”平曰：“然。”因請教謀諸吕之事。若陳平者可謂能“有厲”者矣。五王既誅二張，薛季昶謂張柬之、敬暉曰：“二凶雖誅，產、禄猶在，去草不除根，終當復生。”二人曰：“大事已定，彼猶机上肉爾，夫何能爲？所誅已多，不可復益也。”季昶歎曰：“吾不知死所矣！”劉幽求謂桓彦範、敬暉曰：“武三思尚存，公輩終無葬地，若不早圖，噬臍無及。”不從，故不久而禍作，是不知聖人“有厲”之義也。

邑是私邑，告自邑，告命自其私邑也。自其私邑告命，所以治私邑也，故曰“先治其私”，只是躬自治耳。唐文宗與李訓、鄭注謀誅宦官，二人相挾，朝多計議，言無不從，聲勢烜赫，於是平生絲恩髮怨無不報者。訓又出注于鳳翔，其實俟既誅宦官，并圖注，其所爲如此，宜其不能誅宦官，反自取滅亡也。唐宦官曰：“南衙文臣，贓動數十萬。謂我曹亂天下，不亦過乎？”是失自治之義，無以服小人之心也。漢張猛、周堪、蕭望之輩，亦是如此。

“不利即戎”，言當有深謀秘計，不可專尚威武也。夫五陽强盛之時，威武其素有也。若無深謀秘計，而專尚威武以勝之，則必不能勝，而適足以取禍。惟不專尚威武而有深沈之思，若漢諸吕爲患，陳平燕居深念，納陸賈之計而結歡平、勃，卒能誅諸吕而成安劉之功，可謂得“不利即戎”之義矣。“利有攸往”，是許其決之也。言有是五者，則可以決矣。蓋以是決小人，小人必無不去也。

《彖》曰：夬，決也，剛決柔也。

分明是以卦體釋卦名義，《本義》不言，不知何故。

健而説，決而和。

《蒙引》曰：“‘健而説’，以德言；‘決而和’，以事言。惟健而説，則決而和矣。”言卦有健而説之德，故見於人事決而和也。然觀《彖傳》解《易》之例，人事就在卦體德中，無有就卦體德上體貼人事如此卦者。依愚見，“健而説”，以卦德言，而人事在其中。“決而和”是贊美之辭，“決”字指卦名，“和”字通指健説。蓋健則有發强剛毅之氣，而無逡巡畏縮之心，其決也，不失之不及；説則有寬緩詳密之爲，而無忿躁急迫之病，其決也，不傷於過。無過不及，而得其中；無所乖戾，而得其和也。周子曰："和也者，中節也。"即此"和"字意。

"揚于王庭"，柔乘五剛也。

以一小人加於衆君子之上，匪德而據高位也，故爲小人之罪而當揚于王庭，不知《本義》爲何不取此義。

"孚號有厲"，其危乃光也。

"其危乃光"，危者使平也，解"有厲"意，"孚號"帶言。

"告自邑，不利即戎"，所尚乃窮也。

謂尚威武乃困窮也，故不利即戎。

"利有攸往"，剛長乃終也。

此卦五剛一柔，剛復長去則柔盡去而爲純《乾》矣。此見小人有垂盡之勢，攸往之所以利也。

《象》曰：澤上于天，夬；君子以施禄及下，居德則忌。

"澤上于天"，豈有是理，只是雨澤之氣積於上，則下決爲雨爾。雨澤之氣上積於天，其勢必下沛，決之象也，故其卦爲《夬》。施禄及於下，猶澤上於天而潰決也，此君子體《易》之事也。若居其德惠而不流及於下，則非潰決之意矣，故忌。

《本義》"未詳"。《蒙引》曰"大象傳例無反辭"，此卦之象辭有反戒，故曰"未詳"；不然，義至明也，何未詳之有？

初九，壯于前趾，往不勝爲咎。

壯于前趾，兼當決之時、居下、任壯三意。蓋當決之時，志鋭於決者。趾，在下而進動之物，初居下，當趾之處，則有趾之象。居下本欲上進，又以陽居之，則益鋭于進，是爲任壯也，故爲“壯于前趾”之象。居下而壯于進，勢既有所不足，而事又有未善，其不勝也宜矣。君子之去小人，事成則以爲功，不成則禍及身，而國亦隨之，適足以爲禍而已。若杜喬、李固之於漢，李訓、鄭注之於唐是也。初之不勝，不足哀其志之不就直，當咎其事之不臧也，故曰“往不勝爲咎”。《蒙引》曰：“其不勝者，自爲不勝也，故曰‘爲咎’。”

《象》曰：不勝而往，咎也。

初九居下而任壯，其勢不可勝也。勢不可勝，乃往而不顧，直是可咎。知時識勢，君子所尚，見險而止，是乃爲知。不勝而往，咎將誰諉。

九二，惕號，莫夜有戎，勿恤。

九二剛而居柔，不過乎剛也，況又得中道，故能内懷兢惕，外嚴號呼，以自戒備，有備無患。故雖暮夜之間，卒有兵戎之變，亦自有防禦之道，不必恤傾危之患矣。

惕，心懼也；號，事懼也；暮夜，意外之禍也。心懼事懼，雖有意外之禍，亦可无患，有備故也。

《象》曰：“有戎勿恤”，得中道也。

凡自防之疎者，良由中道之有疚，遇事而不能酌其宜爾。今九二居下體之中，得乎中道也。得中道，故不任壯而戒備，故雖有戎亦可勿恤也。

《本義》只用《象傳》“得中”一意。

九三，壯于頄，有凶。君子夬夬獨行，遇雨若濡，有慍，无咎。

九三當決之時，則其勢有所恃；以剛則其資足以挺；過乎中，則所以用剛者又不得其當，是欲決小人而剛壯見于面目也。夫小人之傾險無所不至，君子無深長之思，而徒挺剛忿之氣，將見吾未能有加于彼，而彼先有加于吾矣，凶之道也，故其占"凶"。要之，君子何必然哉？顧其本心何如爾。本心果是要去小人，則雖與之合，如獨行遇雨至于若濡，而爲君子所愠，終必能决去小人而无咎也。

"壯于頄"，九三也；"遇雨若濡"，亦九三也，胡一爻而兩象邪？蓋九三本與上六爲應，然其性體之剛，則能果决其决，而不牵于私者也，但其决之過于暴爾。聖人以其過于暴也，故爲之危曰"壯于頄，凶"；以其不牵私愛，故爲之謀曰"君子夬夬獨行，遇雨若濡，有愠，无咎"。

《象》曰："君子夬夬"，終无咎也。

曰"終无咎"，則知暫時不免有咎也，所謂"遇雨若濡，有愠"是也，説者當有此意。

九四，臀无膚，其行次且。牵羊悔亡，聞言不信。

九四以陽居陰，不足于剛也。不中不正，才與德俱劣也。惟其如是，故其心不能自静，其才不足有爲也。惟其心不能自静也，故居則不安，必與衆陽俱進而爲"臀无膚"。惟其才不足有爲也，故雖與衆陽競進而竟不能遂其進，故爲"其行次且"。爲九四計者，當何如哉？若能自知自屈，以己不足有爲也，不與衆陽競進而安出其後。凡其出謀吐慮，一一聽從于人，吾在君子黨中，惟因人成事爾，如是則能遂其進而悔亡矣。然以四如是之性行，而當如是之時勢，肯但已乎？故雖聞"牵羊悔亡"之言，而亦不必信也。《蒙引》曰："'臀无膚，其行次且'，危之之辭也；'牵羊悔亡'，教之之辭也；'聞言不信'，所以激厲之使必信也。"

《象》曰："其行次且"，位不當也。

以陽居陰，位不當也。

“聞言不信”，聰不明也。

剛則明，柔則暗。居柔則暗而聰不明，是以聞言不信也。

九五，莧陸夬夬，中行无咎。

九五當决之時，爲决之主而切近上六之陰，其入于小人也深矣，故有“莧陸”之象。蓋莧陸感陰氣之多者，五既入小人之深，其勢似難于决者。然爲决之主，其義不可不决，而五爲陽爻，又庶幾其能决者，故聖人教之曰：“占者若决，而决之不爲過暴而合于中行，則小人可去而无咎矣。”夫决，志之堅也。中行，事之善也。不壯于趾，不壯于頄，中行之理也。

《象》曰：“中行无咎”，中未光也。

此夫子誅心之論也。五，心有所比，以義之不可而决之，雖行于外，不失中正之義而无咎，然于中道未爲光大也。宋神宗以人言而罷王安石，是中未光也，故不久復用。

上六，无號，終有凶。

自一陽之復，此時陰已漸消。積至五陽之夬，則衆陰之消已盡，僅有一陰而无復有黨類矣，故曰“黨類已盡”。夫以五陽之盛而决一陰，其勢豈能存？故終有凶，而《象傳》曰“不可長也”。

《象》曰：无號之凶，終不可長也。

䷫ 巽下乾上

姤：女壯，勿用取女。

姤之義，遇也；遇之義，不期而遇也。此卦一陰之生，本非所望，而卒然值之，是不期而遇也，故其卦爲《姤》。《春秋》隱公四年夏，公及宋公遇于清，胡

《傳》曰:“遇者,草次之期。古有遇禮,不期而會,以明造次亦有恭肅之心。”觀此,則遇之義得矣。

自五陽決一陰,決盡而爲純《乾》之卦,方喜小人之盡去,君子之滿朝也。而一陰忽然生于積陽之下,實出于意料之外者,故曰“本非所望而卒然值之”。

一陽復生于下,其卦爲《復》;一陰復生于下,其卦爲《姤》。陰陽之復同而名卦不同,何也?復者,復其舊也,有喜幸之意;姤者,不期而遇也,有憂駭之意。陽復則喜,陰復則憂,聖人之情見矣。

《本義》云:“遇已非正,又以一陰而遇五陽。”是兩意,看“已”字可見,然皆自“姤”字内取。“女德不貞而壯之甚”,本是承上兩句説。《本義》曰“壯之甚”,實自下句而生。蓋遇已非正,固可見女之壯矣;又以一陰而遇五陽,則女德不貞而壯之甚也。

夫《姤》之象爲遇,是不期而遇也。不期而遇,是非六禮所聘,所[謂]“鑽穴隙相窺、踰牆相從”者,故爲不正。遇已非正,況又以一陰而遇五陽,則女德不貞而壯之甚也,故其象爲“女壯”。若是娶以自配,必害乎陽,故其占“勿用取女”。

誠齋楊氏曰:“陰陽之相爲消長,如循環然。《剥》者,陽之消,然《剥》極爲《復》,不旋踵而一陽生;《夬》者,陰之消,然《夬》極爲《姤》,不旋踵而一陰生。”邵子曰:“《復》次《剥》,明治生於亂乎?《姤》次《夬》,明亂生於治乎?時哉,時哉!未有《剥》而不《復》、《夬》而不《姤》者。防乎其防,邦家其長,子孫其昌。是以聖人貴未然之防,是謂《易》之大綱。”

《彖》曰:姤,遇也,柔遇剛也。

本以卦體釋卦名。《本義》不言者,亦以此類《易》中言之已詳,故止曰“釋卦名”,而卦體之義自見爾。依《本義》,是陽遇陰;依《彖傳》,是陰遇陽。《彖傳》乃《本義》以“一陰而遇五陽”意,蓋《彖傳》是爲下文“勿用取女,不可與長”而設也。

“勿用取女”，不可與長也。

取女，將與成家，爲長久之計也。此卦之象爲“女壯”，取以自配必害乎陽矣，何可與爲長久哉？故曰“勿用取女”。

天地相遇，品物咸章也；

此是就陰陽相遇上取象，不重在一與五上。

言此卦之體，以五陽而遇一陰，以一陰而遇五陽，則是天氣下降以交於地，地氣上騰以交於天，天地相遇也。天地相遇，則乾元資始，坤元資生，萬物出乎震，齊乎巽，相見乎離，形形色色，咸章著而不可掩矣。

名卦爲《姤》，以淑慝之陰陽言。天地相遇，以不可相無之陰陽言。

剛遇中正，天下大行也。

“剛”以德言，“中正”以位言，亦是卦體。

又以卦體言之，以九之陽畫居五之陽位，九爲剛，五在上體之中，以陽居陽爲正，是剛遇中正也。剛遇中正，所謂聖人在天子之位也。由是舉三重之道，興禮樂之教，禮樂刑政，四達不悖，天下車同軌，書同文，行同倫矣，是其道大行于天下也。《姤》本是不好卦，曰“天地相遇，剛遇中正”，是就不好中取箇好處説，與《睽》《彖傳》“天地睽而其事同”同旨。

姤之時義大矣哉！

《本義》云“幾微之際，聖人所謹”，是以《姤》之本義言。依愚見，只是承上文“天地相遇，品物咸章；剛遇中正，天下大行”而歎其時義之大，與“睽之時用大矣哉”同意。但朱子既爲此説，誰敢更作主張？姑記之以俟後聖爾。

《象》曰：天下有風，姤；后以施命誥四方。

風行天下，無物不遇，后以施命誥四方，無人不遇，是亦人君之風行也。只是命與民相遇，如風與物遇相類，不必用中溪“君臣之心相遇”意。

初六，繫于金柅，貞吉。有攸往，見凶，羸豕孚蹢躅。

初六一陰始生於下，其終必盛，其勢可畏，故聖人因爲之戒曰：若能堅於自止，而不進以害于陽，如繫其車以金柅然，如是而正則吉。若有攸往以害乎陽，則必立見其凶。蓋自古小人害君子未有能獨存者，況五陽之盛，在初六未必勝之，故聖人豫爲之戒，雖爲君子謀，亦所以爲小人謀也。然初陰在下而方進，其勢必不可止，如羸弱之豕必蹢躅而進，剥牀之災只在于目下。爲君子者，宜深爲之備，不可以其微而忽之也。《程傳》"繫于金柅"作"君子止小人"説，未是，還依《本義》爲是。

《象》曰："繫于金柅"，柔道牽也。

言所以繫于金柅者，以柔道方進也，故用金柅以止之。人之進必相牽，故以進爲牽。

九二，包有魚，无咎，不利賓。

魚，陰物也。初，陰爻，故爲魚象。九二位在上，與之相遇，是時初陰之勢尚微，猶在二管轄之中，如包中有魚者。然當此之時，二猶得制之，故曰"制之在己"。若能有以制之，則小人不得肆，君子之福也，故吉。若失此不制，使進而遇衆陽，則受其害者多矣，故曰"不利賓"。丁謂爲寇準拂鬚時，包有魚也，寇準不能制，反從而進之焉，卒之其身自不能保，是昧于"不利賓"之義也。《蒙引》曰："'賓'，謂他人。自主[人]身外，皆爲賓也。"

《象》曰："包有魚"，義不及賓也。

"義"字有味，此夫子之深意也。九二當初陰在其管轄之時，義當制之，不可使反於賓也。此以制陰之責責君子也。

九三，臀无膚，其行次且。厲，无大咎。

九三以陽居陽，是過乎剛，其性暴也。居下之上，是不中，其行偏也。下欲求遇於初，則非相應之位而不得遇；上欲求應於上，則是剛陽之爻而不相應。然惟賢者爲能見幾而知止。據三之爲人，其能知止乎？故居則不能安而必欲進。據三所處之地，豈能得遂其進乎？故雖欲進而不能遂，其居不安也，爲"臀无膚"；其行不進也，爲"其行次且"，占者如此，可謂危矣。然凡得於陰者，往往亦失於陰，故《小畜》之三，卒致"説輻"之虞，而《兑》之九五不免"孚剥"之厲。九三既無所遇，亦無"陰邪"之傷矣。故雖危厲而无大咎。

《象》曰："其行次且"，行未牽也。

此與初六相反。初六曰"柔道牽"，言得進也；此曰"行未牽"，言未得進也。

九四，包无魚，起凶。

初六居下，爲四正應，本我之民也，已遇於二而不及於己，則民心去己而他屬，而己無所有，猶包之无魚也。民心既離，喪亡无日矣。占者如是，凶之所自起也。

《象》曰：无魚之凶，遠民也。

民之去己，由己致之。是非己之遠民，猶己遠之也。

九五，以杞包瓜，含章，有隕自天。

瓜在地上，蔓生之物，故曰"陰物之在下者"。其味甚美，其實最容易潰爛，故曰"甘美而善潰"。此以象初陰，亦有不能久之意。杞之爲木，高大而又堅實，以象九五"陽剛中正，主卦於上"。"主卦於上"，猶杞木之高大也；"陽剛中正"，猶杞木之堅實也。九五不主君位説，爲"含章，有隕自天"説不去，豈有爲君而不能勝小人者耶？《蒙引》謂"是衆君子之領袖"，亦是。

九五"以陽剛中正主卦於上，而下防始生必潰之陰"，其象如"以杞包瓜"，然此其志直欲以力勝之矣。"然陰陽相勝，時運之常"，陰之勝陽者，時也，命也，力能如之何哉？"若能含晦章美，靜以制之"，則陰有時而往，陽有時而復，而有隕自天矣。

“有隕自天”，不期之辭，謂忽然如從天而降下也。以高大堅實之杞而包甘美善潰之瓜，豈有不勝之理？然而必含章者，所謂時也，命也。“東鄰殺牛，不如西鄰之禴祭”，亦時焉而已。

“含章”不是全無所事，是用意周密，不動聲色而自有以消患於方萌也。

《象》曰：九五“含章”，中正也；“有隕自天”，志不舍命也。

以其中正，故能含章；不然，則爲九三之“臀无膚，其行次且”矣。不舍命，順乎天命也，即是含章。其志能順乎天命，故陰有時去而有隕自天。

上九，姤其角，吝，无咎。

姤其角，言其遇以角也。角，剛而在上之物。以角求遇，安能遇哉？故曰“不得其遇”，爲可羞吝。然陰邪之傷，由是可免，故无咎。

《象》曰：“姤其角”，上窮吝也。

言上之象爲“姤其角”，是居姤之上而無所遇，其勢窮促也，故可羞吝。

䷬ 坤下
兑上

萃：亨，王假有廟。利見大人，亨，利貞。用大牲吉，利有攸往。

坤順兑説，我順而從乎彼，彼説而樂乎我，彼此之情聚也。九五剛中，誠實而下交，六二柔中，誠實而上應，上下之情聚也。澤上於地，何謂“萬物萃聚之象”？凡百果草木發榮滋長，皆水澤上行，故能如此。使水澤不上行，則枯死矣。今人伐柯，其樹已斷根，頭在地上，水猶上出，可見“澤上于地”之義。

“王假有廟”，承“萃”字説來，謂萃則可至于廟以享祖考也。其萃者，精神萃也，所謂人必能萃己之精神，然後可至于廟以假祖考也。

“大人”，兼德位説。萬物萃聚，若不得人治之，則散而無統，欲得亨不能也。然無位則威不行，無德則才不足，二者缺一皆不可。大人有德有位，則法立而能行，所以能治萃當萃。而占是卦者，必見大人，然後可以得亨也。

見大人雖可以得亨，然所萃不正，亦非大人之所與也，故必利于正然後可以得亨。萃不以正，則人聚爲苟合，財聚爲悖入，學聚爲僞學，皆非大人之所與也，故不足以致亨。

"利貞"與"利見大人"只是一事，觀《彖傳》合解可見。

祭祀貴誠、貴豐，豐所以致其誠也。當萃聚之時，若不用大牲，是以天下儉其親也，而誠有不至矣。惟誠不至，故物不腆而神不之享，故必用大牲然後吉。

《損》用二簋，非薄乎神也，時乎無也；《萃》用大牲，非厚乎神也，時乎有也。無則儉，有則豐，豐儉惟時，非誠有至、不至也。

興工舉事，必相其時。時屈舉贏，古人所戒。當萃之時，財力豐足，興工舉事必然饒裕而無匱乏之憂矣，故利有攸往。

"王假有廟"，占之吉也，必萃而後可，戒也；"利見大人亨"，占之吉也，必萃而後可，戒也；"用大牲吉"，占之吉也，必萃而後可用大牲，戒也；"利有攸往"，占之吉也，必萃而後可攸往，戒也。故曰"皆占吉而有戒之"之意，詳見《蒙引》。

《彖》曰：萃，聚也。順以説，剛中而應，故聚也。

説見卦辭。

《彖傳》只用卦德、卦體，不用卦象。

"王假有廟"，致孝享也；

致孝享，是補卦辭意。"王假有廟"意含糊不明，故補足其意，言王者至于有廟，所以致其孝享也。"孝享"是一串説，人之享祖考，皆是孝心所形，故謂"享"爲"孝享"，猶《書》曰"孝思"也。"致"即"致敬"之"致"，猶云"行孝享"。

聚己之精神，尚在孝享前。《蒙引》説。

"利見大人,亨",聚以正也;

此是舉"利見大人亨,利貞"二句而合解之。言聚之時,必見大人而後可以得亨者,由其聚以正也。其聚以正,故爲大人所與,爲之解紛息争,而亨可得矣。

"用大牲吉,利有攸往",順天命也。

天命即理也,大牲必聚而後有,有則用,乃理也;聚則可以有所往,可往而往,亦理也,故曰"順天命"。若非萃而用大牲,所謂約而爲泰矣,豈順理乎?非聚而往,則爲時屈舉嬴矣,豈順理乎?

《蒙引》曰:"順天命"朱子之説與伊川不同。伊川之説謂:"聚則宜用大牲,不然不可也;聚則宜于所往,不然亦不可也。以此爲順天命。"朱子之説是謂:"大牲必聚而後可用,不然不可用也;聚則可以有爲,不然不可往也。以此爲順天命。""伊川之説未悖于此,亦有同于此,但語意輕重所指不同。"

觀其所聚,而天地萬物之情可見矣!

此拆開説,與上文不相蒙,言即其所聚而觀之,天地萬物之情皆可得而見矣。蓋天地萬物之情无有散而不聚者,天地交而二氣通,天地之情聚也。父子、兄弟、夫婦聚於家,君臣、朋友聚於外,農聚於野,商賈聚於市,蛟龍魚鱉聚於淵,鳥獸草木聚於山,方以類聚,物以群分,同聲相應,同氣相求,是皆其情然也,豈有不聚者乎?

《象》曰:澤上于地,萃;君子以除戎器,戒不虞。

衆聚則争,物聚則亂,不虞之患所不能免也。弛而無備,禍斯至矣,故君子修治戎器以戒不虞,所謂"制治於未亂,保邦於未危"也。

《費誓》言:"善敹乃甲胄,敿乃干,無敢不弔!備乃弓矢,鍛乃戈矛,礪乃鋒刃,無敢不善!"皆除戎器之事。敹,連條反,註"縫完也"。敿,舉夭反,註"猶繫也"。弔音的,註"精至也"。鍛,淬礪磨也。

"除"是修治,《程傳》"簡治"即此意,蓋去其舊弊而更新之也。《本義》添一"聚"字,是欲説聚萃之義。戎器既修,則治而藏以備用,自實事也。

初六，有孚不終，乃亂乃萃。若號，一握爲笑；勿恤，往无咎。

初六上應九四，是其當與萃者，而隔於二陰，一時不得遂其萃。然此在柔正之女，處之必能自守，以需正應，如《屯》之六二也。

初六陰爻又居陽位，不正，以是當萃之時，急於求萃，不能自守以有待，而苟從二陰，是"有孚不終，志亂妄萃"之象。不終者，不終于四也。乃亂乃萃者，萃於二陰也。雖然，九四正應，二陰非正也，爲初計者，義當舍二陰而從九四。四雖正而在遠，二陰雖邪而在近，初若舍二陰而從九四，在二陰必笑其舍近就遠矣。要之，義既當然，雖笑何恤？苟不之恤，而直往以從正應，則非惟無妄聚之嫌而又得所聚之正矣，可以无咎也。初從九四而二陰笑之者，邪人指正人爲邪，固有是事也。

《象》曰："乃亂乃萃"，其志亂也。

志亂則自亂，本是爲人所亂，故因之自亂爾。初六既遠四而近二陰，爲二陰所惑，其志不能自守而爲亂也。此惟初六以陰居陽，陰柔不正故也。若是陽爻，則知明守固，志不爲亂，當如《屯》之六二"女子貞不字"矣。

六二，引吉，无咎。孚乃利用禴。

二應五而雜於二陰之間，若繫于二陰則失乎九五，若從於九五則失乎二陰，是皆未吉，不免有咎。惟牽二陰以萃於五，則既得所萃之正，又无離群爲邪之嫌，吉而无咎矣。又六二柔順中正，虛中以上應；九五剛健中正，誠實以下交，是吾之孚誠，有以感在彼之孚誠也。故卜祭者若有孚信，則至誠足以感神，雖用薄物以祭，亦受福矣。

"吉无咎"不必分，與《小畜》"何其咎"同。

《象》曰："引吉无咎"，中未變也。

"中未變"猶云"中未亡"也，惟其中未變，故能牽引以萃；不然，其不爲初之"乃亂乃萃"者幾希。

六三，萃如嗟如，无攸利。往无咎，小吝。

六三陰柔，不中不正，上无應與，兼是二者，故欲求萃於近而不得；若使有應與，雖陰柔不中正，亦不求萃於近矣。惟陰柔不中正，上無應與，自家既無持守之操，在外復無氣義之交，故見二、四比近，不暇審擇，隨從而求萃焉。三雖求萃于二、四，爲二、四者，以三既无平生之交，而其人又無可取之善，三雖求萃而不與之萃，故爲三者嗟如而无所利。然三之與上，彼此俱六，雖无相偶之幾而位居相應，實有故交之好。爲三之計，惟舍二、四而往從上六，爲上六者，必相納而不至見拒，可得其萃而无咎矣。然不得其萃，困然後往，則是以窮來歸，出於不得已而非其夙心，復得陰極无位之爻，縱與之萃，亦不足以伸其志，故小吝。然以義理論之，上六畢竟是吾應，小吝所不恤也。

《象》曰："往无咎"，上巽也。

"上巽"謂上從上六也。夫子言此，正緣六三與上既无正應，恐人不知所往爲誰，故言此以明六三之往即上六而非他也。

九四，大吉，无咎。

《程傳》"非理枉道而得君"，若阿意爲容，逢迎爲悦，以至神仙、土木、聲色、遊畋、聚斂、羡餘之類皆是也。"非理枉道而得民"，若"乃别播敷，造民大譽"之類，以至陳恒之厚施于民，子産之惠而不知爲政，皆是也。《孟子》所謂"長君之惡其罪小，逢君之惡其罪大"，枉道得君之咎也。枉道得民之咎，不必説到陳恒之無君處，只背上行私便是。積誠以動上意，而非容悦之爲；仁義以結主知，而非功利之説，則所以萃於上者，大吉矣。以義使民，罔違道以干百姓之譽；以惠養民，罔徇私以市一己之恩，則所以萃于下者，大吉矣。

《象》曰："大吉无咎"，位不當也。

即《本義》"以陽居陰，不正"意。

九五，萃有位，无咎。匪孚，元永貞，悔亡。

九五以陽剛中正之德，當人心萃聚之時而居尊位，是“萃有位”也。有是德，當是時而居是位，則動而民莫不悦，言而民莫不信，行而民莫不敬，故可以无咎。若居是位而人未見信，則是己德之未至也，則修其元善長、永貞固之德，而人自信之矣，故其悔可亡。九五本无“匪孚”，曰“匪孚，元永貞，悔亡”，戒占者之辭。

《象》曰：“萃有位”，志未光也。

舉一句以包其餘，若《泰》九二《象傳》。《程傳》曰：“王者之志，必欲誠信著於天下，有感必通，含生之類，莫不懷歸。若尚有未孚，是其志之未光大也。”

《蒙引》曰：“朱子以爲不可曉，是誠不可曉。蓋爻辭‘萃有位’與‘匪孚，元永貞，悔亡’，元不是一箇人也。”愚謂夫子是據九五之辭而論其理如此，非指九五也，依此未嘗不通，故《本義》曰“未詳”。字意亦是无可復疑。

上六，齎咨涕洟，无咎。

處《萃》之終，萃極終散之時，陰柔則才弱，雖有求而人不之與。无位則望輕，雖有求而人莫之應，故必憂危之甚，至於齎咨涕洟，然後可以安其位而免于禍，故曰“无咎”。

《象》曰：“齎咨涕洟”，未安上也。

未安上，故必齎咨涕洟，然後可安于上，味此可見爻辭“无咎”只是危而獲安意。

䷭ 巽下坤上

升：元亨，用見大人，勿恤，南征吉。

升之義，進而上也，此卦自《解》而來。柔本居三，今進而上居於四，柔以時升也，故其卦曰《升》。繫辭聖人，謂此卦之變，既以柔時升，且卦德内巽而外順，是其德之利于升也。此卦之體，九二剛中而五應之，是其勢之利于升也，故其占當得“元亨”。元亨如何？用見大人則勿恤，南征則吉也。

《本義》卦變下不貼卦名，連卦德、卦體直歸于卦辭者，卦辭之“元亨”實兼卦變之義，《本義》恐煩於再舉，故并歸于卦辭，而名卦之意，待觀者自悟，亦以下面《彖傳》有釋，此不待言而其意自可見也。“見大人”泛説，如訟者見之而獲伸，蹇者見之而獲濟，萃者見之而得亨是也。“南征吉”，則就仕進一事説。凡人見大人，或恐其不見接納，自有許多憂慮。升而元亨，必見接納，不用憂慮矣，故曰“勿恤”。“南征吉”，只是其志得行，説見《彖傳》。

《彖》曰：柔以時升。

柔在《解》卦，本居于三，今進而居四，時焉而已，故曰“時升”。居三是以陰居陽，不得其位；居四是以陰居陰，得其位也。柔進得位，如人之仕進得官也，故曰“升”。

巽而順，剛中而應，是以大亨。

内巽，則内能極深研幾以酌乎事理；外順，則外能因時順理不拂乎時宜，是其德之利于升也。剛中，則才德之茂有可升之具；而應，則汲援有人，有可升之機，是其勢之利于升也。故曰“是以大亨”。

“用見大人，勿恤”，有慶也。

見大人，得遂其所圖，便是福慶。

“南征吉”，志行也。

南征得遂其仕進，便是志行。“志行”不必説到行道處。

《象》曰：地中生木，升；君子以順德，積小以高大。

木自地中而生，由萌芽而拱把，由拱把而合抱干霄，有升之象也，故其卦爲

《升》。君子以慎德，積小以高大，由善信而美大，由美大而聖神，亦猶地中生木，日長而上升也，此君子之所以法《升》也。德者，人之所得乎天，具衆理而應萬事，本自高大也，不能不壞于氣禀、物欲、人欲，復其本然之善，要在于慎之而已。然其慎之也，勿以善小而不爲，自其微小而積累之，暗室屋漏必謹也，動静語默必謹也。一顰一笑、衣服飲食，以至邇之事父，遠之事君，皆必謹也。銖銖而積之，寸寸而累之，至于无一理之或遺，无一善之不備，則天之與我，具衆理而應萬事者，无不復全于我矣。慎德，積小以高大，則德於是乎升矣，亦猶地中之生木長而上升也。雲峰"念念謹審，事事謹審"二句最切。"積小以高大"俱在"慎德"内，非是慎德又從而"積小以高大"。曾子於聖人用處，隨事精察而力行之，至於一貫之地，積小以高大也。自洒掃應對到聖人事，由孝弟而通神明之德，亦積小以高大也。

初六，允升，大吉。

《本義》"柔順居下，巽之主"，重在"柔順"上。"巽之主"，初六，巽之所以爲巽也。"居下"只在"巽之主"内，以柔順之德又居下，爲巽之主，以是而當"升"之時，巽於二陽，故二陽助之。夫有巽順之德，則有可升之具。當"升"之時，巽於二陽而得其助，則有可升之機，故其占信能升而大吉也。"允升"就是"大吉"也。

《象》曰："允升大吉"，上合志也。

"上"指二陽言，初六之"允升大吉"，由能巽于二陽，與之合志也。二陽合志，則與之同升，而其升也不難矣。

九二，孚乃利用禴，无咎。

九二剛中，誠實以上交，而致六五柔順虚中而下應，至誠感神之象也。占者若有孚信，則雖用禴以祭神，亦享之而无不利矣，何咎之有？誠不足享神，其咎大矣。

《象》曰：九二之孚，有喜也。

至誠而得神之享，實受其福，是有喜也。

九三，升虚邑。

"升虚邑"之義，只是《象傳》"无所疑也"。而爻之所取，則自"進臨於坤"來。要之，此義亦輕，緊要則在陽剛當升時上。若非以陽剛當升時，雖進臨于坤，亦不取"升虚邑"之象矣。

當升之時，既利于升，陽剛之才又足以遂其升，以是而升，固无所阻矣，而所臨者坤，則又國邑之象也，故其象爲"升虚邑"。

《象》曰："升虚邑"，无所疑也。

"无所疑"是解"升虚邑"意，言得遂其進，更无阻碍也，然本于"剛陽當升時，進臨于坤"。言九三之得遂其升，若升虚邑然者，由三以陽剛之才，而當升時又進臨於坤，故得遂其升，惟意所欲而无所阻碍也。

六四，王用亨于岐山，吉，无咎。

《蒙引》云："《本義》云'義見《隨》卦'。《隨》上六曰'拘繫之，乃從維之；王用亨於西山'。其《本義》云'居隨之極，隨之固結而不可解者也'。誠意之極，可通神明。"則此爻以柔居柔，柔順之至也，亦誠意之極，可通神明，其義與《隨》卦同，故其辭曰："王用亨于岐山，吉，无咎。"

言六四以柔居柔，柔順之至，當升之時，是極其誠意通于神明者也。王者得此占，若用之亨于岐山，則神必亨之而吉矣，又何咎之有？

《象》曰："王用亨于岐山"，順事也。

六四一爻，王者可用之亨于岐山者，果何所取哉？蓋六四以柔居柔，柔順之至而當升之時，以順而升者也。以順而升，即積其誠意以通神明之義，登祭于岐山之象也，故王者可用之以亨于岐山。

“順事”言以順有事也。故《本義》解曰：“以順而升。”

六五，貞吉，升階。

此爻《蒙引》、《通典》俱説是人君升居尊位。依愚見，似未通。蓋五君位已是升居君位了，何待貞正而後能升？其云“貞吉，升階”者，是言治道之升爾。《書》曰“治道允升于大猷”，此之謂也。

言六五以陰爻居陽位，有不正之嫌。當“升”之時，而居五之尊位，則治道未必其能升者，占者必于正而固守之，則君德日新，治道日進，其得吉也，有若升階之易矣。如太甲繼湯之後，正當修文德以臻至治之時也，而嗣王不惠，其能升乎？既受伊尹之訓，令德克終，則治道允升，而商家六百年之治所由成矣。

《冏命》曰：“出入起居，罔有不欽；發號施令，罔有不臧。”可見六五之貞處。

《象》曰：“貞吉升階”，大得志也。

治道允升于大猷，人君之得志可知矣。

《蒙引》説“五爻得志”，俱引《孟子》“廣土衆民，君子欲之”來説，似未是。蓋《孟子》所云乃士者之事，《易》之五爻，是人君事，不可用也。此云“中天下而立，定四海之民”，亦未是，蓋依此是以位升言也。

上六，冥升，利于不息之貞。

冥升是志在於升，昏迷而不知止者也。占者遇此，何所利哉？若反其不已之心，施之於不息之正，則道明德立而无不利矣。汲汲於升者，未必其能升，而或因之以致敗者有之，嘗見同僚有因要求遷職不得而氣死者，真无益矣。

《象》曰：“冥升”在上，消不富也。

消者，損也；富者，益也。“消不富”，言徒有損而无益也。

䷮ 坎下兑上

困：亨。貞，大人吉，无咎。有言不信。

“剛爲柔掩”，君子爲小人掩也。合二體言，則坎剛爲兑柔所掩；分二體言，則九二爲上、下二陰所掩，四、五二爻爲上六所掩，是皆君子爲小人所掩也。兑之掩坎，上六之掩四、五，小人在上，如絳、灌之掩賈誼，公孫弘之掩仲舒是也。二陰之掩九二，前後左右皆小人，如曹節、侯覽輩之掩黨錮諸賢，王安石、吕惠卿、蔡京輩之掩元祐諸賢是也。

卦德坎險兑説，兑在坎上，是處險而説，處險不爲險所困。身雖在險之中，其心則超乎險之外，所謂樂天知命、自得其安樂，故《本義》曰：“身雖困而道則亨。”若文王幽于羑里而演《易》，夫子厄于陳蔡而絃歌，是處困能亨，所謂“素患難，行乎患難”也，故爲得正。若處困而不能亨，則是不能素位而行，而失其道矣，其得爲正乎？聖人既發“亨貞”之旨，復曰“大人吉，无咎”者，蓋處困而亨，非小人所能。此卦剛中，又有“大人”之象，故又曰“大人吉，无咎”，言必大人然後能亨而得其正也。“吉”即“亨”，“无咎”即“貞”。

困而有言，何也？當困之時，欲資口舌以求免，或既困之後，欲因言以自見也。不知時當在困，其誰見信，人情世態，往往而然，聖人亦見之審矣。

《彖》曰：困，剛掩也。

説見卦辭下。

險以説，困而不失其所亨，其惟君子乎！

險説，説見卦辭。處困不失其所亨，即《本義》“身雖困而道則亨”也，其惟君子乎！亦惟君子然後能之也。君子即大人，不曰“大人”而曰“君子”，爲下文欲以卦體釋“大人”也。蓋言困而不失其所亨，不言“其爲大人乎”，則無歸著；欲言之，下文以卦體“剛中”解“貞大人”，又舉“大人”，似贅，故以“君子”易“大人”,則上文“困而不失其所亨”有歸著,下文以卦體解“貞”而舉“大人”,不爲贅,非聖人无此主張。

“貞大人吉”,以剛中也;

言處困而能貞,又必大人然後吉者,蓋以此卦九二、九五皆以剛而得中也。剛中則有貞之義,又有大人之象,故曰“貞”、曰“大人”。

“有言不信”,尚口乃窮也。

《彖傳》此是以卦象釋“有言不信”。蓋困之時,言固不見信于人。兑爲口舌,此爻乃兑之上,又當口之處也,故其占爲“尚口乃窮”。但《本義》不取此義,予説本《小註》、吴、張氏。

《象》曰:澤无水,困;君子以致命遂志。

兑澤在上,坎水在下,是水下漏也。水下漏,則澤上枯,故曰“澤无水”。水如何下漏?只是隄岸崩決而水漏洩耳。

君子平生所志,在于忠義,而軀命吾所愛惜者,使安常无事,吾志可以直遂,固所願也。不幸遭流離變故,二者不可得兼,行志則妨命,完命則失志,此則困之時也。這時直須致命以行吾志而已。蓋命吾所欲也,所欲有甚于命者,故不敢愛命也。孔子曰“殺身成仁”,孟子曰“舍生取義”,文天祥曰“我爲綱常謀,有身不得顧”,皆是事也。

初六,臀困于株木,入于幽谷,三歲不覿凶。

“臀困于株木”,就全卦上取;“入于幽谷,三歲不覿”,就下卦上取。“臀困于株木”,《本義》曰“處困之底”,是矣;曰“暗之甚”,尚未見得。愚謂初六處困之底,臀之象也。以陰柔處之,不能自拔于困,是臀困于株木也。此卦下體坎也,坎爲險,初在坎之下,所謂“坎陷”也。有幽谷之象,以陰柔處之,則不能自拔于坎陷，爲“入于幽谷，三歲不覿”之象，此説與《本義》異，明者其擇焉。

《象》曰：“入于幽谷”，幽不明也。

《象傳》只解“入于幽谷”，遺了“困于株木”。

九二，困于酒食，朱紱方來，利用亨祀。征凶，无咎。

此爻《本義》極難看。其云“有剛中之德，以處困時，雖无凶害，而反困于得其所欲之多，故其象如此”，其文勢似皆以“困于酒食，朱紱方來”［爲困，故《蒙引》後説然之。然《本義》只以“困于酒食”爲困，“朱紱方來”只云“上應之也”，不謂之困，且以“朱紱方來”爲困，未免牽强，故今只逐句講解，於《本義》之文勢，姑且略之耳。

九二剛中之德以處困時，亦不免有困處。然其困也，不以凶事而以好事，其困于好事也，爲“困于酒食”之象。然有剛中之德而上應之，故有“朱紱方來”之象，其占“利用亨祀”。蓋至誠亨神，神之亨之，錫以多福也。時當困處，故征行則有凶，然乃時之不偶，非其才之不足也，故“无咎”。

二困于酒食，實事如何？如周公親遭大變，破斧缺斨之時，曲折調獲，心勞力瘁；杜詩咏諸葛孔明云“運移漢祚難恢復，志决身殲軍務勞”，可見其困處。

“困于酒食”，就困上説；“朱紱方來，利用亨祀”，泛説，不帶困；“征凶，无咎”，又就困上説。

九二爻辭可與《益》六三反對看。六三當得益，以其陰柔不中正，故不益以好事而益以凶事，雖益之而以凶事，雖凶事而實益之也。九二在困之時，概當有困，以其有剛中之德，故不困以凶事而困以好事，雖困之以好事，雖好事而實困之也。九二“朱紱方來”，如文王遇太公于渭水，劉先主見孔明于隆中是也。

《象》曰：“困于酒食”，中有慶也。

此《傳》當與《泰》九二《象傳》同看，只舉“困于酒食”一句，“朱紱方來，利用亨祀”二句俱兼舉，故曰“中有慶也”。“慶”指“朱紱方來，利用亨祀”説。

六三，困于石，據于蒺藜；入于其宫，不見其妻，凶。

六三上无正應，而處二、四二陽之間，其德陰柔而不中正。若求上進，則四之剛在其上，爲所壓而不好進，是困于石也。九二之陽剛在下，而三居其上則不能以自安，如據于蒺藜也。上六本居相應之位，猶吾妻也，然彼此俱陰，不爲吾應，如入于其宫，不見其妻也。占者如此，必无所利，故凶。

石，堅重難勝之物，以比九四之剛也。三以陰柔不中不正，居四之下而欲推乎四，則四堅不可動，是“困于石”也。蒺藜，刺，不可據之物，以比九二之剛也。三以陰柔不中不正，居二之上而欲藉二以爲安，則二豈能承伏于其下乎？是“據于蒺藜”也。夫四固石不可犯，二固蒺藜不可據，然何以知六三之欲犯四而前，欲據二以安？三陰柔而不中正，理固應然，《程傳》所謂“不善處困而益以困”耳。

《象》曰：“據于蒺藜”，乘剛也；“入于其宫，不見其妻”，不祥也。

“乘剛”指九二，“不祥”，明其凶也，只解“據于蒺藜”、“入于其宫”二句，“困于石”不解。

九四，來徐徐，困于金車，吝，有終。

初六是九四正應，其來從四也，乃徐徐然而不能進，爲何？蓋九二之剛，間乎其中，其才足以制初，而九四之不中正，其才不足爲之援，故初四相應，其理雖正，而二强四弱，其勢不敵，故不免爲之困，是［困］于金車也。夫以正應隔于豪强，而己之才不足以相援，在四者亦可羞矣。然邪不勝正，道不終屈，卒之妄求者去，正應者合，是有終也。

《象》曰：“來徐徐”，志在下也；

言九四雖才不足以拯初，而致其來徐徐，然其志則在于初而必欲拯之也。

雖不當位，有與也。

言雖以不當位而不能相遇，然邪不勝正，終相得遇也。

九五，劓刖，困于赤紱；乃徐有説，利用祭祀。

九五當困之時，上爲陰掩，則見傷于上，是劓其鼻也；其下乘剛，則見傷于下，是刖其足也。夫赤紱，蔽膝以行之物也，足既受傷，則不能行，而赤紱之服于膝，反爲之困矣。如崇高莫大乎富貴，本所以榮身也，一受制于權臣而不能自振，而富貴適足爲身累，如漢獻之遷于曹操，高貴鄉公之受制于司馬是也。

夫五之被困，時命使然也。然其剛而得中，又居説體，剛中則有善處之術，説則有困亨之義，故一時雖未有出困之功，終久有出困之效，故曰“乃徐有説”。占者有剛中之德，是能積誠意上交于神，而神必錫以多福矣，故“利用祭祀”。

他卦剛中有應，不取祭祀之占，獨于《升》、《困》取之者，《升》之説既明，意剛中有應，在《困》他无所利，獨于祭祀猶宜與？然曰“久當獲福”，則一時亦有未通者矣。

《象》曰：“劓刖”，志未得也；“乃徐有説”，以中直也；

本剛中也，不曰“剛中”而曰“中直”，何也？“中”以心言，“直”以理言。語曰“人之生也直”，是以理言也。惟其“中直”，故終能濟困而出乎困。

“利用祭祀”，受福也。

解“利”字。

上六，困于葛藟，于臲卼。曰動悔有悔，征吉。

上六以陰柔處困極，終不能出乎困，故有“困于葛藟，于臲卼”之象。困于葛藟，纏縛而不得解也；于臲卼，危動而不能安也。若此者動輒有悔，故曰“動悔”。然物窮則變，故其占若能有悔焉，則可以征而吉矣。

《象》曰:“困于葛藟”,未當也;“動悔有悔”,吉行也。

以陰柔處困極,故曰“未當”。

䷯ 巽下坎上

井:改邑不改井,无喪无得,往來井井。汔至亦未繘井,羸其瓶,凶。

“井者,穴地出水之處”,言是成穴之地,出水之處,而其所以成穴,則人鑿之也。不曰“鑿地、掘地”而曰“穴地”者,就既鑿掘成穴之後言,不是初鑿掘也。

“以巽木入乎坎水之下而上出其水”,先儒多作水桶汲水説。今不用者,以卦辭“羸其瓶”,是古人以瓦器汲水,未嘗用木桶也。

“以巽木入乎坎水之下而上出其水”,是水氣乘木而升,出于木末,此猶井水本在下,被人汲而上出也,故其卦爲《井》。《象傳》“木上有水”,“津潤上行”即是此象。

木根着地,非水氣上升,則無以潤其枝葉而木枯矣。凡栽種樹木,必根本着地而活,方能引水;若根不着地,不生活,亦不能引水也。

邑可改而之他,而井則不可改。邑可遷改,則有得喪;井不可遷改,則无得喪。往來井井,井之用也。此三句就井上説。

繘,綆也,汲水之索也。汲水幾至,亦未盡其綆于井,由是而羸敗其瓶,則水不及物,人不得用,是凶也。此四句就人之汲井上説,卦辭只就井上説道理,人事在言外。《本義》曰:“其占爲事,仍舊无得喪,而又當敬勉,不可幾成而敗。”是其義也。

《彖》曰:巽乎水而上水,井,井養而不窮也。

“巽乎水而上水”,説見卦辭。“[井]養而不窮”,是言井之功用。蓋既爲井,便養物而不窮也。

“改邑不改井”,乃以剛中也;

改邑不改井,當就人事上説,不可只就井上説。

不剛則無立，過則又難久，是不能居其所而不變也。此卦二、五皆陽，各居一卦之中，是剛中也。剛則不懦，中則不過，故能卓然立于斯道之中而不爲事物之所摇奪，所謂“居天下之廣居，立天下之正位，行天下之大道”，“富貴不能淫，貧賤不能移，威武不能屈”者是矣，故曰“改邑不改井，乃以剛中也”。

“汔至亦未繘井”，未有功也；“羸其瓶”，是以凶也。

“未有功”，未有成功也；“羸其瓶”，則不但“未有功也”，故凶。

《象》曰：木上有水，井；君子以勞民勸相。

“木上有水”，即《彖傳》“巽乎水而上水”之義。《本義》“津潤上行”，《蒙引》曰：“《本義》不解于《彖傳》而解于《象傳》者，‘以巽乎水而上水’，于井之義已明。‘木上有水’，於井之義有稍晦爾。”

勞民者，以君勞民；勸相者，使民相養。自家既有以養民，又勸之使以其類而相食，養之道始盡矣，不然猶未也。

勞民者，慰勞安存之意，制田里，教樹畜，老者衣帛食肉，黎民不飢不寒是也；勸相者，使民相養，出入相友、守望相助，疾病相扶持之類是也。

初六，井泥不食，舊井无禽。

井以陽剛爲泉，初六陰柔則不泉。井以上出爲功，初六居下則功不上出。其不泉也，則是淤泥而已，故其象爲“井泥”。其功不上出，則無以養人矣，故其象爲“不食”。其井既泥，則爲舊井矣，人既不食，則禽鳥亦莫之顧矣！此爻純是象，占在象中。

此是德不足以及物而爲所棄者。

《象》曰：“井泥不食”，下也；

《象傳》只取“居下”意，不見“陰柔不泉”意，此是孔子之《易》，但得依之。

“舊井无禽”,時舍也。

只是解“无禽”,略了“舊井”。“時舍”只就井上説,如《比》九五“舍逆取順,失前禽也”例。

九二,井谷射鮒,甕敝漏。

九二陽剛,本有泉也。上无正應,下比初六,則上無當路爲之汲引,下與鳥獸同群而已。故以井言,則爲“井谷射鮒”;以汲井言,則爲“甕敝漏”。

井谷之泉,僅下射于鮒,無能及人也。井谷者,井旁穴出之水也。鮒是魚屬,吹沫相即曰“鯽”,相附曰“鮒”,詳《蒙引》。

《象》曰:“井谷射鮒”,无與也。

只言上无正應,不兼下比初六。

九三,井渫不食,爲我心惻;可用汲,王明並受其福。

井以陽剛爲泉,九三以陽居陽,乃泉之不停污而潔者也。不幸居下之上,未離乎下,而未爲時用,故雖井渫,不爲人之食。夫以有用之才而放棄于无用之地,在人寧无傷痛之心乎?故雖行道之人,見之亦曰“斯井也,功不上行,澤不及物,實使我心惻”。夫此井可汲矣,而莫有汲之者,何耶?汲之者,其王明乎?王明則汲井以及物,而施者、受者,並受其福矣。

此爻純是象,占在象中。我者,行人自我也,非指九三也。“樂則行之,憂則違之”,在九三本無惻,特他人見之而惻爾,故曰“行惻”也。

《象》曰:“井渫不食”,行惻也;

明非三自惻也,若三自惻,則鄙矣。

求“王明”,受福也。

言求之而得王明,則受福也。見賢人君子,若不遇明君,未必能行其志也,聖人之意深矣!

六四，井甃，无咎。

以六居四而得其正，故能甃治其井；以陰柔无泉，故雖能甃治其井而无及物之功。以其但能甃治而无及物之功，故其象爲“井甃”。以其雖无及物之［功］，而猶能修治，故其占爲“无咎”。

六四所謂“宗族稱孝焉，鄉黨稱弟焉”，抑亦其次者也。

鑿井九仞而不及泉，猶爲棄井，井甃而得无咎，何也？要在得意而忘象，若就井而觀之，則有不通者矣。

《象》曰：“井甃无咎”，脩井也。

“脩井”是解“无咎”，言六四之柔順得正，但能修治其井也，即无及物之功而亦不至于自棄矣，此其所以无咎也與！

九五，井洌，寒泉食。

凡才德足以養人，皆井之有泉者也。九五陽剛中正，則才德兼茂，故爲“井洌，寒泉食”。

《蒙引》欲以中正當時位，蓋欲見上出“食”字意，如此則“井洌寒泉”之義反晦，蓋其所以爲“井洌寒泉”者，以陽剛又且中正爾。若專就陽剛説，則與九三之“井渫”何異？意《本義》不言者，豈以九五自是得時位者，无待于言耶？且既以中正當時位，又以小象中正爲兼德位，益紐揑破碎矣。

《蒙引》曰：“不取君位，是賢人非君人。”是矣。但不當以中正當時位爾，今當爲之説云：“九五一爻，是得時得位者，陽剛中正，功及于物，以養道言之，是道成于己，而功覆斯民，德修于身，而澤被天下，其象爲井洌，而其寒泉爲人之食也。”純以象言。

《象》曰：寒泉之食，中正也。

但言“寒泉”，則“井洌”在其中；但言“中正”，則“陽剛”在其中。言五之爲

"井洌，寒泉食"，由其陽剛而得中正也。陽剛中正，則道足以濟蒼生，功足以覆斯民，故爲"井洌，寒泉食"之象。

上六，井收勿幕，有孚元吉。

"井收勿幕"，言井爲人汲取而無覆蔽也。蓋井以上出爲功，上六居卦之上，"井收"之象也。坎口不揜，上六適居坎口，"勿幕"之象也。夫上六之"井收勿幕"，是有孚也，是井之有源而出不窮也。占者若有其德而其施不窮，則物無不濟，天下之匹夫、匹婦，皆被其澤矣，大善之吉也。

《象》曰："元吉"在上，大成也。

"在上"，即上出爲功之象。以"在上"釋"元吉"，如"元吉在上，大有慶也"例。言井之元吉者，以其在上也。蓋井以上出爲功，上六在卦之上，是有上出之功也。夫在上而得元吉，則澤无不被，而物无不濟，井道之大成也。

易經存疑卷七

䷰ 離下兑上

革：已日乃孚，元亨，利貞，悔亡。

火燃則水乾，火滅水也；水決則火滅，水滅火也，故曰"水火相息"。少上中下，倫序乖矣，釁隙之所由生，相滅之禍起於此矣。如唐高宗寵武才人，而皇后王氏廢，其事可見也。

人情習於苟安，樂於因循，憚於更改。當改革之初，但見目前之可安，紛更之可厭，不見聖人更改之深意，鮮有不以爲害成而病己者。及夫更革之後，勞事過而逸事來，宿弊革而新利興，然後民始知向之所以更革者，非勞也，我逸也，非害也，我利也，不惟無怨嘆之言，而且有感德之思矣，故曰"已日乃孚"。鄭子産爲政，民歌之曰"孰殺子産，吾其與之"。其政既成，民思之曰"子産而死，誰其嗣之"。此其驗也。"已日乃孚"，以所革之當言也。若所革不當，有終身不能孚者矣，况已日乎？王安石是也！

"已日乃孚"，以理言也；"元亨，利貞，悔亡"，以卦言也。此卦内離，其德爲文明；外兑，其德爲和説。内文明，則能灼乎理而其革也不苟；外和悦，則能順時勢而其革也不驟，故凡所更革，皆大通而得其正，其悔乃亡。

凡革便有悔，改革之初，人未之信，是其悔也。

《彖》曰：革，水火相息；二女同居，其志不相得，曰革。

説見卦辭下。

《本義》："息，滅息也，又爲生息之義。"依此，則"息"有二義：火燃則水乾，水決則火滅，滅息之義也。火燃則水乾，水滅而火熾；水決則火滅，火没而水存，生息之義也。

"已日乃孚",革而信之。

言"已日乃孚"者,是更革至是而人信之也,其源本自"已日"來,不可以"革"字當"已日"。

文明以説,大亨以正,革而當,其悔乃亡。

解在卦辭下。

"革而當",是《彖傳》就卦德上看出此義,以釋"悔亡"之意。蓋"文明以説,大亨以正",便是所革之當也。惟所革者當,故其悔亡,不然能免於悔乎?

天地革而四時成,湯武革命,順乎天而應乎人:革之時大矣哉!

天地之運,木盡而火代,火盡而土代,土盡而金代,金盡而水代,水盡而木又代,此氣序改革也,而春、夏、秋、冬之四時,於是乎成。蓋水盡木代,於時爲春;木盡火代,於時爲夏;土盡金代,於時爲秋;金盡水代,於時爲冬。若非氣序更改,四時無沿而成也。

湯革夏后氏之命而爲商,武王革有商之命而爲周。自其形迹觀之,有似於争奪也。然夏桀不道,天意人心屬在有商;商罪貫盈,天意人心屬在有周。湯武之革命也,是皆上順乎天心而下應乎人望爾,非争奪也,非富天下也。天地之革與湯武之革命,皆不外一"時",故贊其時之大曰"大哉"。時之未至,天地聖人不能先;時之既至,天地聖人不能後,大哉時乎!

《象》曰:澤中有火,革;君子以治曆明時。

澤中有火,只是水息火,無火息水之義。蓋澤中有火,水決則火滅,革之象也。君子觀革之象,而知四時之變也如是,於是作曆以明之。蓋五氣順布而四時行,即七政之循環可以驗之矣!君子推日月星辰之運,以知其時變,以春、夏、秋、冬之時變而紀之於書，分天爲三百六十五度，分度爲十二辰，以一辰當一月，分一月爲二氣，積六氣爲一時。自寅至辰，於時爲春，而立春、雨水、驚蟄、春分、清明、穀雨之變，詳著於三春之内；自巳至未，於時爲夏，而立夏、小滿、芒種、夏至、小暑、大暑之變，詳著於三夏之内；自申至戌，於時爲秋，而立秋、處暑、白露、秋分、寒露、霜降之變，各隨其月而辨焉；自亥至丑，於時爲冬，而立冬、小雪、大雪、冬至、大寒、小寒之變，亦各隨其月而辨焉。是君子之治曆正所以明時，而曆書既成之後，則人皆可按曆而知時矣！"治曆明時"是一串事，與君子"自强不息"、"厚德載物"一般，不可分開講。

初九，鞏用黄牛之革。

初九當革之時，若可革也。居初則分卑而力無以自振，无應則勢孤而人莫與爲援，故未可以有爲，宜以中順自守而不妄動，故其象爲鞏之用黄牛之革。黄，中色；牛，順物，故取其象，乃象之占也。《本義》既曰"故有此象"，又曰"其占爲堅確固守，而不可以有爲"，是申上文之意，不可以爻辭爲象，其占爲在外。

《象》曰："鞏用黄牛"，不可以有爲也。

是解"鞏用黄牛之革"之義。

六二，已日乃革之，征吉，无咎。

六二柔順中正，而爲文明之主。柔順則無違拂，中正則無過愆，爲文明之主，是其勢可以革也。然變革，事之大者，必其難其慎、詳審周密至於思慮停當，然後革之，則宿弊去而新利興，弊事除而治功舉，故征吉而无咎。征，謂往革也。已日乃革，議革之已日也。

《象》曰："已日革之"，行有嘉也。

"行有嘉"解"征吉"。

九三,征凶,貞厲,革言三就,有孚。

“過剛”,性質過於猛也;“不中”,所行過乎中也。居離之極,火性躁也,故曰“躁動於革”。變革,事之大者,其初也人未之信,猶必已日然後孚,以躁行之,其能濟乎?故其征必凶,雖正而亦不免於厲。然時既當革,亦不容於不革矣。惟反其所爲,詳審精密而不傷於躁,而革圖謀,至於三番言成就,則事無苟且,道出萬全,人必孚信而可革矣!

“革言三就”,議革之言也,謂熟思審處,三番言結果成就可爲也。

《象》曰:“革言三就”,又何之矣!

言其事已審,又將何爲?猶俗語“更何往也”。

九四,悔亡,有孚改命,吉。

九四以陽居陰,處不當位,依其性格,所革未免有失當者,是有悔也。然卦已過中,水火之際,時既在所當革,而剛柔不偏,所以施之革者又不緩不急,則必能斟酌其可否,裁處其事宜,而改其失當之弊者矣,故其悔可亡。然在我雖所當革,在人或不我信,則亦未可革也。故必其革也,人我信而不我疑,然後從而革之,則可以消去日之弊而永收來日之功,無紛更之患而有維新之化矣,故吉。不然,政令一出,又將疑駭而不信,深弊未革而近患已生矣。占者所宜戒也。

“已日乃孚”,孚在革後;“有孚改命”,孚又在革前,何也?蓋改命之有孚而於革前預言之也。

革必已日乃有孚,此戒以有孚乃可革,何也?意者文明以説,故已日有孚而無害,此爲以陽居陰,本領(已)不正,故須有孚乃可革歟!

《象》曰:改命之吉,信志也。

即是爻辭“有孚”,言改命而得吉,以上下信其志也。

九五，大人虎變，未占有孚。

九五陽剛中正，德之盛也，以是爲革之主，則所過者化，所存者神，上下與天地同流，舉一世而甄陶之。以處常言，則自新新民之極，黎民於變時雍也；以處變言，則順天應人之時，其命維新也，故其象爲“大人”。如虎之變也，毛希而革易，毛落而更生，潤澤鮮好也。占而得此，則有此應。然此乃非常之舉，豈尋常所能當哉？必其德之盛，自其未占之時，人已信其如此，乃足以當此占而有此應，不然，雖得此爻，不能當也。

《象》曰：“大人虎變”，其文炳也。

言九五之象爲“大人虎變”者，是德盛而人化，風移而俗易，巍乎成功，焕乎其有文章，其文炳也。

上六，君子豹變，小人革面。征凶，居貞吉。

上六在卦之上，處革之終，是革道已成之日，乃周成、康之世也，故隨其人而各有所變。在君子則去惡而遷善，弸中而彪外，如豹之變也。小人雖未能革其心而亦革其面，蓋中心未能脱然無惡，外面則勉强爲善，以從上之教令矣，是亦有所革也。然革而至此，革之至矣，不可以復加矣，况變革之事，非得已者，不可以過，而上六之才，亦不可以有行也。如周之成、康，只可責以守成之事，未可責以開創之功也，故占者征凶，而居貞則吉也。

上六必當成、康之君説。《本義》：“上六之才，亦不可以有行，方説得去。”《蒙引》説是，然欠透徹。

《象》曰：“君子豹變”，其文蔚也。

美在其中，暢於四支，發於事業，故曰“其文蔚也”。

文炳之文，昭於天下；文蔚之文，昭於一身。

䷱ 巽下離上

鼎：元吉，亨。

卦體恰恰是鼎之形象，下陰爲足，二、三、四陽爲腹，五陰爲耳，上陽爲鉉，分明似箇鼎。

以象言，以巽木入於離火之下，而致烹飪，鼎之用也，亦爲鼎之象。《蒙引》曰："鼎之用，對鼎之體言。有足、有腹、有鉉、有耳者，鼎之體。烹飪者，鼎之用。"

《本義》"下巽，巽也"是卦德；"上離爲目"，是卦象；"五爲耳"，是卦體，三者不可兼舉，故總歸之卦象，曰"有内巽順而外聰明之象"。此"象"字是"聖人有以見天下之賾，而擬諸其形容，象其物宜，是故謂之象"之"象"字。

《蒙引》曰："巽順本是卦德，今對'上離爲目，五陰爲耳'，耳目聰明，則聰明在外爲耳目，巽順在内爲心，皆卦象也。"

巽而耳目聰明，有德也；柔進而上行，有位也。得中而應乎剛，有德又有應也，是以元亨。元亨不帶卦名説，亦不專主人君説，若作此題，少不得就人君説。

《彖》曰：鼎，象也，以木巽火，烹飪也。聖人亨以享上帝，而大亨以養聖賢。

"卦之所以爲鼎者，以卦體有鼎之象也。"言以二象言，以巽木入離火而致烹飪，亦鼎象也。是鼎也，祭祀、賓客、烹飪之所必用。祭之大者，莫過於上帝；賓之大者，莫踰於聖賢。聖人則用此鼎而烹以享上帝，用此鼎大烹以養聖賢焉。夫享上帝、養聖賢，事之極大者也。飲食烹飪，皆不外乎此鼎，然則，鼎之爲鼎，不其大乎！

《程傳》曰"極其用之大"。《本義》改曰"極其大"，是不用其説也。《蒙引》曰："'極其大'，不是極鼎之大，又不是極其道之大，亦不是極其用之大，三字只是一片詞，只是極言之也，其字不必有所指。今人多説作'極其用之大'，然上以烹飪爲鼎之用，此以所烹飪者享上帝、養聖賢爲用之大，是有二節用也，故不必用。"愚謂要究其歸,畢竟是鼎之大。

巽而耳目聰明,柔進而上行,得中而應乎剛,是以元亨。

説見卦辭下。

《象》曰:木上有火,鼎;君子以正位凝命。

木上有火,以巽木入離火而致烹飪之用,鼎之象也。必鼎之器正,然後可凝其所受之實。君子用此象也,小心翼翼,昭事上帝;齋明盛服,非禮不動。出入起居,罔有不欽;發號施令,罔有不臧。要皆以正乎南面之位,如是則上帝鑒觀,四方攸同,上天之命,不能舍之而他往,足以凝其所受之命,亦猶鼎之器,端正安重,而有以凝其所受之實也。

《本義》"協于上下",協天人也。此貼以承天休,不貼天位。

初六,鼎顛趾,利出否。得妾以其子,无咎。

六在鼎下,趾之象也。上應九四,趾而向上,則顛矣。然當卦初,鼎未有實,固無所謂公餗之覆,而舊日未免有否惡之積,猶未及去也,今因其顛趾而否惡由是以出,則爲利矣。猶得妾而非正室,本未善也,然舊未有子,因是而得子,則爲善矣。

"鼎顛趾",敗也;"出否"則爲功矣。得妾,賤也,得子則致貴矣。此其占所以无咎也。

一爻而取兩象:一是因敗以爲功,一是因賤以致貴。然皆爻中所有之象,非本無而旋入也。

管仲舉於巾車,孟明勝敵於囚虜之餘,因敗以爲功也;韓信舉於行陳,陳平拔於亡命,因賤以致貴也。

《象》曰:"鼎顛趾",未悖也;

其意思在下文,言利出否也。

"利出否",以從貴也。

此"貴"字不作貴人説,方説得"取新"之意。蓋陽貴而陰賤,初六,陰也,上應九四之賢,是從貴也。在爻爲"從貴",在鼎則爲"去故取新",故《本義》曰"從貴謂應四",亦爲取新之意。

九二,鼎有實,我仇有疾,不我能即,吉。

九二以剛居中,懷才所德之士也,故其象爲"鼎有實"。不幸切近初陰,非其正應,彼將相誘,是我之仇也。惡人相誘,一時不免爲之害,故爲有疾。然二能以剛中自守而不之與,故初雖爲我疾而終不能我即,若二者可謂篤信守死之君子矣。占者如是,則不失身於匪人,吉之道也。

《象》曰:"鼎有實",慎所之也;"我仇有疾",終无尤也。

言當慎所從也,"終无尤"承"慎所之"説,言能慎所之,則雖我仇有疾而終无尤,言不能我即也。

九三,鼎耳革,其行塞,雉膏不食。方雨虧悔,終吉。

九三以陽居鼎腹之中,本有美實者也,美實即雉膏也。然九三以陽居陽,過剛失中,是其性質未免有過高之病。六五虚中下賢之君,本當從也,三不能從而乃越五以應上,是與遯世離群者相從乎方之外矣。夫五,鼎耳也,今越五應上,則鼎耳與吾不相聯屬,且居下之極,爲變革之時,故其耳變革而不可舉移,而其行湮塞也。夫如是,則雖承上卦文明之腴,有雉膏之美,而不得爲人之食,所謂"好從事而亟失時,懷其寶而迷其邦"者也。然以陽居陽,爲得其正,猶不終於蔽錮,有可反正之資也。苟能自守,不越五以應上,則三與五將以陰陽相應而得相遇,故曰"方雨虧悔"。陰陽和,然後雨澤降。方雨者,三、五陰陽之相應也。占者如是,始雖有不遇之悔,終當有相遇之吉矣。

《象》曰:"鼎耳革",失其義也。

義主於裁制,九三越五應上,無所取裁,是失其義也。

九四,鼎折足,覆公餗,其形渥,凶。

九四居上,任重者也。夫大臣任天下之重,必當求天下之賢知,與之協力,則天下之治可不勞而致也。四下應於初,初陰小人,其才不足以任事,而四用之,則不勝其任而敗天下之事,其罪无所逃矣,故其象爲"鼎折足,覆公餗,其形渥",占者如是,則凶。

《象》曰:"覆公餗",信如何也!

人臣受任于君,其初之相期約者,俱欲成天下之事,措國家宗社于磐石之固也。今而覆公餗,向者之相期約如何矣?言有負其平生也,責之之辭。

六五,鼎黄耳,金鉉,利貞。

六五於象爲鼎耳,以柔居中,是虚中也,故其象爲"黄耳"。鉉以貫耳舉鼎,九二應五而爲之輔,猶鼎之金鉉也。六五虚中,以應九二之剛,是人君虚己以任賢者也,故其象猶鼎黄耳而貫以金鉉。鉉,二之象;金,以象九之剛。占者利於守貞,蓋任之勿貳,信之勿疑,任賢之道也。

《象》曰:"鼎黄耳",中以爲實也。

此發明所以爲黄耳之意。中以爲實,言中乃其實德也。用人而不自用,五之中也。《臨》六五《象傳》曰"大君之宜,行中之謂",即此意也。

上九,鼎玉鉉,大吉,无不利。

上以陽居陰,剛而居柔,如玉之温潤而栗然也,故曰"鼎玉鉉"。人能剛而能温,以之處己,則順而祥;以之治人,則愛而公;施之天下國家則无所處而不當矣，故大吉而无不利也。《詩》曰“不競不絿，不剛不柔。敷政優優，百禄是遒”，此之謂也。

《象》曰：“玉鉉”在上，剛柔節也。

不偏于剛，不偏于柔，剛柔適均，是有節也，故其象爲“玉鉉”。“在上”字輕，言在卦之上也。

䷲ 震下震上

震：亨。震來虩虩，笑言啞啞；震驚百里，不喪匕鬯。

“震，動也。”又曰“一陽始生于二陰之下，震而動也”，此“動”字是“驚動”之“動”，非“動作”之“動”。《蒙引》説得好：“‘一陽始生于二陰之下’，有突如其來之勢，故震而動也。”一陽始生于二陰之下，而爲震動。在人則是大禍卒至，而爲之震懼也。

亨者，震而亨也，恐懼則致福也。“震來虩虩”以下，俱詳“震亨”之意，言占得《震》卦者有亨之道，如何？大事卒至於吾前，此心凛然而驚懼，是震之來也。其震之來也，恐懼驚顧，虩虩而不敢忽，則所以防患者必有其道矣。但見灾患一至，笑言啞啞，安樂自如，而不失其常度，雖極可懼之事，如震驚百里，主祭者于是誠敬中存，所執之匕鬯，亦不因之而喪失焉，所謂亨者如此。“震來”是心中震來，蓋事可懼而吾懼之也。“虩虩”不在震來之外，乃在震來之時，所以狀其震來也。《蒙引》之説精矣！

《程傳》：“啞啞，言笑和適之貌。”當從。《蒙引》欲作聲説，恐未是。震驚百里，雷也。匕鬯，祭祀之事。彖辭不言他而言雷、言祭祀者，震之象爲雷，爲長子。主祭，長子之事也。

《彖》曰：震，亨。

此不釋卦名，又一例也。

"震來虩虩",恐致福也。"笑言啞啞",後有則也。

"恐致福"釋"震來虩虩"之意。見其"震來虩虩"者,非无事而徒然驚恐也。後有則,故"笑言啞啞",承"恐致福"説來,言恐懼以後則備禦有方,凡事皆有法則矣,故動止不失其常度而笑言啞啞,正是福也。

"震驚百里",驚遠而懼邇也。

雷聲止于百里,遠近只在百里之内。驚者,卒然遇之而動乎外;懼者,惕然畏之而發乎中也。懼深於驚。

出,可以守宗廟社稷,以爲祭主也。

不喪匕鬯,誠敬之至也。祭祀致其誠、敬其心,一在于神明,雖震雷轟擊,亦不知覺,故所執之匕鬯不因之而喪失也。然此何以可守宗廟社稷爲祭主？其可以守宗廟社稷爲祭主,不專在於不喪匕鬯也。祭祀能致其誠敬,則無所不用其誠敬矣。修己以安百姓,篤恭而天下平,皆是道也,故足以守宗廟社稷爲祭主。"或問禘之説,子曰:'不知也,知其説者之於天下也,其如視諸斯乎?'指其掌。"亦是此意思。

舜納于大麓,烈風雷雨不迷,與"不喪匕鬯"又不同。"風雨不迷"是器度凝重而不爲之動,"不喪匕鬯"是敬心純一而不爲之動。

"出,可以守宗廟社稷,爲祭主",若作未出之長子,則無緣有箇匕鬯可執;若作已出之長子,又不宜再用箇"出"字。依愚見,"出"字還是"鬯"字之誤,乃脱了"不喪匕"三字。言震驚百里,主祭者於是不喪匕鬯,則可以守宗廟社稷爲祭主也。如此説許多條暢。

《象》曰:洊雷,震;君子以恐懼修省。

雷洊至,則威益盛,故其卦爲《震》。在人事,或天灾,或人禍,卒至於吾前,皆洊雷也。君子遇之,惕然恐懼,繼之以修省。恐懼未有事,修省則有事矣。

修,治也。去其弊,剔其蠹,興其頹,扶其衰,皆修治之事也。省其愆,思其過,從而更改之,皆省察之事也。周宣王遇灾而懼,側身修行,可謂能恐懼修省者矣。註云:"恐懼作之於心,修省見於行事。"

初九,震來虩虩,後笑言啞啞,吉。

初九成卦之主,爻義與卦同,其占辭亦同於卦,但有詳略之異爾。

[《象》曰:"震來虩虩",恐致福也;"笑言啞啞",後有則也。]

六二,震來,厲。億喪貝,躋于九陵,勿逐,七日得。

此爻彷彿漢高帝之事。初,項羽與諸侯約,先入關者王之。沛公先入關,項羽怒,引兵攻之,沛公懼,閉關以拒之,項羽攻破關,兵至霸上。沛公懼,見羽鴻門,是乘初九之剛,當震之來而危厲也。沛公先入關,如約當王,項羽違約,自立爲西楚霸王,而王沛公於漢中。沛公欲攻項羽,以張良、蕭何諸人勸,乃舍關中而就漢中之王,是"喪其貨貝,躋于九陵"也。沛公既至漢中,用蕭何之計,養民致賢,卒還定三秦,是柔順中正,足以自守,"勿逐,七日得"也。"九陵"、"七日"之象,《本義》謂"未詳",依《蒙引》解,亦似可通。

《象》曰:"震來厲",乘剛也。

《象傳》只解"震來厲"一句,言乘初九之剛,是危也。

六三,震蘇蘇,震行无眚。

此爻如唐明皇遇安禄山之亂而奔蜀,是"震蘇蘇"也。唐肅宗用靈武之師,能收復其京邑,是"震行无眚"也。

《象》曰:"震蘇蘇",位不當也。

以陰居陽,故曰"不當"。

九四,震遂泥。

以剛處柔,剛不足也;不中不正,德不足也。故陷於二陰之間不能自震,是爲"震遂泥"。晉元帝困於五胡,宋高宗終不能恢復中原,是其人也。

《象》曰:"震遂泥",未光也。

只是解"遂泥"。

六五,震往來,厲;億无喪,有事。

以六居五,不足於剛,才力有限也,故往來厲。幸而得中,則其德猶足以撑支禍亂,故无所喪而能有所事。占者不失其中,則雖危无喪矣。

《象》曰:"震往來,厲",危行也;

此可以《需》[初]爻"不犯難行"來反看,"需于郊,不犯難行也","震往來,厲,以危行也",言犯危險而行也。

其事在中,大无喪也。

言所以能有事者,以其在中爾。在中而能有事,不但无喪,且大无喪也,言萬无一失也。

上六,震索索,視矍矍,征凶。震不于其躬,于其鄰,无咎。婚媾有言。

以陰柔而處震極,則備患無素,禍患之來,不能禦也必矣,故爲"震索索,視矍矍"之象。索索者,志氣喪失,猶云神馳魄散也;矍矍者,居處不安,猶云視瞻易常也。若此者,不能圖之於早故也。若當"震不于其躬,于其鄰"之時,而早圖之,則无索索、矍矍之患矣,故无咎。然以陰柔處震極,防患之早,雖能免於過咎,處事之疏或未滿乎人意,故不免婚媾有言,他人可知矣。

《象》曰:"震索索",中未得也;

言中心失也,猶云方寸亂矣,此是"索索"、"矍矍"意。《蒙引》作推原説,似未是。《程傳》"消索不存",非中心失而何?

雖凶无咎,畏鄰戒也。

"震不于其躬,于其鄰"之時,此鄰人之所戒也。鄰人之所戒而已能畏之,防患可謂早矣,抑又何咎?

䷳ 艮下艮上

[艮]:艮其背,不獲其身;行其庭,不見其人,无咎。

此舍卦名直曰"艮其背",想是後人遺失。

此卦道理最大,亦最難看。程子曰:"看一部《華嚴經》,不如看一《艮》卦。"可見其道理大也。

天下事物各有當止之所。人之一身,耳、目、口、鼻、四肢之屬,皆能動作,惟背在身後脊上,不能動作,故取"當止"之象。艮其背,止於其所當止也,此是頭腦工夫,下三句皆其效驗,人能艮其背,則不獲其身,不見其人,皆相因而見。聖人下語,略來相對,只要辭語齊整好讀耳,不可因此把正意失了。

朱子小註曰:"艮其背,便不獲其身,便不見其人。'行其庭'對'艮其背',只是對得輕。"

又曰:"'艮其背'一句是腦,故《彖傳》中言'是以不獲其身,行其庭,不見其人也',四句只略對。"

又曰:"此段工夫全在'艮其背'上,人多將'行其庭',對此句説,便不是了。'行其庭'即是輕説過,緣艮其背,既盡得了,則'不獲其身,行其庭,不見其人'矣。"

又曰:"'艮其背',渾只見得道理合當如此,入自家一分不得,着一些私意不得,'不獲其身',不干自家事。這四句須是説'艮其背'了,方静時'不獲其身’，動時‘不見其人’，所以《彖傳》中説，‘是以不獲其身’至‘无咎’也。”

又曰：“不獲其身，如君止於仁，臣止於忠，但見得事之當止，不見此身之爲利爲害，纔將此身預其間，則道理便壞了。古人所以殺身成仁，舍生取義者，只爲不見此身，方能如此。”

“艮其背”一句兼動静，故《彖傳》曰：“艮，止也。時止則止，時行則行。”是行止皆艮也，《本義》乃帶“不獲其身”對“行其庭，不見其人”，爲静時之止，此不可曉，且“不獲其身”是不顧一身之利害，乃殺身成仁、事君致身事，亦兼動静。如文天祥曰“我爲綱常謀，有身不得顧”。歷盡險阻崎嶇，豈皆是静？都無事乃爲“止而止”，亦不可曉。庭除是有人之處，“行其庭，不見其人”，只是不顧人之是非予奪意，非從前“艮其背”二句全是静，至是始動也，乃爲“行而止”。與“艮其背，不獲其身”對，亦不可曉。若以不獲其身，不見其人，爲内不見己、外不見人，則可；若分動静，則不可。朱子小註曰：“此《傳》分作兩截，都是。‘艮其背，不獲其身’，爲静之止；‘行其庭，不見其人’，爲動之止。總説則‘艮其背’爲止之時，當其所止了，所以止時自不獲其身，行時自不見其人，此二句乃‘艮其背’之效驗。”據小註，既以三句爲“艮其背”之效驗，則固以“艮其背”爲頭腦，不可與三句爲等對矣。又分作兩截，以“不獲其身”帶“艮其背”爲止之時，與“行其庭，不見其人”對，又似騎墻。《蒙引》曰：“不獲其身，所以爲静時之止者，以其未干涉夫人也。‘行其庭’則就接人處説。”愚未敢以爲然，正緣“艮其背”是頭腦，兼動静，“不獲其身”裏不可專謂静，“行其庭”裏不可專謂動也。依愚見，《艮》卦與辭俱有動静。《彖傳》曰：“艮，止也。時止則止，時行則行。”以見《艮》卦内有動静，《本義》亦欲以卦辭分動静，故以“艮其背，不獲其身”爲“止而止”，“行其庭，不見其人”爲“動而止”也與？但似此分截，終是牽强。不知朱子當時如何似此張主？當時若曰“内不見己，外不見人”，豈不穩當？却用之於《彖傳》“上下敵應，不相與也”下，而不用於此，是可恨也。

天下事物，各有所當止，如父慈子孝、君仁臣敬之類是也，皆天命所當然，人心不容已。而人有此身，則利害之心生焉，故口之於味，目之於色，耳之於聲，鼻之於臭，四肢之於安逸，宫室之美，妻妾之奉，得則利，失則害，是皆生於吾之心身而爲利害之私情也。義之與利，雖曰其勢不兩立，然彼此之相較，則義甚重而利甚輕，不可同年而語也，明矣。人惟無見於此，是以利害之私情得以奪義理之良心，苟知其所當止而止焉，則見夫利不重於義，身不大於理，而身家之利害，身計之通塞，舉不足以奪之矣，故曰"艮其背，不獲其身"。一身之利害至切也，在人之是非毁譽，雖人所畏避，然以一身之利害較之，則又緩矣。既不獲其身，又何有於人？庭除，有人之處也。行於是而不見其人，則犯衆怒而不驚，忤群情而不懼，其自是自信，雖舉家國天下非之，而有所不顧矣，故曰"行其庭，不見其人"。夫"艮其背"則義理之所當止者，能止之矣；"不獲其身"，則内不見已矣；"行其庭，不見其人"，則外不見人矣。内不見己，外不見人，而所見者惟義理，則獨行不愧影，獨枕不愧衾，仰不愧於天，俯不怍於人，何咎之有？孔子不脱冕而行，孟子不受萬鍾，其大至於志士仁人，無求生以害仁，有殺身以成仁者，皆"不獲其身"。申屠嘉之困鄧通，不顧文帝之寵臣；太子、親王不下司馬門，六百石之公車令得以劾奏而遮留；郎中令小臣得以妃妾之分而徹夫人之坐席。其大至於伊尹之於太甲，冒然以身當天下萬世不韙之名而不辭；伯夷、叔齊咈然非責武王之伐商，而不顧八百諸侯之畢會，皆"行其庭，不見其人"也。

《彖》曰：艮，止也。時止則止，時行則行；動静不失其時，其道光明。

《蒙引》曰："兩'則'字有'止其所而不遷'之意，所以爲止。""艮，止也。"是解字義，言艮之義止也。"時止"之"止"，不是此止字；"時止則止"，方是此止字。"時行"雖是行，然其"則行"乃是此止字。時止，是事不可爲而當止也；時行，是事可爲而當行也。《蒙引》曰："此行止非專以出處言，當動静二字用，與《論語》'作止語默'之'作止'及'一動一静，莫非妙道精義'者一般。"愚謂"時止則止，時行則行"猶云可行則行，可止則止爾。

"時止則止，時行則行"兩句只在"艮，止也"内，乃艮之目也。蓋止者，止於是而不遷之意。人之行止，各有其時。義理之當然，時也。時當行止而不行止，則奪於外物，行止皆失其時矣。“時止則止”，是止莫起之止，得其止矣；“時行則行”，是行莫尼（泥）之行，得其止矣，故兩句只在“艮，止也”内。“時止則止”内也有“不獲其身，不見其人”，“時行則行”内也有“不獲其身，不見其人”。

“動静不失其時”，只是上文“時止則止，時行則行”意。時行則行，動不失其時也；時止則止，静不失其時也。動静不失其時，則動静皆合於理，故曰“其道光明”。

内不愧於心，外不怍於人。磊磊落落，如青天白日而不暗昧；停停當當，如精金美玉而無瑕纇，是其道之光明也！

“其道光明”，就艮止上看，只是光明俊偉之意。朱子註：“凡人胸次煩擾，則愈見昏昧。中有定主，則自光明。《莊子》‘泰宇定，天光發’。”《蒙引》“充實工夫”之意，皆未是。

孔子之不主於彌子瑕以得衛卿；齊人歸女樂，季桓子受之，三日不朝，孔子行，時止則止也。沛公聽蕭何之言，不攻項羽；漢光武閉玉門關以謝西域，亦近之。孔子於季桓子，見行可而仕，爲大司寇而誅少正卯，時行則行也。漢王用韓信，出漢中，定三秦；孫權用周瑜之計，助蜀漢，拒曹操，亦近之。

艮其止，止其所也。上下敵應，不相與也，是以“不獲其身，行其庭，不見其人，无咎”也。

《彖傳》易“背”爲“止”，就是解“艮其背”之義，彷彿如《比》六四“外比於賢”意，蓋“外比於賢”是解“外比”之意，“艮其止”是解“艮其背”之意。

“止其所”須兼上文“時止則止，時行則行”二意，時止則止，固止其所；時行則行，亦止其所也。

“上下敵應而不相與”，是釋“止其所”之義。蓋止其所者，各安其所止而不和同也。此卦内外二體，初與四、二與五、三與六，陰則皆陰，陽則皆陽，陰陽皆以敵應而不互相爲偶，是各安其所止而不和同也，故舉以釋《彖傳》。

言“艮其止”，謂止其所當止之所也。此卦何以取此？蓋以卦體陰陽敵應不相與，有止其所之義也。夫惟能止其所，是以“不獲其身，行其庭，不見其人”也。此解則“艮其背”不帶“不獲其身”與“行其庭，不見其人”爲對矣。

《象》曰：兼山，艮；君子以思不出其位。

“兼山”，是兩重山也。兩山並立，便有各止其所之意，故其卦爲《艮》。位者，所處之分也。萬事各有其所，得其所則止而安。若當行而止，當速而久，或過或不及，皆出其位也。凡人至於出位者，由不能思也，思不出其位，則於止知其所止矣。《大學》之“君仁臣敬，父慈子孝”，《中庸》之“素富貴，行乎富貴；素貧賤，行乎貧賤”，皆其義也，不可謂“所思不出其位”。《蒙引》有辯。

初六，艮其趾，无咎，利永貞。

艮以人身取象，初六居下，趾之象也。陰柔則才弱而不足以有爲，居初則初任事而未可以有爲。初在艮之時，能自止而不爲，故其象爲“艮其趾”。時止則止，故其占无咎。然陰柔不能固守，或有當止而不止者，故戒以“利永貞”。

《象》曰：“艮其趾”，未失正也。

解“无咎”，可與《師》六四“師左次，未失常也”參看。

艮其趾與愚而好自用者異矣，故“未失正也”。

六二，艮其腓，不拯其隨，其心不快。

腓，足肚也，欲行則先自動，躁妄不能固守者也。二止其腓，則無妄動之失矣，以居中得正故也。三爲限，乃二之所隨也。過剛不中以止乎上，有列夤薰心之患，二雖中正而體柔弱，不能往而拯之，所謂“危而不持，顛而不扶，則將焉用彼相”者是矣，故其心不快。楚人伐江、滅黄，而齊桓不能救，《春秋》責之，則知六二之不快矣。

《象》曰:"不拯其隨",未退聽也。

爻辭罪二而《象傳》獨罪三者,分過於三以互相發也。或問:"若使三能退聽乎二,不知二能拯三否乎?"曰:"二雖才弱不足以濟,然有中正之德。使三能退聽於二,必能匡濟其一二,故不拯其隨,雖二之過,在三亦不爲无罪也。"

九三,艮其限,列其夤,厲熏心。

限是人身上下之際,即腰胯也,以其爲上下之界限,故曰"限"。夤是脊骨,能屈能伸。限不可艮,艮則脊骨不能屈伸,而上下判隔,是列夤也。《程傳》:"列,絶也。"九三過剛不中,當限之處,故曰"艮其限"。《蒙引》曰:"限非三故意自艮,乃病也,勁風也。"止道貴乎得宜,得其止則止其一而其餘皆通,失其止則舉一而廢百。九三當限之處,乃上下之要衝,不可以止者也。而九三過剛不中,乃於是而止焉,則腰限、風邪、脊骨皆勁而不能屈伸,是列其夤也。人而如此,厥病深矣,故曰"危熏心"。世之執一不通,行止失宜,以致事勢乖離、人情睽隔而憂心内結者,此爻是也。

《象》曰:"艮其限",危熏心也。

此以"危"解"厲"。《程傳》曰:"謂其固止,不能進退,危懼之慮,常熏爍其中心也。"

六四,艮其身,无咎。

以陰居陰,才之弱也,故時止而止,歛身不動,爲"艮其身"之象。此爻之才與《艮》初六同,而"身"與"趾"之異象者,自爻位取也。"无咎"亦同。

《象》曰:"艮其身",止諸躬也。

此是解"艮其身","止"字是解"艮"字,"躬"字是解"身"字,非有兩意,時止而止之意。

六五，艮其輔，言有序，悔亡。

五位居上，就人身取象，正當輔之處。以陰居陽，不正，未免有妄言之悔。以其居中，故能艮其輔而言不妄，故其悔可亡。

《象》曰："艮其輔"，以中正也。

言六五能艮其輔者，由其居上體之中也。由中可以求正，故能艮其輔，此《象傳》之解，《本義》不用，不知何也？子曰："仁者，其言也訒。"可與此參看。

上九，敦艮，吉。

"敦艮"者，敦厚於艮，艮得牢固，不始勤而終怠，始然而終不然也。以陽剛居止之極，故取此義。陽剛則能止，居止之極則止有終。

《象》曰：敦艮之吉，以厚終也。

言自始至終，皆敦厚也。

䷴ 艮下巽上

漸：女歸吉，利貞。

漸，漸進也。此卦《艮》下《巽》上，是止於下而巽於上也。方其在下，則止而不妄動，及其上進，又巽順而不急迫，是進以漸也。男先求女，女不求男，此可見止於下處；六禮備而後成婚，可見巽於上處，故曰"有女歸之象"。天下之事，進必以漸者，莫如女歸。且男女，萬事之先，故取"女歸"爲象。

"女歸吉"者，女歸以漸，故吉也；"利貞"者，女歸以正，故利也。言漸之義，進也。此卦《艮》在下，其德爲止；《巽》在上，其德爲巽。止於下而巽於上，漸進之義也，故其卦爲《漸》。文王繫辭謂："天下之事，莫先於男女；其進以漸者，莫如女歸。"占者，女歸若能以漸，則宜其家人而吉矣。男女婚姻，貴乎以正，此卦自二至五，位皆得正，又有正之義也，故其占若女歸（或凡事）必利於正，不正未有能利者也。

《本義》解卦辭不用《彖傳》。

雲峰胡氏曰:"《咸》'取女吉',取者之占也。《漸》'女歸吉',嫁者之占也。"《蒙引》曰:"《咸》之取女,特咸之一事爾;《漸》之女歸,特進之一事爾。《咸》之利貞,凡有感者皆然;《漸》之利貞,凡有進者皆然。"

《彖》曰:漸之進也,"女歸吉"也。

"之"字當"漸"字,"女歸吉"就承"漸進也"説,言漸之義漸進也。女歸以漸,是以吉也。

進得位,往有功也;進以正,可以正邦也。

此以卦變釋"利貞"之意。自《渙》而來,九自二進而居三;自《旅》而來,九自四進而居五,是進得其位之正也。得位之位,不是君臣之位,是爻位。《易》之大義,以陽居陽、陰居陰爲得位,以陽居陰、陰居陽爲失位。九進居三、九進居五,皆以陽居陽,是得位也。《易》之大義,得位則爲正,失位則爲不正。三、五之進,皆得其位,是進以正也。三、五得位,不可謂君臣之位;三、五之爻,則是君臣之象。觀"正邦"之辭,則所主在君臣可見矣。

"進"謂進而居位也,"得位"謂進而得其位也,"進以正"即是"進得位",蓋三、五之進皆得其位,是進以正也。

進得其位之正,貞之義也;有功、正邦,貞之利也。進得位而以正,則有功而能正邦如此。此漸所以利貞也,故曰"以卦變釋利貞之義"。

既曰"進得位,往有功",又曰"進以正,可以正邦",爲上文之意未明,故解釋之也。"進以正"解"進得位","正邦"解"有功"。

其位,剛得中也;

"其"指誰? 指九五也,謂九五之位以剛而得上體之中,中則無不正矣,亦有"利貞"之義也,故曰"以卦體言"。謂以卦體言之,又有"利貞"之義也。

《彖傳》意謂"漸之利貞",何也?蓋此卦之變,自《涣》來者,九自二進而居三,以九之陽爻得三之陽位,三之進得位也。自《旅》來者,九自四進而居五,以九之陽爻得五之陽位,五之進得位也。進得位則有功矣,何也?蓋進得位,則進以正矣,進以正則己正而物正,可以正邦焉。三之進以正,則上可以正君,下可以善俗;五之進以正,則正朝廷以正百官,正百官以正萬民,故可以正邦也。三、五之進以正,則可以正邦,而有邦如此,此漸之所以利貞也。夫以卦變言,則三、五皆得其位之正;以卦體言,則九五又得其位之中。蓋此卦之體,以九五之位,則居乎上體,是剛得中也。中重於正,中則心无邪思、内无妄念,由是内直外方、静虚動直,有以立天下之大本,行天下之達道,而無不正矣,是亦有利貞之義,占者所以利貞也。

止而巽,動不窮也。

《蒙引》曰:"上曰'漸,漸進也',只釋卦義而已,遂承以'女歸吉'也,未暇及卦之所以爲漸處,故俟盡釋卦辭後方及之。"

"止而巽",漸進之義;"動不窮",漸進之效。蓋進以漸,則其進得遂矣。急於進者,未有能遂其進者也。

《象》曰:山上有木,漸;君子以居賢德善俗。

巽木在山之上,是山上有木也。山上有木,以漸而高,故其卦爲《漸》。君子體此,於居賢德也,由善信而美大,由美大而聖神,則盈科後進,放乎四海,而德於是乎成,其善俗也。由期月而三年,由三年而百世,則風移俗易,黎民於變時雍,而俗於是乎成矣!

初六,鴻漸于干。小子厲,有言,无咎。

漸,進也;干,水涯也。鴻漸于干,是始進之象,是時未有得失,未見其危,其危在无正應上。“小子”,初之象也,新進之士,故曰“小子”。名實未升於當路,而上復無相知援引之人,故不免有危。“有言”,危之實也。新進之士,名實未升於當路,上無相知援引之人,則言語中傷,未免有之。然乃時命之不然,非名義之有歉也,故无咎。賈誼始進漢廷,文帝問之,絳、灌之徒譖之於帝,謂“洛陽少年,專事紛更”,是“有言”也,誼雖以是取困,然於名義何損哉?可見其无咎也。

《象》曰:小子之厲,義无咎也。

《小象》去“有言”,只曰“小子之厲”,可見“有言”只是“小子厲”,不是别意。雖有言語之傷,然乃時也,位也,命之不偶而无應者也,非己之不善有以致之也,故於義爲无咎。

六二,鴻漸于磐,飲食衎衎,吉。

六二柔順中正,進而居二,是德稱其位,不爲竊位。上有六五之應,是得上之信任,可以行其志。合是三者,則可以安其位而享其禄矣,故其象爲“鴻漸于磐”,言居位之安也,又爲“飲食衎衎”,言食禄之安也。夫德不稱其位者,則有竊禄之嫌;無事而食人之食者,則有素餐之病,皆非吉之道也。六二“鴻漸于磐,飲食衎衎”,則無竊位,無素餐,禄位可以長保,功業可以自見,令譽可以永終,故吉也。

“飲食衎衎”承“鴻鴈”而言,又當知設此以象食禄之安爾。若就鴻説,則鴻漸于磐,安得有物可飲食邪?

《本義》“其進以漸”,《蒙引》作“循資格”説。文王、周公之時,未有資格,不可以末世之事説古《易》也。又漸只是進義,《本義》“進以其漸”,又是生出一義。若爾,則九三、四至五皆曰“鴻漸”,何也?豈皆進以其漸邪?似乎難通,故不能從。

《象》曰:“飲食衎衎”,不素飽也。

“不素飽”解“飲食衎衎”,“得之以道”解“不素飽”,食人之食有以事人之事，是得之以道也。六二柔順中正，進而得君，自然食人之食有以事人之事，而得之以道矣。“飲食衎衎”，食禄之安也，所以然者，食人之食有以事人之事，得之以道而不爲徒飽也。不爲徒飽，則於人無誚，於己無愧，退食自公，委蛇委蛇，處之以安矣。

爻辭兼居位、食禄二意。《象傳》只解食禄一邊，蓋以戒人臣之素餐者也。

九三，鴻漸于陸，夫征不復，婦孕不育，凶。利禦寇。

陸，是平原之地，非鴻之所處也。九三過剛，則性質剛忿，不中則行事乖方，无應是莫有救正之者，故徑趨冥行而陷身於非地，如“鴻漸于陸”也。過剛不中而无應，在男女皆不利占者。如丈夫征行，則足以殺其軀而已，故不得復歸其鄉土；婦人懷孕，則陽道偏勝，陰道不足，必不能生育，皆凶道也。過剛之人，他無所用，惟用之禦寇，則足以防患而禦寇，故利。

朱子小註曰：“今術家擇日利婚姻底，曰‘不宜用兵’；利相戰底，曰‘不宜婚姻’，正是此意。蓋用兵則要相殺相勝，婚姻則要和合，故用有不同也。”

《象》曰：“夫征不復”，離群醜也；“婦孕不育”，失其道也；“利用禦寇”，順相保也。

象人皆還，彼獨不還，是離其群類也。

陰陽和然後能生育，過剛无應，則陽道偏勝，陰道不足，是失生育之道也。“利用禦寇”，由其過剛能謹慎以相保也。相保者，交相助禦也。

“順”當作“慎”，是《蒙》六三《象傳》“勿用取女，行不順也”之“順”，蓋順、慎古字通用，作慎字則易通。《程傳》“順道相保”，《蒙引》“與人同心協力”之説，俱覺牽强。

六四，鴻漸于木，或得其桷，无咎。

六四乘九三之剛，三之剛忿善於陵物，四之善柔不能制，故不得其所安，其象爲“鴻漸于木”。木,非鴻所棲也。然六四以柔而居巽體,雖處九三之上,而能巽以下之,則三亦不爲之害,而能得其所安矣,故爲“或得其桷”。始不安而終或安,故无咎。

《象》曰:“或得其桷”,順以巽也。

“順”是性質,“巽”是着力,故《蒙引》曰“要有辯”。

九五,鴻漸于陵,婦三歲不孕,終莫之勝,吉。

九五居尊,“鴻漸于陵”之象也;六二在下,與之相應,是其婦也。乃爲三、四所隔而不得合,故至於三歲不孕,然邪不勝正,故三、四之隔,久之必散,二、五之交,終於必合,故終莫之勝而其占吉。

《象》曰:“終莫之勝吉”,得所願也。

二、五之合,本其素願,乃隔於三、四而不得遂。“終莫之勝吉”,則得其所願矣。

上九,鴻漸于陸,其羽可用爲儀,吉。

上九處極高之位,出塵寰之表,而其清風高節爲世表儀,故其象爲“鴻漸于陸”,其羽毛可用爲儀飾。占者如是,則身名俱高,污濁莫染,德望之隆,儀表天下,何吉如之。

《象》曰:“其羽可用爲儀,吉”,不可亂也。

志不可亂,嘉上九之志也。其志何志?高尚之志也。

䷵ 兑下震上

歸妹:征凶,无攸利。

不曰“妹歸”而曰“歸妹”,歸在妹也,所謂“不用父母之命,媒妁之言,鑽穴隙相窺，踰墻相從”者。兑以少女而從震之長男，則不擇其偶而妄與，是不用父母之命、媒妁之言而自歸，固歸妹也。其情又爲以説而動，則不由禮義之正而惟情所向，是亦不用父母之命、媒妁之言，亦歸妹也，故其卦爲《歸妹》。

以理言之，其歸在妹，固爲未善；以卦言之，自二至五，位皆不正，三、五二爻又皆以柔乘剛，亦爲未善，故其占征凶而无攸利。

《彖》曰：歸妹，天地之大義也。天地不交而萬物不興；歸妹，人之終始也。

《歸妹》本是不好卦，此云“天地之大義”是就他好處説。如《姤》本是不好卦，《彖傳》云“天地相遇，剛遇中正”，亦是就他好處説。

歸妹，男女之配合也，此即天地之大義也。蓋陰陽交感，天地之大義。在《歸妹》之卦男有室，女有家，此義即天地之大義也。下文“天地不交，萬物不興；歸妹，人之終始”，正是明天地之大義處。“人之終始”，“人”字内有二人，女子終於此，人道始於此，是二人也。

説以動，所歸妹也；

《本義》兼卦象解，此只以卦德解。

“征凶”，位不當也；

位不當，失其正也。在人事，是行不以正，非禮法所容也，其凶必矣！

“无攸利”，柔乘剛也。

以柔乘剛，剛柔易位，是婦制其夫，夫屈於婦，故无攸利。“位不當”、“柔乘剛”總釋“征凶”、“无攸利”亦可。《彖傳》以分釋，此聖人之意，不可得而測也。

《象》曰：澤上有雷，歸妹；君子以永終知敝。

雷動澤隨，猶男動女隨也，故曰“歸妹”。歸妹，合之不正者也，君子以之，因其合之不正，即知其終之有弊，而合必以正焉。推之事物，莫不皆然也。

初九，歸妹以娣，跛能履，征吉。

初九居下而无正應，女之歸而爲娣也。陽剛在女子爲賢正之德，但爲娣之賤，能承助其君，不能大有爲也，故又爲"跛能履"，言不能及遠也。占者如此而往，其力量雖不能大有作爲，其職分之所當爲則已盡矣，故吉。

《象》曰："歸妹以娣"，以恒也；"跛能履"，吉相承也。

四句相因，緊緊説下。言初九雖歸妹以娣，然有恒久之德；如是則雖跛能履，然其職分則已盡，是吉相承也。如《需》九二之"需于沙，衍在中也；雖小有言，以吉終也"，此類甚多，難以悉舉。

九二，眇能視，利幽人之貞。

九二，陽剛得中，女之賢者。上有正應，而陰柔不正，是賢女而配不良，不能大成内助之功，故其象爲"眇能視"，其占"利幽人之貞"。蓋幽人，不偶之人也，抱道守正而不出，此其貞也。遇九二之占者，亦宜如是而已，使出而有爲，終不足以成功。"利幽人之貞"，言不利於仕進也。

《象》曰："利幽人之貞"，未變常也。

九二利幽人之貞，乃抱道守正，好爵自靡而不改其常者也。"常"即"貞"也，"未變常"是解"幽人之貞"。

六三，歸妹以須，反歸以娣。

陰柔不中正，女之不良，又爲説之主，攻於媚説者。不正之女，人莫之取，故爲"歸妹以須"而"反歸爲娣"之象。須，待也，未得所適而姑待之也，待之不得而反歸爲娣，可羞之甚也，可以爲女子不良者之戒矣。

《象》曰:“歸妹以須”,未當也。

即《本義》“不中正”意。

九四,歸妹愆期,遲歸有時。

九四以陽居上體,是門地之高者。陽剛,女之賢者也,下无正應,不得箇賢人爲之偶,然九四不肯輕易從人而過期以待所歸,雖遲所歸,而將有時愆期,非人不我娶,乃我不輕許人也;愆期,非不歸,欲得佳配而後行,其歸將有時也,故爻曰“歸妹愆期”,《象》曰“愆期之志,有待而行”。

《象》曰:愆期之志,有待而行也。

明非人之不我娶,乃我之不輕從人也。

六五,帝乙歸妹,其君之袂,不如其娣之袂良。月幾望,吉。

六五居尊,在歸妹是“帝女”之象也,有柔中之德,下應九二,尚德而不貴飾,故其象爲“帝女下嫁”。“其君之袂,不如其娣之袂良”,蓋以德禮爲光華,不以衣服爲容飾也。女德之盛,無以加此,故爲“月幾望”之象,占者如之,則可相君子而成内治之功,可以宜家人而端風化之本,吉之道也。

《象》曰:“帝乙歸妹,不如其娣之袂良”也;其位在中,以貴行也。

言帝乙歸妹,不如其娣之袂良也,所以然者,由其位在上體之中,貴也。以貴而行,則内重而見外之輕,故其君之袂不如其娣之袂良。

上六,女承筐无實,士刲羊无血,无攸利。

上以陰柔居歸妹之終而无應。陰柔則非賢正之女,居歸妹之終,則婚期已過,无應則莫之娶者,故爲約婚不終。在女子則承筐而无實,在士夫則刲羊而无血。承筐,女子之將嫁也,承筐无實則不成嫁矣;刲羊,士將宴新婚也,刲羊无血則不成娶矣，是“約婚不終”之象也。占者如此，何所利哉？

《象》曰：上六“无實”，承虛筐也。

女之嫁也，承筐是將而幣帛爲之實，上六无實，承虛筐，是未成嫁也。若承實筐，則成嫁矣。曰“承虛筐”，見約婚不終。

䷶ 離下 震上

豐：亨，王假之。勿憂，宜日中。

《本義》曰“以明而動，盛大之勢”，言明動相資，所以致盛大也。朱子曰：“以明心應事物，則何事不立？何功不成？故曰‘盛大之勢’也。”

當豐盛之時，以禮、樂、刑、政，則四達不悖矣；以教化，則大行矣；以凡百所爲，則無不如志矣，有亨道也。

天道日中則昃。宜日中者，常中而不昃也。世道盛極則當衰，人君守常而不至於過盛，如日之常中也。日無常中之理，聖人特借此以言治道爾。兢兢業業，如履虎尾，如蹈春冰，罔淫于逸觀遊田，皆守常之道也。《本義》“守常”之“常”，是“世無常治，亦無常亂”之“常”，言守得常如今日也。

《彖》曰：豐，大也，明以動，故豐。

説見卦辭下。

“王假之”，尚大也；

此未是不好意思。大抵創業之初，紀綱法度未立，王道未成，民物未康阜，方日夜圖惟，皇皇汲汲，思濟洪業，惟恐不足，無暇及盛大之事。及到豐盛之世，紀綱法度已立，王道已成，民物康阜，然後及於盛大之事。如漢至武帝時，更制度，易服色，改正朔，購經籍，崇儒術，有上嘉下樂之意，長駕遠馭之志，是所尚皆大事也。

"勿憂，宜日中"，宜照天下也。

日惟中，方能照及四旁。日中而昃，則只及一旁而不能周及四旁。亦猶人君維持國家，常如盛大之日，則神明在上，紀綱振舉，天下皆在其照臨之内，而罔有遺於法度之外。一或過盛，則志氣昏怠，法度廢弛，天下之事有遺於明照之外者多矣。《象》曰"勿憂，宜日中"，謂王者宜維持國家，常如盛大之日以徧照乎天下也。當國家盛時，百官各舉其職，法度精明，天下之民，遵王之道，遵王之路，無有作好，無有作惡，及盛極而衰，百官懈怠，法度廢弛，天下之弊病日生，釁孽日萌，寇賊奸宄時時竊發而莫之照管，以至於大壞極弊而後已。如漢、唐、宋之季世可鑒也，此"宜日中，宜照天下"之明驗也。

日中則昃，月盈則食；天地盈虚，與時消息，而況於人乎？況於鬼神乎？

卦辭"勿憂，宜日中"，言當守常不至過盛。此言盛衰之理，以見所以當守常而不至過盛也。意謂日至於中，則當昃矣；月至於盈，則當食矣。非但日月也，雖大而天地之盈虚，亦與時而消息。其盈者，時之當息也；其虚者，時之當消也。天地且然，而況於人乎？又況於鬼神乎？以是觀之，物盛而衰，乃理之常。此王者所以當兢兢業業，保守其常，而不至於過盛也，故曰"發明卦辭外意"。

卦辭曰"勿憂，宜日中"，所以然處未之及，此方言之，以補卦辭之所未及，故曰"發明卦辭外意"，言辭外之意也。《蒙引》曰："雖曰'辭外之意'，然實有此意，但辭不及爾。鬼神體物不遺，日月之中昃盈食，天地之消息盈虚，皆鬼神所爲。此既另言，又當有分别，如四時寒暑、雨露風雷、山川草木、峙流榮枯之類，皆鬼神之所體也。"

《象》曰：雷電皆至，豐；君子以折獄致刑。

雷電皆至，明震並行，盛大之象也。

折獄，是察其是非曲直而判斷也；致刑，是是非曲直既判，從而擬其罪也。折獄屬明，致刑屬動。

折獄是判斷詞訟，看那箇是，那箇非，那箇事情是如何，那箇事情是如何。致刑是議擬罪名，看那箇該笞，那箇該杖，那箇該徒，那箇該死，但古之五刑，非今之五刑，爲稍異爾。

初九，遇其配主，雖旬无咎，往有尚。

初與四，居相應之位，四本是初之配主，然陰陽則相應，今初與四，其爻皆陽，其勢均敵，宜無相應之理矣。然初九離明之初，九四震動之初，非明則動無所之，非動則明無所用，而四與初，一明一動，其用有以相資，其道有以相成，故初與四雖曰“其勢均敵”，而其占可以无咎。不但无咎而已，以是而往，又足以成事功，故曰“有尚”，言可加尚也。

象曰：“雖旬无咎”，過旬災也。

此是聖人戒初九之辭，故曰“爻辭外意”。亦緣二爻之勢力均敵，恐其不能相下而致生事端，此實人之常情。言初與四，雖其力均敵，以明動相資而得无咎，然在初之與四，又當每事謙下，不可求勝其配，若不能相下，必欲求勝其配，則二者必不能相容而反生事端矣，故曰“過旬灾也”。

《程傳》曰：“與人同而力均者，在乎降己以相求，協力以從事。若先己之私，有加上之意，則患當至矣，故曰‘過旬灾也’。”

六二，豐其蔀，日中見斗，往得疑疾。有孚發若，吉。

夜則見斗，日中豈有見斗之理？曰“日中見斗”，言晝反夜也，日中而昏也，猶云“滿世俱暗”。

六二爲離之主，至明者也。上應六五之柔暗，則明爲所蔽而不得達，故爲“豐蔀見斗”之象。如微子、比干、箕子，豈不是聖賢？當紂之時，爲其所蔽，纖毫不能自見，而舉世皆昏黑，是“豐蔀見斗”之象也。往而求之，反得疑疾，如比干諫紂，紂曰“吾聞聖人之心有七竅”，乃殺王子比干，剖視其心，此疑疾之大者。積誠意以感發之，則可得而轉移矣，故曰“有孚發若，吉”，《象傳》以“信發志”明之。

《象》曰:“有孚發若”,信以發志也。

九三,豐其沛,日中見沬。折其右肱,无咎。

“見沬”何以爲“暗之甚”？蓋夜明則小星不見,故諺云“月上不見星”,夜暗則無月亦無星,惟小星獨見爾。“日中見沬”是晝暗。

三處明極而應上六,以上六之至暗而傷其至明,則舉世昏黑如日中見沬也。賢智之才遇明君,則能有爲於天下,上無可賴之主,則不能有爲,如人之折其右肱也。然乃時命之不然,非志義不佳所致,故无咎。

《象》曰:“豐其沛”,不可大事也;“折其右肱”,終不可用也。

人臣爲君所蔽,安能濟大事？折其右肱,則終不能有爲矣。

九四,豐其蔀,日中見斗。遇其夷主,吉。

四以陽剛之德,上比六五之柔暗,則明爲所蔽而不得施,“豐蔀見斗”之象也。夫上無明君,雖不能濟大事,下有同德,亦可稍行其志,如典午南渡,國家多艱,元帝柔弱不足有爲,謝安、周顗之徒同心共濟,亦足以維持其國家萬分之一也。

《象》曰:“豐其蔀”,位不當也;

此與《睽》“見輿曳,位不當”一般,皆爲所遇非其人也。言九四豐其蔀者,所居之位近六五之柔暗,是位不當也。

“日中見斗”,幽不明也;“遇其夷主”,吉行也。

解“日中見斗”意,蓋幽暗不明,故“見斗”。

“吉行”只是吉,可見聖人之言,亦欲協韻也。

六五,來章,有慶譽,吉。

六五質雖柔暗,若能來致天下之賢,則可以開發其聰明,薰陶其德性,有慶譽而吉也。慶,福慶也。譽,聲譽也。此是繫辭聖人之意,本爻辭原無此意。

《象》曰:六五之吉,有慶也。

“慶”是六五本身之慶,《程傳》作“天下之福慶”,差。《象傳》去“譽”而存“慶”,用其重者也。

上六,豐其屋,蔀其家,闚其户,闃其无人,三歲不覿,凶。

陰柔,性質之偏也;豐極日中,則昃之時也;動終,好自用之甚也;明極,察察以爲明也。以是質處是時,好自用而察察以爲明,則其明也,適足以自蔽而已,如桀、紂是也。豐其屋而因以蔀其家,如是,則闚其户,闃其无人,至於三歲不覿矣,凶之甚也。

《象》曰:“豐其屋”,天際翔也;“闚其户,闃其无人”,自藏也。

《程傳》曰:“處豐大之極,在上而自高,若飛翔於天際。”爻辭《本義》:“居豐極,處動終。”明“極”亦其義也。

“闚其户,闃其无人”,非果无人也,暗不見人也,故曰“自藏也”。

䷷ 艮下 離上

旅:小亨,旅貞吉。

旅无常居,此卦艮之象爲山而止於下,離之象爲火而炎于上,去其所而不居,旅之象也。

六五得中而在外卦,故曰“柔得中乎外”。

柔得中,柔則不失之剛,得中又不過於柔,以是而順乎上下之二陽,則無違拂之横,而有順從之美,旅之所宜也。艮止則安静而不躁,離明則聰明而曉事,亦旅之所宜也。有如是之德，故在羈旅之中，雖無大事之可言，然行無不得，求無不遂，亦客途之順事也，故"小亨"。然旅之能小亨者，爲能得旅之正道也。占者必守其貞，斯得吉矣。苟失其貞，欲求吉亨，不可得也。

"旅貞"或欲另説，不用卦體、卦德"柔得中"等意。然《彖傳》只帶"小亨"説，不别解，可見只是卦體、卦德意，故今用之。

《彖》曰：旅，小亨，柔得中乎外而順乎剛，止而麗乎明，是以"小亨，旅貞吉"也。

説見卦辭下。

旅之時義大矣哉！

此承上文之意而言，謂當旅之時，必柔得中而順乎剛，止而麗乎明，然後小亨。旅貞吉，其時義顧不大哉！聖人着此句，初看似無謂，細味之方知其深意，蓋聖人之意，恐人以旅爲小事而或忽之也，故承釋卦辭之後，而終之曰"旅之時義大矣哉"。

《象》曰：山上有火，旅；君子以明慎用刑而不留獄。

死者不可以復生，刑者不可以復屬，一有不慎則濫及無辜，故君子明慎之。"惟明克允"，明之謂也。"服念五六日，至于旬時，丕蔽要囚"，慎之謂也。

五刑明慎，似有以得其真情矣。既得其情，又當隨時決遣，不可使淹留於獄。"明慎"，仁也；"不留獄"，義也。義而不仁，則傷於暴而濫及於無辜；仁而不義，又傷於懦而威沮於强梗。仁義並用，治獄之道也。

初六，旅瑣瑣，斯其所取災。

初六當旅之時，是爲旅者以陰柔居下位，陰柔則愚暗，居下位則卑賤，是旅之最下者，故爲"旅瑣瑣"。刀錐必計，毫末必趨，纖瑣齷齪，無所不至，故曰"瑣瑣"。占者如是，安往而不爲人所賤？故曰"斯其所取災"。

《象》曰:"旅瑣瑣",志窮災也。

志意窮極,其取灾也必矣,即《本義》"以陰柔居下"。

六二,旅即次,懷其資,得童僕,貞。

二有柔順中正之德,柔順則衆與之,中正則處不失當,故在羇旅之中,即其次舍,懷其資財,又得其童僕之貞信。即次則安,懷資則裕,得其童僕之貞信則無欺而有賴,旅之最善者。

《象》曰:"得童僕貞",終无尤也。

羇旅之人,所賴者童僕也。得童僕貞,終无尤悔矣。

九三,旅焚其次,喪其童僕,貞厲。

九三過剛則暴,不中則所處失當,居下之上則自高。以是爲旅,投宿於人而人莫之容,"焚其次"也。恩不及下,而下不之附,"喪其童僕"也。占者如是,雖其心無邪,然其勢亦狼狽矣,故曰"貞厲",言雖正亦危也。

《象》曰:"旅焚其次",亦以傷矣;以旅與下,其義喪也。

在羇旅之中,親戚遠離,所賴者童僕爾,必當待之以恩,方能得其貞信。九三當旅之時,而與下寡恩,如此,義當喪其童僕也。

九四,旅于處,得其資斧,我心不快。

九四"用柔能下",人莫不説,故爲"旅于處",言旅得其地也。得其資身之斧,言有以自防也。"故其象占如此",象如此,占亦如此也。以陽居陰,非其正位,是一時處事有失其當者。"又上無陽剛之與,下惟陰柔之應",群伴不好也,故其心不快。

《象》曰:"旅于處",未得位也;"得其資斧",心未快也。

爻辭"我心不快"通承上二句,《象傳》則分解,此夫子之《易》。蓋《象傳》

只用“以陽居陰”一句解爻義。“旅于處”云云，四句上下相應，言九四雖“旅于處”，然以陽居陰，未得位也，故雖得其資斧而心未快。“用柔能下”意俱遺了。

六五，射雉，一矢亡，終以譽命。

此爻與占者相爲主賓，彷彿如《乾》九五“飛龍在天，利見大人”例。蓋六五柔順文明又得中道，爲離之主，雉之象也，故得此爻者，爲“射雉”之象。夫射雉者，不免有亡矢之費，雖云亡矢而終得雉，是終有譽命也。

《象》曰：“終以譽命”，上逮也。

是解“終以譽命”。“上逮”言名聞於上也。“命”字當作“名”字看。

上九，鳥焚其巢，旅人先笑，後號咷。喪牛于易，凶。

上九過剛，則失之暴；處旅之上，有巢之象。處離之極，明極則傷於自恃，故《本義》曰“驕而不順”。

上九處旅之上，爲巢之象也；過剛處離之極，是驕而不順也，故其象爲“鳥焚其巢”。在旅人爲先笑、後號咷。焚巢，失其居也。始自高，故焚巢。“先笑後號咷，喪牛于易”，失其順也，是解所以“焚巢”意。“焚巢”、“號咷”即是凶處。

《象》曰：以旅在上，其義焚也；“喪牛于易”，終莫之聞也。

旅在上，過高也，言以旅之時而在上位，驕亢如此，其義當焚其巢也。

“終莫之聞”，終莫之悟也。

易經存疑卷八

䷸ 巽下巽上

巽：小亨，利有攸往，利見大人。

伏羲六畫之卦名之曰“巽”，蓋“巽之義，入也”，一陰伏於二陽之下，其性能巽以入也，故其名爲“巽”，重之又得“巽”，故其名不易焉。文王繫辭以爲，陰柔無立，待陽而立，故占得此卦名，如卦之以陰爲主也，則得“小亨”；如卦之以陰從陽也，則“利有攸往”。從陽固利於往，然必知所從，方得其正，故又爲“利見大人”，隨所處以爲吉凶也。

《彖》曰：重巽以申命。

巽之象爲命令，正以巽順而入，必究乎下也。上下二體皆巽，是爲重巽，在命令則爲申命也。

“以”字當“爲”字看，若當“以”字看，似乎用《易》，與“君子以申命行事”一般。

剛巽乎中正而志行，柔皆順乎剛，是以“小亨，利有攸往，利見大人”。

九五之剛，巽乎中正，而其志得行，“大人”之象也。初、四二爻皆順乎剛，得陽助也，是以其占“小亨，利有攸往，利見大人”。“小亨，利有攸往”，本柔順乎剛；“利見大人”，本“剛巽乎中正而志行”。五居上體之中，中也；以陽居陽，正也，又居五之君位，故其志得行。合此三者，故有“大人”之象。剛巽之巽，本卦名，中正以德言，不以位言，志行則本乎位。

《象》曰：隨風，巽；君子以申命行事。

居官治民，施政行事，必先舉欲施行之事，被之命令，以播告下民，然後見之施行。《周禮》"孟春之月，布法象魏"，今之官府張掛榜文是也。欲行事而不先申命，則下民不知上所欲爲之意，命申於未行事之先，事行於既申命之後，則命之入於民也深，而事之行也無阻碍矣。

初六，進退，利武人之貞。

以陰居下，况又爲巽之主，故卑巽之過，進退不果之象。初六進退，其資失之柔弱而不足於剛也。若以"武人之貞"處之，則有以濟其所不及，而剛柔得宜矣，此補偏救過之道也。

《象》曰："進退"，志疑也；"利武人之貞"，志治也。

言初六進退，是其志疑懼而不果於有爲也。"利武人之貞"，蓋濟以武人之貞，則疑懼者變而果敢矣。是其志治也，所謂利也。

"志治"解"利"字。

九二，巽在牀下，用史巫紛若吉，无咎。

此爻最難看。《本義》不甚明白，《小註》、《蒙引》俱無説，今就《本義》求之。九二以陽爻處陰位，是失位也；或是行事不如意，又遇非其人，因起疑謗，所居在下位，其地隔越，其情又不能自達，故有不安之意。然當巽之時，不厭卑屈，而二又居中，本是君子，非能過於卑屈者，故聖人教以自安之道，謂：能過於巽而丁寧煩悉其辭以自道達，則其情通於上，爲之上者，感其誠，察其言而諒其心，得以自安矣，吉而无咎也。

此爻彷彿似樂毅伐齊，下齊七十二城，惟莒、即墨不下，此事不如意也。不幸昭王没，惠王素不喜毅，人因而謗毅，毅與惠王素不相得，是居下也，故其情無以自達。於是自魏與惠王書，備道己與先王相得之故，不敢忘義背燕之意，是"用史巫紛若"也。

"亦竭誠意以祭祀之吉占"，須看"亦"字，蓋不專重祭祀也。

《象》曰：紛若之吉，得中道也。

即《本義》“居中”意，以其得中，自不至已甚。

九三，頻巽，吝。

九三過剛不中，既非能巽之資，居下之上，又有上人之勢，本非能巽者，然當巽之時，則亦勉而巽焉。但本非能巽之人，而勉爲卑巽之事，故不能當而屢失屢巽，“頻巽”之象也。夫執守不堅，而得失互見，可羞之道也，故其占吝。

《象》曰：頻巽之吝，志窮也。

其志窮極，不能謙下，故頻巽而致吝，即《本義》“過剛不中，居下之上”意，與上六“上窮也”意同。

六四，悔亡，田獲三品。

陰柔則才弱，无應則无援。承乘皆剛，是前後皆狂暴之人，侵陵之患未免有之，故有悔。然以陰居陰，處上之下，用柔能下，是善處己處人，所謂君子敬而無失，與人恭而有禮也。如此，則所承乘之剛，非獨不之侵陵，而反爲之助矣，故其悔可亡。不但其悔可亡，而又因之有功，故其占爲“田獲三品”。田獲三品，亦“卜田之吉占”。朱子曰“卜田之吉占”，特於《巽》之六四言之，此等處有可解者，有不可解者，只得虛心玩味，闕其所疑，不必强穿鑿也。

《象》曰：“田獲三品”，有功也。

此只就“田獲”上說。

九五，貞吉，悔亡，无不利。无初有終。先庚三日，後庚三日，吉。

九五剛健中正，其德本無不善，然居巽體，則苟且偷安之弊有不免焉。以其性體剛健中正也，故能起而變更之，奮發於因循之中，整頓於敗壞之餘。夫然則一掃去日之弊，而永收來日之功，是有貞而吉也，故得亡其悔，而凡事亦无不利，如是則无初而有終矣。然其變更也，必先庚三日，丁寧於其變之前；後庚三日，揆度於其變之後，以是而行，則有審慎之意，无苟且之弊，故能盡其變更之善而得吉。

《象》曰：九五之吉，位正中也。

"位正中"，有其德也，故能獲變更之善。

上九，巽在牀下，喪其資斧，貞凶。

上九有陽剛之德，只被居巽之極壞了，故"巽在牀下，喪其資斧"。"巽在牀下"，過於巽也；"喪其資斧"，失所以斷也。占者如是，雖巽所當巽，而不爲邪。然過於卑巽，必致自輕而取侮，凶之道也。

《象》曰："巽在牀下"，上窮也；"喪其資斧"，正乎凶也。

《程傳》曰："在牀下，過於巽也；處卦之上，巽至於窮極也。""正乎凶"，言必凶也。

䷹ 兑下兑上

兑：亨，利貞。

"一陰進乎二陽之上"，如何爲"喜之見乎外"？蓋陰本居下，今自下而進，越居乎陽之上，陰得乘陽，非其所望，是以喜也。《大傳》"説萬物者莫説乎澤"，故兑之象爲澤。澤，止水也。坎象爲水，坎卦下一畫是陰，變而爲陽，則爲兑。是坎水而塞其下流，乃止水也，故亦爲澤象。

《程傳》："兑，説也，能説於物，物莫不説而與之，是以致亨。然説之道利於貞正，非道求説，則爲邪諂而有悔咎，故戒以利貞也。"《本義》用《彖傳》意解。愚按《程傳》之解，更似潔净。方西樵先生《約説》用之，不爲無見，然《彖傳》、《本義》之説似不可廢，今宜兼用《蒙引》説，《易》多有似此者。

文王繫《兑》之辭謂：兑以説物，本有亨道，况此卦之體，二、五二爻皆以剛而得中，又有致亨之道，故其占當得亨通。非道求説，則爲邪諂而有悔咎，况此卦之體，三、六二爻皆以柔而居外，又有不正之嫌，故占者利於貞正。兑亨之後，不忘利貞之戒，聖人之情可見矣。

《彖》曰：兑，説也。剛中而柔外，説以利貞，則以順乎天而應乎人。説以先民，民忘其勞；説以犯難，民忘其死：説之大，民勸矣哉！

"剛中而柔外"，若依《蒙引》，"剛中"字輕，則聖人用"剛中"二字虚了。若依《本義》"剛中故説而亨，柔外故利貞"，則《彖傳》已遺了"亨"字，"剛中"二字亦無所屬。依愚見，當依《程傳》説："陽剛居中，中心誠實之象；柔爻在外，接物和柔之象，故爲'説而能貞'也。"依此説，則"説以利貞"之意皆有所自，《彖傳》"剛中柔外"四字，俱不虚矣。天理人心，正而已矣，故説以利貞，則順乎天而應乎人。必言應人者，説道關乎人，天人之理一，故言人而并及天也。

"説以先民"者，有道以説之，使民欣説相先以趨事而不憚勞也。蓋好逸惡勞，人情之常，勞民之事，本非民所説，若營不急之務，如魯莊公築臺于郎、于薛、于杏，秦始皇築長城、阿房以役民，則民胥讒作慝矣。惟夫事之不容已者，如鑿池築城以防寇盜，爲臺爲沼以察氛祲、時觀遊，以是而役其民，民必思夫上之興作也，事非得已，下之趨事也，職分當然，皆欣歡悦樂，相先以趨事而不憚難矣，故曰"説以先民"。《孟子》曰："文王用民力爲臺爲沼，而民反懽樂之。"此"説以先民"也。即《孟子》"以逸道使民"之意。

"民忘其勞"，根源在"説以先民"上。説以先民，民既説之，自忘其勞矣；民若不説，雖欲民忘勞，不可得也。

"説以犯難"者，有道以説之，使民欣歡，勇往直前，以犯難也。蓋好生惡死，人之常情。若好大喜功，如秦皇、漢武，北擊胡，南擊越，使數十萬生靈死於沙漠瘴厲，則民驚懼讎怨有不説者矣。惟夫四夷交侵，寇賊竊發，戕賊我邦家，殄害我生靈，於是温詞正義，褒賞激勸，驅其民以防患禦寇。民必思曰："除暴止亂，人君之道；尊君親上，庶民之職。况上之使我，本爲民除害，非欲殺我也。"皆欣歡而樂於効死矣，故曰"説以犯難"。即《孟子》以"生道殺民"之意。"民忘其死"，根源在"説以犯難"上。民若不説，雖欲民忘死不可得也。"民勸矣哉"，"民勸"即是"民忘其勞，民忘其死"，此所以爲"説之大"也。"説之大"是即上文而贊之。

《象》曰：麗澤，兑；君子以朋友講習。

講習者，講而又講，所謂已精而益求其精也。必以朋友者，以我之所見而資乎彼，以彼之所見而資乎我，如兩澤相麗，互相滋益也。只是致知之事，《大學傳》所謂"道學"是也。

初九，和兑，吉。

以陽爻居説體，其説也正，不失之邪媚也。處下則不失於上，求无應則不失於私繫，故爲和悦。"發而皆中節謂之和"，悦之以道而不失節，是和悦也。以和而悦，外不失人，内不失己，吉之道也。

《象》曰：和兑之吉，行未疑也。

疑，碍也，言無疑碍也，即行無不得。所以然者，以居兑之初，其説也正，故行無所疑碍也。

九二，孚兑，吉，悔亡。

九二以陽居陰，爲失其正，不免有妄説之悔，然有剛中之德，是有誠心者也。占者有孚而説。有其誠心，則誠能動物，人無不説，悔其可亡矣。蓋中重於正，因中可以求正也。

《象》曰：孚兑之吉，信志也。

"信志"只是誠心，解"孚兑"。

六三，來兑，凶。

陰柔不中正，妄説者也。爲兑之主又善悦人者，上无所應，而反來就二陽以求説，則求非其類。所謂未同而言者，在己既失其道，在人未必我應，故凶。

《象》曰：來兑之凶，位不當也。

只是不中正。

九四，商兑未寧，介疾有喜。

九四上承九五之中正，下比六三之柔邪，欲從三則慮失五，欲從五又慮失三，於是籌度二者之間，求其所從之人而未能有定，故曰"商兑未寧"。然九五中正，六三柔邪，其爲人既有邪正之分，而九四陽剛，是素能守正之人，故能介然守正而疾惡柔邪也。如此，則有直諒多聞之益，而無便辟善柔之損矣，故有喜。"象占如此"，其象如此，其占亦如此，與《旅》六四同。

《象》曰：九四之喜，有慶也。

"有慶"是解"喜"字，無便辟善柔之損，而有直諒多聞之益，是有慶也。

九五，孚于剥，有厲。

據九五之德、之時、之位，與其所比之人，實有聽信小人之幾，故繫辭聖人爲之設戒曰"孚于剥，有厲"，是知"吉凶無門，惟人所召"。君天下者，尤不可不謹也。

《象》曰："孚于剥"，位正當也！

"正"謂剛健中正，"當"謂居尊位。惟位正當，故自恃其聰明富貴，密近小人，以爲不能害己而一於聽信，明皇之於李林甫，德宗之於盧杞是也。

上六，引兑。

上六成説之主，卦之所以爲兑者也，况又以陰居説之極，是善於爲説也，故爲"引兑",是欲引下二陽相與爲説者。然不能必其從否,故繫辭聖人於九五爲之致戒,於上六不言其吉凶。

《象》曰:"上六引兑",未光也。

貶之之詞,夫與人同歸於善,君子莫大之善也。上六相引,以爲不善,其道奚光哉?

䷺ 坎下巽上

涣:亨,王假有廟,利涉大川,利貞。

"柔得位乎外而上同",《本義》曰:"六往居三,得九之位而上同於四。"看來以陰居陽,難説得位;三在内卦,亦難説外;上同六四,力量終未大,亦難濟涣。《朱子語類》謂"其説未穩",雲峰謂"上同於五",是矣。但謂"三往居外卦之四",亦非也。依愚見,"柔得位乎外而上同",是六四之柔得位乎外卦,而上同九五。以六居四,是柔得位,正也。以是上同九五之中正,四、五同德也。四、五同德,斯足以濟涣矣,故亨。若以朱子卦變例,只是二爻互换轉移,無那隔驀兩爻底,愚見在《易》卦亦有此例,如《解》卦變三往居四,入於坤體,二居其所而得中,亦是兩爻隔驀。《解》卦六自三往居四入坤體,此卦變也。二既往居四,則二惟居其所,亦自卦變得也。《涣》卦九自三來居二而得中,此卦變也。三既來居二,則四惟居其所而上同於五,亦自卦變得也。以彼釋此,其説甚通,况謂六四之柔得位而上同九五説濟涣,亦甚相貼,似乎可從。但《本義》已定,《語録》雖謂"未穩"而未及更改,無有敢張主者,姑記于此,以俟智者之自擇爾。

九自三來居二而得中,得所安也。如劉備爲曹操所攻,奔荆州依劉表,一時雖未能有爲,亦可以苟安,是得中之意。"柔得位乎外而上同",如劉聰亂晉,懷、愍被害,司馬睿先以懷帝之命出鎮江東,聞愍帝之喪,遂即帝位,用王導、周顗諸賢以圖興復,彷彿"得位乎外而上同"之意。"涣,亨。"是其涣可合也,卦變有合涣之道,故其占得亨。

"王假有廟",蒙"涣"字來,是祖考精神之涣也,假廟所以合涣。"利涉大川",當實事説,不作濟難之象,以《本義》有"乘木之象"也。"利貞",總承,不專就"假廟"、"涉川"説。濟涣之貞,所該者廣。假廟之貞,孝敬而已;涉川之貞,能待而已。

《彖》曰:涣亨,剛來而不窮,柔得位乎外而上同。

説見卦辭下。

"王假有廟",王乃在中也。

言王假有廟,乃是王者在宗廟之中祭祀也。此是解釋卦辭爲"王假有廟"句,含糊欠明,故爲此語以解之。

"利涉大川",乘木有功也。

此卦巽木在坎水之上,是人乘木之象,所以利涉而有功也。

《象》曰:風行水上,涣;先王以享于帝立廟。

享帝立廟,皆所以合涣也。享帝之合涣,在於天人之分殊;立廟之合涣,在於幽明之途異。享帝則天人感通而涣合矣,立廟則幽明感通而涣合矣。

立廟與假廟不同,假廟是祭祀時合涣,立廟是平時合涣。

吴草廬致慤亭説:"人之生也,神與體合;而其死也,神與體離。以其離而二也,故於其可見而疑於無知也。勤求之而如或見其存,藏之而不忍見其亡。藏之而不忍見其亡,葬之道也;求之而如或見其存,祭之道也。葬之日送體而往於墓,葬之後迎神而返於家,一旬之内五祭而不爲數,惟恐其未聚也。及其除喪而遷於廟也,一歲之内四祭而不敢疏,惟恐其或散也。家有廟,廟有主,祭之禮于家而不于墓也。墓也者,親之體魄所藏,而神魄之聚不在是。"

初六,用拯馬壯吉。

初六居卦之初,涣之始也。初之陰柔,其才不足以濟涣,然九二在上,有剛中之德,初能順之,故仗其力以濟涣,是用拯而得馬之壯也。夫始涣而拯之,爲力既易,又有壯馬,則涣可合而難可濟矣,吉之道也。

《象》曰:初六之吉,順也。

言初六所以吉者,以其能順從剛中之才也,即"用拯馬壯"。

九二,涣奔其机,悔亡。

九二以陽居陰,是所處非其地,宜有悔也。然當涣之時,來而不窮,則雖所處非其地而暫獲一時之安,由是可以圖將來之事,是能亡其悔者也,故其象爲涣奔而得其机,占者得之而能如是,其悔可亡。如先主,帝室之胄,中原無駐足之地而奔據巴蜀,亦可悔矣。然益州沃野千里,天府之國,可以粗安而因之復興漢室,是悔亡。

《象》曰:"涣奔其机",得願也。

當危難之秋,奔竄流離,其志拳拳在於圖安。九二涣奔而得其机,是得其所願也。

六三,涣其躬,无悔。

私於己,三也;志在濟時,亦三也。其象如何? 蓋陰柔不中正者,氣質之偏;志在濟時者,志操之大。如沛公居山東時,貪財好色,及入關,財物無所取,婦女無所幸,范增謂其志不在小,此可以觀六三之私與其志矣。六三能涣其躬,則公爾忘私,國爾忘家,而悔可亡。"居得陽位",當作"時位",乃與"陰柔不中正"不相背。

《象》曰:"涣其躬",志在外也。

言其志在天下國家也。志在天下國家,則不復顧其私矣,所以能涣其躬也。

六四,涣其群,元吉。涣有丘,匪夷所思。

朋黨有二,有在廷臣工各相朋結爲黨,如唐所謂牛李之黨,宋所謂洛黨、朔黨者,此一黨也。有天下豪傑各相朋結爲黨,如春秋戰國之時,天下諸侯各爲朋黨,以相侵伐;漢唐之衰,群雄並起,割據土宇而爲黨者,此一黨也。非有大才大位而心無偏繫,不能涣其群。六四居陰得正,有其才矣,上承九五,當濟涣之任,有其位矣,下无應與,無私繫矣。有是三者,故能天開日揭而廓清陰翳,電掃風驅而削乎僭亂,是謂涣其群也。如漢光武,如唐太宗,芟除群盜;趙普相宋太祖,取蜀取江南,可謂涣天下之群矣。而在朝之朋黨,未有能涣之者。"涣有丘"是即上文而贊之,蓋在朝之朋黨既散,則公道合而爲一;天下之朋黨既散,則天下合而爲一,故曰"散小群而成大群,使所散者聚而若丘"。若此信非常人之所可及,故曰"匪夷所思"。

六四以涣言群者,何也?凡内外之朋,皆起於人心涣散之時,若當國家盛時,安得有此哉?觀於漢、唐、宋之季世可見矣。

《象》曰:"涣其群,元吉",光大也。

是解"元吉",《程傳》曰:"稱元吉者,謂其功德光大也。"

九五,涣汗其大號,涣王居,无咎。

九五陽剛中正,有其德也;五爲君之尊位,有其位也。以是而當涣之時,故能散其號令與其居積,以濟天下之涣。夫天下之涣也,常由於賦繁役重而民力竭,刑苛法峻而民無所措其手足,蒼生無所告命而起怨嗟。至于窮極,則土崩瓦解而不可收拾矣。故當濟涣之任者,必涣新民之大命,救濟之大政,或輕其賦役,或省其刑罰,如漢高入關與民約法三章,唐高祖代隋與民約法十二條,是能涣其大號者。又必發倉廪以濟民窮,出府庫以周貧乏,如武王伐商,發鉅橋之粟,散鹿臺之財,以周窮民及善人,是散其王居者也。如是,則百姓悦服,天下歸心,天下之涣可合,生民之難可濟矣,是无咎也。

《象》曰："王居无咎"，正位也。

《象傳》是節字，須帶"渙大號"説。言九五渙大號與王居而得无咎者，由其正乎君人之位也。苟無其位，雖欲爲而不可得矣。

上九，渙其血去，逖出，无咎。

上九居渙極，渙極則當合矣。以陽居渙極，則足以合渙矣，故渙其血則去，渙其逖則出，占者如是，則无咎也。

《象》曰："渙其血"，遠害也。

"遠害"只是解"血去逖出"。

䷻ 兑下
坎上

節：亨。苦節不可，貞。

澤上有水，盈滿則流溢而出，容受不得，故曰"其容有限，節之象也"，此《節》《大象》之意。《彖傳》"説以行險"，亦節之象，不知《本義》何故不取，豈以《彖傳》只用以釋卦辭耶？陽多於陰，是剛過於柔也。剛過於柔，則立己太峻，人情不能堪；用物太儉，斯世不可行，節之太過，苦節之窮也。陰多於陽，是柔過於剛也。柔過於剛，則放縱乎禮法之中而靡所拘檢，放蕩於規矩之外而無所底止，節之不及，不節之嗟也。卦體三陰三陽，是剛柔中分，不過於剛，不過於柔。既不立己太峻，用物太儉，而至苦節之窮；亦不放蕩無拘，流蕩莫止，而至不節之嗟，乃節之適中者也。《禮器》曰"管仲鏤簋朱紘，山節藻棁，君子以爲濫"，此"不節之嗟"也。"晏平仲祀其先人，豚肩不揜豆，澣衣濯冠以朝，君子以爲隘"，此"苦節"之凶也。《彖傳》曰"剛得中"，言二、五皆陽，各居一卦之中，是得中也。《本義》只曰"二、五皆陽"，不曰"得中"，蓋只言二、五則得中之意在其中矣。剛柔分，節之不偏；剛得中，亦節之中也。但講時須有分別，講剛柔分，只當云"不偏於剛，不偏於柔，剛柔適均"，這裏似難用"無過不及"之意。講得中，方可用“無過不及”之意。蓋天下之理，不外一“中”，加之錙銖則爲太過，減之錙銖則爲不及，皆非中也。就節而言，若太拘束是爲太過，非中也；稍無拘束是爲不及，亦非中也。若剛過於柔，是爲苦節，即過乎中；柔過於剛，是爲不節，而不及乎中。

節固自有亨道，況此卦之體，剛柔中分，而二、五之剛各得其中，又節之善而當得亨者，故其占當得亨通。夫節不外乎制行與用財二者而已。制行有節，則在邦必達，在家必達矣。用財有節，則不傷財、不害民矣，是亨也。夫節固可得亨，苦節而至於太過，則其節爲苦矣。苦節則違性情之正，乖倫理之常，物不能堪而勢不可行，不可守以爲常也。

凡事得中則甘，過中則苦，調味、用心、制行，莫不皆然。甘則吉，苦則窮，所以苦節不可貞也。

《彖》曰：節亨，剛柔分而剛得中。

說見卦辭下。

“苦節不可貞”，其道窮也。

言“苦節不可貞”者，蓋節至於苦，則違性情之正，乖倫理之常，物不能堪而勢不可行矣，故曰“其道窮”，言其理必至於窮困也。

此只據義理言，於卦無取，故《本義》曰“又以理言”。

說以行險，當位以節，中正以通。

《本義》云“又以卦德、卦體言之”，是言“節”與“亨”之義也。此是總釋卦與辭，《本義》難分，故不曰“釋卦名、辭”，只曰“以卦德、卦體言之”。“說以行險”，節也。“當位以節，中正以通”，節之亨也。“當位”以位言，方與“中正”不相犯。

言此卦之德，下兑之德爲說，上坎之德爲險，以兑遇坎，說以行險也。夫說則喜進,遇險則止,是節之象也。而此卦之體,九五陽剛居尊當位,以主節於上,而所節者又得其中正,是以可通行於天下,此節之亨也。

天地節而四時成。節以制度,不傷財,不害民。

天地之氣,流行於兩間,春極則轉而爲夏,夏極則轉而爲秋,秋極則轉而爲冬。稍過則止,無少過差,此天地之節也。天地有節,則春、夏、秋、冬之四時於是乎成,無節則無四時矣,故曰"天地節而四時成"。

聖人在上,知財用不可無節也。舉國家百費之常,而酌以義理之中,稽一年所入之數,以爲一年經用之數,必使諸費不越乎中制,所出不浮其所入,隨立制度以爲之節焉。如是,則經用有章,其出有限,府庫之財不爲之傷矣。府庫之財不傷,則不復取之於民以足用,而民亦不爲之害矣。故曰"節以制度,不傷財,不害民"。

《象》曰:澤上有水,節;君子以制數度,議德行。

《程傳》:"數,多寡也。"愚謂,數不出度之外,數度謂多寡之法度也。蓋法度之多寡,皆有常數也。

君子觀節之象,以立節於天下也。範圍百物以制其過,斟酌多寡以爲之法,璣衡以齊七政,土圭以測四方,九品任官,九兩繫民,貢賦征徭之差,車服采章之頒,以至於權量之必審,財用之必節,大小輕重之際,不容以毫髮差,高下文質之間,不容以纖毫紊,此制數度以定萬用之限也。至於人身之德行,則商度可否以適其宜,裁量過不及以求其中,三綱五常各盡其道,動容周旋必中乎禮,仕止久速之惟時,辭受取與之合義。自一身以及於萬事,無衆寡,無小大,皆必思之於心,揆之於理,不拂乎天,不違乎人,此則議德行以嚴一身之限也。

"澤上有水",《易》卦之節;"制數度,議德行",人事之節,蓋人所以體乎《易》也。

初九，不出户庭，无咎。

節之初，未可以行，宜節而止，初以陽剛得正，居之則能節而止，故其象爲“不出户庭”。占者如是，吾見時止則止，其道乃光，知通知塞，吾道不屈，何咎之有？

《象》曰：“不出户庭”，知通塞也。

重在“塞”邊，“通”是帶説。《蒙引》曰：“在初九時，則塞而未通也。”

九二，不出門庭，凶。

九二在初之上，其時可行。若非初九居節之初，未可行也。而失剛不正則暗於審時，上无應與則无與爲援，故知節而不知通，其象爲“不出門庭”。“好從事而亟失時”，二之謂也，其凶可知矣，凶只在“好從事而亟失時”上。

《象》曰：“不出門庭凶”，失時極也。

言失時之甚也。

六三，不節若，則嗟若，无咎。

陰柔不中正以當節時，非能節者。如用財則不能量入爲出，立身則不能謹言慎行是也。占者如之，吾見用財無節，則財用爲之傷；立身無節，則悔尤不能免，其嗟必矣。然事由己作，過將誰歸？无所歸咎也，故《象傳》曰“又誰咎”，此“无咎”與諸爻異，言无所歸咎也，觀《象傳》可見。

《象》曰：不節之嗟，又誰咎也！

“不節之嗟”，乃自致爾，又誰咎也。

六四，安節，亨。

九五當位以節者也。六四陰柔得正而承之，則君作法於上，臣守法於下，制節謹度，不敢縱逸，和順從容，無所勉强。言乎德行，則謹身修行以臨其民，而凡動容周旋皆中乎禮；言乎數度，則量入爲出以節於用，以至車馬宫室皆不過其制，是其節之出於自然而安於節者也。夫凡事能節，固當得亨，况節之安者乎！占者如之，吾見聲爲律，身爲度，巍然百姓之具瞻。左規矩，右準繩，卓乎一世之儀表。在彼無惡，在此無射，聲名以之而洋溢；高而不危，滿而不溢，福履於是乎永綏，其亨爲何如？

"亨"與卦辭一般，但此就"大臣之節"上說。

《象》曰：安節之亨，承上道也。

九五主節於上而節之甘，六四柔順得正而承其道，此所以安於節而無事乎勉强也。

九五，甘節，吉，往有尚。

九五當位以節而得中正，節之甘也。節之甘，則不拂於古，不戾於今，合乎人情，宜乎土俗，如五味之甘可以適口也。占者如是，吾見推之四海而皆準，行之萬世而無弊，故曰"吉，往有尚"，即《彖傳》所謂"通"也。往有尚，即吉。

中溪曰："味之甘，人所嗜也；味之苦，人所不嗜也。九五甘於節而不苦於節，故吉。"

《象》曰：甘節之吉，居位中也。

此釋"甘節"之義，言九五其象爲"甘節"。其占得吉者，由其所居之位在上體之中也，中則无不正矣。即《彖傳》"中正以通"，在爻爲中正，在節爲甘。

上六，苦節，貞凶，悔亡。

居節之極，故爲苦節。雖正而不免於凶，即卦辭"苦節不可貞"之意，然禮奢寧儉，故雖有悔而終能亡也。

《象》曰："苦節貞凶"，其道窮也。

即《彖傳》"其道窮"意。

☴☱ 兑下巽上

中孚：豚魚吉，利涉大川，利貞。

孚者，信之在中者也。卦名"中孚"，已有"中"字，故《本義》只云"孚者，信也"，不及"中孚"。以一卦言，二陰在内，四陽在外，中虚之象也；以二體言，二五之陽，皆得其中，中實之象也。就人事言，心無私欲，中虚也；心皆天理，中實也，不是兩件事。朱子曰："一念之間，中無私主便謂之虚，事皆不妄便謂之實，不是兩件事。"

雲峰"受信"、"本質"之説，俱未是。

下説以應上，下巽以順下，上下交孚也，亦爲孚義。

"豚魚吉，利涉大川"，俱承"中孚"説來。中孚，至信也，至信可以感豚魚，故筮得中孚者，能感豚魚則吉。涉川貴於能待，故筮得中孚者，涉大川則利。物之難感者，莫如豚魚，若能感豚魚，則吉矣。舜之格有象、有苗，是能感豚魚也。中孚之卦，木在水上，舟象也。外實内虚，亦舟象也，故其利涉大川。然本"中孚"來，蓋涉川貴於能待，此卦"中孚"既能待，又有此二義，所以待也。

"利貞"，就中孚説，蓋中孚亦有不正者。如胡雲峰謂"盜賊相群，男女相私，士夫死黨小人出肺腑相示而遂背之"是也，故戒以"利貞"。信及豚魚，説得利貞；涉川，只能待便了，説不得利貞。

"豚魚"，《程傳》作"二物"，《本義》無説。《蒙引》似依《程傳》，然謂豚是豚之稚者，則可。若豕，人家喂養，一呼即到，又易感者，難説難感，《補註》河豚之説謬。今定豚作稚豕，魚作水中魚，揚子江金山寺江中鼋魚，僧人喂之熟，一呼即至；今人盆中養金魚，與之飯食即至，可見信及豚魚也。

《彖》曰：中孚，柔在内而剛得中；

説見卦辭下。

説而巽，孚乃化邦也。

“孚”字，兼上下説。下説以應上，上巽以順下，上下交孚也。如是，則近者悦，遠者來，舉天下皆信之矣，故曰“乃化邦也”。“説而巽”，就一國之民説；“化邦”，就天下説，自近而遠也。

“豚魚吉”，信及豚魚也；

解“豚魚吉”，言其信及於豚魚也。

“利涉大川”，乘木舟虚也；

乘木，即《本義》“木在澤上”之象；舟虚，即《本義》“外實内虚”之象。

中孚以利貞，乃應乎天也。

中孚以利貞，則所信者天理之公也，不正則流於人欲之私矣，謂之天理可乎？厚齋馮氏曰：“誠者，天之道也。孚之正，則應乎天。”此天是在人之天，不可説是在天之天。

《象》曰：澤上有風，中孚；君子以議獄緩死。

至誠所感，物無不受，此“風感水受”，所以爲“中孚”之象也。議獄緩死，則一念惻怛爲民之意，真有以入乎人心，故曰“中孚之意”。議獄緩死，是獄囚當死矣，猶慮有寃枉，其間更加議讞而且緩其死，庶幾得其寃枉而有可生處，至求其生而不得，然後致之刑，是惻怛爲民之意，真有以入乎人心也，故曰“中孚之意”。

初九，虞吉，有他不燕。

初九當中孚之初，未有所主也。上應六四，居陰得正，是可信之人也，故聖人戒占者言：“能度其可信而信之，則足爲吾終身之所倚仗，故吉。若有他焉，則失其所度之正，非但彼之心不樂乎我，而吾所信之人亦不足爲吾之倚仗，是不得其所安也。"

《象》曰：初九"虞吉"，志未變也。

此與"閑有家，志未變"略相似，爲中孚之初，初志未變，故能度可信而信之。若其志已變，則有所偏繫，不復能度信矣。

九二，鳴鶴在陰，其子和之；我有好爵，吾與爾靡之。

九二以陽居陰，九五在上與之爲應，其象爲"鳴鶴在陰，其子和之"。所以然者，蓋二以中孚之實而感乎五，五以中孚之實而應乎二，在二固願感乎五，在五亦願應乎二，兩箇中心都愛，猶"我有好爵，吾與爾俱靡之"，所以鳴鶴子和，相應如此也。四句兩象，上二句就"鶴"上取象，下二句就"好"上取象，下一義是上一義之所以然處。

《象》曰："其子和之"，中心願也。

言鳴鶴在陰而其子和之，本皆其中心之所願也。即《語録》"兩箇都要這物事，所以鶴鳴子和，是兩箇中心都愛，所以相應如此"之意，即《本義》"亦以中孚之實應之"也。

六三，得敵，或鼓或罷，或泣或歌。

陰柔不中正，則性質无常；居説之極，則又無節而反其常。與上九信之窮者相應，則知信而不知變，不足爲吾之倚賴，以我之無常，應彼之不通，故不能自主。靡所定執，或鼓而起，或罷而止，而作止之无常；或泣而悲，或歌而樂，而哀樂之无常。所爲如此，則不言凶，凶可知矣。

《象》曰："或鼓或罷"，位不當也。

此只就本爻説，遺了上應上九意。蓋上九雖不足倚仗，使三能自立，亦不至作止哀樂之无常也。

六四,月幾望,馬匹亡,无咎。

月爲臣象,“六四居陰得正”,臣德之盛也。“位近於君”,臣位之盛,所謂寵絶百僚,故爲“月幾望”之象。初九與己爲正應,是其匹偶也。夫位極人臣,則趨附者衆。自非匪躬狥國之臣,鮮不昵於私交而没公道者矣。六四居陰得正,故能絶其朋黨而一心於事上,故其象又爲“馬匹亡”。夫人臣之義無私交,占者能如四之馬匹亡,則得人臣公爾忘私之義而无咎矣。

《象》曰:“馬匹亡”,絶類上也。

言絶其朋類而上從於五也,可謂匪躬之臣矣。

九五,有孚攣如,无咎。

九五中孚之實,爲中孚之主,下應九二,與之同德相信,是其孚信之兩相攣固者也。占者如是,則上下一心,君臣同德,明良喜起之歌在於是矣,何咎之有?

《象》曰:“有孚攣如”,位正當也。

正以德言,即剛健中正也;當以位言,即居尊位也。

上九,翰音登于天,貞凶。

雞非登天之物而欲登天,其不能登也,必矣。天下事有義理可爲,而時勢不足以付之,不可復信也。乃固執以爲可信而必欲有爲,亦猶翰音非登天之物而登天也,其不能濟,必矣。夫信非所信,雖正理所在,然終不能濟,故不免於凶。

《象》曰:“翰音登于天”,何可長也!

言終必敗也,《蒙引》曰:“宋襄之仁,尾生之信,皆不可長也。”

☳☶ 艮下震上

小過：亨，利貞。可小事，不可大事。飛鳥遺之音，不宜上，宜下，大吉。

此卦辭最難看，《蒙引》尚未得其説。愚反覆求之，似得其旨，觀者詳焉。《蒙引》曰："《本義》'既過於陽，可以亨矣'，蓋以義而言，陰固不可過陽；以勢而言。則既過於陽，亦可以亨。但以其有妨於義也，故隨戒以'利貞'。"據此，是以陰陽爲君子、小人，以"小過亨"爲小人過君子而亨，以"利貞"爲戒，是戒小人不可過於陽，理似乎未通。蓋《易》中無爲小人謀者，今曰"小人過而亨"，非爲小人謀乎？且曰"利貞"，即下文"可小事"及《大象》"行過乎恭"等之意。今謂戒小人之不可過陽，則小人之不可過於陽處，豈在於行過乎恭，喪過乎哀，用過乎儉耶？依愚見，所謂小過，不當以人類言，當以事類言，《大象》"行過乎恭，喪過乎哀，用過乎儉"是也。觀《大象》《本義》曰："三者之過，皆小者之過，可過於小而不可過於大，可以小過而不可以甚過。"又曰"《彖》所謂'可小事而宜下'"，其意可見矣。蓋曰"小過，亨"者，小事過而亨也；曰"利貞"，申戒占者之辭，即小者過也。"可小事，不可大事；不宜上，宜下"，又是申"利貞"之意，亦即小者過也。此卦辭與《坤》卦辭略相似。

卦辭意謂：此卦四陰在内，陰多於陽，小者過也。既過於陽，則收斂退縮之意多，開張奮發之意少，在己不失其能守，凡事得遂其所求，是固當得亨矣。然小過，時也，占者必守其貞斯利矣，何也？此卦之體，二、五二爻皆以柔而得中，三、四二爻皆以剛失位而不中，有"可小事，不可大事"之象也。又卦體内實外虚，有"飛鳥"之象，故占者可小事，不可大事。若遇飛鳥遺之音，則不宜上，宜下，而大吉，是皆守正之利也。如"獨立不懼，遯世无悶"，大事也，不可也；如"行過乎恭，喪過乎哀，用過乎儉"，小事也，可也；如行過乎傲，喪過乎易，用過乎奢，上也，不宜也；如行過乎恭，喪過乎哀，用過乎儉，下也，宜也。

"飛鳥遺之音"，《本義》曰"能致飛鳥遺音之應"，此與《中孚》"豚魚"不同。《中孚》以德之感應言，《小過》以占之應驗言，如今六壬卦、八門遁，多以應驗占,得此意也。

《本義》曰:"宜下而大吉,亦不可大事之類。"觀此,則"宜"下"不可大事",當有分别。《大象》《本義》曰:"三者之過,皆小者之過",而不可大事之意;"可過於小,不可過於大,可以小過而不可甚過",即"宜小"之意。

《彖》曰:小過,小者過而亨也;

"小者過"釋卦名,加一"而"字,亨之意昭然矣。猶"遯,亨"曰"遯而亨"也。

過以利貞,與時行也。

小者之過,時當然也,故曰"與時行",天下自有這等時節在。此卦陰多於陽,是"小過"之時也。

柔得中,是以小事吉也;

此亦可解"不可大事",《彖傳》不然者,無亦以不可大事於剛,失位不中,其意爲尤顯與?

剛失位而不中,是以不可大事也。

剛指九三、九四,三、四之剛皆失其位,而又不中,是以不可大事也。剛失位而不中,想連小事亦不可,但聖人不言爾。

《本義》以三、四爲不中,以九居四爲失位,明矣。以九居三爲失位,未詳其旨。《蒙引》曰:"卦惟二陽,然下體之陽不居二而居三,上體之陽不居五而居四,皆失位。蓋以此位爲勢位也。"其説似通。失位則權奪,不中則善虧,故不可大事。

有飛鳥之象焉;"飛鳥遺之音,不宜上,宜下,大吉",上逆而下順也。

内實如鳥之身,外虚如鳥之舒翼以飛,故《本義》曰:"卦體内實外虚,如鳥之飛。"

"飛鳥之象",就卦體取。"飛鳥遺之音",又自飛鳥之象取。蓋卦有此象,臨占之時,必有此應驗,乃與卦合也。言卦有"飛鳥之象",故占者若遇飛鳥遺音之應,則不宜上,宜下,而大吉。蓋鳥之飛,其聲下而不上,有"宜下"之象,占者必有其應,則宜下而吉也。所以然者,蓋時當"小過",於下爲順,於上爲逆,上逆下順,故宜下而大吉也。"飛鳥遺之音",是就卦體取;"上逆下順",是以事理斷。

《象》曰:山上有雷,小過;君子以行過乎恭,喪過乎哀,用過乎儉。

雷從地出,則其聲大;雷在山上,其聲不下,故曰"小過"。"君子以行過乎恭"三句,皆小事之過。卦辭"亨,利貞。可小事,不可大事;不宜上,宜下",皆是此理。"三者之過,[皆]小者之過",蓋曰"行"、曰"喪"、曰"用"皆小事也。可過於小,不可過於大,言行可過乎恭,過乎傲不可也;喪可過乎哀,過乎易不可也;用可過乎儉,過乎奢不可也。可以小過,而不可以大過。言行過乎恭,足恭不可也;喪過乎哀,哀之過而至於喪明,不可也;用過乎儉,儉之過而至於豚肩不掩豆,不可也。

初六,飛鳥以凶。

飛鳥遺音,其聲下而不上,此爻只取飛鳥不取遺音。鳥之飛,上而不下,故曰"飛鳥以凶"。

初六陰柔,則性躁不能固守,以是而上應九四,則志在從上。恃勢自高而無屈身下己之意,又居過時,只管過極而無反己自省之功,是上而不下者,故其象爲"飛鳥",而其占凶。初六與《大象》正相反,行只管傲,喪只管易,用只管奢,以是而行,焉不取凶?

《象》曰:"飛鳥以凶",不可如何也。

言不可救藥也,即"自作孽,不可活"意。"如何"者,救解之意。

六二，過其祖，遇其妣；不及其君，遇其臣，无咎。

六二柔順中止，故在小過之時，過而不過。祖妣、君臣，皆是象。六二柔順中正，德之盛也，以是而當小過之時，故能過而不過。聖人就其進不進上説道理，言六二當小過之時，不能無過，然其德柔順中正，雖過而不過焉，何也？二與五相應，三、四非其正應也。三、四是陽，祖之象也。六五是陰，妣之象也。使其進而求遇，則過三、四而遇六五，是過祖而反遇其妣也。在人事，是處强盛之勢而無凌迫之失，過而不過也。如止而不進，則不及六五而自得其分，是不及其君遇其臣也。在人事是無淩迫之嫌，守恭順之節，亦過而不過也。進不進皆過而不過，故其占"无咎"。

過三、四如何便遇六五？蓋五其相應之位也。進遇六五，不進則不及六五矣。不及六五，則自守其分而已，故曰"不及其君，遇其臣"。既曰"祖妣"，又曰"君臣"者，二、五君臣之位。二之所處者，臣道也；過三、四而遇六五，過而不過是也。不及六五而自得其分，其過安在？此自卦名來，六爻當小過之時，皆有過也。不及其君遇其臣，則不過矣，是亦過而不過也。"不及其君遇其臣"，與上"過其祖，遇其妣"，文對而意不對。

《象》曰："不及其君"，臣不可過也。

言所以不及其君者，以臣不可過其君也。夫君臣之義，與天地並，毫髮之際，不容僭差，人臣而過其君，不忠之大也，其可乎？此言君臣之義，不粘爻義。

九三，弗過防之，從或戕之，凶。

《本義》："小過之時，事每當過，然後得中。"此即《大象》"行過乎恭"等之意，與《程傳》"陰過陽"、"失位"之義不同。九三以剛居正，衆陰所欲害，明其當過防也，而九三不能自恃其剛，不肯過爲之備，從或戕之，所以取敗。天下之事，固有然者，而予實身遭其禍，始知聖人作《易》，真人事龜鑑。先儒謂"爲人臣子，不可不知《春秋》"，愚亦謂"爲人臣子，不可不知《易》"。

《象》曰:"從或戕之",凶如何也!

與初六《象傳》同,言不可救藥也。

九四,无咎,弗過遇之;往厲必戒,勿用永貞。

"弗過遇之",要只是无咎之意。《本義》"弗過於剛而適合其宜",即上"以剛處柔過乎恭"之意。《程傳》曰:"往,去柔而以剛進也。"故有厲而當戒,又恐其一切用柔而不知變,故又戒以"勿用永貞"。《蒙引》説好。

在"遇之"處截。上是因其處而善之也,下是原其所性而戒之也。

《象》曰:"弗過遇之",位不當也;"往厲必戒",終不可長也。

《本義》"以剛處柔,爲過乎恭正";"弗過於剛,而適合其宜也"。今曰"位不當",似與"弗過於剛"之意相反矣,故《本義》謂"爻象未明"。

六五,密雲不雨,自我西郊。公弋取彼在穴。

六五以陰居尊,才不稱其位也。又當陰過之時,過於恭讓也,故不能有爲,其象爲"密雲不雨,自我西郊"。六二在下,居相應之位,然兩爻皆陰,理无相應,五見自己不能有爲而往求二以共濟,又爲"公弋取彼在穴"之象。兩陰相得,其不能濟大事可知也。

六五一爻,不見有過高之義,只是兩陰不能有爲爾。《蒙引》以陰居尊爲太高而過,似覺牽强,蓋欲牽合《象傳》《本義》"太高"之意爾。依愚見,《象傳》"密雲不雨,已上也",只是就"密雲"解,如《小畜》"密雲不雨,上往也"例意。《本義》以"太高"解之,似未得其旨,當依《程傳》爲是。

《象》曰:"密雲不雨",已上也。

陽降陰升,合則和而成雨。陰已在上,雲雖密,豈能成雨乎?總是陰不能成大之意也。《程傳》"陰已在上",言陽不降而陰進,已在上也。

原來陽氣下降，陰氣上升，遇陽壓下，陰氣上往不得，則下沛而爲雨。陽氣不下降，陰氣只管上往，則不成雨。小過之時，陰多於陽，陽氣不下降，故陰氣只管上升而不雨也。

上六，弗遇過之，飛鳥離之，凶，是謂災眚。

“弗遇過之”，是弗合常理而過其常理；“飛鳥離之”，是象；“凶”是占。“灾眚”，正是凶。上六陰柔，則性躁，居動體，又居其上，好動之極也。以一卦言，又爲陰過之 極，亦過之極也。故曰：“過之已高而甚遠者也。”

“弗遇過之”，如用奢行傲之類。

《象》曰：“弗遇過之”，已亢也。

即《本義》“過之已高而甚遠”之義。

䷾ 離下坎上

既濟：亨小，利貞，初吉終亂。

坎水在上，離火在下，水得火而成烹飪之功，火得水而功有所施，是各得其用也。水火相交，各得其用，而事所由以濟，故曰《既濟》。六爻，初陽二陰、三陽四陰、五陽上陰，則陰居陰，陽居陽，各得其正，天下之事所由以濟也。故亦爲“既濟”之象。

既濟之時，法度皆已修舉而將至於廢壞，教化皆已大行而將至於陵夷，天下已治將至於亂，故不得大亨，僅得小亨。小亨者，小事之亨。

如婚媾、祭祀、起居、飲食，無關於治亂之數者，猶可以亨；若禮樂、刑政、教化之屬，關於治亂之故者，不亨也，若此者，“初吉終亂”故也。利貞者，尊賢使能，修政明刑，放鄭聲、遠佞人，罔失法度，罔淫于逸，罔遊于田，儆戒無虞，“制治於未亂，保邦於未危”是也，亦以“初吉終亂”故也，故終之曰“初吉終亂”。

卦辭若曰：“時當既濟，不得大亨，而僅得小亨，又利於貞正。所以然者，治亂安危相爲倚伏，時乎既濟，其初雖吉而終必亂矣，所以小亨而又利貞。"《本義》解"利貞"只據理說，不用《彖傳》意。

《彖》曰：既濟，亨，小者亨也。

小者亨，小事亨也，如所謂婚媾、祭祀、起居、飲食，無關於治亂之數者是也。

利貞，剛柔正而位當也。

初九、九三、九五皆以陽，居陽是剛得其正而位當也；六二、六四、上六皆以陰居陰，是柔得其正而位當也。剛得其正而位當者，有剛善無剛惡，所謂"爲義、爲直、爲斷、爲嚴毅、爲幹固"是也；柔得其正而位當者，有柔善無柔惡，所謂"爲慈、爲順、爲巽"是也。

初吉，柔得中也。

柔得中，不過於柔也，必能保其常，故吉。《彖傳》不取九五之陽剛而取六二之陰柔，毋亦以九五在上，已過乎中，六二在下，始得其時爾。

終止則亂，其道窮也。

"終止"二字最有意思，言於終而有止心，所以致亂，此其理當困窮也。唐玄宗開元之治可謂盛矣，而逸欲旋生，卒致天寶之亂，此其驗也。

《象》曰：水在火上，既濟；君子以思患而豫防之。

時當既濟，患所必有也。不思其患而豫爲之備，則患立至矣，故君子以思患而豫防之。《書》曰"張皇六師，無壞我高祖寡命"，此防患之大者。

初九，曳其輪，濡其尾，无咎。

初九只就初上說道理，於爻義無取。

初九在"既濟"之初，猶未至於亂，正可戒謹之時也。故聖人爲之設戒曰："當既濟者，若安不忘危，存不忘亡，治不忘亂，其心凜凜然。將進而未進，將行而未行，若車將進而曳其輪，狐將濟而濡其尾，若然，則身安而國家可保，无咎之道也。”

“曳其輪，濡其尾”，是謹戒之象，亦是自曳其輪，自濡其尾，故无咎。若不出於己而曳輪濡尾，則有咎矣。孔子將西見趙簡子，至河而返，合此義也。

《象》曰：“曳其輪”，義无咎也。

言當“既濟”而能戒謹，理當得无咎也。

六二，婦喪其茀，勿逐，七日得。

二以文明中正之德，上應九五陽剛中正之君，不可謂無所遇矣。不幸而當“既濟”之時，君人者狃治安而忽於任賢，故二雖有用世之才，竟擯棄而不見用，“婦喪其茀”之象也。然中正之道不可終廢，雖不行於今，將必行於後矣，故爲“勿逐，七日得”。

《象》曰：“七日得”，以中道也。

惟其中道，故勿逐。七日得中正之道，不可終廢故也。

九三，高宗伐鬼方，三年克之，小人勿用。

既濟而用剛，“高宗伐鬼方”之象也。此爻是實象，如箕子之明夷一般。三年克之，言一時未可責以成功也，是戒占之意。以高宗之盛，伐一鬼方，猶必三年然後克，然則人之於征伐，其可不慎哉？用小人必至荼毒生民，如宋王全斌輩之伐蜀是也，故戒以“勿用”。

《象》曰：“三年克之”，憊也。

必三年然後克，其勞師費財亦甚矣，故曰“憊也”，言疲倦也，豈可已而故不已哉？

六四,繻有衣袽,終日戒。

六四當既濟之時,以柔居柔,慎之至也,故能豫備而戒懼,如舟之破漏而繻濕,則有衣袽以塞之,此先爲備也。"終日戒"承上言,衣袽之備,至於終日,猶不懈也。

《象》曰:"終日戒",有所疑也。

常恐禍患之至,此四之所疑也,故繻衣袽、終日戒以防備之。

九五,東鄰殺牛,不如西鄰之禴祭,實受其福。

東爲陽,西爲陰,九五居尊而時已過,不如六二之在下而始得時,故其象爲東鄰殺牛,反不如西鄰之禴祭,實受其福。

即《本義》"當文王與紂之事"一句觀之,亦可見爻辭是周公繫,若是文王,不應自言。

《象》曰:"東鄰殺牛",不如西鄰之時也。"實受其福",吉大來也。

此夫子解爻義,言天下之事所貴者時。東鄰雖殺牛,要不如西鄰之得時也,故實受其福。隨解"實受其福",曰"吉大來",蓋盛稱六二之得時,益以見失時之不可有爲爾。

上六,濡其首,厲。

既濟之極,終亂之時也。險體之上,危險之甚也。使陽剛之才處此,猶覺其難,況上以陰處之乎?故爲狐涉水而濡其首,則終不能濟矣。"厲"是戒占之辭。

《象》曰:"濡其首,厲",何可久也!

言終喪亡也。

䷿ 坎下離上

未濟：亨。小狐汔濟，濡其尾，无攸利。

水火相爲用，如以烹飪言，火以烹水而飲食之物出焉，水得火而成功，火得水而功有所施，是水火之交各得其用也。坎水在下，離火在上，則水不得火而無功，火不得水而功亦無所施，烹飪之功不可成矣，故曰"水火不交，不相爲用"。

天下之事必同心協力，始克有濟。水火不交，不相爲用，則不同心協力矣，事焉攸濟？貞固足以幹事，六爻皆失其位，是失其正矣，事焉攸立？故其卦爲《未濟》。水火之交，不但烹飪之水火，人身亦有水火，但此人事只當世道說，未濟有終濟之理，故亨。若如小狐幾濟而濡其尾，則猶未濟也，故无攸利。"亨"，占辭也；"小狐汔濟"以下，戒占之意。

《彖》曰："未濟，亨"，柔得中也。

六五柔得中，則能小心慎密以圖事幾，而未濟者以濟矣，故"亨"。《本義》不以六五解"亨"義，乃知《彖傳》"柔得中"特"亨"之一義爾。

"小狐汔濟"，未出中也。

言未出乎水中也，是未能濟意。

"濡其尾，无攸利"，不續終也。

"不續終"，是對"汔濟"言，謂始焉汔濟，終也不濟，是雖有其始，不續其終也，只是解"濡其首，无攸利"。《蒙引》"不能慎終如始"之説，似太深。

雖不當位，剛柔應也。

《蒙引》曰："分明是説，始雖不濟，終必濟也。"

六爻初、三、五皆以柔居剛，二、四、上皆以剛居柔，雖不當位而爲"未濟"，然初柔與四剛相應，二剛與五柔相應，三柔與六剛相應，剛柔相應，相交爲用，則終於濟矣。如衛靈公無道，宜喪也，而三賢爲之用，亦可以無喪；唐代宗之昏暗，宜不能濟大事也，李晟、郭子儀爲之用，亦可以戡亂。

《象》曰：火在水上，未濟；君子以慎辨物居方。

"水火異物，各居其所。"君子慎辨夫物之異，使之各居其方，所以體《易》也。辨君臣、父子、夫婦、長幼、朋友之異倫，使之各盡其道；辨趙、錢、孫、李、周、吴、鄭、王之異姓，使之各認其族；辨公卿、大夫之異爵，使之各居其位；辨農、工、商、賈之異事，使之各修其業；辨日、月、星、辰之躔度次舍，分、至、啓、閉之氣候早晚而定四時；辨東、西、南、北之異宜而分九州，以至中國居内，夷狄居外；驅虎、豹、犀、象而遠之，驅蛇、龍而放之菹，似此之類，不能悉數，皆慎辨物居方之事也。

"水火異物，各居其所"，不相混雜也。"辨物居方"，辨其異使各居其所，亦不相混也。"水火異物，各居其所"者，天地之辨物居方，君子以辨物居方，王者承天意以從事，贊天地之化育也。

此題與"未濟"不甚貼，説得相貼時又不通了。

初六，濡其尾，吝。

以陰則无能濟之才，居下則無可振之勢。當未濟之初，又非可進之時，以是才是勢而當是時，則不能有濟，如狐涉水而濡其尾，吝之道也。占者如是，亦可羞矣。

[《象》曰："濡其尾"，亦不知極也。]

九二，曳其輪，貞吉。

《本義》以九二應六五，似不見得陵逼之嫌。今人説作有陵逼之嫌者，蓋因"曳其輪，貞吉"之句爾。何也？以二應五，若無所嫌，則聖人當許其進，必無曳輪之戒矣。今有曳輪之戒，故知其應五處有陵逼之嫌，而聖人因之致戒也。

言以九二應六五，有君臣之分。然二剛五柔，陵逼之嫌有不免者矣。幸其居柔得中而不純任乎剛，故能以理自裁，自止而不進，爲"曳其輪"之象，九二如此，得爲臣之正也。占者能如二之貞，則亦吉矣，吉（故）能保其禄位而無傾覆之禍也。

《象》曰：九二"貞吉"，中以行正也。

中以心言，正以事言。曳其輪，二之正也。由其得中，故能行正，《程傳》"中重於正，中無不正，正不必中"是也。

六三，未濟，征凶，利涉大川。

陰柔不中正，才德俱劣也。居未濟之時，不足以濟，故其占征凶。然以六三之柔乘九二之剛，以虛乘實，有舟楫之象。居坎體之上，將出乎坎水，有濟川之象，故其占爲"利涉大川"。

此爻最難看，既曰"征凶"，又曰"利涉大川"，前後相反矣。今爲之説，以征凶爲濟事之占，涉川爲濟水之占，於《本義》"可以水浮，不可陸走"之説，亦無不通。劉氏、《蒙引》俱云當作"不利涉大川"，覺未是，果如其説，既曰"未濟，征凶"，則涉川亦在其中矣，乃獨剔起説，何也？且於"不可陸走"之説，亦不通。《本義》不曰"將出乎險"而曰"將出乎坎"，可見其爲涉水之象也。

《象》曰："未濟征凶"，位不當也。

只是陰柔不中正。

九四，貞吉，悔亡。震用伐鬼方，三年有賞于大國。

此爻最難看。今人多以"變化氣質"爲説，然《易》爲人事之占，自來無有此説者，看來當就治道上説。九四以陽居陰，不正，或所爲乖其方，或所遇非其時，故不免有悔。如太戊當商道之衰，有祥桑穀共生于朝，七日大拱，是以陽居陰，不正而有悔也。太戊聞於伊陟曰："妖不勝德，君之政其有闕歟？"太戊於是修先王之法，明養老之政，早朝晏退，問疾弔喪，三日而祥桑枯死，三年遠方重譯而至者七十六國，商道復興，是亦能勉而貞，則吉而悔亡，震用伐鬼方，賞于大國也。

又如越王句踐，兵敗於會稽，是亦以陽居陰不正有悔也。句踐使大夫種行成於吳，身請爲臣，妻請爲妾，吳許之。句踐退而卧薪嘗膽，十年生聚，十年教訓，而後滅吳，亦"震用伐鬼方，三年有賞于大國"之義也。

《象》曰："貞吉悔亡"，志行也。

當不中有悔之時，其志未始不欲得吉而亡其悔也；貞吉悔亡，則其志得遂矣，故曰"志行"也。

六五，貞吉无悔，君子之光，有孚吉。

以六居五而非正，是存之於心而施之事未免有不正也。然爲文明之主，賦性聰明，既有悔悟自新之美，居中應剛，虚心下賢，又有聞道啓益之助，故能舍惡趨善，存心行事，能得其正。若然，則君德脩治，道成而吉於是乎在矣，故无悔。然以文明虚中之德而得賢之助，豈但貞吉而已哉？將見暢於四肢，發於事業，皆其實德之流行，初非聲音笑貌以僞爲於外，是爲"君子之光有孚"也。若然，則君德極其盛，治道極其成，吉而又吉也。爻辭純是占，象在占中。

《象》曰："君子之光"，其暉吉也。

《本義》云："暉者，光之散。"須看光是如何？光之散又是如何？大抵就其體統言則曰"光"，就其散殊言則曰"暉"，非有二也。禮樂文章，昭布乎宇宙，皆暉之所在，實光之散也。

上九，有孚于飲酒，无咎。濡其首，有孚失是。

上九居未濟之極，其時將濟，以剛明居之，其才又足以濟，故不待有所作爲，惟誠心自信，飲酒自樂，以俟天命之至，則未濟以濟矣，故无咎。然當有節，不可縱樂而忘反也，"若縱而不反，如狐之涉水而濡其首，則過於自信而失其義矣"。占者當以爲戒也。即《本義》"自信自養"觀之，"有孚于飲酒"是二意。

《象》曰：飲酒濡首，亦不知節也。

所謂"知和而和，不以禮節之，亦不可行也"。

易經存疑卷九

繫辭上傳

天尊地卑，乾坤定矣。卑高以陳，貴賤位矣。動静有常，剛柔斷矣。方以類聚，物以群分，吉凶生矣。在天成象，在地成形，變化見矣。

此《繫辭》首章首節，是明聖人作《易》之本，言《易》中有《乾》、《坤》諸卦，有貴賤剛柔，有吉凶變化等名物，皆是聖人因天地間所本有者而模寫之爾。故《本義》曰："因陰陽之實體，爲卦爻之法象。"《下繫》曰："古者包羲氏之王天下也，仰則觀象於天，俯則觀法於地，觀鳥獸之文與地之宜，於是始作八卦，以體天地之撰，以通神明之德，以類萬物之情。"正是發明此意。雲峰胡氏謂："此節是《易》前之《易》。"《蒙引》用之。今以《本義》"聖人作《易》，因陰陽之實體，爲卦爻之法象"之語觀之，似不是。以《語類》"若作《易》前之《易》，亦不妨"之語觀之，可見朱子亦不甚主此説。

《朱子語類》云："天尊地卑，上一節皆是説面前道理，下一節是説《易》書，聖人做這箇《易》與天地準處如此。"

言聖人之《易》書，非無因而作也，不過因天地之所本有者而模寫之爾。是故天以純陽至健而居尊，地以純陰至順而居卑，則《易》中純陽之《乾》卦，純陰之《坤》卦，於是乎定矣。蓋《乾》、《坤》準天地而作也。天地萬物，卑高陳列，其分截然而不容紊，則《易》卦六爻之貴賤，於是乎位矣。蓋貴賤準卑高而作也。凡物之屬乎陽者，其性常動；屬乎陰者，其性常静。《易》中卦爻之剛者，其性動；柔者，其性静。其理實本於此，是剛柔由動静而判也。事情善惡，以類而聚，萬物善惡，以群而分。善則吉，惡則凶，《易》中卦爻之吉凶則本於是，是吉凶因事物而生也。陰陽二氣，在天者則成象，如日月星辰之屬；在地者則成形，如山川動植之屬，而皆有變化也。《易》中蓍策卦爻之陰變爲陽，陽化爲陰者，實取於是，是變化因象、形而見也。夫《易》書中乾坤、貴賤、剛柔等諸名物，皆準天地間事物而作如此。此可見《易》是盡性之書，非後世讖緯術數之學所可同年而語也。

天地者，《乾》、《坤》之形體；《乾》、《坤》者，天地之性情。言天地則性情在其中。曰《乾》、《坤》，以《易》卦言也。

"卑高"，兼天地人物説。

天地有卑高，人物亦有之。在人，則有君臣上下；在物，雖蜂蟻亦有君臣，鴻雁亦有次序，山川之流峙，草木之夭喬，莫不有卑高者焉。此類不能盡書。

"貴賤"，舊兼卦爻説，今以下章"列貴賤者存乎位"觀之，只就六爻説爲是。觀《易》中如"以貴下賤"、"以從貴"之類，皆是就六爻言，無有以上下卦言貴賤者。

六爻之位，居上者貴，居下者賤。又有不盡然者，若爲成卦之主，如《屯》之初九、《隨》之初九，雖居下亦爲貴，不可概以上下論也。

陰陽各有動静。然陽以動爲主，是動其常也；陰以静爲主，是静其常也。故曰："動静有常。"

"剛柔"，當兼卦爻説。《説卦傳》雖有"發揮於剛柔而生爻"之説，然此似難例論。如《乾》則"元亨利貞"，《坤》則"利牝馬之貞"。凡卦之屬陰陽者，其德性自分動静，不容移易。

凡人作事，便有箇情意計度他，故曰"事情"。作善事則其情向於善，作惡事則其情向於惡，故曰"事情所向"。事情向於善，則與向善人爲類；事情向於惡，則與向惡人爲類，故曰"方以類聚"。事情向於善，則吉自此生矣；事情向於惡，則凶自此生矣。五臣、十亂夾輔虞周則治，飛廉、惡來助紂爲惡則亂。韓、范、蘇、馬共輔元祐則治，王、吕、章、蔡共輔紹聖則亂。然此關於天下國家者，若各人之身又自有吉凶，在史册彰彰可見。

問：吉凶由人善惡而生，故曰"惠迪吉，從逆凶，惟影響"。此曰"類聚群分而吉凶生"，豈人都必待類聚群分而後有吉凶？若自家所爲，雖善惡亦無能有吉凶耶？曰：此吉凶是就人相與處上取。謂與善人相處則吉，與凶人相處則凶，言人當慎所與處也。《家語》"與善人同居，如入芝蘭之室；與惡人同居，如入鮑魚之肆"，是此意。若爲善而吉，爲惡而凶，則在各人身上。此不及者，舉其大言也，亦是因上文天地卑高動静，下文成象成形，皆是舉天地衆物説，此不可單舉一人，故以類聚群分取吉凶。

常説如"爲人孝弟，則不好犯上作亂"，"紂爲象箸，必爲玉杯"云云，以是爲類聚。按：此乃積善積惡之意，非類聚也。又云如仁義忠信廉恥爲一類，克伐怨欲放僻邪侈爲一類，又不見聚意，故皆不用。

類聚然後群分，若不類聚無緣群分。如黍稻菽麥同貯一器，則彼此混雜，都無分别，惟黍做黍，稻做稻，菽做菽，麥做麥，各隨類分貯，則黍與稻别，菽與麥别，其群隨分矣。故曰："類聚則群隨分。"又曰："官軍民兵雜亂，則無分。惟軍做軍，民做民，則官軍民兵各分矣。"

常説"類聚群分"云鴟鴞不入於鸞鳳之群等説，俱不可用，爲禽獸難言吉凶也。

方亦可言群分，物亦可言類聚。今云然者，互見也。故《本義》只言"各以類分"。

天積氣爾，故在天者只成箇象，象是形象，非有實質也。觀日月星辰、雨風雷露之類可見。

地有實體，故在地者皆成形，非若在天者，無實體也，觀山川動植之類可見矣。

《蒙引》謂："此節作未盡之《易》，方起得'剛柔相摩'一段。"依愚見，若作聖人因陰陽而作《易》，未嘗不起得"剛柔相摩"一條。蓋上是言聖人準天地而作《易》，"剛柔"一條始言聖人如何而作《易》，正以盡上章未發之意也，意實相承，不爲相悖。

是故剛柔相摩，八卦相盪。

上言聖人作《易》之本，此言聖人作《易》之法，即横圖所列者。聖人作《易》，自兩儀而四象，自四象而八卦，自八卦而六十四卦，八卦則相摩而成，六十四卦則相盪而成，其法不過如此。

相摩是自兩儀而八卦，相盪是自八卦而六十四卦。下篇“因而重之”、“兼三才而兩之”正是此意。

相摩是兩物相摩，即是相交意，相交然後生。陽與陰交則生陰儀上之少陽、太陰，陰與陽交則生陽儀上之太陽、少陰。陰儀上之少陽，本是兩儀之陽，太陰則是本儀之陰；陽儀上之太陽，是本儀之陽，少陰則是兩儀之陰。此如父母生子，生男是得父之氣，生女是得母之氣。朱子曰：“陽下之半上交於陰上之半，則生陰中第二爻之一奇一耦而爲少陽、太陰矣；陰上之半下交於陽下之半，則生陽中第二爻之一奇一耦而爲太陽、少陰矣。太陽之下半交於太陰之上半，則生太陰中第三爻之一奇一耦而爲艮爲坤矣。太陰之上半交於太陽之下半，則生太陽中第三爻之一奇一耦而爲乾爲兑矣。少陽之上半交於少陰之下半，則生少陽中第三爻之一奇一耦而爲離爲震矣。少陰之下半交於少陽之上半，則生少陽中第三爻之一奇一耦而爲巽爲坎矣。”即是此意。

邵子説：“太陽與少陰交而生乾、兑、離、震，少陽與太陰交而生巽、坎、艮、坤。”依朱子之説，是太陽、太陰交而生乾、兑、艮、坤，少陽、少陰交而生離、震、巽、坎。今以理斷之，當以朱子之説爲正。蓋老與少交，非其倫且不能成生育之功也。觀《大過》“枯楊生稊”、“生華”之義可見。

相摩是一與一相摩，相盪是一與八相盪，不止一箇，故曰：“頭項多。”以一卦爲主，與第一箇相盪了，又與第二箇相盪，又與第三箇相盪，又與第四箇相盪，及八卦俱盡，又别起一卦與八卦相盪。如以乾爲主，把乾來相盪，則成箇純《乾》；就推過去，又把兑來相盪，則成箇《夬》；就推過去，又把離來相盪，則成箇《大有》；就推過去，又把震來相盪，則成箇《大壯》；又推過去，及至坤卦相盪了。又以兑來爲主，與八卦相盪，餘倣此。如此，故曰：“圓轉推盪出來。”

聖人畫卦,只是一每加二爾,何曾有相摩之實?然造化生生之理則如此,而《易》卦生生之妙亦是模倣此理,故曰"剛柔相摩"。如震一索而得男,巽一索而得女。其實八卦成則一時俱成,何曾是坤索乾方爲震,乾索坤方爲巽哉?亦是造化有此理,故從而發以示人爾。

按:邵子言作《易》之序,一分爲二,二分爲四,四分爲八,八分爲十六,十六分爲三十二,三十二分爲六十四,與《繫辭傳》不同。蓋此是"加一倍法",比《大傳》之説,尤直截明白。故朱子謂:"其發明孔子意最切要。"然愚以《易》只有八卦,想伏羲當初畫卦到三畫成卦便住,六十四卦乃是相盪以成。夫子所言,是伏羲作《易》本旨。邵子是從《易》卦已成之後,看得只是"加一倍法"爾。邵子有得於此,就據其所見起數,其推人物吉凶禍福無不准驗。《皇極經世書》自一而二、而四、而八、而十六,推而至於百千萬,皆是此法。嘗見其所著,如《中天》、《大定》、《太極》、《河圖》、《洛書》等數學,皆是"加一倍法",可見邵子之學自有所得,不可同於羲、文,然要不出羲《易》範圍之内。此見《易》道之大,無所不通,大而神仙修煉之法,下至六壬卦、火珠林等小數,無不由此,不但邵子也。

剛柔相摩而爲八卦,八卦相盪而爲六十四卦,則《易》書於是乎成,而凡天地卑高,動静吉凶,變化許多事物,無不具於其間矣。大意如此,説見下文。

鼓之以雷霆,潤之以風雨;日月運行,一寒一暑。

首言聖人法造化作《易》,此言《易》書既作,具乎造化,愈見《易》書之作是法乎造化,故曰"與上文相發明"。

按:註云"《易》之見於實體",蓋雷霆、風雨、日月等物,皆是陰陽之實體,《易》中《震》、《巽》、《坎》、《離》諸卦,皆是雷霆、風雨、日月之類,則《易》中之所具,皆於陰陽實體乎見也。

此與下文"乾道成男,坤道成女",皆是言造化。謂"《易》中具之者",蓋《易》中之《震》卦便是鼓物之雷霆,《巽》、《坎》二卦便是潤物之風雨。圓圖順逆之行,便是日月之運行,寒暑之來往。《易》中陰陽卦爻便是人物之男女。是先把造化之雷霆風雨,日月寒暑作主,然後以《易》中《震》、《巽》、《坎》、《離》等卦照看,見得天地間雷霆、風雨等物,皆《易》之所有,此便是具乎造化,可以發明首節之旨也。舊依雲峰,謂"《易》書未作,《易》在造化;《易》書既作,造化在《易》"。覺好說。但愚以《本義》及《語録》觀之,聖人語意,似不如此,且[於]總註"《易》之見於實體"不切。《通典》以"鼓之以雷霆"以下作《易》前原有《易》,此於"《易》之見於實體"似切。然首節上截曰"天尊地卑,卑高以陳"等句,已是《易》前之《易》了,至此復言之,未免相犯。又"剛柔相摩"下,《本義》曰"此《易》卦之變化",至此二條却云"陰陽變化之成象成形",與上文又不相蒙,又似相反,故其說難用。愚說似可通,明者擇焉。

說此二條,當把"鼓之以雷霆"以下作造化之《易》說,然後以《易》照之,云《易》書具此,則可通矣。

言陽在陰内不得出,則奮擊而爲雷霆。品物當窮冬閉塞之時,歸根復命,生意已伏於内,逮雷霆一擊而鼓動之,則生意之伏於内者,盡洩之於外而發生矣,故曰"鼓之以雷霆"。《震》卦以一陽動於二陰之下,其象爲雷,即鼓物之雷霆也。陰在内,陽不得入,則周旋不舍而爲風;陽爲陰累,則相持下降而爲雨。品物鼓於雷霆,生意已動矣,然其氣尚鬱結,勢尚焦燥,得風則散其鬱結,得雨則蘇其焦燥,而品物皆滋潤矣,故曰"潤之以風雨"。《易》卦《巽》以一陰入於二陽之下,其象爲風;《坎》以一陽陷於二陰之中,其象爲雨,即潤物之風雨也。

日稟陽精,明乎晝者也。一日行三百六十五度而一週天,出于卯,則在地上而爲晝。自卯而辰、而巳、而中于午,又自午而未、而申、而入于酉,則晝盡矣。日入于酉,則在地下而爲夜;自酉而戌、而亥而中于子,又由子而丑、而寅,而復出于卯,而復爲晝,此日之運行也。月稟陰精,明于夜者也。每日行十三度,每三十日一週天而與日會。至次日則明生而爲朔,至初八爲上弦,至十五則東西相對而爲望。又自望而行至二十三爲下弦,至三十則明盡而爲晦,至初一又明生而爲朔,此月之運行也。則《易》之《先天圓圖》皆具而有之。蓋一日十二時,圓圖自坤而震,於時爲子、丑、寅,是日自地中而升也。自離而至兑爲卯、辰、巳，則是日將中。自乾至巽，於時爲午、未、申，是日自中而向昃。自坎至艮爲酉、戌、亥，則日没矣，亦是日之運行也。一月三十日，圓圖自坤而震，月之始生，初三日也。歷離至兑，則月之上弦，初八日也。至乾，則月之望，十五日也。至巽，則月之始虧，十八日也。歷坎至艮，則月之下弦，二十三日也。至坤，則月之晦，二十九、三十日也，是月之運行也。

一歲之運，自立秋七月節爲寒之始，至大寒十二月中爲寒之終，是一寒一暑也。《易》之《先天圓圖》亦具而有之。蓋《圓圖》左方自震之初爲冬至，歷離、兑之間爲春分，以至於乾而夏至交焉。自巽之初爲夏至，坎、艮之中爲秋分，以至於坤之末而冬至交焉。寒始於七月之立秋，終於十二月之大寒；暑始於正月之立春，終於六月之大暑，是一寒而一暑也。

"鼓潤"二字由雷霆風雨而生，《説卦傳》："雷以動之，風以散之，雨以潤之，日以晅之。"只是此理。

常説以風不能潤物，是帶言。愚謂風於生物之功不少，散其鬱結，然後雨潤之功可施，亦自有滋補處。今農家樹藝，五穀之榮悴全看風，故《易傳》每與雨並言之，不可謂帶説也。

八卦離之象爲日，坎之象爲月。然以朱子《圓圖説》觀之，"日月運行"與"一寒一暑"俱當依《圓圖》推。

《革象新書》曰："一日百刻。"一日只有十二時，一時八刻，只得九十六刻，尚餘四刻，何也？晝夜十二時均分百刻，一時有八大刻，二小刻，大刻總九十六，小刻總二十四。小刻六准大刻一，故共爲百刻也。上半時之大刻四，始曰初初，次初一，次初二，次初三，最後小刻爲初四。下半時之大刻亦四，始曰正初，次正一，次正二，次正三，最後小刻爲正四。若子時，則上半時在夜半前，屬昨日；下半時在夜半後，屬今日。亦猶冬至得十一月中氣，一陽來復，爲天道之初爾。古曆每時以二小刻爲始，乃各繼以四大刻，然不若今之便於籌策也。世謂子午卯酉各九刻，餘皆八刻者，非是。

《蒙引》曰："就《八卦圓圖》象日者言之。一日有十二時，《圓圖》凡八卦，每一卦貼時半，二卦貼三時，六卦九時，八卦十二時，而周一日之運矣。”是故自坤至離爲子、丑、寅，陰極而陽生也。自離至兑爲卯、辰、巳，則陽浸盛矣。自乾至巽爲午、未、申，陽極而陰生也。自坎至艮爲酉、戌、亥則陰盛矣。若以《横圖》觀之，當以乾一、兑二至坤八，亦一日一周天之理也。

《蒙引》曰："若以六十四卦配日，則《圓圖》左邊三十卦當六時五十刻，右邊三十卦當六時五十刻，其餘四卦則加於子、午、卯、酉四時。”蓋以子午爲陰陽之盛，卯酉陰陽之中也。

乾道成男，坤道成女。

此變化之成形者，與“鼓之以雷霆”俱是造化，《易》則具而有之，見得此等是《易》卦變化之所成也。

乾道、坤道只是陰陽，不曰“陰陽”曰“乾坤”者，以性情言之也。

乾道、坤道統言氣化、形化。人物未生之前曰陰曰陽，此乾坤也。人物既生之後爲父爲母，此乾坤也，均之曰“乾坤”。《蒙引》認乾坤爲人物始生之乾坤，極費力，於人物太遠，且道理亦不是。今之生男女，雖是父母原來之氣，然父母之氣實本於天地，故皆謂天地所生云。

《蒙引》謂“男女交感之時，陰勝陽，則陰爲主陽爲佐而成女；陽勝陰，則陽爲主陰爲佐而成男”。又謂“陰陽相勝，有以天時勝者，有以物力勝者”。愚細觀之，尚是臆度之説，未有真見，且亦無據。嘗閲《褚氏遺書》，所載似爲可信。寇平《全幼心鑑聯珠論》與褚書之説互異，要當以褚書爲正，今録于後。

《褚氏遺書》曰："男女之合，二情交暢，陰血先至，陽精後衝，血開裹精，精入爲骨，而男形成矣。陽精先入，陰血後参，精開裹血，血入居本，而女形成矣。陰陽均至，非男非女之身。精血散分，駢胎品胎之兆。”《聯珠論》曰："父之精則白而輕清，母之血則黑而重濁。陽胎氣輕清九分，陰胎氣重濁十分。小兒在母腹中受交感之精血，父先樂則精裹血而生男，母先樂則血裹精而生女。”二説不同，未知孰是。然予以《易·説卦［傳］》之説斷之，坤求於乾，則得男；乾求於坤,則得女。故曰:“震一索而得男,故謂之長男;坤一索而得女,故謂之長女。”夫坤索於乾宜得女也,而反得男,此陰血先至,陽精後衝,血開裹精,精入爲骨而成男之理也。謂母先樂,則血裹精而生女,非矣。乾索於坤宜得男也,而反得女,此陽精先入,陰血後參,精開裹血,血入居本而成女之理也。謂父先樂,則精裹血而生男者,非矣。成男、成女之説,當以褚氏之説爲的,孔子之説爲証,無容别議矣。此在造化者,若自《易》而言,《乾》、《坎》、《震》、《艮》之陽卦與凡以陽爲主一百九十二之陽爻皆爲男,而乾道之所成也;《坤》、《離》、《巽》、《兑》之陰卦與凡以陰爲主一百九十二之陰爻皆爲女,而坤道之所成也。謂“《易》之具造化”者,正以此也。

乾知大始,坤作成物。

“大始”,依《蒙引》解釋甚詳,然以愚見,似只是聖人贊嘆之辭。猶云“大執事”、“大人”云爾。若謂“腑臟筋脈、象貌支竅無[一]不備”爲大始,則蟲蟻草木之類亦有箇始,腑臟筋脈之類,不能如人之具備,是不得爲大始也,而可乎?

此承上文“乾道成男”二句而言乾坤之理,不復粘著《易》矣。此二句合上二句最難看。陽精爲主而成男者,乃是母血先至;陰血爲主而成女者,乃是陽精先至。若以先至爲始,則男是陰之所始,女是陽之所始,其説難通,看來只當以陰陽職分言之。蓋乾,陽也;坤,陰也。其分則陽居先,陰居後;其職則陽主施,陰主受。陰受陽之施,則陰本無事,而所事者皆陽之事,故曰“地道无成而代有終”。故《彖傳》曰:“至哉坤元,萬物資生,乃順承天。”《文言》曰“坤道其順乎?承天而時行”者,此也。陽先以精施於陰,而陰以血受之,精血交搆,人物始生。故曰:“男女搆精,萬物化生。”陽自以精施於陰而已,無復一事,懷胎成形,其事皆在於陰,故曰“坤作成物”。懷胎成形,雖是陰事,其所懷胎成形之精元是受於陽,是其首事本是陽,故曰“乾知大始”。乾坤之“知始”、“作成”如此,男女之分則在陰陽施受之際,看何者爲主,陽精爲主則成男,陰血爲主則成女。故曰:“乾道成男,坤道成女。”陽居先而施,陽精衝入陰血爲主而成男。本是陰血先至，然陰不爲主，陽反爲主而成男者，蓋陰血先至，則退而讓陽，陽爲主而陰爲客，陽爲主故成男，而陰血先至又似陰之先施者，於陽施之理似有碍。然不以坤爲主，始而歸之乾者，蓋陰血非陽唱不能至。陰無立，又非陽不立。必陽唱而陰始和，陰和則陽乘以入而爲主，陰雖先至亦無能爲，其主之全在乎陽。故陰血雖先至，亦不得爲先施而知始，終歸之陽也。陰居後而受陰血參入，陽精爲主而成女。本是陽精先至，然不爲主，陰反爲主而成女者，蓋陽精先至，則退而讓陰，陰爲主而陽爲客，陰爲主故成女，陽精先至，以是爲主始，尤直截明白。然所謂主始者，不在於至之先後，而在職分之先後。以職分言，陽居先主施，陰居後主受，而陰又待陽而立，陰血先至猶不能主施、主始而主於陽，况陽精先至而能主始乎？故雖陽精先至而爲施，以職分言，陽固當爲先而主始也。

成男成女，固陰陽交感，各以其氣爲主，而分男女之"之始"、"之成"，實以陰陽二氣，一施一受交相贊助而就。男女之分只在知始之時，坤作成物則在男女既分之後。乾始坤成，其大統也。成男成女，其細分也。

一陰一陽，相爲終始，以成造化之功；一陰一陽，各分其氣，以成男女之形。分氣以成男女，此時雖有陰而陽實主之。成物以終乾事，此時雖有陽而陰實主之。乾主其始而坤成其終，坤任其勞而乾享其逸也。

《蒙引》曰："或問：乾道成男，坤道成女，則各有所本矣。如何又說男女皆是乾之所始，坤之所成？且坤之成男易知，而乾之始乎女者難别。夫乾之氣脈何以反注爲女耶？曰：乾，陽也。陽之陽則以始乎男，陽之陰則以始乎女，則太陽、少陰之謂也。坤，陰也。陰之陽則以成乎男，陰之陰則以成乎女，即太陰、少陽之謂也。"愚謂《蒙引》以陰陽老少爲説，似有據，然於陰陽職分尚未明，[與]《彖傳》"乃順承天"、"承天時行"之意亦不合。觀者詳之。

此章辭意，蓋謂乾道固成男，坤道固成女。要之，造化之理，陽先陰後，陽施陰受，男女之分，雖各本於乾坤而不容二。然其始也皆主於乾，其終也皆在於坤，其功相爲終始，尤不容紊焉。故凡人物之生，形質未成而胚胎先露者，皆乾之所主。蓋乾道一唱，則陰陽交合，成男成女，雖有不同，胚胎朕兆已成於乾道一施之初矣。故曰“乾知大始”。及夫機緘既露,形質斯成,則皆坤之所爲。蓋坤既承乾,厥功方始,以醞以釀,成象成形,成男成女,雖有不同,骨肉形體莫非終乾之能事矣。故曰“坤作成物”。

乾以易知,坤以簡能;

乾健而動,坤順而静,是本乾坤之性情,以解易、簡。乾健而動,則有餘力,故其知大始也易。易,不難也。坤順而静,不敢自用,故其作成物也簡。簡,不煩也。

《蒙引》曰:“《本義》‘便能始物’,最好體認‘易’字。一始便始,更無等待,更無留難,可見其易從陽而不自作自己,更無加添一分,可見其簡。”

易則易知,簡則易從;易知則有親,易從則有功;有親則可久,有功則可大;可久則賢人之德,可大則賢人之業。

上言乾坤之理易簡而已,此則言人之體之也。

此“易”字與上“易知”之“易”字少差。上是難易之易,此是險易之易。立心平易,則心事明白,如青天白日無回曲隱伏,庸人孺子皆能知其胸中之所存。故曰“易知”。若是立心傾險,則胸中狡獪不可測度,謂之“易知”,可乎?人謂李林甫城府深密,笑中有刀,正以其難知爾。朱子曰:“天下之人,凡其光明正大,疎暢洞達,如青天白日,如高山大川,如雷霆之爲威而雨露之爲澤,如龍虎之爲猛而麟鳳之爲祥,磊磊落落,無纖芥可疑者,必君子也。而其依阿淟涊,回互隱伏,糾結如蛇蚓,瑣細如蟣蝨,如鬼蜮狐蠱,如盗賊詛呪,閃倏狡獪,不可方物者,必小人也。”此可參看“易則易知”之説。

立心平易而人易知,則人皆敬信而歸輔之,故有親。若存心險狡不可測,則人畏憚之而不敢近矣,欲有親不可得也。

有親則見吾所存之是而益自信,終身守之而不變矣,故可久。若寡親無與,未有不疑惑而中變者,欲其可久不可得也。

人處事簡省，則其事要約，如平原大道，無許多旁岐曲徑。天下之人皆能循其塗轍以作事，而無事於勞心費力故易從。若是作事繁瑣，則科條繁密，人有憚難畏勞，望望而去者矣，可謂易從乎？如秦人法網苛密，則人心思亂；漢高祖入關約法三章，秦人大悦。王莽之世，禁網繁密，則天下思亂；光武徇河内，除莽苛禁，吏民喜悦。此簡則易從之驗也。

易從則吾所作爲之事而人皆爲之，人人皆爲吾之所爲，是吾之道行於彼，彼之功即我之功也。故曰"有功"。如議禮、制度、考文，本諸身，徵諸庶民，六事皆合，則動而世爲天下道，遠之有望，近之不厭，非易從之有功乎？

《蒙引》説"有功可大"，謂"衆力協助，方能建大功業"。此説不是。夫自"處事之簡"至"易簡理得"之簡，吾人身心上事，不待求助於人，亦非人力所能助。謂"衆力然後有功"，可謂不通矣。原來衆力協助方能建大功業是帝王用人之説，故曰"舜有臣五人而天下治"、"漢屈群策"，不可以語此章之旨，識者擇之。

久者，聖人之德，所謂"至誠無息，純亦不已"是也。未至於久而可久，亦爲賢人之德矣。大者，聖人之業，所謂"徵則悠遠，悠遠則博厚，博厚則高明"是也。未至於大而可大，亦爲賢人之業矣。

要之，易簡亦只是因此理而立心處事爾，固非於此理之外有所加，亦非於此理之内有所減也。但以其無險阻而謂之易，無繁擾而謂之簡爾。孟子曰："禹之行水也，行其所無事也。"如智者亦行其所無事，則智亦大矣。此易簡之説也。程子曰"廓然大公，物來順應"，亦即易簡之説。

易簡，而天下之理得矣；天下之理得，而成位乎其中矣。

自"易知"、"易從"至於"可久"、"可大"，而謂賢人之德業、學問之功庶乎其盡之矣。然猶未也，又進而上焉，則可久者以久，可大者以大，而爲聖人之德業矣。聖人之德業，亦謂之"易簡"者，始學之時，一念之易，此易也；一事之簡，此簡也。及至成德之後，萬念之易，此易也；萬事之簡，此簡也。雖有大小、生熟之不同，其爲易簡，則一而已矣，故亦謂之"易簡"。

自立心之易，至於賢人之德，雖亦謂之易，然易之分量有未滿，未可謂之易也。由可久而上之，則存心純乎一易，始可謂之易矣。自處事之簡，至於賢人之業，雖謂之簡，然簡之分量未滿，未可謂之簡也。由可大而上之，則處事純乎一簡，始可謂之簡矣。天下無心外之理也，存心純乎一易，則天下之理不外吾一心之中矣，亦無身外之理也。處事純乎一簡，則天下之理不外吾一身之内矣。故曰"易簡而天下之理得"。

天下之理，本皆自然。存心處事，順而循之，則爲易簡。然方其爲賢人之德也，易未純易，天下之理猶未盡，能易以存心而無遺，方其爲賢人之業也。簡未純簡，天下之理猶未盡，能簡以處之而無外，則是天下之理，猶有未得也。由是而充積之，使易純乎易，簡純乎簡，則天下之理皆能易以存之而無餘，而無一理不具於吾心所存之中，天下之理皆能簡以處之而無外，而無一理不在於吾身所處之内，天下之理皆於是乎得矣。

易簡而天下之理得，則乾有是易，而吾亦有是易；坤有是簡，而吾亦有是簡。吾之易簡，即天地之易簡，而又能兼乎天地矣，故曰"成位乎其中"，言能成人之位而參乎天地之中。可見人亦甚大，不減天地，成位乎其中，則可與天地參矣。

易簡理得而成位乎其中，即《中庸》"致中和，天地位，萬物育"。至誠贊天地之化育，莫不尊親，故曰"配天地位"。曰"易簡"、曰"中和"、曰"至誠"，皆隨所在而言，其理一也。

右第一章

聖人設卦觀象，繫辭焉而明吉凶，

上章言聖人畫卦之事，此章言聖人繫辭之事。

《易》中每卦、每爻各有一卦、一爻之象，象之所具，不是吉便是凶。如《乾》爻純陽至健，有大通至正之象，其占之"元亨利貞"則爲吉。《姤》以一陰而遇五陽，有"女壯"之象，其占"勿用取女"則爲凶。《乾》九二出潛離隱，有"見龍在田”之象，九五陽剛中正居尊位，有“飛龍在天”之象，其占皆“利見大人”，是其吉也。九三重剛不中，居下之上，有“乾乾惕厲”之象。上九過於上而不能下，有“亢龍”之象。其占曰“乾乾”、曰“惕若”、曰“厲”、曰“有悔”，是其凶也。六十四卦三百八十四爻，莫不有象，象中不是吉便是凶。但上古之時，《易》道大明，卜筮有官，筮得一卦、一爻，皆能觀其象爲何如，知其吉凶爲何如。中古以後，《易》道漸晦，卜筮之官，亦不能舉其職。聖人恐民用緣是而廢，於是始陳各卦，而逐一觀其象中所具吉凶之理，著之於辭以教人。故曰“設卦觀象，繫辭焉以明吉凶”。

設卦觀象，爻亦在其中。《蒙引》解“象”字甚備，須仔細看。

剛柔相推而生變化。

此是明聖人所以觀象繫辭處。剛柔變化，是就蓍策之卦爻言。蓋聖人既畫六十四卦，於是生蓍倚數教人揲蓍求卦。當其十有八變之後，非七則九，非八則六。九爲老陽，六爲老陰，七爲少陽，八爲少陰，老變而少不變。如揲得是六，則變爲七之少陽，是剛推夫柔，柔化爲剛也。揲得是九，則變爲八之少陰，是柔推夫剛，剛化爲柔也。剛柔變化，則《易》卦以成，而象於是乎著矣。如六爻皆九，則老陽變爲少陰，是其卦爲《坤》，而柔順利貞之象著矣。六爻皆六，則老陰變爲少陽，其卦爲《乾》而大通至正之象著矣。如五爻皆八，下一爻是六，是《坤》之初爻變爲陽而一陽來復之象著矣。五爻皆七，下一爻是九，則《乾》之初爻變爲陰，而《姤》一陰始生之象著矣。六十四卦、三百八十四爻之象，皆以剛柔變化而成，使不於此各觀其象，各繫以辭，則吉凶無以明，將何以使人趨吉而避凶。衆人雖因蓍求卦，然吉凶不明，趨避無從，亦不知所以用之矣。故曰“此聖人所以觀象而繫辭，衆人所以因蓍而求卦也”。

是故吉凶者，失得之象也；悔吝者，憂虞之象也。

此與首章“天尊地卑”一節相表裏。《易》書本準造化人事而作，故吉凶悔吝，變化剛柔，六爻之動，皆造化人事之象。“方以類聚，物以群分，吉凶生矣。”故吉凶者，失得之象；悔吝者，憂虞之象。“在天成象，在地成形，變化見矣。”故變化者，進退之象。“動静有常，剛柔斷矣。”故剛柔者，晝夜之象也。此與下節皆當如此看。《蒙引》謂：“失得之象、憂虞之象、進退之象、晝夜之象，乃三極之道，皆是把外邊造化人事來形狀他。其曰‘之象’者，言是這樣子相似。”愚謂：聖人設卦觀象，繫辭焉以明吉凶，則辭之吉凶悔吝，皆卦爻中失得憂虞之象也。若謂把外邊事物來形容他，則所謂失得憂虞皆是外物，與卦爻無干，上文“聖人觀象繫辭”之言皆虚，《本義》“觀卦爻之中有此象，則繫此辭”不可用矣。下文二“象”字、一“道”字，實造化人事之理，但此是解上文“剛柔相推生變化”意，未干卦爻之義。蓋剛柔變化，方是所以成象處，未有卦爻，故未及也。

凡人作事逆理爲失，失則凶；順理爲得，得則吉。《易》辭之吉者，皆由於順理之得；其凶者，皆由於逆理之失。故《易》辭之吉凶，乃人事失得之象。

憂，慮也，猶云煩惱也。虞，度也，猶云商量也。事既不善而憂虞，於是乎悔悟之心生焉，是憂虞之能致悔也。此是自凶趨吉之憂虞，《易》辭之悔悟者，皆本於是。事將不善而憂虞，於是乎羞愧之心生焉，是憂虞之能取羞也。此是自吉而凶之憂虞，《易》辭之“羞吝”者，亦本於是。故曰：“悔吝者，憂虞之象。”

此明首節“聖人設卦觀象，繫辭以明吉凶”之意，故《本義》曰“聖人觀卦爻之中，或有此象，則繫以此辭”。象是失得憂虞之象，辭是吉凶悔吝之辭。

變化者，進退之象也；剛柔者，晝夜之象也。六爻之動，三極之道也。

蓍策卦爻，六之老陰變爲七之少陽，是柔變而趨於剛也。造化人事之退極而進者，其理也。九之老陽變爲八之少陰，是剛化而趨於柔也。造化人事之進極而退者，其理也。故曰“變化者，進退之象”。柔變趨剛，而變之已成者剛也。陽生自子，進於卯，極於午而爲晝者，其理也。剛化趨柔，而化之已成者，柔也。陰生自午，退於酉，極於子而爲夜者，其理也。故曰“剛柔者，晝夜之象”。

六爻以柔居之，或變而爲剛；以剛居之，或化而爲柔。一剛一柔，變動不居，此即三極之道。何也？蓋太極具動静之理，三才各一太極。六爻：五、上爲天。以剛居之者，或化而爲柔；以柔居之者，或變而爲剛。此即天道一陰一陽之迭運，天道一太極也。初、二爲地，而剛或化柔，柔或變剛，此即地道一剛一柔之交易，地道一太極也。三、四爲人，而剛或化柔，柔或變剛，此即人道仁義之並用，在人一太極也。故曰"三極之道"。

此明上節"剛柔相推而生變化"意。變化泛言造化人事，剛柔專言晝夜。欲見循環之意，曰"六爻之動，三極之道"，見六爻皆是剛柔變化，其變無常，則卦爻因以立，占者得因之以斷吉凶也。《本義》"流行於一卦六爻之間"，每爻皆柔變剛、剛化柔，上下无常，剛柔相易，便是流行。此即下《繫》"變動不居，周流六虚"意。

是故君子所居而安者，《易》之序也；所樂而玩者，爻之辭也。

凡事俱有箇當然之理，而一理之中自有箇先後緩急之次第。如理當進，若無漸而遽進，却不是，亦須有箇次第。故卦以止、巽爲《漸》，如伊尹必待湯三聘然後起，諸葛孔明必待劉先主三顧然後出，豈非有箇次第。如理在當退，不可遽退，亦須有箇次第，如孔子不脱冕而行，可謂速矣，然猶必待膰肉不至而後行，豈無箇次第？又如孟子之受金於宋薛，其辭曰"餽贐"，曰"爲兵餽"，不受金於齊，其辭曰"未有處"，是皆有箇次第也。推之萬事，莫不皆然。

節齋《否》、《泰》、《剥》、《復》之説，固非，小註"初、終、潛、見、飛、躍"之説亦不是。蓋每卦爻之中，皆有箇次第，"潛、見、飛、躍"須合數事看，方見有箇次第，故不如前説爲當。《蒙引》曰："《論語》'言中倫'註：'倫，爲義理之次第。'若一句話説得當理，便是中倫，亦不必俱要有終始本末也。"此説甚善。

凡事之理，各有當然之次第，故曰"序"。此理著之於《易》，是則《易》之序也。《易》序之説可以此而定矣。

"所居"，兼身心説，心之所存，身之所處，皆居也。安是安固不摇之意，不是安平無事之意，言其身心之所處而安固不摇也。此與孟子"居之安"相似。

孔子之仕於季桓子，安乎《乾》之見躍也；受女樂而去，安乎《賁》之“舍車而徒”也；色不在而行，安乎《豫》之“不終日”也；見陽貨而不避，安乎《睽》之“見惡人以避咎也”。

卦爻之辭，皆聖人之所繫，君子之所玩獨在於爻辭，何也？蓋卦辭言一卦之全體，其辭略。爻辭各言一節之變，於人情物理尤爲曲盡，愈讀而愈有味，此所以爲君子所樂玩也。子曰：“假我數年，卒以學《易》，可以無大過。”可見其樂也。

《易》之序，只在上面“剛柔變化”之内；爻之辭，只是上面“吉凶悔吝”之辭。

爻之辭，不過發明上面《易》之序而已。或曰：“爻辭所樂而玩，卦辭獨不樂乎？”曰：“非謂卦辭不可玩，言此以見爻辭尤爲當玩爾。”

是故君子居則觀其象而玩其辭，動則觀其變而玩其占，是以“自天祐之，吉无不利”。

上言君子之所學者《易》，此承言其動静皆學乎《易》也。“居則觀其象而玩其辭”，是静時安居乎《易》序也；“動則觀其變而玩其占”，是動時安居乎《易》序也。占不外辭，繫之卦爻之下者，辭也。所得何卦何爻，則占此卦此爻之辭，是占也。

君子學《易》，不專在於卜筮，一言一行，無不法乎《易》也。如“擬議以成變化”下七爻凡例，可見平居觀象玩辭，不專是欲爲動則觀變玩占之地。然動則觀變玩占，亦不過是平居之所觀玩者而見之用也。

“居則觀其象而玩其辭，動則觀其變而玩其占”，則動静皆《易》而行合乎天矣，故“自天祐之，吉无不利”。

右第二章

彖者，言乎象者也；爻者，言乎變者也。

此章是本上章説來。言聖人設卦觀象繫辭焉以明吉凶，故文王所繫之卦辭謂之彖。彖也者,言乎卦之象也。周公所繫之爻辭,謂之爻。爻也者,言乎爻之變也。於卦言象者,卦是渾全之體,而所具之理未明也。於爻言變者,爻是一節之變,而所具之理已著也。

吉凶者,言乎其失得也;悔吝者,言乎其小疵也;无咎者,善補過也。

此節是明上節之意。吉、凶、悔、吝、无咎,即彖爻之辭。謂彖爻之辭有吉凶,吉凶非他也,所以言乎象變之失得也。蓋象變既成,有時位之當而爲得者焉,得則吉矣。彖爻之吉,則言乎此也。有時位不當而爲失者焉,失則凶矣。彖爻之凶,則言乎此也。故曰"吉凶者,言乎其失得也"。彖爻之辭有悔吝,悔吝非他也,所以言乎象變之小疵也。蓋悔者,未至於吉而將趨乎吉也。象變之時位,有將趨乎得,猶未甚得,而尚有小疵者焉。小疵則悔矣,彖爻之悔,則言乎此也。吝者,未至於凶而將向乎凶也,象變之時位,有將趨乎失,猶未甚失,而已有小疵者焉,小疵則吝矣。彖爻之吝,則言乎此也。故曰"悔吝者,言乎其小疵也"。彖爻之言有"无咎","无咎",非他也,所以言象變之善補過也。蓋象變之時位,有所遇之不然,是有過也。過而能改,則復於無過矣。彖爻"无咎"則言乎此也,故曰"善補過"。如《中孚》之六四,以位近於君而有過,以能"馬匹亡"而得"无咎"。《既濟》之初九,以鋭進而有過,以"曳輪"、"濡尾"而得"无咎"。此即可見其義。《本義》曰:"此卦爻辭之通例。"是以卦爻之辭言,曰彖,曰爻,曰"吉凶"、"悔吝"、"无咎",皆辭也。

是故列貴賤者存乎位,齊小大者存乎卦,辨吉凶者存乎辭,

上二節專就卦爻之辭説,此下分卦、爻、辭三件説。言《易》中有貴賤,列其孰爲貴、孰爲賤,則存乎六爻之位。居乎上者則爲貴,居乎下者則爲賤,是貴賤以上下之位而列也。《易》中有大小,定其孰爲小、孰爲大,則存乎卦者。蓋卦之屬乎陰則爲小,如《姤》、如《遯》、如《否》之類,皆其小也。卦之屬乎陽者則爲大,如《復》、如《臨》、如《泰》之類,皆其大也。是小大以卦而定也。《易》中

有吉凶，辯其孰爲吉而孰爲凶則存乎辭。觀“元亨利貞”、“利見大人”之辭，其所謂吉者可辨矣；觀“勿用取女”、“飛鳥以凶”之辭，其所謂凶者可辨矣。

憂悔吝者存乎介，

此二句與上“辯吉凶者存乎辭”一句，再申上節“吉凶言乎其失得”三句意。凡事將凶，則悔心生焉；凡事皆凶，則吝心生焉。然其悔也，不在於悔之日，必有致悔之端。事之將動而未形，善則无悔，惡則致悔，善惡之間所謂介，而致悔之端也。其吝也，不在於吝之日，必有致吝之端。事之將動而未形，善則不吝，惡則致吝，善惡之間所謂介，而致吝之端也。《易》之辭，於悔之介而憂之，則舍其惡而趨其善，而不至於悔矣；於吝之介而憂之，則舍其惡而趨其善，而不至於吝矣。故曰“憂悔吝者存乎介”。如《復》之初九，“不遠復，无祇悔”，其未祇悔之前是介，“不遠復”是於其介而憂之也。《屯》之六三，“即鹿无虞，惟入于林中”，“惟入于林中”是吝，“即鹿无虞”者，妄行也。妄行故吝，使其能不妄行，則不吝。是妄與不妄之間，介也。“君子幾，不如舍”，是能於介而憂之也。

震无咎者存乎悔。

言《易》辭之“无咎”者，言其善補過也。然人之善補過，無不自能悔悟中來。故孔子曰：“吾未見能見其過而内自訟[者]也。”朱子曰：“能[内]自訟，則[其]悔悟深切而能改，必矣。”凡《易》辭“无咎”皆自悔來，如“悔吝”之類，深味之自見。

曰“憂悔吝者存乎介，震无咎者存乎悔”，此夫子之唤醒乎人處。

是故卦有小大，辭有險易；辭也者，各指其所之。

“卦有小大，辭有險易”，卦與辭分説；“辭也者，各指其所之”，卦與辭合説。

言卦則有小大焉，辭則有險易焉。然辭非有外於卦也，卦辭之險易，各隨卦情之所向爾。卦之大者，其情向於易，辭則從而易，如《乾》、如《復》、如《泰》之類可見也。卦之小者，其情向於險，辭則從而險，如《坤》、如《姤》、如《否》之類可見也。此云"釋卦、爻、辭之通例"，是卦、爻、辭三者並釋，故於"善補過"下用一句以別之。

右第三章

《易》與天地準，故能彌綸天地之道。

此章欲説聖人用《易》窮理盡性至命，故先説《易》書具有天地之道，以見聖人所以用《易》也。"《易》與天地準"一句當虛説，"彌綸天地之道"始實説，"故能"二字當看得活絡。

言莫大乎天地，而《易》書之大則與之齊準，故於天地之道，若幽明、死生、鬼神、智仁、造化、萬物皆有以彌之而無有遺漏者焉。又於其中，若幽明、若死生、若鬼神、若智仁、若造化、若萬物，井井有條，色色各别，而不容混亂，是又有以綸之者焉。

天地間，精入無形，粗及有象。物雖萬有不齊，不過陰陽二端而已。聖人作《易》，只設陰陽兩畫，則舉天地間萬物皆有以模倣之而無遺漏者矣。蓋自兩儀而四象而八卦而六十四卦，皆不外一陰一陽之變化，自横圖而圓圖而方圖，亦不過一陰一陽之變化。夫六十四卦横、方、圓圖，於造化人事之理無所不該，彌綸之實可見矣。

仰以觀於天文，俯以察於地理，是故知幽明之故；原始反終，故知死生之説；精氣爲物，游魂爲變，是故知鬼神之情狀。

此下三節，言聖人用《易》之事。"仰以觀於天文，俯以察於地理"，以者，用《易》也。"原始反終"者，用《易》以原反之也。"精氣爲物，游魂爲變"，雖不言用《易》，而用《易》之意固在其中矣。用《易》以窮理，要見《易》理是如何，天地間理是如何，聖人用《易》以窮之是如何。蓋幽明之故、死生之説、鬼神之情狀，其理皆在於《易》，故聖人用《易》以窮之也。然亦要見得[《易》]爲聖人窮理盡性之書爾，非聖人真箇即《易》而後窮理盡性也。得意忘言，斯可矣。

今即《易》求之。變化者，進退之象；剛柔者，晝夜之象。天文之晝夜，即《易》之剛柔也。天文之上下，即《易》剛柔之變化也。圓圖陽生於子，進於卯，極於午而爲晝；陰生於午，退於酉，極於子而爲夜，亦可以觀晝夜之理也。陽明陰暗，南方向明，陽也；北方幽暗，陰也。陽高陰深，地之高陵，陽也；深谷，陰也。山高，陽也；水深，陰也。海水之潮汐，陽也；其退，陰也。觀陰陽之明暗，可以知南北之明暗矣；觀陰陽之高深，可以知地理之高深矣；觀陰陽之進退，可以知潮汐之進退矣。《本義》亦舉其大概，不能[盡]書也。此用《易》以觀天察地之説也。幽明之故，不必説"晝、上、南、高，明也，所以明者，陰之變；夜、下、北、深，幽也，所以幽者，陽之變"。依愚見，晝也、南也、上也、高也，明也，那明處便是陽之變；夜也、下也、北也、深也，幽也，那幽處便是陰之變。蓋地理難説陽變陰、陰變陽，即幽明之所在而推本於陰陽之變，即其故也，不必如舊説牽拘於變化之循環。

陰數六之老陰變爲七之少陽，氣化之聚，人物始之，所以生與氣機之至而伸者爲神，即其理也。陽數九之老陽變爲八之少陰，氣化之散，人物終之，所以死與氣機之屈而歸者爲鬼，即其理也。其知死生之説，知鬼神之情狀，以此而知之爾。

天文遠，故曰"觀"；地理近，故曰"察"。察比觀較詳。

原是推原，反是轉摺來看，《朱子語類》謂"推原其始初，却轉摺來觀其終"。如回頭之義，是反回來觀其終也。"原始反終"，是從人物有生之後推原到那始初之所以生處，又從那始初處回轉來看其終竟之所以死處。知其始初之生也，是得於氣化之聚，則知其終後之死也，是得氣化之散，蓋因其始而見其終也。

陰重濁有迹，故爲精；陽輕清無形，故爲氣。精氣合，方成人物，人物既成，則氣爲魂，精爲魄。人之耳能聽、目能視皆精魄也，人之喘息呼吸皆魂氣也。其生也，以精氣之合；則其死也，以精氣之散。其散也，魂氣歸于天，精魄歸于地，各還其原也。魂漸漸散去，故曰游，蓋原是氣，本無形也。魄是有迹底物，本是精血，只乾枯而已，非實降也，對魂游則爲降爾。鬼神就造化言，死生就人物言。

情無形，狀有象，朱子"顯而爲物，隱而爲變，爲鬼神之情狀"亦是。

與天地相似，故不違；知周乎萬物而道濟天下，故不過；旁行而不流，樂天知命，故不憂；安土敦乎仁，故能愛。

此言聖人以《易》盡性之事。如何是以《易》盡性？蓋《易》不外乎陰陽，盡性不外乎知仁。知，輕清屬乎陽也；仁，重濁屬乎陰也。聖人之知仁，配天地陰陽之道無不盡。而其所以盡者，實法諸《易》書之陰陽，所以謂"以《易》盡性"也。

"知周萬物"，周，徧也，盡也，言萬物之理，精入無形，粗及有象，皆知之而無有不徧不盡也。道，猶"《大學》之道"，"道"字訓"術"，方法也。《蒙引》曰："'道濟'改言'天下'，只言天下之人。"愚初以《中庸》"盡人物之性"來証，欲兼人、物説。今以後節"曲成萬物"來參看，覺得"曲成萬物"裹方兼人物。此處只當就人説，其心術之所運用，能使天下之人老安、友信、少懷，無不各得其所，是其道有以濟天下也。

其知周乎萬物而道足以濟天下，則其知不流之空虚矣，故不過。行不揜言則爲過，仁不揜知亦爲過，仁足以揜知故不爲過。旁行是事有遭逢其變，常道處不得，則於常道之外别出一法以處之，必使其事有濟，故曰"旁行"，言從正道行不得，從偏旁而行也。旁行易出乎道義之外，是流也。聖人雖是旁行，而亦不出乎道義之外，故不流。如娶妻必告父母，正道也。舜不告而娶，是旁行矣。然其不告也，乃爲無後，則固不外乎道義之正矣！曷嘗流乎？又如男女授受不親，正禮也。嫂溺不援，是豺狼也。乃出手以援之，是不由乎正禮而旁行矣。然其援之以手也，乃以人之生死爲重，而以男女之遠别爲輕，是亦合乎道義之正而不流也。

旁行是行仁，乃謂之知者，蓋若非其知有以高乎天下，亦不能爲此舉，故曰："權者，聖人之大用。"常道人皆可守，權非體道者不能用也。不流是能守其正，守正則仁矣。

以旁行、不流分知、仁，是就這上看出，乃推原其所自來，非實旁行當知，不流當仁也。樂天所造極深，恁生到得樂處？《論語》知之不如好，好不如樂。《孟子》仁義忠信，樂善不倦，即是此樂。舜之飯糗茹草，若將終身；文王幽於羑里而演《易》；孔子飲水曲肱，樂在其中；顏子簞瓢陋巷，不改其樂，亦即是此樂。

知命所造極深，不止是聞見之知，乃是實踐之知。蓋真知夫死生、貧富、貴賤之理而安之，不若莊周"知無可奈何而安之"，方是知命。問："莊周之齊物我、一生死亦可謂知命乎？"曰："莊周只是强制，若告子之不動心，與聖人之知命必有間。"樂天則理足以勝私，心泰無不足。知命則殀壽不貳，修身以俟之，故不憂。不憂地位不是小可，先儒謂："處富貴與天地同其通，處貧賤與天地同其否，安死順生與天地同其變化。"其無憂者與？

安土是隨處皆安，"素貧賤行乎貧賤，素富貴行乎富貴，素患難行乎患難，素夷狄行乎夷狄，無入而不自得焉"，可謂安土矣。敦仁是敦厚於仁。《語類》曰："敦只是篤厚，盡去私欲，純是天理，更無夾雜。充足盈滿，方有箇敦厚之意，只是仁而又仁。"

敦仁不外乎安土，隨處皆安，而無處不安，則其仁篤厚而不薄矣。故《本義》曰"隨處皆安，而無一息之不仁"。仁者以天地萬物爲一體，以天下爲一家，中國爲一人，故能愛。

此言聖人之知仁，一節深一節。周物之知，道濟之仁，以處常言；旁行不流，以處變言。其處變，尤深於守常也。樂天知命，安土敦仁，則與天爲一，處變又不足言矣。要之，聖人之知仁，非有淺深，特隨其所至而言，見其有淺深爾。

範圍天地之化而不過，曲成萬物而不遺，通乎晝夜之道而知，

此言聖人以《易》至命之事。至命是到那天命處，言與天命爲一也。天地之化，聖人能範圍之，天地生萬物，聖人能曲成之。天地之道，晝夜而已。聖人則通知晝夜，是其所造直與天地爲一也。如何謂之用《易》？蓋天地之道、萬物之生、晝夜之循環，一陰一陽之道也。《易》書之所有，亦一陰一陽而已。聖人

有得於《易》，則天地、萬物、晝夜，一以貫之而無遺矣，此聖人之至命，所以爲用《易》也。

範，是模範，如鑄金之模；圍，是包圍，如人圍牆，故曰“匡郭”。範圍，是就泛濫無收拾處約起來使成箇事物，如模以範金使成形器，圍以橐地使有界止也。

於天而頒曆授時，於地而畫野分州，於人而别生分類，俱是範圍之事。範圍，不使之過也。如天只是一氣籠統，孰知是春夏秋冬？如地只是一塊荒土，孰别其東西南北，某州某國？如人但見蚩蚩蠢蠢，荒荒野野，孰知有箇君臣上下？此便是過了。聖人爲之頒曆授時，則天道成；爲之畫野分州，則地道平；爲之别生分類，則人道立。是範圍而不使過也。

“曲成”，是委曲成就，不能直致也，要説得與“範圍”不相犯。在人，如辨上下、定民志，使公、卿、大夫、下士、庶人各有限制，不得僭越，是範圍也。若未知職業如何而盡，各隨其官而爲之法制，如一部《周禮》，一部諸司職掌，使百官各隨其條教，依其職掌作一部律令，使刑官遵之問刑；教民樹畜，使老者衣帛食肉；設爲庠序以教之，使民知孝弟禮義。此便是曲成之事。又如作宫室以易構木爲巢之俗，造書契以代結繩之政，舟車以濟不通，重門擊柝以待暴客，亦是曲成之事。至於物，若穿牛鼻、絡馬首，因其材質之宜以致其用，制其取用之節以遂其生。如：數罟不入污池，斧斤以時入山林，五穀不時，果實未熟，木不中伐，不粥於市，皆是曲成之事。如此之類，不能盡書。

範圍，是制其過；曲成，是助其不及。範圍，是裁成天地之道；曲成，是輔相天地之宜。

通乎晝夜之道而知，只是通知晝夜之道。蓋幽明、死生、鬼神，非晝夜，其理相爲循環，則晝夜之道也。聖人通知晝夜，亦只是上文知幽明之故，知死生之説，知鬼神之情狀而益深造，與之相默契，如所謂“知天地之化育”云爾。

故神无方而易无體。

天地之化，萬物之生，晝夜之循環，不外一陰陽而已。陰變陽，陽變陰，是之謂易。陰陽,氣也。所以主宰是氣者,理也。陰陽之變易,皆是理主宰之,故夫子下文指陰陽之迭運者而謂之道。神只是這箇道,因其无在无不在,故謂之神。張子曰:"兩在,故不測。"蓋當其陰變爲陽也,而此理則在陽;當其陽變爲陰也,而此理則在陰。陰陽只管變易,而理皆無不在焉,是謂"兩在"也。"兩在,故不測",不測即神也,曰"神无方",言神之无所不在,无有一定方所也。曰"《易》无體",言陰陽只管變易,無箇一定形體也。下章"一陰一陽之謂道,陰陽不測之謂神",張子《正蒙》:"神,天德;化,天道。""一神兩化"、"氣有陰陽,推行有漸爲化,合一不測爲神。"諸説皆是發明此意。

張子曰:"氣有陰陽,推行有漸爲化,合一不測爲神。""推行有漸",言陰變而趨於陽,陽變而趨於陰,皆有其漸,是之謂化,化即易也。"合一不測爲神",言陰陽合上只是一箇物。在這上往來,在陰上也只是這一箇物,在陽上也只是這一箇物,故曰"合一"。以爲在陰,忽又在陽;以爲在陽,忽又在陰,是爲"兩在",故曰"不測",言莫有測度也。又曰:"一物兩體,氣也。一故神,兩故化。"只是一箇,陰陽兩端,故曰"一物兩體"。朱子曰:"一箇道理,却有兩端,用處不同。""一故神"自註云"兩在,故不測",言只是一箇物也,在陰也在陽,陰陽无乎不在,故曰"兩在"。惟兩在,故不可測度也。兩故化,言必有兩物,方能變化。有箇陰陽,然後陰變陽,陽化陰;有箇晝夜,然後晝而夜,夜而晝。凡其變化無窮,皆兩爲之也。若無兩箇物,安能變化?自註云"推行於一",蓋雖兩箇變化,總是推行一箇道理爾。蓋陽者,太極之動;元亨者,誠之通;陰者,太極之静;利貞者,誠之復。陰陽雖不一,而皆推行乎一太極;通復雖不一,而皆推行乎一誠也。

又曰:"神,天德;化,天道。德其體,道其用,一於氣而已。"化是陰陽變化,即此章所謂易也。張子曰:"由氣化有道之名。"故以化爲天道、爲用。神即合一不測之神,只是理,所以主宰乎陰陽者也,故以爲天德、爲體。神化雖有道德、體用之分,只是一氣而有動静爾,故曰"一於氣而已"。

天地之化,萬物之生,晝夜之循環,皆有箇神、易。《易》則模寫乎此理者也。故在《易》亦有神、易，聖人於天地之化能範圍之，於萬物能曲成之，於晝夜之道能通知之，則神、易不在《易》書而在聖人矣。是聖人之至命，亦爲用《易》也。聖人之神、易何以見得？聖人之範圍天地，曲成萬物，通知晝夜，皆其經綸之妙用，所謂易也。聖人之心，神明不測，能宰制群動，經綸妙用皆由此出，所謂神也。故曰"人從心上起經綸"，可以觀聖人之神、易矣。

《蒙引》曰："'神无方，易无體'，獨繫之'至命'一條。至命從窮理盡性上來，乃窮理盡性之極致也。要之，非窮理盡性之外，他有所謂至命也。故獨繫之'至命'而自足以該乎窮理盡性。""大抵'不過'、'不遺'及'通'字重，見得'神无方，易无體'處，正是此上。"

上第四章

一陰一陽之謂道。

夫子作《繫辭大傳》以明《易》，至是見得天地間道理不外乎陰陽二者，故特發明出來示人。此是探本窮源之論，周子《太極圖説》實自此而出。聖人罕言命性與天道，學者不可得而聞。此云然者，發明斯道以教萬世也。

大意謂：天地間只是陰陽二氣而已，是氣迭運，一陰而復一陽，一陽而復一陰。陰陽只管往來，循環不已，只此便是道。蓋太極動而生陽，動極而静，静而生陰，静極復動，陰陽迭運不已，皆太極動静之所爲。無太極則無動静，無陰陽矣。故聖人即陰陽之迭運以語道之全體，非陰陽迭運之外復有箇道也。朱子乃曰"其理則所謂道"，却似陰陽迭運之外，又有箇道，未免起人疑惑。

"繼善成性"以下所言，是即造化人事以明一陰一陽之道，亦舉其大略者爾。若細言之，仰觀於天，日月星辰之上下，晝夜寒暑之往來，此在天一陰一陽之道也。俯察於地，山之發育剥落，水之往來潮汐，鳥獸之希革毛毨，龍蛇之隐見屈伸，魚鼈之胎卵化育，果木花草之榮悴開落，此在地一陰一陽之道也。中觀於人，呼吸、作止、語默、起居、出入、寤寐、食息，在人一陰一陽之道也。以世道言之，氣化之盛衰，政治之得失，治亂安危相爲倚伏，亦一陰一陽之道也。皆有箇物在冥冥之中以主宰之,此則道也。

"陰陽不測之謂神",是就一陰一陽之道上見得。蓋曰"一陰一陽之謂道",則當其爲陰時而道在陰矣,當其爲陽時而道在陽矣。陰陽只管迭運,而道无不在焉。可見此道在陰在陽,不可測度也。不可測度,故謂之"神"。原其所以兩在不測者,蓋道只是一氣爾。惟是一氣,故動則爲陽,静則爲陰。爲陽則道在陽,爲陰則道在陰。在陰在陽,如此其神速,若非一氣而有兩物,則彼此不無偏滯,在陰未必在陽,在陽未必在陰,可以測度,不得謂之神矣。張子曰"一故神",正是此意。惟是一物,在此在彼,不可測度。若是兩物,在此或不能在彼,在彼或不能在此,有所偏滯,而不能神矣。"兩故化",言惟兩物,故彼此更代而變化。若是一物,就死殺了,安能變化?

《蒙引》"身在北都,一念在泉南,其神則在泉南",稍差。蓋陰陽兩在,是當在陽時則無陰,在陰時則無陽。身在北都,神在泉南,是身尚在北都,故不同也。所引董五經之事,乃"前知"之説,非"不測"之神也。

上章"神无方而易无體",即是"一陰一陽之謂道,陰陽不測之謂神"意。

繼之者善也,成之者性也。

此是就天地生物上言一陰一陽之道。繼如"子繼父"之"繼"。蓋天地生物,春夏生成,到秋冬皆收斂閉藏了。使無以繼之,造化幾乎息矣。由是貞下起元,天地二氣復交泰而生物,則造化生生之理繼續於無窮,猶子之繼父也,故曰繼。

陰陽五行,流行發育,化生萬物,繼之時也。斯時也,氣之方行而未有所成,理之方出而未有所立。以氣則未有清濁之殊,以理則未有昏明之異,是故謂之善。蓋是理未付於人物,其本然者未失,未有不善之雜也。及夫陰陽五行凝聚成形而人物生焉,則氣之行而已成,理之出而已立。人則成箇人,物則成箇物,此之謂成。蓋人物既成,則人得所以爲人之理,物得所以爲物之理,莫不有本然之性焉,是故謂之性。性者,人物所得以生之理也。

本文兩“之”字虚。“繼之者善”，言其繼者本善也。“成之者性”，言其成之者有性也。

《本義》“善謂化育之功”，是言化育之功本善。“道具於陰而行乎陽”，著此語只欲闡“繼善成性”之屬陰陽爾。

朱子小註：“繼字，便是動之頭。若只一闔一闢而無繼，便是合殺了。”又曰：“化育流行，未有定質者爲陽，此繼之者善；賦著成形，不可變易者爲陰，此成之者性。繼之者善，公共底；成之者性，是自家得底。繼之者善，如水之流行；成之者性，如水之止而成潭。”

仁者見之謂之仁，知者見之謂之知，百姓日用而不知，故君子之道鮮矣。

此就“成之者性”上説一陰一陽之道。仁、知以人之所稟言，“見之”“之”字是指仁、知，“謂之”“之”字是指道。仁是得陽氣之多而性偏於動者，知是得陰氣之多而性偏於静者。仁者見其仁，則但見其動而不見其静，遂謂此道只是仁，不復知有知一邊，故曰“仁者見之謂之仁”。知者見其知，則但見其静而不見其動，遂謂此道只是知，不復知有仁一邊，故曰“知者見之謂之知”。若夫百姓，則尤其下者，終日由於仁，知而不知其爲道焉。蓋仁者以仁爲道，百姓亦有稟性屬陽者，不知其爲道也。知者以知爲道，百姓亦有稟性屬陰者，不知其爲道也。夫百姓既一切無所知，仁、知又偏於所稟，故君子仁、知合一之道爲鮮也。

夫仁屬陽，知屬陰。百姓雖日用而不知。然陰陽之道，无不在也。此一陰一陽之道，見於人之稟付（賦）者也。

《蒙引》以“見之”“之”字爲指道。予以本文上下文勢及《本義》“仁陽知陰，各得是道之一隅。故隨所見，而目爲全體”觀之，似不是。故復爲之説，觀者詳之。

顯諸仁，藏諸用，鼓萬物而不與聖人同憂。盛德大業至矣哉！

此就造化上言一陰一陽之道。“繼之者善”條，是半帶生物説，此則專就造化説。

仁謂造化之功，只是陰陽五行化生萬物者爾。謂之顯者，蓋當窮冬閉塞之時，萬物歸根復命，陰陽五行所以爲生物之具者，皆收斂而不可見。及至陽春發生之時，天地交而二氣通，陰陽五行絪緼交密於兩間，以造化乎萬物，章章乎昭著而不可揜，是故謂之顯。“用是機緘之妙”，機是弩之機，緘是絲之總結處。機一發而矢即至，緘一引而絲即舉，所以爲妙用也。藏用所以爲神妙者，以其感而遂通，觸而即應，有似於弩絲之機緘爾。蓋陰陽五行流行於兩間以化生萬物，造化之功固昭乎而莫揜。及至萬寶告成之時，陰陽之氣咸收斂閉藏於至静之中，可以爲後來生生之本、化化之機，亦猶弩之機可以觸發，絲之緘可以順挈也，故曰“藏諸用”。

當曰“藏之體”而曰“藏諸用”者，此是有用之體，故亦謂之用。此等字樣，非大聖人不敢下。蓋道理只在聖人口頭，但立一字而義可通，聖人固不循其故也。《本義》“用謂機緘之妙”，亦是會其意解之，未必聖人之意是如此。

“顯諸仁”，言顯而爲仁。“藏諸用”，言藏而爲用。“諸”字輕看。顯諸仁，所以鼓萬物之出機也；藏諸用，所以鼓萬物之入機也。然天地無心而成化，不若聖人之有心而憂焉。堯獨憂之，舉舜而敷治焉。禹八年於外，三過其門而不入，聖人之憂有如此。

發乎外者本乎内。顯仁是發乎外也，其外如此，其内之所存可知矣。故即顯仁而謂之“盛德”。有諸内必形諸外，其内如此，則其外之所發可知矣。故即藏用而謂之“大業至矣哉”，是就“不與聖人同憂”上看出。

或問：“聖人盛德大業，不若天地之無憂，可謂未至乎？”曰：“此姑抑聖人以揚天地爾，聖人之盛德大業雖不能無憂，亦不可謂不至也。”

富有之謂大業，日新之謂盛德。

上以顯仁藏用爲盛德大業，姑就其大體而淺言之，其所以爲盛德大業者，未之及也。至此則舉其所以然者而盡言之。謂藏用固謂之大業矣，所以然者，蓋其所藏者大而無外，舉天下之物皆在其包藏之内而無一物之遺漏。是惟不發，一發則無所不到而爲業之大矣，故即其富有而謂之“大業”。顯仁固謂之盛德矣，所以然者，蓋其所以顯者久而無窮，化工之生物者，自微而著，由小而大，生生不已，進進不息，愈久而愈無窮。非其存於中者，溥博盛大而不可爲限量，則一出而隨竭矣，安能如是之不息？故即其日新而謂之“盛德”。

雲峰胡氏曰：“富有者，無物不有而無一毫之虧欠；日新者，無時不然而無一息之間斷。”愚謂：譬如天地之無不持載，無不覆幬，富有也；譬如四時之錯行，如日月之代明，日新也。顯仁之盛德，陽也；藏用之大業，陰也。顯而復藏，藏而復顯，一陰一陽，只管迭運不已，是則所謂道也，此道之見於化機之出入者然也。

生生之謂易。

《本義》“陰生陽，陽生陰”。此陰陽即“一陰一陽之謂道”之“陰陽”。一陰而又一陽，此陰生陽也；一陽而又一陰，此陽生陰也。繼善而成性，顯仁而藏用，陽生陰也；成性而繼善，藏用而顯仁，陰生陽也。以至天地之消息盈虚，人物之動息榮悴皆然，無處無之。

成象之謂乾，效法之謂坤。

此就生物上言一陰一陽之道。萬物之生，方其流行之際，氣初凝而未實，形初就而未具，依稀其形容，彷彿其狀貌，此成象也。斯時也，輕清而虚，屬乎陽也，則謂之乾。及其形質既成，貌象已具，人之所以爲人，物之所以爲物，其形色若何，其性情若何，細微曲折，莫不詳著而悉陳，此效法也。斯時也，重濁有迹，屬乎陰也，則謂之坤。

成象是未成形，纔有箇象爾；效法則形已成，而凡事皆具矣，故以爲陰陽之分。

成象之乾，陽也；效法之坤，陰也。此一陰一陽之道見於生物者也。

極數知來之謂占，通變之謂事。

此就人事上言一陰一陽之道。言究極七、八、九、六之數，看所成者何卦，所值者何爻。因卦爻之辭，以知未來之吉凶，此所以占其事也，故謂之占。既而以所占卦爻之理，見之行事，而吉以之趨，凶以之避，則事變以之而通矣，此所以成其占也，故謂之事。占是事之未定者，屬乎陽也；事是占之已決者，屬乎陰也。一陰一陽之道，亦可見於此矣。

《蒙引》曰："末條以此條者，所謂因造化以及《易》也。"或以爲説人事者，緣張忠定公之言而云，其實却是就占《易》言，不是就人事言。人間之事何限，却專説占事，何耶？

陰陽不測之謂神。

上言一陰一陽之道，見陰陽之迭運皆道之所爲也。陰陽迭運而道皆無不在，則其神妙可知矣，故又曰："陰陽不測之謂神。"詳見"一陰一陽之謂道"下。

此是就一陰一陽之道上，見道之無所不在，而贊其爲神。

右第五章

夫《易》，廣矣大矣！以言乎遠則不禦，以言乎邇則静而正，以言乎天地之間則備矣。

此言《易》書也。易者，陰陽之變也。以言乎遠，是理則無遠弗屆。蓋陰陽之理，不以至遠而不到，莫得而禦止之也。以言乎邇，則陰陽之理，不待安排而自不偏。如今這坐榻亦有箇上下，硯池亦有箇面背，這便是陰陽，何待安排布置乎？以言乎天地之間，則無一物無陰陽，如螻蟻至細，也有箇食息動静，是亦有陰陽也。"備"，言物物皆有，若有一物無陰陽，是不備也。

夫乾，其静也專，其動也直，是以大生焉；夫坤，其静也翕，其動也闢，是以廣生焉。

此推《易》之所以廣大也。乾坤，萬物之父母也，乾坤各有性氣，皆有動静。

乾之性氣，其静也專，一而不他。惟其專一而不他，則其動也直遂而無屈撓。惟直遂而無屈撓，則其性氣之發，四方八表，無一不到，而規模極其大矣。故曰“大生焉”。坤之性氣，其静也翕，合而不洩。惟其翕合而不洩，則其動也，開闢而無閉拒。惟其開闢而無閉拒，則乾氣到處，坤皆有以承受之，而度量極其廣矣。故曰“廣生焉”。乾坤，即天地也。大生、廣生皆就乾坤説。《易》書之廣大則模寫乎此，不可以本文“廣”、“大”作《易》書。

廣大配天地，變通配四時，陰陽之義配日月，易簡之善配至德。

此“廣大”指《易》書。即首節“夫《易》廣矣大矣”之“廣大”。天地原自廣大，上文“大生”、“廣生”可見也。《易》書之作，法乎天地。《易》書既作，則配乎天地。配猶云相似也。此與“《易》與天地準”相似。蓋《易》書之作乃法乎天地，《易》書既作則與天地準也。

變通是《易》書中之變通，即蓍策卦爻陰變陽，陽變陰也。四時運行，春夏爲陽，秋冬爲陰，一陰陽之變化，故曰“變通配四時”。

日稟陽精而明於晝，月稟陰精而明於夜。《易》書卦爻不外一陰陽爾，陽則光明，陰則暗昧，此陰陽之義也，與日明於晝、月明於夜者何以異？故曰“陰陽之義配日月”。

人稟陰陽五行之氣以成形，因得其理以爲健順。五常之德，仁禮屬健，義知屬順。健則作事無難，故曰“乾以易知”；順則作事不擾，故曰“坤以簡能”，此在人之至德也。《易》不外乎陰陽，陰陽之德不外乎易簡。凡卦爻之屬陽者，其性皆健而作事不難。人稟陽氣而生，其性健而作事不難者實似之。凡卦爻之屬陰者，其性皆順而作事不擾。人稟陰氣而生，其性順而作事不擾者實似之。故曰“易簡之善配至德”。

或曰：“《易》中之易簡是兩人，至德之健順只是一人，如何相配？”曰：“五常健順雖均爲人之德，然人之生有得陽氣之多而偏於健者，有得陰氣之多而偏於順者，故仁者見之謂之仁，知者見之謂之知，故至德之健順乃仁知之别，實兩人也。”

右第六章

子曰：《易》其至矣乎！夫《易》，聖人所以崇德而廣業也。知崇禮卑，崇效天，卑法地。

於崇德廣業見《易》之至。“知崇禮卑”至“道義之門”皆是詳崇德廣業之事。

《易》六十四卦、三百八十四爻，於天地萬物之理，無所不該。所謂“語大天下莫能載，語小天下莫能破”是也。聖人窮《易》之理，則其知無所不到，而智識高邁卓越，其德崇矣。其崇效天，崇之極也。觀其仰觀天文，俯察地理，而知幽明之故。原始反終，而知死生之説。精氣爲物，游魂爲變，而知鬼神之情狀。以至皇帝王伯之道，古今治亂興亡之故，無不洞然明照之，則其知識之崇，信乎如天之高，而出乎萬物之上也。循《易》之理，則其行無所不到，由至大入至小，由至著入至微，纖悉毫末，無一忽略而禮卑矣。其卑法地，卑之極也。觀其禮儀三百，威儀三千，動容周旋，無不中禮，洒掃應對，視聽坐立之類至極纖瑣，亦無所苟，則其禮體之卑，信乎如地之平而在於萬物之下也。

《語類》曰：“至微至細底事，皆當畏懼戒謹，戰戰兢兢，惟恐失之。”這便是禮之卑處。《曲禮》曰“無不敬”、“自上堂階，先左足”，至“羹之有菜者用梜”，無所不致其謹，這都是卑處。

此“德”字以知言，與“禮”字對，是行禮卑如地而業廣，是如何？蓋禮必至於卑下處，無所不到，其事業方廣如高處，到卑下處欠闕不到，則所就者狹矣，業何由廣？朱子小註曰：“禮卑者，業之所由廣，纔有些子不到處，這業便有欠闕，便不廣了。”

《本義》“知崇如天而德崇，禮卑如地而業廣”。此特分知禮之屬於德業爾，未可於此處説德崇業廣，至“道義之門”方可説德崇業廣。《蒙引》説亦明。

天地設位，而易行乎其中矣。成性存存，道義之門。

此承上文"知崇禮卑，崇效天，卑法地"而言。意謂天地設位，則陰陽變化，而易行乎其中矣。聖人知禮至於效天法地，則本成之性存存不已，而道義從此出，故曰"道義之門"。蓋道義之得於心者，日新月盛，則德於是乎崇矣。道義之見於事者，日積月累，則業於是乎廣矣。此易所以爲聖人之崇德廣業，而《易》書所以爲至也。

右第七章

聖人有以見天下之賾，而擬諸其形容，象其物宜，是故謂之象。

合天下事物之多，則見其雜亂，故曰："天下之賾。""形容"是天下之賾底形容，猶言模樣也。"物宜"只是天下之賾，蓋一物有一物之所宜也。

見天下之賾，比擬其形容，看是如何，於是畫卦以象其物宜。如擬天之形容，見是純陽至健底物，便畫三畫純乾以象天。他如君、父、金、玉、寒冰、良馬、木果之類，亦皆擬其形容，以乾象之。比擬地之形容，見是純陰至順底物，便畫三畫純坤以象地。他如母、布、釜、均、子母牛、大輿之類，亦皆擬其形容，以坤象之。八卦皆然，不及盡書。

象是象天地之賾而立，是故謂之象。

聖人有以見天下之動，而觀其會通，以行其典禮，繫辭焉以斷其吉凶，是故謂之爻。

天下之動，自有關著衆理。一舉手，便觸前觸後，不可行處。然其中自有一路可行得去，此會中之通也。聖人既得其通，就把這通來立箇常法，教人去做。隨以其常法，繫之於爻，使人由此則吉，悖此則凶，是明其吉凶也。是爻辭因天下之動而立者，是故謂之爻。爻者，交也，變也，變則動矣。如《屯》卦六二，上承九五之中正，下比六三之柔邪，故爲所難而邅回不進。而三又"匪寇，婚媾"，兩者相衡，難以並舉。然義當舍之而從五，此通也。聖人則斷五在所當從，三在所當舍,立成典禮以著之爻,曰:“女子貞不字,十年乃字。”又如《萃》卦初六,上應九四,是當與萃者,而隔於二陰,乃志亂而妄萃。是亦彼此相衡,難以並舉者。然義當舍二陰而從九四,此通也。聖人則斷四在所當從,二在所當去,立成典禮而著之爻,曰:“勿恤,往无咎。”此皆繫辭以明其吉凶也。《易》中此類甚多,雖有不盡然者,聖人立法皆必自難處而立,故如此立言爾。小註:“父子君臣之説,是要發明會通之義明白爾,在《易》中無可尋處。”愚引《屯》、《萃》二爻,亦略近之,學者不可執泥。

言天下之至賾,而不可惡也;言天下之至動,而不可亂也。

言天下之至賾,其頭項繁多雜亂,宜若可惡也。然其中一物各有一箇道理,如何可厭,如乾爲天、爲圜、爲君、爲父、爲玉、爲金,如此之類,亦繁雜矣。然所以爲天、爲圜、爲君、爲父、爲玉、爲金者,各有箇道理,何可惡得?自此推之,不能悉舉也。

天下之動,千變萬化,千條萬緒,最易紊亂者。然上面各有箇會通典禮,如何紊亂?如《乾》之六爻,言龍而有潛、見、惕、躍、飛、亢之不一,似易紊亂也。然潛是潛之理,見是見之理,以至惕、躍、飛、亢,莫不皆然,何曾有紊亂乎?《漸》之六爻,言鴻而有漸干、漸磐、漸陸、漸木、漸陵、漸陸之不一,似易紊亂也。然漸干是漸干之理,漸磐是漸磐之理,以至陸、木、陵、陸,莫不皆然,又何曾紊亂乎?三百八十四爻自此推之,俱可見也。

擬之而後言,議之而後動,擬議以成其變化。

承上文言。象言天下之至賾,爻言天下之至動,則言行之理,皆具於《易》矣。君子之言動也,舍《易》何所取法哉!故言不苟言也,擬之於《易》而後言,觀象玩辭,觀變玩占,要見夫《易》之理是如何,吾之言如何,而後合諸《易》,比擬停當而後見之言焉。動不苟動也,議之於《易》而後動,觀象玩辭,觀變玩占,要見夫《易》之理是如何,吾之動如何,而後合於《易》,計議停當而後見之動焉。

擬之而後言，則言之淺深、詳略，各當其理，而言之變化，於是乎成矣。議之而後動，則動之仕止、久速，各當其可，而動之變化，於是乎成矣。故曰“擬議以成其變化”。

“鳴鶴在陰，其子和之；我有好爵，吾與爾靡之。”子曰：“君子居其室，出其言善，則千里之外應之，況其邇者乎？居其室，出其言不善，則千里之外違之，況其邇者乎？言出乎身加乎民，行發乎邇見乎遠。言行，君子之樞機。樞機之發，榮辱之主也。言行，君子之所以動天地也，可不慎乎？”

此以言行感通發《中孚》之義，與爻辭稍異。

“言出乎身加乎民，行發乎邇見乎遠。”兩句是申明上文“君子居其室，出其言善，則千里之外應之”二股，即此兩句就見得言行是君子之樞機。蓋樞是門之所由闔闢，機是弩之所由張弛者，言行是君子之所由以出身、加民、發邇、見遠，猶門弩之樞機，而門弩之所由闔闢張弛也。榮辱之主，指上文千里之外應違，意動天地，又是推出説，言不止於千里之外應違，雖天地亦能感動。致中和，天地位，萬物育，此其大者；泣竹而冬生，卧冰而鯉出，其一節之行，亦能動天地如此。

此言即此爻而擬議之，見言行之當謹也。

“同人，先號咷，而後笑。”子曰：“君子之道，或出或處，或默或語。二人同心，其利斷金；同心之言，其臭如蘭。”

此釋《同人》九五爻義。

此是闔闢説，“或出或處，或默或語”，此是言其迹之異。“二人同心”以下，是甚言其心之同處。夫二心之同，至於物莫能間，而言有味如此，寧論其迹之異哉！

言君子之道，或出而仕，或處而不仕，或默而不語，或語而不默，其事迹之不同，有若水火之相反矣。要其心則相同，不以其迹之異而有間也。其心之同也，非尋常之同，堅不可破，牢不可開。天下之至堅莫如金也，使其遇之，亦斷做兩段去而莫能間。至其出言也，則彼此相信。此有言，彼以爲有味；彼有言，此以爲有味，其臭如蘭也。其心之同如此，其迹之不同，何也？時之所遇有不同也，其時不同，其事因之，不得不爲之而有異，然其心未始有異也。烏能以迹而間心哉！故曰："聖人之心無不同，事則所遭或異，然處之各得其當，是乃所以爲同也。"意正如此。故箕子、比干，生死不同而同於仁；禹、稷、顔回，隱顯不同而同於道，此可以觀君子之心迹矣。

《蒙引》曰："間，是阻隔之意。若利刀切物，必迎刃而分，何能阻隔得他？故曰'其利斷金'。"

周瑜曰："丈夫處世，遇知己之君，言聽計從，雖使蘇、張之徒復生，豈能間其意乎？"可以味"斷金"之意。

即此爻而擬議之，君子惟求其心之同也。

"初六，藉用白茅，无咎。"子曰："苟錯諸地而可矣，藉之用茅，何咎之有？慎之至也。夫茅之爲物薄，而用可重也。慎斯術也以往，其无所失矣。"

此釋《大過》初六爻義。

言凡物苟安錯之於地，已可以無虞矣，况又藉之用茅，則益以安矣，何咎之有？何哉？蓋慎之至也。夫茅之爲物，一葦之微爾，蓋甚薄也。至其用之，則可以藉物而无傾覆之患，是其用可重也。君子慎斯術也以往，將見"言滿天下無口過，行滿天下無怨惡"，其无所失矣。

即此爻而擬議之，則凡事不可不慎也。

"勞謙，君子有終，吉。"子曰："勞而不伐，有功而不德，厚之至也。語以其功下人者也，德言盛，禮言恭。謙也者，致恭以存其位者也。"

"勞而不伐，有功而不德"，是解勞謙意。"厚之至也"，是贊美之辭。"語以其功下人者也"，是方説上爻辭去。蓋勞不伐，有功不德，至厚之至，正是以其功下人者也。言九三所謂"勞謙"，正是如此，故曰"語以其功下人者也"。言九三所謂“勞謙”,正是語他能以其功下人者也。“德言盛,禮言恭”,又是再發“不伐”、“不德”之意。“謙”字即是“禮言恭”,“存其位”是解“君子有終”。

即此爻而擬議之,見有功勞之當謙也。

“亢龍有悔。”子曰:“貴而无位,高而无民,賢人在下位而无輔,是以動而有悔也。”

說見《文言》,玆不解。

“不出户庭,无咎。”子曰:“亂之所生也,則言語以爲階。君不密則失臣,臣不密則失身,幾事不密則害成。是以君子慎密而不出也。”

此解《節》初九爻義,亦與本爻不甚相貼,與解《同人》九五相似。蓋聖人之情,因卦以發者也。

唐高宗告武后以“上官儀教我廢汝”,此君不密而失臣也。陳蕃乞宣臣表以示宦者,此臣不密而失身也。曹操欲殺董貴人,伏后懼,與父完書,令密圖之,事泄被殺,此幾事不密則害成也。

即此爻而擬議之,則凡事不可不密也。

子曰:“作《易》者其知盜乎?《易》曰‘負且乘,致寇至’。負也者,小人之事也;乘也者,君子之器也。小人而乘君子之器,盜思奪之矣;上慢下暴,盜思伐之矣。慢藏誨盜,冶容誨淫。《易》曰‘負且乘,致寇至’,盜之招也。”

此[解]《解》六三爻義。

小人而乘君子之器,則人皆起非望之心矣,故“盜思奪之”。上而慢之,下而暴之,則奸雄得以爲辭而起攻伐之念矣,故“盜思伐之”。財物而不謹藏,則偷盜乘間而竊取矣,故曰“慢藏誨盜”。婦人無事而常粧飾,則輕薄少年起淫慾之心矣,故曰“冶容誨淫”。此四者,皆自處不善而爲盜之招也。“負且乘,致寇至”正是此理,故曰“‘負且乘,致寇至’,盜之招也”。

右第八章

易經存疑卷十

繫辭上傳

天一地二，天三地四，天五地六，天七地八，天九地十。

此章本言天地大衍之數，揲蓍求卦之法。先言《河圖》者，數之宗祖也。伏羲之時，龍馬出河，背上旋毛圈子有自一至十之數，而其位則一六居北、二七居南、三八居東、四九居西、五十居中，此天地精粹之氣，聚於一物之身，以顯造化之迹者也。然人知龍馬之負圖，不知河圖之有數；知河圖之有數，不知其爲天地之數；知河圖爲天地之數，不知何者爲天，何者爲地。故夫子即是圖而指出以示人曰：某是天數，某是地數。蓋天屬陽，陽之數奇，圖數之奇者，皆屬乎天。地屬陰，陰之數偶，圖數之偶者，皆屬乎地。故天之數則一，地之數則二，天之數則三，地之數則四。若五、若七、若九，是皆奇數而屬乎天也；若六、若八、若十，是皆偶數而屬乎地也。此是直指點圖數之屬天屬地者以示人，未有意義。

天數五，地數五，五位相得而各有合。天數二十有五，地數三十，凡天地之數五十有五。此所以成變化而行鬼神也。

上既據圖指點出天地之數以示人，此乃解釋其義。"天數五，地數五"，是據其大概而計之。"天數二十有五，地數三十"，"天地之數五十有五"，是積其全數而計之。"五位相得而各有合"，是略解其義；"成變化"、"行鬼神"是盡發其義。意謂《河圖》之數，奇者屬天，偶者屬地。即是觀之：一、三、五、七、九，皆奇數而屬乎天，是天之數有五也；二、四、六、八、十，皆偶數而屬乎地，是地之數有五也。是五位也，一與二，三與四，五與六，七與八，九與十，各以奇偶爲類而自相得。蓋從一至十,一變一化,以序而生出水火木金土,如兄弟第一第二之相與也。一與六,二與七,三與八,四與九,五與十,一奇一偶,各以兩相合,而奇偶之相爲生成。蓋以五合五,一生一成,相與而生水火木金土,如夫婦之配合而生育也。天之數五,積而計之,一與九爲一十,三與七爲一十,而單一箇五,是天之數二十有五也。地之數五,積而計之,二與八爲一十,四與六爲一十,又單一箇十,是地之數三十也。二者合計之,天地之數共五十有五,此天地之全數,乃所以成變化而行鬼神也。蓋天以一變生水,地以六化成之。地以二化生火,天以七變成之。天以三變生木,地以八化成之。地以四化生金,天以九變成之。天以五變生土,地以十化成之。一奇一偶,相爲次第;一變一化,相爲生成。五行之生,莫非陰陽變合之妙。所謂成變化者如此,鬼神只在變化生成上。天一生水,是來而伸,神也。地六成之,則生者往而屈,而地六之成水者,又爲來而伸矣。地六成水,神也。及地二生火,則地六又爲往而屈,而地二之生火,又爲來而伸矣。地二生火,神也。及天七成之,則地二又爲往而屈,而天七之成火者,又爲來而伸矣。天七之成火,神也。及天三生木,則天七又爲往而屈,而天三之生木,又爲來而伸矣。以至地八之成木,地四之生金,天九之成,天五之生土,地十之成。其往來屈伸,皆是如此,皆鬼神之所在,故曰"行鬼神"。

"五位相得而各有合",正是"成變化"、"行鬼神"處。五位即五數,不曰"數"而曰"位"者,位,數之所居也。

五數不過水火木金土之生成爾。五行之生,自微至著,自一至十,乃微著之節次,而其迹見於龍馬之身也。此五行與《太極圖》陽變陰合之五行不同,《太極圖》説造化初生之五行,此就萬物之生成言。《蒙引》曰:"凡物資始時屬水,流行時屬火,向於實則木矣,實之成則金矣。"又曰:"水質微,故居先。火漸著,故次水。木則著而實矣,故次火。金則實而固矣,故次木。土則以全體而言,故居中。"

五行各有生成,其生成則分屬乎天地。生於天者成於地,生於地者成於天。故水生於天一成於地六,火生於地二成於天七,木生於天三成於地八,金生於地四成於天九，土生於天五成於地十。然水生於天一，越二、三、四、五凡四位，而後地六成之，不亦緩乎？蓋五行之生成，實相連接，只在一時。方其水之生也，而成即接之，固無天一生水，又間五位，待地六然後成之之理。特五行之生數止於五，除一、二、三、四、五生數之外，自六至十皆是成數而爲生數之副。以五成數循序而配五生數，則六當配一，七當配二，八當配三，九當配四，十當配五。以其相配而數之，則一變生水，六化成之云云，《本義》之所云爾。然是數之在馬圖也，一與六居北，二與七居南，三與八居東，四與九居西，五與十居中，一生一成，恰同一位，似有人力布置之所爲者，而實天地所生之自然。此所以爲造化之妙，非人之所可知也。

勉齋黄氏曰："造化之初，天一生水而三生木，地二生火而四生金，蓋以陰陽之氣，一濕一燥而爲水火，濕極燥極而爲木金也。"

五位相得，一、二、三生數相連，謂之相得是也。如六則是成數，乃接五，而謂之相得，似乎難説。《蒙引》曰："一至五，生數已備，至此則成數當繼之矣。故五後即繼以六，總是五行一氣也。"今按：此説似乎可通，不然則無説矣。

大衍之數五十，其用四十有九。分而爲二以象兩，掛一以象三，揲之以四以象四時，歸奇於扐以象閏，五歲再閏，故再扐而後掛。

上言《河圖》之數，正爲《易》數張本爾，故此承言大衍之數，蓋《易》之用也。《本義》謂《河圖》中宫之數，天五乘地十而得之者。蓋《河圖》一箇五乘一箇十，便成五箇十；以五箇十乘一箇五，便成十箇五。聖人有見於此，故就中宫之數而衍之。蓋一者數之始，十者數之終。但是一便含箇十，數始必有終之義也。《河圖》中數是五箇一，取一箇一，衍之而成十，取五箇一而各衍之，則成五箇十矣。故曰："大衍之數五十。"程子曰："數始於一，備於五。小衍之而成十，大衍之則爲五十。"朱子曰："中數五，衍之而各極其數以至於十者，一箇衍成十箇，五箇衍便是五十。"即此可見大衍之説。

玉齋胡氏"本身是一，是二，是三之數"，恐未是。

朱子曰:“《河圖》五十五,是天地自然之數。大衍五十,是聖人去這《河圖》裏面,取那天五地十衍出這箇數。大概《河圖》是自然底,大衍是用意以揲蓍求卦底。”

六十四卦,三百八十四爻,本是變化之物。然無蓍策,則其變化亦無自而顯。故聖人作《易》,生蓍倚數,教人揲蓍求卦。大衍之數五十,此蓍策之全數也。蓍一百莖,可當大衍之數者,故至用以筮,則止用四十有九,其一置之不用。此五十數,若全用之,則其數不行,而無以成《易》。必置一不用,而後其數始行,始可以成《易》。此則神不可知處,故《本義》謂“出於理勢之自然,非人智力之所能損益也”。《啓蒙》謂“虛一以象太極”,《本義》削去不用,《蒙引》謂:“氣有爲而理無爲,故虛其一以象太極之無爲。”愚按:太極動静而分陰陽,太極非無爲者也。况太極雖不雜乎陰陽,亦不離乎陰陽。今虛一不用以象太極,却把太極與陰陽判而爲二,尤爲未穩。愚意《啓蒙》之説非,《本義》所以不用,其或以此也歟?

以“分而爲二,以象兩儀”觀之,則四十九策未用之先,太極渾淪、陰陽未判之象也,但聖人不言爾。

《群書考索》曰:“揲蓍之法,四十九蓍,聚之則一,而四十九隱于一中;散之則四十九,而一隱于四十九中。一者,道也。謂之無,則一在;謂之有,則不可取。四十九者,用也。静則歸於一,動則惟覩其用,一在其間而不可取。此大衍之數五十,其用四十有九也。”

以四十有九之策,信手中分而爲二,左右二手各得其一,以置之左右一大刻之間,此所以象兩儀也。以右手取右大刻之策,掛于左手小指之間,此所以象人而參,三才也。以左右兩手之策各四數而揲之,此以象歲之有四時也。以所揲四數之餘,或一、或二、或三、或四,扐於左手中三指之兩間,此以象歲之有閏月也。曆法三歲一閏,五歲再閏,故揲蓍之法,左掛左揲左歸奇,右揲右歸奇。凡有五節,五節之中,凡有再扐,然後别起一掛,正以象五歲之再閏爾。

掛一當一歲,揲左當二歲,扐左則三歲一閏矣,又揲右當四歲,扐右則五歲再閏也，故再扐而後掛。

西山蔡氏曰："天地之數，三百六十。每歲氣盈六日，朔虚六日，一歲餘十二日，三歲餘三十六日，以三十日爲一月，更餘六日，又二歲餘二十四日，合前所餘六日爲三十日，爲再閏。"

氣盈者，天之數；朔虚者，月之數。

朱子曰："歲有十二月，月有三十日，凡三百六十者，一歲之常數也，故日與天會，而多五日二百三十五分者，爲氣盈；月與日會，而少五日五百九十二分者，爲朔虚。合氣盈、朔虚而閏生焉。"據此氣盈、朔虚俱不至六日，蔡氏云"六日"者，舉成數也。按：此其大略者爾，其詳當觀《書》"帝命羲和，期三百有六旬有六日，以閏月定四時成歲"（蔡傳）。

《乾》之策二百一十有六，《坤》之策百四十有四，凡三百有六十，當期之日。

上言揲蓍求卦之法於造化既有所象，此言過揲之策於造化亦有所象。《乾》、《坤》之策、二篇之策，皆過揲之策也。朱子《大傳》所謂《乾》、《坤》二篇之策者，正以其掛扐之外，見存蓍數爲言爾。蓋揲蓍之法，凡三揲掛扐通十三策，而見存三十六策，則爲老陽之爻；三揲掛扐通十七策，而見存三十二策，則爲少陰之爻；三揲掛扐通二十一策，而見存二十八策，則爲少陽之爻；三揲掛扐通二十五策，而見存二十四策，則爲老陰之爻。《大傳》專以六爻乘二老而言，故曰："《乾》之策二百一十有六，《坤》之策一百四十有四。"《書》"帝命羲和：'期三百有六旬有六日。'"《本義》曰："凡三百六十五日四分日之一，又不彀六日。"本文曰"凡三百有六十，當期之日者"，舉成數而言也。

《乾》之策二百一十有六，一爻三十六，二爻七十二，三爻一百單八，四爻一百四十四，五爻一百八十，六爻則二百一十有六也。

《坤》之策百四十有四，一爻二十四，二爻四十八，三爻七十二，四爻九十六，五爻百二十，六爻則百四十有四矣。

又曰"《乾》之策二百一十有六"者，以老陽之數計之也，《坤》策亦然。故承此而言,二篇之策萬有一千五百二十者,皆老數也。《本義》曰:"凡陽爻百九十二得六千九百一十二策,重老陽之數也,陰爻亦然。"

二篇之策,萬有一千五百二十,當萬物之數也。

朱子曰:"二篇之策,當萬物之數,亦是取象之辭,不是萬物恰有此數。"二篇之爻,總有三百八十四爻,陰陽各半。陽爻一百九十二,一爻三十六策,總得六千九百一十二策。陰爻一百九十二,一爻二十四策,總得四千六百八策。陰陽總合萬有一千五百二十,此當萬物之數。

"當萬物之數",蓋萬物之數至多也,而二篇之策,萬有一千五百二十,亦多之至也,故以爲"當萬物之數"。

是故四營而成易,十有八變而成卦,

分二掛一條,正是揲蓍求卦之法,此四營而成易也。其成内外卦,只是自此而積之爾。故曰:"四營而成易,十有八變而成卦。"易即變也,故"四營成易"之下,即繼之"十八變方成卦也"。

八卦而小成。

上言十有八變而成卦,此言八卦而小成,明卦之有内外體、大小成也。蓋四營而成一變,三變則成一爻,九變則有三爻,此時既成八卦,於六畫之卦則爲小成也。

《蒙引》曰:"上言一變,遂乘勢説到十有八變而成卦處,中間内體一節未及發,故翻足之以此句。"

引而伸之,觸類而長之,天下之能事畢矣。

引伸是自十八變成卦之後而引伸之,不是自八卦小成而引伸之,此與《易學啟蒙》之説不同。《蒙引》有辨,言:既十八變而成卦,由是引而伸之,視其爻之變不變以爲動静，則一卦可變而爲六十四卦。又以一卦爲準，觸其類而長之，則六十四卦每卦皆可變爲六十四卦，凡有四千九十又六卦也。變而至是，不可復加矣，故曰“天下之能事畢矣”。

顯道神德行，是故可與酬酢，可與祐神矣。

上言揲蓍求卦之法，成於十有八變，極於引伸觸類，則其法已盡矣，此則語其功效以示人也。道是《易》中之所具者，如所謂吉凶消長之理、進退存亡之道是也。當夫十有八變之後，引伸觸類之餘，觀其所成者何卦，所值者何爻，則此理昭然於卦爻之辭，是道因辭而顯也。德行是民生日用之所行，如建侯、行師、婚媾、祭祀、涉川、攸往是也。萬民疑於吉凶之途而莫知趨避，則民行無由濟，其德行滯而不通，及以蓍問《易》，十有八變之後，引伸觸類之餘，則見其所成者何卦，所值者何爻，而吉凶之理皆具於卦爻之間。由是用之以作事，則吉以之趨，凶以之避，民皆亹亹忘倦、勉勉不怠，而民行以濟、德行以通，有若神明之所爲者，故曰“神德行”。後章“變而通之以盡利，鼓之舞之以盡神”，即是此意。

道是吉凶之理，德行是趨吉避凶之事。問《易》者必因數而得辭，因辭而見道，見道而後德行可成，此其序也。《本義》以“顯道”屬之辭，“神德行”屬之數，似失其序矣。况此章專指蓍卦，未及乎辭，若去“辭”字不道，“顯道神德行”俱歸之蓍，尤似潔净，但不知朱子當時爲何似此分釋。

“酬酢”、“祐神”，總承“顯道神德行”，不必分屬上文。

子曰：“知變化之道者，其知神之所爲乎？”

變化之道皆神之所爲也，故能知變化之道，則知神之所爲。此夫子有見於《易》數而重致歎，頗似《中庸》“苟不固聰明聖智達天德者，其孰能知之”意思。

右第九章

《易》有聖人之道四焉：以言者尚其辭，以動者尚其變，以制器者尚其象，以卜筮者尚其占。

凡人用《易》有兩様：卜筮是一様，所謂“動則觀其變而玩其占”是也；有不用卜筮是一様，所謂“居則觀其象而玩其辭”是也。如孔子曰：“假我數年，五十以學《易》，可以無大過。”又如先儒所謂“孟子善用《易》”，此不用卜筮者。此章“以言者尚其辭”，是不用卜筮；“以動者尚其變”，是用卜筮。“以制器者尚其象”，亦有不用卜筮者。此須兼動静言。

以言不是空言，是欲斷事也。如雋不疑引經斷獄是也。南人有言曰：“人而無恒，不可以作巫醫。”子曰：“善夫！不恒其德，或承之羞，不占而已矣。”此尚辭以發言也。蓋《易》辭該天下之事理。子曰：“聖人有以見天下之動，而觀其會通以行其典禮，繫辭焉以斷其吉凶，是故謂之爻。”其該天下之事理可見，故曰：“所樂而玩者，爻之辭也。”尚其辭以發言斷事，則夫人不言，言必有中矣。故曰：“以發言者尚其辭。”事物交接，念慮初起，經營籌度，其應接之方，是之謂動。凡人揲蓍求卦，四營而爲一變，其所餘之策或一、或二、或三、或四，隨其所趨而無一定。三變之後所餘之策或七、或八、或九、或六，隨其所趨而無一定，是之謂變。應接之初，不可執定要如何，惟視蓍策之變，看所成者何卦，所值者何爻，然後以之應接。如得卦爻事理無失，是可作也，可作則作，無專主焉；如是卦爻事理有失，是不可作也，不可作則止，無定執焉，是之謂尚變。蓋動者，事之未成，變則象之未定者也。舊説“人之舉動不可執滯，當如蓍策七、八、九、六之變之無定”。愚按：依此説，則以動尚變爲空虚，初不粘蓍策卦爻之變化，恐尚有碍。如愚説，於不可固滯之意自在也。學者細思，當自得之。

象是變之已定，如六畫純陽爲《乾》之象，六畫純陰爲《坤》之象。一陽動於五陰之下爲《復》之象，一陰伏於五陽之下爲《姤》之象。六十四卦三百八十四爻皆然。器是動之已成，如建侯、行師、婚媾、祭祀、涉川、攸往之類是也。凡此等事皆具之《易》。《易》之所具，自有其象，如《屯》初九則有建侯之象，《師》“貞，丈人吉，无咎”則有行師之象，《屯》之六二則有婚媾之象，《隨》之上九、

《升》之六四則有祭祀之象,《需》卦坎水在前、乾健臨之,則有利涉之象。人之制器,取其象而法之,則不愆不忘而事以之濟矣。故曰:"以制器者尚其象。"以動尚變,以制器尚象,只是一事而分始末爾。占不外乎辭,繫於卦爻之下則爲辭。揲蓍求卦,看所成者何卦,所值者何爻,其辭之或吉或凶,在所當用則謂之占。用《易》卜筮以知吉凶者,則當考其占也。考《乾》"元亨利貞"之辭,可知其吉也;考《乾》上九"亢龍"之辭,可知其凶也。六十四卦三百八十四爻皆然。故曰:"以卜筮者尚其占。"《蒙引》曰:"不可泥'卜筮'字,泥'卜筮'字則須卜筮後方得占如何,乃取占以用之於卜筮。"愚謂依愚説,用《易》以卜筮者,則當考其占,其辭未爲不順。若依《蒙引》謂泥"卜筮"字,是取占以用於卜筮,乃拘上三句,欲一例觀之,恐聖人之言,不若是之拘。況卜筮明是實事,乃作假借字説,不惟失了本來面目,且又多事,學者細思,當自得之。

是以君子將有爲也,將有行也,問焉而以言,其受命也如響,無有遠近幽深,遂知來物。非天下之至精,其孰能與於此?

本文"問焉而以言",《本義》曰"發言處事",又是添字,恐不是聖人本意,亦無揲蓍求卦去發言者。依愚見,"以言"當作"問《易》之言"。朱子小註曰:"言是命龜,受命如響,龜受命也。"此説當從。若作發言去處事,則少有處事而必用言者;若發言、處事平重,則不應本文遺了"事"字,故"以言"作"問《易》者之言"爲當。遠近幽深,如事在千里之外、百年之久,遠也;在几席之下、旦夕之間,近也。事有在幽暗之中,如漢、唐諸臣之謀誅宦官,宋太祖、太宗之謀代周,是幽也;事有禍幾之所伏,如曹、劉割地基於"天下英雄,使君與操"之一言;武后在唐太宗時爲才人,李淳風謂"其人已在陛下宫中",是深也。《通典》以造化氣數之推遷爲幽,人心念慮之發動爲深,似未是。蓋來物,吉凶也,人事方有之。若造化氣數之推遷,遠了人心念慮之發動,則是"莫見乎隱,莫顯乎微"者,又安得爲深?

無有遠近幽深,遂知將來之吉凶,於此見《易》辭爲天下之至精。蓋當初聖人繫辭,是看得卦爻中義理是如此,然後設箇虚象來説,於萬事無不該,如《乾》初九,設箇"潛龍"之象,其占曰"勿用",看隨甚樣人皆用得,六十四卦三百八十四爻皆如此,所以曰"天下之至精"。若説得執殺,不能該天下之理,便是粗底事理,不爲精矣。朱子《學易篇》:"理定既實,事來尚虚。用應始有,體該本無。稽實待虚,存體應用。"可味"至精"之意。

雲莊劉氏曰:"筮法占卦爻之辭,然其辭或有不相應者,吉凶何自而决? 蓋人於辭上會者淺,於象上會者深。伏羲教人卜筮,亦有卦而已,隨其所遇,求之卦體、卦象、卦變,無不應矣。文王、周公之辭所該終有限,故有時而不應,必如《左傳》、《國語》所載卦體、卦象、卦變而推互體,始足以濟辭之所不及,而爲吉凶之前知爾,讀《易》者不可不察也。"

愚按: 聖人至精之言只是大綱,且據《易》辭而贊之爾。要之,於辭上會者淺,於象上會者深,信如劉氏之説,予於虚齋《易蒙引・序》云:"《易》可象而不可言,可言而不可盡。"意正如此,學者不可不知。

參伍以變,錯綜其數: 通其變,遂成天地之文;極其數,遂定天下之象。非天下之至變,其孰能與於此?

"參伍以變",是一箇數目,既以三數之,復以五數之。如三十箇錢,以三數之得十箇三,是三十也;以五數之,得六箇五,五六三十也。揲蓍之法,自四營而三變,只是一下數去,無一數而復重參伍以數之事。曰"參伍以變",亦是借其字樣,以顯一先一後更相考覈,以審多寡之實之意爾。

"錯綜其數",《朱子語録》謂:"六對九,七對八,便是東西相對爲錯。六上生七爲陽,九下生八爲陰,便是上下爲綜。"愚謂: 若只得七、八,則無上下矣。謂六便對九,七便對八,亦是揲時所無,只是尋箇九、七來與六、八對爾。依愚見,"錯綜"二字只是三變之際,分布蓍策,三變之後,總挈蓍策爾。如一變之後,置掛扐之策於格上第二小刻。二變之後,置掛扐之策於格上第三小刻。此所謂"交而互之",一左一右之謂也。三變之後,將所置三刻之策總取起來計算，看是九是六，是七[是]八，此所謂“總而挈之”，一低一昂之謂也。

一變之中就有參伍，如左掛左揲左歸奇，參也；右揲右歸奇，伍也。

文者，陰陽老少之稱。方其一變之餘，所得之策非一、二則三、四，未知其爲七、八、九、六，陰陽老少之文未成也。及三揲兩手之策，是之謂“通其變”，其所得之策非七、八則九、六，七爲少陽，八爲少陰，九爲老陽，六爲老陰，是天地之文於是乎成矣。

三變之後，方見錯綜。如三變之策，布而爲三，錯也；挈而爲一，綜也。其所得之策，非七、八則九、六。未見所成者何卦，所值者何爻，動静之象未定也。自三變而十八變，是之謂“極其數”，是時所得之卦，如六畫皆七則爲純《乾》，六畫皆九則《乾》變而之《坤》。六畫皆八則爲純《坤》，六畫皆六則《坤》變而之《乾》。是卦爻動静之象，於是乎定矣。《蒙引》曰：“通其變，謂變到極處而天下之文已成；極其數，謂數到完處而天下之象已定。”又曰：“動與變不同，如九、六變也，七、八不變。至於動，則或九、六爲動，又或五爻爲九、六，則一爻得七、八爲動者矣，動則不分九、六與七、八。”

天下之至變，謂圓神不倚、變化無方也。惟其如是，故能爲多爲寡，爲奇爲偶，爲老爲少，爲動爲静。莫知其方，惟變所適。故曰：“非天下之至變，孰能與於此？”

參伍錯綜、通變極數，均是尚變、尚象之事。

《易》无思也，无爲也，寂然不動，感而遂通天下之故。非天下之至神，其孰能與於此？

上言尚辭、尚變、尚象、尚占之事，以至精、至變贊之。此則推本於至神，即《本義》所謂“[此]四者，《易》之體所以立而用所以行也”。要不過前章“神无方而《易》无體”之意爾。神其體，變其用也。

《易》只蓍卦，蓍卦本是箇無商度底事物，故曰“无思无爲，寂然不動”，是言人未揲蓍求卦之時。“感而遂通天下之故”，即是上文“遂成天地之文，遂定天下之象,受命如響,遂知來物"之意,蓋即上文而再滕説以歸於至神也。

言《易》不外蓍卦爾。蓍雖有象變,然其未動也,只是四十九支枯莖而已。卦雖有辭占,然其未顯也,只是六十四卦之形畫而已。思出於心,《易》則无心也,何思之有? 爲起於思,《易》既无思也,何爲之有? 方人之未問《易》也,蓍在櫝,卦在册,如洪濛之未判,如朕兆之未形爾,此其寂然不動者也。及人之問《易》也,象變辭占因之而得,吉凶悔吝因之以報,感而遂通天下之故焉。若此者,是其至神之妙,无有方所,故能有感即通之如是也。使非天下之至神,孰能與於此哉?

夫《易》,聖人之所以極深而研幾也。

上言尚辭、尚變、尚象、尚占既畢,此欲明上文所爲聖人之道也,故曰:"夫《易》,聖人所以極深而研幾也。"要之,極深研幾只是上文之至精至變爾。言辭占爲天下之至精而受命如響,遂知來物,則辭占也者,是聖人之所以極深者也。象變爲天下之至變,而參伍錯綜、成文定象,則象變也者,是聖人之所以研幾者也。蓋天下之事,隨其得失,莫不有吉凶之報,然當其作事之始,吉凶未見而其理隱於未形,所謂深也。辭占則受命如響,遂知來物於吉凶未形之幾,而預先窮究出其理以告人,是有以極其深也。蓍策未動之先,陰陽老少、卦爻動静未知其所分,事之吉凶悔吝未知其所判,其理最是微妙難見,所謂幾也。象變則因蓍而形,因揲而得,卦爻之陰陽老少動静,事之吉凶悔吝,無不研究出來示人,是有以研其幾也。

惟深也,故能通天下之志;惟幾也,故能成天下之務;

《易》惟聖人所以極深也,則天下之人迷於吉凶之途而莫知所趨避者,今則知其孰爲吉而在所當趨,孰爲凶而在所當避,天下之心志於是乎通矣。《易》惟聖人所以研幾也,則天下之人眩於趨避之故而莫知所爲者,今則以之而成文定象,以之而用動制器,天下之事務於是乎成矣。

惟神也，故不疾而速，不行而至。

此又即上文之意而歸之神，與上文"《易》无思无爲"一條意思相似，言幾深之所在，即神之所在也。惟神也，故其所以通志成務者，皆不待疾而自速，不待行而自至，言其不用人力也，方是神之所爲。

子曰"《易》有聖人之道四焉"者，此之謂也。

此承上文之意而用首章之句以結之。夫《易》，聖人之所以極深研幾、通志成務如此，故曰："《易》有聖人之道四者，此也。"

此章是盡上章未盡之意，《蒙引》説亦明白。

右第十章

子曰：夫《易》何爲者也？夫《易》開物成務，冒天下之道，如斯而已者也。是故聖人以通天下之志，以定天下之業，以斷天下之疑。

此承上章言卜筮之事，亦盡前章未盡之意也。

"開物成務"，知行之意。示人以吉凶之途，使知所趨避而迷惑以之開，是開物也；既知吉凶之所在，而吉以之趨，凶以之避，事務以之成，是成務也。"冒天下之道"，言天下道理皆在其罩冒之中，無所遺漏。蓋舉凡天下之事，小而涉川攸往，大而建侯行師，精及無形，粗及有象，其吉凶悔吝之理，而六十四卦三百八十四爻無不包括，隨人以事問《易》，而《易》皆有以開物成務，所以説"冒天下之道"。《語類》曰："《易》之爲書，因卜筮以設戒，逐爻開示吉凶，包括無遺，如將天下許多道理包藏在中，故曰：'冒天下之道。'如'利用爲大作'一爻，《象》只曰'下不厚事也'，自此推之，則凡居下者，不當厚事，如子於父、臣於君、僚屬於官長，皆不可以踰分越職，縱可爲，亦須是盡善，方能無過，所以有'元吉无咎'之戒。"愚按：必依此説，方説得冒天下之道，若一爻只管一事，則爻只三百八十四，何足以盡天下之事變而冒天下之道哉？

"聖人以通天下之志"三句，承上文"開物成務"言。《易》以開物，故聖人以通天下之志;《易》以成務,故聖人以定天下之業。聖人用《易》通志、定業,則天下之疑惑於是乎斷矣,故曰"以斷天下之疑"。"是故"字輕,若依愚此説,亦通。但《繫辭傳》中此類甚多,如"是故君子居則觀其象而玩其辭"、"是故列貴賤者存乎位"、"是故蓍之德圓而神"之類可見。

是故蓍之德圓而神,卦之德方以知,六爻之義易以貢。聖人以此洗心,退藏於密,吉凶與民同患。神以知來,知以藏往,其孰能與於此哉?古之聰明睿知、神武而不殺者夫!

此言聖人無卜筮而知吉凶,必先有此,然後作《易》以前民用。故《語類》謂:"此言聖人作《易》之本。"

凡物圓則流動,流動則神;方則止定,止定則知。蓍方其四營之時,初莫知其爲一、爲二、爲三、爲四;及三變之時,又莫知其爲七、爲八、爲九、爲六,是圓轉而不定,變化而無方也,故曰"其德圓而神"。卦是揲蓍得者,方其始揲之時,未知其爲何卦何爻,吉凶之理茫然未知。及夫十有八變之後,看所得者何卦,所值者何爻,而卦爻所具之理或爲吉、或爲凶,皆一定而不可易,故曰"方以知"。方者,一定而不轉移也;知者,中藏是非之理也。

六爻之義變易以告人,如《乾》之六爻,則有潛、見、惕、躍、飛、亢之殊,《漸》之六爻則有干、磐、陸、木、陵、逵之異,此其變易告人處。貢曰告,是即《書》"冒貢于非幾"之"貢"字。

聖人體具三者之德而無一塵之累,便似把他來洗濯自家心一般。《語類》曰:"是以那《易》之理來洗自家心了,更没些私意小知在裏許。"

清明在躬,志氣如神,此聖人圓神之德也,來是吉凶之朕兆已萌而將來者也。國家將興必有禎祥,國家將亡必有妖孽。是以聖人清明在躬,志氣如神,禍福將至,善必先知之,不善必先知之,故曰"神以知來"。

文理密察,足以有別,此聖人方知之德也。往是吉凶雖未有朕兆而其理已一定者也。《書》曰"惠迪吉,從逆凶,惟影響"是矣。聖人文理密察,足以有別,何者爲吉，何者爲凶，其理都藏在胸中了。故曰“知以藏往”。梅福曰：“方今君命犯而主威陵，外戚之權日以益隆，陛下不見其形，願察其影。”是知其藏往之德者也。

吉凶與民同患，言吉凶之來，不知趨避，民以爲患，聖人亦與人同也。趨吉避凶，聖人與民同；藏往知來，聖人與民異，此其所以爲聖人歟！

“古之聰明睿知”與“神武不殺”是二項，蓋承上文“神以知來，知以藏往”而言。此惟古之聰明睿知，不假卜筮而知吉凶，亦猶神武有以服人，而不假殺伐之威者也，故《本義》曰：“得其理而不假其物之謂。”

是以明於天之道，而察於民之故，是興神物以前民用。聖人以此齋戒，以神明其德夫？

上言聖人無卜筮而自知吉凶，已具作《易》之本。此承言聖人作爲卜筮，教人知吉凶，以終上文之意也。“是以”字是承上文言。聖人聰明睿知，具圓神方知之德，不假卜筮而知吉凶，是以上而天道則明之，下而民故則察之。明天道，如何切於作《易》？蓋天道不外太極陰陽變化之理而已。自太極而兩儀，兩儀而四象，四象而八卦，八卦而六十四卦，莫非天道之自然。聖人固已默會於心，而龍馬負圖出河，自一至十之數，具天地變化生成之理，又有以啟聖人之獨知。蓍莖之生，其莖丈長，其叢滿百，即其半，又有以合天地大衍之數。神龜之生，戴九履一，左三右七，二、四爲肩，六、八爲足，五、十居中之文，又有以合乎陰陽之數。凡此皆天之道，而聖人之所明也。察民故，如何切於作《易》？愛惡相攻而吉凶生，遠近相取而悔吝生，情僞相感而利害生，必然之理也。然斯民之生，蚩蠢無知，方迷於吉凶、悔吝、利害之途而莫知所趨避，此則生民之故而聖人之所察也。聖人明於天之道，則知《易》卦之可作而蓍龜可用之卜筮。察於民之故，則知民迷於吉凶之途，不可不有以開其先，於是興蓍之神物以教民筮，興龜之神物以教民卜，使民用有以開其先而民行因之以濟，此聖人作《易》教人卜筮之事也。聖人既作卜筮，教人知吉凶，自家亦齋戒以考其占，使其心神明不測，如鬼神之能知來，此又聖人之用《易》也。蓋卜筮未作，聖人固不假之以知來；卜筮既作，聖人亦假之以知來，不以己之能知吉凶而不用。此聖不自聖，乃聖人所以爲聖，非若夫人之侮慢自賢也。

是故闔户謂之坤，闢户謂之乾，一闔一闢謂之變，往來不窮謂之通。見乃謂之象，形乃謂之器，制而用之謂之法，利用出入，民咸用之謂之神。

此發明上文"興神物以前民用"之意。乾坤變通，言化育之功，蓍龜之所由生也。見、象、形、器，言生物之序，蓍龜之所生也。制用之法，民用之神，正是興神物、前民用之事，蓋原始要終而言之也。天道流行，發育萬物，方其利貞之時，氣機自外而收斂於内，如户之闔，則謂之坤。及其元亨之時，氣機自内而發洩於外，如户之闢，則謂之乾。闔之後繼之以闢，闢之後繼之以闔，則謂之變。闔往而闢來，闢往而闔來，來而復往，往而復來，而無終窮，則謂之通。乾坤變通，此造化之功，所以發育萬物者也，萬物之生於造化也。當資始、資生之時，朕兆方萌而形容未著，胚胎初露而體質未成，特依稀彷彿之可見而已，是故謂之象。及其各正、保合之時，形容已著而各成物宜，體質已成而各適其用，已有規矩法度之可觀，是故謂之器。見、形、象、器，生物之序也，而蓍龜已生於其間矣。

萬物生於造化，同具陰陽之理，皆可以取用，然不若蓍龜獨得其理尤全也。故聖人取蓍而制之，用之以卜[筮]，取百莖而用其半，以合於大衍之數，以四十有九之莖爲分揲掛扐之法，積其歸奇之策以爲七、八、九、六之數，以成天下之文，定天下之象，此制蓍而用之也。太卜掌三兆之法，曰"玉兆"，曰"瓦兆"，曰"原兆"，卜師掌開龜之四兆，曰"方兆"，曰"功兆"，曰"義兆"，曰"弓兆"。龜人以其方之色與體，辨六龜之屬。占人明火爇燋，依四時以灼龜之四足，以體色墨坼辨金木水火土五行之兆，察其體之吉凶，色之善惡，墨之大小，坼之微明，以知吉凶。此制龜而用之也。

聖人既制卜筮之法，民用之以出而利，用之以入而利，斯民見其利，咸相率而用之，歡欣鼓舞，亹亹忘倦，莫知其然，此則謂之神也。神者，妙而不測之名。

民之趨吉避凶，出於心懽意肯，莫知誰之所使，有不可得而測度，所以謂之神。故《本義》曰"百姓自然之日用"，言自然而然，莫使之然也。

是故《易》有太極，是生兩儀，兩儀生四象，四象生八卦，

上言聖人制蓍以筮，此言聖人畫卦，蓋蓍[者卦]之體也，非蓍則卦不行，然非卦則蓍不立，所以聖人言蓍而必及卦也。

謂制蓍筮之法，爲民用之神，固聖人興神物以前民用也。然使《易》卦不作，此蓍亦何由而立哉？以聖人之作《易》言之，夫《易》不過一陰一陽之變化而已，自兩儀而四象，自四象而八卦，皆陰陽之變，謂之易也。然陰陽之所以變化者，有箇理爲之主宰。理，即太極也。是太極也，動而生陽，静而生陰，陰陽之分，本於太極之動静。《易》卦之初，左一陽畫，右一陰畫，則兩儀由此而立，是太極生兩儀也。然陰陽生生不已，太極動静隨在。而分兩儀之上，又各生一奇一耦，而爲畫者四，則爲太陽、少陰、太陰、少陽，而四象於是乎成矣。四象之上，又各生一奇一耦，而爲畫者八，則爲《乾》、《兑》、《離》、《震》、《巽》、《坎》、《艮》、《坤》，而八卦於是乎成矣。八卦已成，則六十四卦亦不過因此而重之，而蓍策之用自此起矣。

八卦定吉凶，吉凶生大業。

此八卦該六十四卦，蓋六十四卦不過八卦之加重爾，故能定吉凶。

八卦既成，則陰陽往來交錯於其間，時有消長之不同，事有當否之或異。時之長、事之當者，則得吉；時之消、事之不當者，則得凶。是吉凶於是乎定矣。吉凶既定，則吉以之趨，凶以之避，而大業於是乎生矣。

《蒙引》曰："如《乾》卦，純陽至健，其道大通而至正，此其時之長也。而'至正'二字，又含有事之當焉，則其占爲元亨而利貞矣。如《屯》卦，以震遇坎，乾坤始交而遇險陷，此其時之消也。能動雖可以亨，而在險則宜守正而未可遽進，不遽進則無害，若遽進則事不當而有害矣。"此可見八卦定吉凶處。

是故法象莫大乎天地；變通莫大乎四時；懸象著明莫大乎日月；崇高莫大乎富貴；備物致用，立成器以爲天下利，莫大乎聖人；探賾索隱，鈎深致遠，以定天下之吉凶，成天下之亹亹者，莫大乎蓍龜。

此節是贊蓍龜功用之大。舉天地、四時、日月、富貴、聖人，不過引起以歸於蓍龜爾。大意謂：《易》卦之作，吉凶雖由之而定，大業雖由之而生，然無蓍龜，則《易》卦之用何自而行哉！故遂承而贊之曰"是故法象莫大乎天地"云云，而終之曰"探賾索隱，鈎深致遠，莫大乎蓍龜"。

成象天地之間，皆法象也，而天地爲尤大。日月星辰之上下，晝夜之往來，萬物之始終，皆變通也，而四時爲尤大。星辰之燦爛，雲漢之昭回，皆懸象著明也，而日月爲尤大。凡居乎民上，自士以至於公卿，皆崇高也，而貴爲天子，富有四海爲尤大。百工技藝之人，皆能創物以利用也，而備物以致用，立成器以爲天下利，則聖人爲尤大。一説立成器以爲天下利，只是足上文"備物致用"意。然必如《蒙引》説，然後義理始備，蓋聖人因民之所利而利之，撙節愛養之事尚多，不止立成器以爲天下利也。

賾、隱、深、遠，依上文"遠、近、幽、深"例，當作四項説，皆以作事説。徐氏以賾隱爲物象，亦不是。

賾，雜亂也。如衆論紛紜不一，説這樣吉，或説那樣吉。如曹操南下，吴諸將或欲納降，或欲擊之，衆論紛紜不一，則當用蓍龜以決之，此探賾也。大舜執兩端而用中即此意，但彼不用蓍龜爾。隱是幽暗之中，如李訓、鄭注之謀誅宦官，宋太祖、太宗之謀代周是也。

深是事有吉凶之理，其幾則伏而未形，如李淳風所謂"女子昌，殺唐子孫殆盡，其人已在陛下宫中"，可謂深矣。又如王安石變法，其禍至於基宋之亂，亦是深處，推此類可見也。

遠是事在千里之外、百年之後者。

定天下之吉凶，使天下之人作事孰爲吉、孰爲凶，其理皆自此而定也。成天下之亹亹，使天下之人趨吉避凶，勉勉不怠，自此而成也。

莫大乎蓍龜，言術數之學，讖緯之書，皆足以前知。若求其精者，則莫大於此也。

是故天生神物，聖人則之；天地變化，聖人效之；天垂象，見吉凶，聖人象之，

此言聖人作《易》之所由。神物，蓍龜也，聖人則之而立卜筮之法。日月星辰、晝夜寒暑之往來，人物之生死榮悴，天地變化也，聖人效之，而爲蓍策卦爻陰變爲陽、陽化爲陰之變化。日月星辰，順度則吉，逆度則凶。風寒雨暘，順時則吉，不時則凶。此天垂象、見吉凶也，聖人象之而爲卦爻之吉凶。蓋順理則吉，逆理則凶也。

河出圖，洛出書，聖人則之。

從來皆祖漢儒孔安國、劉向、劉歆諸儒之説，謂伏羲則《河圖》以作《易》，大禹則《洛書》以祖(作)《範》。本朝大儒王禕，謂《洛書》與《河圖》並出於伏羲之世，聖人則之，並則圖、書，以漢儒之説爲非，議其可疑六，其三云："先儒有言，《河圖》之自一至十，即《洪範》之五行，而《河圖》五十有五之數，乃九疇之子目。夫《河圖》固五行之數，而五行特九疇之一爾，信如斯，則是復有八《河圖》而後九疇乃備也。若九疇之子目，雖合《河圖》五十有五之數，而《洛書》之數乃止於四十有五。使以《洛書》爲九疇，則其子目已缺其十矣。"六疑俱有理，而此尤爲精切。今予因其説復爲之説云：

昔伏羲繼天而王，正人文當興之時，龍馬負圖而出於河，有天一地二、天三地四、天五地六、天七地八、天九地十之數。神龜負文而出於洛，有戴九履一，左三右七，二四爲肩，六八爲足之數。聖人則之，於《河圖》也，虛其中十、五以象太極，則陽數只有一、三、七、九，合之爲二十；陰數只有二、四、六、八，合之亦二十，兩儀之象也。太陽居一而連九，少陰居二而連八，少陽居三而連七，太陰居四而連六，四象之象也。其於《洛書》也，虛其中五以象太極，則一、九、三、七合爲二十，而居四正之位，二、八、四、六亦合爲二十，而居四隅之位，兩儀之象也。

四正以一含九，三含七；四隅以二含八，四含六，四象之象也。於《河圖》也，析四方之合以爲乾、坤、坎、離，補四隅之空以爲兑、震、巽、艮。於《洛書》也，四方之正以爲乾、坤、坎、離，四隅之偏以爲兑、震、巽、艮，八卦之象也。《河圖》以五生數合五成數而同處其方，蓋揭其全而道其常，數之體也。《洛書》以五奇數統四偶數而各居其所，蓋主陽以統陰而肇其變，數之用也。中爲主而外爲客，故《河圖》以生居中而成居外。正爲君而側爲臣，故《洛書》以奇居正而偶居側。《洛書》之奇偶相對，即《河圖》之數散而未合者也。《河圖》之生成相配，即《洛書》之數合而有屬者也，二者名異而實同。謂之實同者，皆本於天一至地十之數。謂之名異者，《河圖》之十，《洛書》之九，其指各有在也。

愚按：聖人則《河圖》、《洛書》之説，自孔子而後，經邵康節、程伊川、朱紫陽、真西山、蔡九峰、胡玉齋等諸儒，如出一口。更五百餘年，至王華川先生，獨以爲非，今取其説，與諸儒較論，果無得而易。予嘗謂義理之微，非一人所能知，而天地之秘不一時而盡洩者，正以此爾，乃更爲之説。從前之説，俱因諸儒，盡行削去，仍列河、洛二圖于後，以待學者之詳考云。

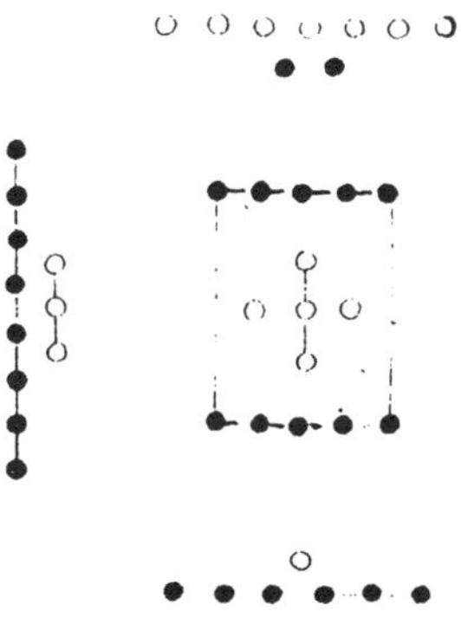

河圖

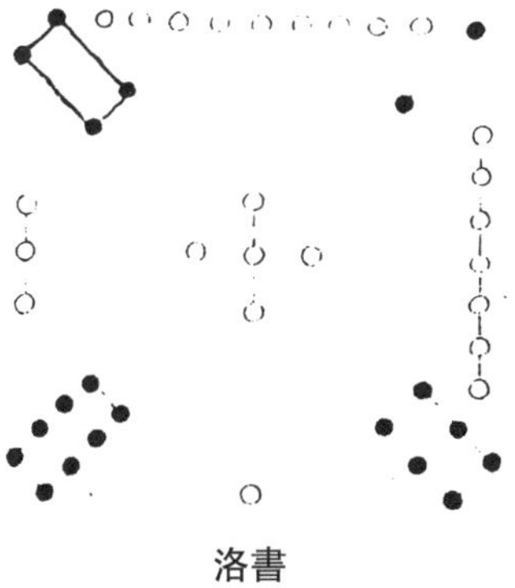

洛書

易有四象，所以示也；繫辭焉，所以告也；定之以吉凶，所以斷也。

上言聖人作卜筮之法盡矣。此言象、變、辭、占，所以終卜筮之事也。《易》有四象，雖只言象，變就在象中，定之以吉凶，亦只在繫辭内。《易》中有老陰、老陽、少陰、少陽之四象，隨其所趨而卦爻以之成，故曰“所以示”。如六爻皆老陽則爲《乾》變之《坤》，皆老陰則爲《坤》變之《乾》。餘倣此。聖人逐卦逐爻，各繫以辭，乃闡卦爻所具之理以告人。如《乾》“元，亨，利，貞”之辭，則闡乾大通至正之理以告人；《坤》“利牝馬”之辭，則闡坤柔順中正之理以告人，故曰“所以告”。卦爻有吉凶，聖人繫辭於吉者則定其爲吉，如曰“亨”，曰“利”，曰“无悔”、“无咎”，皆吉之類也。於凶者則斷其爲凶，如曰“悔”，曰“吝”、“厲”，皆凶之類也。若此者，正緣人疑於吉凶之途而莫知趨避，故從而判斷之，使人不疑於所往爾，故曰“所以斷”。

右第十一章

《易》曰：“自天祐之，吉无不利。”子曰：“祐者，助也。天之所助者，順也；人之所助者，信也。履信思乎順，又以尚賢也。是以自天祐之，吉无不利也。”

履信思順，就上九本身說，不云履九五之信，思九五之順，尚賢方作尚九五之賢，蓋自己信順而又能用賢，所以受祐於天，吉无不利也。

子曰：“書不盡言，言不盡意。”然則聖人之意其不可見乎？子曰：“聖人立象以盡意，設卦以盡情僞，繫辭焉以盡其言，變而通之以盡利，鼓之舞之以盡神。”

前章言卜筮之事，此言象、卦、變、通，備卜筮之本末也。蓋《易》非象、卦無以立本，非變、通無以達用，故如此立言。後面節節發明此意。第二節“乾坤成列”，“乾坤”字指卦象，“易立乎其中”，“易”字指變通。形而上之道、形而下之器，又是言卦象；化裁之變、推行之通，又是言變通。立象以盡意，設卦以盡情僞是答“書不盡言，言不盡意”，即是下《繫傳》“仰則觀象於天，俯則觀法於地，觀鳥獸之文，與地之宜，於是始作八卦，以通神明之德，以類萬物之情”意。天下物理不外陰陽消息兩端而已，如所謂幽明之故，死生之説，鬼神之情狀，以至雨風雷露之聚散，羽毛鱗甲之生死，百穀草木之榮悴，是皆陰陽之消息也。聖人只設一陰一陽兩畫以象之，而天下許多物理，皆盡於兩畫之中矣，故曰“立象以盡意”。

天下之人循性而動者謂之情，拂性而動者謂之僞。其情僞千變萬化，難得窮盡，聖人設六十四卦、三百八十四爻，則天下之情僞皆有以包括之而無餘矣。如《乾》九二剛健中正，九五陽剛中正，是情也；九三重剛不中，上九過於上而不能下，是僞也。又如《蒙》九二以可亨之道發人之蒙，又得其時之中，情也；六三見金夫不有躬，僞也。自此推之，不能盡書。

聖人以六十四卦、三百八十四爻盡天下之事理，則卦爻之辭能盡天下之言可見矣。如《乾》初九“潛龍勿用”，未仕者得之則當隱約以待時，在仕者得之則當引身而退避，在庶民得之則不利有所往，在商賈得之則宜深藏而不市，若以天子之尊而得此爻，亦或時當主静，事當謹密。即《乾》初九一爻之辭，而天下之人皆可用，如此則六十四卦、三百八十四爻之辭，足以盡天下之言也可見矣，故曰“繫辭焉以盡言”。

變是“剛柔相推而生變化”之變，即七、八、九、六之數也。陽數九爲老而七爲少，陰數六爲老而八爲少，老變而少不變。若六爻變至四爻，則以不變者爲主，是又以七、八爲變也。聖人制揲蓍求卦之法，爲七、八、九、六之變，則所成者何卦，所值者何爻，而吉凶之理皆有一定矣。由是以卦爻所具之理見於行事，吉以之趨，凶以之避，則事變以之而通矣，故曰“變而通之”。變而通之，則民行以濟，有吉利而无凶害，凡可以爲生民利者無所不盡矣，故曰“以盡利”。

鼓舞是以通變之利鼓舞天下之人。蓋既變通以盡利，人見其利皆樂爲之而亹亹忘倦，便似有以鼓舞之也，上章“利用出入、民咸用之謂之神”亦是此意。

乾坤，其《易》之緼耶？乾坤成列，而易立乎其中矣；乾坤毁，則无以見《易》；《易》不可見，則乾坤或幾乎息矣。

此與下一節是明上文“聖人立象以盡意，設卦以盡情僞”意。此節專言象卦，下節方言盡意盡情僞，所謂乾坤即象卦也，所謂形而上之道即爲情僞也。

聖人立象以盡意，設卦以盡情僞，要不外陰陽奇偶二畫而已，故曰乾坤兩畫,其《易》之緼。"乾坤成列"以下,皆發明其意。《本義》"緼,所包蓄者,猶云衣之著",蓋絲綿爲衣之著,乾坤兩畫爲《易》之著,亦猶衣之有著也。《易》之緼,猶云《易》之體骨。

"《易》之緼"與"易立乎其中"之"易"字不同,"《易》之緼"之"易"是《易》書,"易立乎其中"之"易"是易之變。

言乾坤兩畫,其《易》之緼耶!何也?蓋聖人畫卦自太極而兩儀,自兩儀而四象,自四象而八卦,乾坤二畫,隨在對峙,陳布於方策之上,而其位不容以易置,是乾坤成列也。是雖未及乎蓍策卦爻之變化也,然蓍策卦爻之變化,陰陽之兩畫已爲之本也。設若無此陰陽之兩畫,則蓍策卦爻之變化者誰爲之乎?故曰:"乾坤毁,則無以見易。"夫陰陽之兩畫,全賴蓍策卦爻之變化以行也,若無箇蓍策卦爻之變化,則彼圖中之陰陽卦畫亦徒設而已,何所用之?故曰:"《易》不可見,則乾坤或幾乎息矣。"

此是言蓍策卦爻之交相爲用,"乾坤毁則无以見《易》",見卦爻陰陽二畫,不可無也,"《易》不可見,則乾坤或幾乎息",見蓍策卦爻之變化,不可無也。《易》不可見,本因乾坤毁,是本無乾坤也,乃曰"乾坤或幾乎息",似無自來,蓋此是聖人兩舉卦爻蓍策來説,見其不可相無,不可執泥首尾之相因,執泥則難通矣,得意忘言,可也。

陰陽奇偶二畫,乃《易》之體;蓍策變化,乃《易》之用。下節形而上之道、形而下之器,是明《易》之體;化裁之變,至措之天下之事業,是明《易》之用。

是故形而上者謂之道,形而下者謂之器,化而裁之謂之變,推而行之謂之通,舉而措之天下之民謂之事業。

乾坤成列,即卦爻陰陽也,陰陽二畫成列於方策之上,顯然而可見,是有形之物也,形可見也。若夫卦爻陰陽所具之理,隱於卦爻陰陽之中,不可以形見,此形而上也。形而上則謂之道焉,蓋凡象中所盡之意,卦中所盡之情僞,是皆形而上之道也,别無箇形而下,只卦爻陰陽對形而上者言,故謂之下爾。器者,有用之成材，卦爻陰陽皆是有用之物，故謂之器。

化而裁之謂之變，推而行之謂之通，是明上文“變而通之以盡利”句，言變而通之，固足以盡利矣。然何以謂之變？化而裁之謂之變也。何以謂之通？推而行之謂之通也。

化是蓍策之化，四營而成易，三變而成爻，皆是此化。蓋初變之後所得之策不五則九，再變之後所得之策非四則八，三變之後所得之策與二變同，此皆自然之化也。凡四爲奇，凡八爲偶，奇圓圍三，偶方圍四，三用其全，四用其半。通三變計之，若所得皆奇，則三三而得九；所得皆偶，則三二而得六；二偶一奇，則二二一三而得七；二奇一偶，則二三一二而得八，此因其化而裁之也。

化而裁之，自三變而十八變皆化裁也，則所成者何卦，所值者何爻，而皆有一定之象矣。由是以卦爻所著之理，推而行之於事爲之間，其吉者吾得而趨之，固通也，其凶者吾從而避之，亦通也，故曰“推而行之謂之通”。舉此道之行於變通者，而措之天下之民，使天下之民咸用之以趨吉避凶，則何事不成，何功不立，故曰“舉而措之天下之民謂之事業”。

是故夫象，聖人有以見天下之賾，而擬諸其形容，象其物宜，是故謂之象。聖人有以見天下之動，而觀其會通，以行其典禮，繫辭焉以斷其吉凶，是故謂之爻。極天下之賾者存乎卦，鼓天下之動者存乎辭，

象因天下之賾而立，是極天下之賾者存乎卦也。爻因天下之動而立，是鼓天下之動者存乎辭也。爻辭既立，自有以鼓舞天下之人，使之亹亹然趨吉避凶而忘倦，故曰“鼓天下之動”。

化而裁之存乎變，推而行之存乎通，神而明之存乎其人，默而成之，不言而信，存乎德行。

均一化裁、推行也，上曰“謂之變”、“謂之通”，此曰“存乎變”、“存乎通”，何也？上之化裁、推行，作《易》也；此之化裁、推行，用《易》也。謂化而裁之，固

謂之變矣。人之所以化而裁之者,則存乎聖人化裁之變焉。蓋不是卦爻具有如是之變,人何自而化裁之?推而行之,固謂之通矣。人之所以推而行之者,則存乎聖人推行之通焉。蓋不是卦爻具有如是之通,人何自而推行之?

變通固在乎《易》,人之所以神明乎變通者,則在乎人。蓋卦爻所著事理豈不昭然明白?然人不善用之,亦不見其妙矣。如《左傳》所載陳敬仲奔齊、南蒯將亂,所占之事皆有得於卦爻之外者,雖其間不無虚飾,然亦必有箇巴鼻,於此可見神明處。

"不言而信"是足上"默而成之"句,德行是得於心而見之行事也,有是德行自然能默而成之,不言而信矣。言人之用《易》而推到德行處,可謂探本之論矣。後世術數之學,焉有此等議論?

右第十二章

易經存疑卷十一

繫辭下傳

八卦成列，象在其中矣；因而重之，爻在其中矣；

此是再説聖人作《易》之事。八卦成列，如上篇“剛柔相摩”。因而重之，如上篇“八卦相盪”。八卦成列，是言兩儀至八卦。蓋聖人作《易》，自兩儀而四象，自四象而八卦，八卦既畫，自《乾》一、《兑》二以至《坤》八，此八者成行列於簡策，則卦之形體昭然可見，故曰“象在其中”。如《乾》則三畫純陽之象，《坤》則三畫純陰之象，《震》、《坎》、《艮》則一陽二陰之象，《巽》、《離》、《兑》則一陰二陽之象，其象舉不外乎此。

“因而重之”，是言八卦重爲六十四卦，即上篇所謂“八卦相盪”，第九章所謂“兼三才而兩之”也。三畫之卦，未可言爻，必六畫具方可言爻。蓋爻者，變也。六畫具，始有變化，故曰爻。第十章曰“道有變動，故曰爻”，其意可見。

剛柔相推，變在其中矣；繫辭焉而命之，動在其中矣。

“剛柔相推，變在其中”，即是上篇“剛柔相推而生變化”意。《蒙引》以兩儀生四象，四象、八卦以至六十四卦爲往來相推，恐未是。蓋此意八卦成列，因而重之内已有了，不應於此重説，且聖人就蓍策卦爻之變上繫辭命占，若以兩儀生四象、八卦、六十四卦爲變，此時未有蓍策卦爻，辭何由繫？又此二條是言象、爻、變、占四者，依《蒙引》之説，只是象、爻、占而無變矣，此亦一可疑也。

凡《易》中説變者，是就蓍策卦爻上説，蓋卦爻之變皆於蓍策上見也。

承上文言，卦爻既具，則蓍策斯行。蓍策之數有三偶而六者焉，六，老陰也。

陰則變爲七之少陽，是剛推夫柔，柔變爲剛也。有三奇而九者焉，九，老陽也。陽則變爲八之少陰，是柔推夫剛，剛變爲柔也，故曰“剛柔相推，變在其中”。變是《易》之用最爲要緊，無變不成《易》，故《繫辭傳》中每每言之。

往來交錯，要説得明白。剛推夫柔，柔變爲剛，陰往而陽來也；柔推夫剛，剛化爲柔，陽往而陰來也。一往一來，其交錯可見矣。

剛柔之變通，指六十四卦、三百八十四爻言，惟六十四卦、三百八十四爻，剛柔有相推變化之妙，則卦爻之所由成而爲斯民占筮之用矣，故聖人因此逐卦逐爻皆觀象而繫之辭，以明吉凶，以備斯民之用也。

夫繫辭焉以盡言也，六十四卦、三百八十四爻，聖人觀象繫辭以命吉凶，則揲蓍求卦者所值當動之爻象，就在聖人繫辭之中矣。如揲得上五爻皆七，下一爻獨九，則《乾》變之《姤》而動在《姤》之卦辭，如二爻、三爻皆九，則之《遯》、之《否》皆有可推矣。如揲得《坤》卦，六爻皆六，則《坤》變之《乾》而動在《乾》之彖辭。揲得《坤》卦上五爻皆八，下一爻獨六，則《坤》變之《復》而動在《復》之卦辭，如二爻、三爻皆六，則之《臨》、之《泰》皆有可推矣，要在以類而推。

《朱子語類》曰："如二爻變，則占者以上爻爲主。"這上爻便是動處。"如五爻變，一爻不變，則占者以不變之爻爲主。"則這不變者便是動處也。詳見《啟蒙》。

吉凶悔吝者，生乎動者也；

此句是足上文之意，與上文相發明。言聖人繫辭焉以命吉凶，占者所值當動之爻象，固在其中矣。然方其蓍未揲，卦爻未得，吉凶悔吝雖在各卦各爻之下，亦無由而見，以待卦爻之動而後見。蓋蓍既揲，卦爻既得，由是即卦爻以求其辭，而孰吉孰凶俱有可考矣。故曰“吉凶悔吝生乎動”。蓋占以辭寓，辭以占顯，交相成也，故曰“相足説”。

剛柔者，立本者也；變通者，趨時者也。

此是申明上文“剛柔相推，變在其中”意。言剛柔相推，固生變化矣。然非剛柔則變化無自而出，是則剛柔兩畫，所以立變通之本也。既有剛柔兩畫，自然有變化，其變化處皆是因其窮而通之，物極則反，數窮則通，是皆時也。故剛柔變通者，乃所以趨乎時也。時謂變而當通之時。依此，則《蒙引》以"剛柔相推生六十四卦"者，無本可立，無時可趨，其説不通矣。

陽主進，陽數自七而進，至於九則進之極，其數窮矣。於是退而爲八，則九之窮，於是通矣。其通者，時也。陰主退，陰數自八而退至於六，則退之極，其數窮矣。於是進而爲七，則六之窮於是乎通矣。其通者，時也。故曰"變通趨時"。《易》不外乎時，如曰"損益盈虚，與時偕行"之類可見。

吉凶者，貞勝者也；

此申明上文"繫辭焉而命之，動在其中"、"吉凶悔吝生乎動"意。貞，只是"常"字。《本義》欲解釋明白，故多著字以發明之曰："貞，正也，常也。物以其所正爲常者也。"

言聖人所命之辭有吉凶，是吉凶二者常相勝而不已。蓋天下之事，非吉則凶，非凶則吉。當其吉時則无凶，是吉勝凶也；當其凶時則无吉，是凶勝吉也。更无吉凶並立之理，故曰"貞勝"。言吉凶則該悔吝。悔，自凶而趨吉；吝，自吉而凶也。

天地之道，貞觀者也。日月之道，貞明者也；天下之動，貞夫一者也。

此又發明"吉凶貞勝"意。天地日月，是起下文，不甚重。上面"吉凶貞勝"虚説，此又推本其所以然處。言吉凶之所以貞勝者，只是以一理之順逆而爲吉凶爾。蓋探本之論也。《蒙引》曰："天下只一箇理，人之動，非順乎理，即逆乎理。順理則吉，逆理則凶。惟一理之所在，而視其逆順以爲吉凶爾。此卦爻之占，所以只有此二者而已。"朱子曰："天下之動，雖有不齊，常有一箇是底。"此説最妙。蓋只把此道理做箇定則在那裏，惟隨其順逆而以爲吉凶爾。

“貞觀”虚説，究其實，只是下文“夫乾確然示人易，坤隤然示人簡”意。

夫乾，確然示人易也；夫坤，隤然示人簡矣。

上言卦爻吉凶，此復就乾坤説起，蓋推原其所自也。亦猶上篇“天尊地卑，乾坤定矣”一節意，故既曰“乾確然示人易，坤隤然示人簡”，遂承之曰：“爻也者，效此者也；象也者，像此者也。”

乾確然示人易，即是“乾以易知”；坤隤然示人簡，即是“坤以簡能”。確，簡確也，是健之狀貌。健，有力也。確然，言其健確然也。夫乾之性健而動，故其狀貌確然，凡其所爲最不費力，極是容易，故曰“示人易”。即前《本義》所謂“即其所知，便能始物而無所難”。

隤，《玉篇》：“壞墜也。”壞墜則無作爲，故爲順貌。蓋坤之性順而静，有似於敗壞者然，故曰“隤然”。凡其所爲，一從乎乾，最是省事，更無繁擾。故曰“示人簡”。即前《本義》所謂“凡其所能，皆從乎陽而不自作”。

爻也者，效此者也；象也者，像此者也。

陽爻一百九十二，皆所以效乎《乾》，其性皆動而健，確然示人易也。觀《乾》之九三、九五與諸卦之陽爻可見。陰爻一百九十二，皆所以效乎《坤》，其性皆順而静，隤然示人簡也。觀《坤》之六二、六四與諸卦之陰爻可見。卦之陽長陰消者，其性健而動，所爲皆不難，故有以象乎《乾》。卦之陰長陽消者，其性順而静，所爲皆不繁擾，故有以象乎《坤》。《乾》、《震》、《坎》、《艮》之陽卦與《乾》、《震》、《坎》、《艮》之爲内體者，皆爲陽長陰消而象乎《乾》也。《坤》、《巽》、《離》、《兑》之陰卦與《坤》、《巽》、《離》、《兑》之爲内體者，皆爲陰長陽消而象乎《坤》也。《蒙引》曰：“以横圖觀之，如内體爲《乾》，因而重之，復有《乾》、《兑》、《離》、《震》、《巽》、《坎》、《艮》、《坤》外體之八卦，則《乾》之上，復得《乾》、《震》、《坎》、《艮》者，陽之陽也，陽之息也。《乾》之上，復得《坤》、《巽》、《離》、《兑》者，陽之陰也，又其息之消也。此即一分爲二之理也。然概則皆爲陽息陰消之卦也，所主在《乾》也。所謂一分爲二者，如晝分午後爲陰，然對夜則皆爲陽也。又如内體爲《兑》，因而重之，亦有《乾》、《兑》、《離》、《震》、《巽》、《坎》、《艮》、《坤》外體之八卦。則《兑》之上，復得《坤》、《巽》、《離》、《兑》者，陰之陰也，陰之消也。《兑》之上，復得《乾》、《震》、《坎》、《艮》者，陰之陽也，又其消之息也，是亦一分爲二之理也。然概則皆爲陰息陽消之卦也，所主在《兑》也。所謂一分爲二者，如夜分子後爲陽，然對晝則皆爲陰也。其餘六卦之重，皆准 此例。"

首節先言象，後言爻，是就三畫、六畫之卦言，以序也。此先言爻，後言象，是就六十四卦、三百八十四爻言，不以序矣。

爻象動乎内，吉凶見乎外；功業見乎變，聖人之情見乎辭。

上申言爻象，此申言變占。爻象動乎内，變也；吉凶見乎外，占也。

上言卦爻其體也，此言蓍策其用也。夫卦爻雖設，然無蓍策之變化，則卦爻亦爲虚設而無用矣。故必有蓍策之變化，然後卦爻之用行。上篇曰"易不可見，則乾坤或幾乎息"，正是此意。

大意謂卦爻既具，然非蓍策則卦爻不行，故自四營而一變，三變而一畫，又自九變而三畫，十八變而成六畫。當其一變、三變之時，爻象雖未成而其端倪已見於此矣，故曰"爻象動乎内"。及至十有八變之後，蓍策之卦爻已定，看所成者何卦，所值者何爻，孰爲吉而在所當趨，孰爲凶而在所當避，其吉凶悔吝，居然可考矣，故曰"吉凶見乎外"。此見卦爻雖因乾坤而立，而卦爻吉凶又因蓍策而顯，是《易》之用，全在乎蓍策。故上篇曰"探賾索隱，鈎深致遠，莫大乎蓍龜"者，此也。十有八變之後，則吉凶之理可考，而吉以之趨凶，以之避，則事功因之而成矣，故曰"功業見乎變"。上篇"吉凶生大業"、"變而通之以盡利"正是此意。聖人繫吉之辭，是欲人知所趨；繫凶之辭，是欲人知所避。觀吉凶之辭，而聖人之情可見矣，故曰"聖人之情見乎辭"。

聖人言卦爻吉凶，止此。

天地之大德曰生,聖人之大寶曰位。何以守位?曰仁。何以聚人?曰財。理財正辭、禁民爲非曰義。

上言卦爻吉凶,此言造化功業。造化指天地,功業指聖人。上傳首章之末,言《易》卦而及乎聖人,自體乾坤之道而至成位乎其中,其言有因。下傳首章之末,言卦爻吉凶而及乎聖人之功業,所謂功業乃在乎理財正辭、禁民爲非,於上文卦爻吉凶,殊不相屬。何也?蓋卦爻吉凶,所以成天下之事業,其事相似,其功相等也,故言卦爻吉凶,而以聖人之功業終焉。

天地以生物爲心,故生者天地之大德也。有位則事事做得,無位則雖有蓋天功業,亦做不得。如孔子非不聖,然無其位,竟不能挽西周之治而卒老於行,可見位爲聖人大寶也。

理財不是理國家之財,凡財之資於民用者無不理。不違農時,數罟不入污池,斧斤以時入山林,固理財也。制之田里,教之樹畜,使民之衣食有所出,亦理財也。薄其稅斂,食之以時,用之以禮,亦理財也。

辭所以訓民,命令、條教之類是也。正月始和,布法象魏,則其大者。訓民之辭,皆本於人情,合乎天理,取法於先王,可傳於後世,而無詖淫邪遁之失,則其辭正矣。

舜使契爲司徒,以教萬民,父子有親,君臣有義,夫婦有別,長幼有序,朋友有信,此正辭也。君子以辨上下定民志,先王以辨物居方,亦此正辭也。《蒙引》曰:"如議禮、制度、考文之類,皆是。"愚謂,只議禮、制度、考文三事盡之矣。

聖人於民,衣食以養之,學校以教之,民弗率教,然後刑罰加焉,刑以弼教之不及也,故言理財正辭,以禁民爲非終焉。禁民爲非,即《周官》司寇所掌,以三典刑邦國、詰四方,以五刑糾萬民,及大司馬以九伐之法正邦國之事。古者兵刑一道,刑之大者,則用兵。故班固志刑法,合兵刑而一之,曰:"大刑用甲兵,其次用斧鉞;中刑用牙鋸,其次用鑽鑿;薄刑用鞭朴。"知此道也。班固曰:"聖人取類以正名,而爲君爲父母,明仁愛德讓,王道之本也,愛待教而不敗,德須威而久立,故制禮以崇教,作刑以明威也。"愚按班固之説,可明禁民爲非之義,故録之。

義者人心之裁制，義立於中，則政、教、刑三者皆自此而出矣。故以理財、正辭、禁非而歸之義。

程伊川序《春秋傳》曰："聖王爲治，治之而争奪息，道之而生養遂，教之而倫理明，然後天道立，地道平，人道成。"亦是此意。

右第一章

古者包犧氏之王天下也，仰則觀象於天，俯則觀法於地，觀鳥獸之文，與地之宜，近取諸身，遠取諸物，於是始作八卦，以通神明之德，以類萬物之情。

天地間不過陰陽消長兩端而已，《易》之爲書，亦只是交易、變易兩端，天地間如日月星辰、寒暑晝夜之往來，山川動植之變化，萬有不窮，只是這一箇陰陽消息爾。聖人仰觀俯察，近取遠求，皆所以驗乎此。而六十四卦、三百八十四爻之有交易、變易，皆所以取法乎此也，故曰："於是始作八卦，以通神明之德，以類萬物之情。"

"觀象於天"，日月星辰、寒暑晝夜、雨風露雷，各有定象，此之謂陰陽，乃交易也。日月星辰之上下，寒暑晝夜之往來，雨風露雷之聚散，此之謂消息，乃變易也。

"觀法於地"，東南西北，此陰陽之定分，交易也。天下將治，地氣自北而南；天下將亂，地氣自南而北。此陰陽之消息，變易也。高岸爲陽，深谷爲陰，此陰陽之定分，交易也。高岸爲谷，深谷爲陵，此陰陽之消息，變易也。山與水對，則山爲陽，水爲陰，而山水又各有陰陽，如邑有山陰、山陽，水有淮陰、淮陽，此類可見也。海水朝至爲潮，夕至爲汐，此陰陽也；而潮汐之一往一來，消息也。江淮河漢之水，方來者屬陽，已過者屬陰，此亦見其陰陽處。

"觀鳥獸之文"，《朱子語類》曰："鯉魚背上有三十六鱗，陰數；龍背上有八十一鱗，陽數；龜背上文中間五段五行，兩邊各插四段共成八段子，八卦也，周圍二十四段，二十四氣也。"《蒙引》曰："如剛鬣柔毛之類，亦是陰陽也；如希革毛毬之類，亦是消長也。"愚按：猫兒眼中黑睛，一日隨十二時改變，其歌曰："子午線兮卯酉圓，寅申巳亥如棗核，辰戌丑未杏仁全。"消息之理尤明白，此見造化之妙處。

觀天地之宜，此以天時地利之宜於人事者言。與觀象於天、觀法於地不同，要見陰陽消息處，如春耕、夏耘、秋收、冬藏，仲冬斬陽木，仲夏斬陰木。蓋春夏發生，陽也，息也，故宜耕耘；秋冬收斂，陰也，消也，故宜收藏。仲冬一陽生，故斬陽木；仲夏一陰生，故斬陰木。此類不能盡書，在人以類而推。地之宜，如高宜種黍，下宜種稻，江南種橘，江北成枳，兖之漆絲，青之鹽絺，翟陽孤桐，泗濱浮磬，江南金碧，西蜀丹青，似此之類，皆是地土所宜，無非陰陽消息之所爲也。

"近取諸身"，氣爲陽，血爲陰，骨爲陽，肉爲陰，外五行則耳目口鼻，内五行則心膽脾肺腎，五行一陰陽也。故脉有太陽、陽明、少陰、厥陰諸經，若人之動静寤寐，呼吸出入，則陰陽消息之最著者也。

"遠取諸物"，羽毛鱗甲之物，羽甲屬陽，毛鱗屬陰，而各有血氣，血陰而氣陽，又各有消息也。植物，草屬陰，木屬陽。陰陽之中又各有陰陽，其榮悴開落則消息也。

聖人仰觀天，俯觀地，觀鳥獸之文，與地之宜。近取諸身，遠取諸物，見得都不外陰陽消息兩端。於是畫一奇以象陽，畫一耦以象陰，又於奇耦之上各加一奇、一耦，而爲四象。四象之上各加一奇、一耦而爲八卦。八卦既成，則天下之理，精入無形，是爲神明之德，如健、順、動、止、麗、陷、説、入之德，皆有以通之，蓋其理之相會合也。粗而有象，是爲萬物之情，如天、地、水、火、雷、風、山、澤之類，皆有以類之，蓋其狀之相肖似也。

聖人當初畫卦，只是見天地間許多事物不外陰陽消息兩端，隨將來畫一奇、一耦以象之，見得一奇、一耦有各生一奇、一耦之象，隨於奇耦之上，各加奇耦，逐旋加上，至於三畫，就成箇八卦。既而天地間許多物事，咸有以該之，此聖人無心之筆、自然之巧，不是見得天地間有這物事，方去商量、計較做箇伎倆去法象他。如揚子雲《太玄》，都是商量、計較，非出於自然也。

朱子曰:“伏羲當初也只見太極下面有箇陰陽,便知得一生二,二生四,四又生八,恁地推出,做成箇物事,不覺成來却如此齊整。”

作結繩而爲網罟,以佃以漁,蓋取諸《離》。

首言聖人作《易》,模寫天地間許多事物,隨承言聖人“備物致用,立成器以爲天下利”,疑皆取法於《易》,此亦因其形象之相肖,而疑聖人之所取法,以見聖人作《易》,不但爲斯人卜筮之用,又爲斯人器用之所自出爾。蓋者,疑而未必然之辭。朱子曰:“是一箇半間半界底字。”

禽鳥皆用網罟。網是用之山林江海,罟是網之小者,如今之手網,用之池塘者,故曰“數罟不入污池”。

取象有二義:一是象,一是義。網罟皆兩眼相承,離爲目而兩目相承似之。《蒙引》曰:“不但兩目相承,實則百千萬目。”禽獸皆麗於網罟,離以一陰麗於二陽之間,似之。

楊誠齋曰:“教民肉食,自包羲始。”

包犧氏没,神農氏作,斲木爲耜,揉木爲耒,耒耨之利,以教天下,蓋取諸《益》。

《孟子》註曰:“耜,所以起土。耒,其柄也。”今不知是何器,若謂今之鋤頭及謝疊山謂之犂,則今犂鋤皆鐵,而耒耜皆斲木爲之;若謂古以木爲鋤頭,後世易之以鐵,則削木爲鋤,又難起土。自今觀之,謝疊山謂犂,或然。蓋曲木在上,俗名犂衡,即是耒,今云犂王,此合於揉木使曲之象。斲削二片,俗呼“犂壁”,則是耜。必如是,方能起土。或以斲木爲疑,愚意古人只是斲木。《益》之爲卦,以象言,二體皆木,耒耜皆木,所爲似之。以德言,上巽爲入,下震爲動,耒耜雖下入,畢竟是耒上面用力,方得入,於卦德似之。又卦名爲《益》,天下之益,莫大於耒耨之利,故於卦名有取焉。

日中爲市,致天下之民,聚天下之貨,交易而退,各得其所,蓋取諸《噬嗑》。

教民日中爲市,以物貨有無互相交易,使天下之民,但有貨物,各將赴市交易,而天下之貨無不集,是致天下之民、聚天下之貨也,以其所有,易其所無,此之謂交易也。交易而退,則無者可有而得以資用,有者可散,不積於無用,是有無各得其所也。

《噬嗑》之卦,以德而言,上離爲明,下震爲動。日中爲市,日明照於上,民紛紜交易於下,有上明下動之象,故於《噬嗑》有取。又借噬爲市、嗑爲合,亦一象也。

神農氏没,黄帝、堯、舜氏作,通其變,使民不倦;神而化之,使民宜之。《易》窮則變,變則通,通則久,是以"自天祐之,吉无不利"。黄帝、堯、舜垂衣裳而天下治,蓋取諸《乾》、《坤》。

伏羲、神農之時,世尚洪荒,民俗朴野,制度一切苟簡,服御器用,皆無足觀。已而風氣漸開,人文日著,民生服用宜於古者或不宜於今,昔時鄙陋之習,民心亦有厭倦,而思有以變其舊矣。然作者之謂:"聖人非巨聖,時雖當變,亦不能通之也。"及神農氏没,黄帝、堯、舜氏作,於是因時立政,以通其變,使民欣歡鼓舞以從新制而不厭倦,是皆因時順勢而無作爲。神而化之,使民咸樂生安業而各得其宜,故能使民不倦如是也。所以然者,蓋《易》之理,事勢至於窮極,則當更變,既變然後流通,既流通然後民情安之而可悠久,是以"自天祐之",民宜不倦,而"吉无不利"也。然其變通宜民,果孰爲大哉?洪荒之世,風氣未開,人文未著,民但取草木禽獸之華革皮毛以爲衣,黄帝、堯、舜始爲上衣、下裳之制,與民服御。由是野俗始變爲文風,人類始别於禽獸,禮義興行,人文丕變,而天下治。若此者,疑有取於《乾》、《坤》。蓋《乾》、《坤》變化而無爲,故聖人衣裳之治,疑有取之也。

朱子曰:"垂衣裳而天下治,是大變他以前底事了。通其變,須是得一箇人通其變,若聽其自變,如何得?"

刳木爲舟,剡木爲楫,舟楫之利以濟不通,致遠以利天下,蓋取諸《涣》。

刳木爲舟以載物,剡木爲楫以進舟,則大而江海,小而溪澗,道途爲之限隔、往來爲之阻絶者，於是乎通矣。《涣》之爲卦，巽木在坎水之上，舟楫之象也，故疑其有取焉。

服牛乘馬，引重致遠，以利天下，蓋取諸《隨》。

穿牛鼻而服之，使之引重；絡馬首而乘之，使之致遠。引重致遠，天下之人之利也。《隨》之卦德，下震爲動，上兑爲説。牛馬動於下而人物載焉，有其象矣，故疑取於《隨》。

重門擊柝，以待暴客，蓋取諸《豫》。

重門以防奸，擊柝以警衆，使嚴爲之備，此於卦德、卦象俱無取，只就卦名取。

小註："川途既通，暴客或至。"其説牽强，不必用。

斷木爲杵，掘地爲臼，臼杵之利，萬民以濟，蓋取諸《小過》。

今人鑿石爲臼，或鑿木爲臼，此云鑿地者，意制器之初，本是鑿地，後人以非便而易木石爾。

臼杵之爲器，下止上動，《小過》之卦下艮爲止，上震爲動，其象也，故疑其有取焉。

臼杵之利，當與耒耜並興。《蒙引》謂："前此民雖知粒食，未知脱粟。"恐未是。

弦木爲弧，剡木爲矢，弧矢之利，以威天下，蓋取諸《睽》。

弦木，揉木使曲似弓形也；剡木，削木使尖利也。此取象只是卦名，緣《睽》乖然後威以服之。

上古穴居而野處，後世聖人易之以宫室，上棟下宇，以待風雨，蓋取諸《大壯》。

節齋曰"棟，直承而上"，予謂即今之棟扇。又曰"宇兩垂而下"，予謂即今屋蓋之前、後面。

棟宇就而風雨可禦，可謂壯固矣，故疑取諸《大壯》。

古之葬者厚衣之以薪，葬之中野，不封不樹，喪期无數，後世聖人易之以棺椁，蓋取諸《大過》。

厚衣之以薪者，置屍其中以柴薪裹之而葬，不知爲棺椁也。不封，不起墳也；不樹，不種樹爲墳林也。

此只取卦名，送死大事而過於厚，有“大過”之象，故疑其取之。

上古結繩而治，後世聖人易之以書契，百官以治萬民以察，蓋取諸《夬》。

書契立而百官之事以治，萬民之情以察，此亦取卦名。

右第二章

是故《易》者，象也；象也者，像也。

言《易》者非他，也只是六十四卦、三百八十四爻之形象爾，是形象非他也，所以象乎天地間之物理爾。何也？昔者聖人之作《易》也，仰則觀象於天，俯則觀法於地，觀鳥獸之文與地之宜。近取諸身，遠取諸物，於是始作八卦，以通神明之德，以類萬物之情，故曰：象也者，所以像乎天地間之物理也。

彖者，材也；

文王所繫卦辭，謂之彖。彖也者，所以言卦之材也。如《乾》“元亨利貞”之辭，所以言乾純陽至健之才也。《坤》“元亨，利牝馬貞”之辭，所以言純陰至順之才也。六十四卦皆然。

爻也者，效天下之動者也。

周公所繫爻辭，亦謂之爻。爻也者，所以效天下之動也。蓋民生日用，如婚媾、祭祀、涉川、攸往之類，不可盡舉，皆天下之動而天地間本有之事也。聖人即其模樣而描寫之於爻，有似於做效者然，故曰“效天下之動”。

象也者，像天下之物理。象言卦之才，即言卦中所像之理也。爻當云言“爻之才”，乃云“效天下之動”者，卦之六爻，本效天下之動，故爻言爻之才，亦效天下之動也。以此觀之，則象亦可云像天下之理。夫子之言，亦互見爾。

是故吉凶生而悔吝著也。

既有卦爻之象，又有卦爻之辭，則吉凶由此而生，悔吝由此而著。吉凶本著者，故直曰“生”；悔吝；本微而未著者，故曰“著”。

此章論卦爻之象及卦爻之辭。

右第三章

陽卦多陰，陰卦多陽。

言陽卦宜多陽，今乃一陽二陰而反多陰，如《震》、《坎》、《艮》是陽卦，乃一陽二陰，是多陰也。陰卦宜多陰，今乃一陰二陽而反多陽，如《巽》、《離》、《兑》是陰卦，乃一陰二陽，是多陽也。

其故何也？陽卦奇，陰卦耦。

言陽卦多陰，陰卦多陽，其故何也？蓋陽卦一陽一畫、二陰四畫，皆五畫，是奇數也，陽數奇，則一畫陽，二畫陰，陰不期多而自多矣，此陽卦所以多陰也。陰卦一畫陰，是二畫，二畫陽，是各一畫，皆四畫，是耦數也，陰數耦，則一畫陰，二畫陽，陽不期多而自多矣，此陰卦所以多陽也。

三山林氏說未明，《蒙引》似淡。

其德行何也？陽一君而二民，君子之道也；陰二君而一民，小人之道也。

此因上文言卦畫陰陽多寡而及其德行。陽尊統陰，有君道焉；陰賤承陽，有民道焉。陽卦一陽二陰，是以一君而統兆民，天下大一統，唐、虞、三代，漢唐之盛世也，故曰“君子之道”。陰卦一陰二陽，是以二君而統一民，天下分裂，春秋戰國、五胡南北朝之分王也，故曰“小人之道”。以此條德行、君子、小人之説推之，愚以陰陽、奇耦爲主之説，益不可易，識者評之。

右第四章

《易》曰“憧憧往來，朋從爾思”。子曰：“天下何思何慮？天下同歸而殊塗，一致而百慮，天下何思何慮？

憧憧，急迫也，猶云切切，憧憧往來，是把箇往來在心上計較，往就要來，不少放下，即思慮也。故聖人破之曰：“天下何思何慮？”言往必有來，感必有應，此理之自然，在人不消思慮營求他，他自然來，亦非人思慮之所能營求而使之來也。“同歸而殊途，一致而百慮”，只是説舉天下之事，千緒萬端，皆有箇往來、感應爾，故再言“天下何思何慮”以戒人不必營求也。《蒙引》曰：“殊途就事説，百慮就心之發念處説。對殊途而言，則爲同歸；對百慮而言，則爲一致，其實一也。”

慮思之深也。愚謂《大學》曰“安而後能慮”，可見慮深於思。然單言思則包慮。

“日往則月來，月往則日來，日月相推而明生焉；寒往則暑來，暑往則寒來，寒暑相推而歲成焉。往者屈也，來者信也，屈信相感而利生焉。

此以天道言屈信往來之理，以明上文天下同歸殊塗意。蓋日月、寒暑之往來，皆出自然，非人思慮所可爲，此於何思何慮之意，尤明白可見也。《本義》加“憧憧焉則入於私矣，所以必思而後有從”二句，似閒。

言日往則月來，一轉又是月往則日來矣。日往月來是月推日也，則月之明生矣；月往日來是日推月也，則日之明生矣，故日月相推而明生焉。

寒往則暑來，一轉又是暑往則寒來矣。寒往則暑來，是暑推寒也，則自正月立春，而二而三至於六月大暑，皆爲暑，而上之半歲成矣。暑往則寒來，是寒推暑也，則自七月立秋，而八而九至於十二月之大寒，皆爲寒，而下之半歲成矣。故曰："寒暑相推而歲成焉。"

"尺蠖之屈，以求信也；龍蛇之蟄，以存身也。精義入神，以致用也；利用安身，以崇德也。過此以往，未之或知也；窮神知化，德之盛也。"

此下以人、物言屈信往來之理。尺蠖龍蛇，物也；"精義"以下人也。尺蠖不屈，便死殺了，決不能信，必屈然後能信，其信者理之自然也。龍蛇不蟄，便凍死了，決不能存身，必蟄然後能存得身，其存身者理之自然也。事物之理，各有所宜，察之不精，或以非爲是，以是爲非，事物之應接必失其當，欲其用之利，不可得也。故精義入神，則可以出而致用。入神，言析理不使有毫釐之差，至於不容言之妙也。

順理而行，則動無不順，而隨處皆安，故曰"利用安身"。利用安身，則理之得於心者日積而高大矣，故曰"以崇德"。行道而有得於心者謂之德，"利用安身以崇德"，即是此意。

"精義入神"以知言，"致用"則屬行。"利用安身"以行於外者言，"崇德"以得於内者言。《蒙引》謂"德屬知"，不是。

"過此以往，未之或知"，是"既竭吾才，雖欲從之，末由也已"之地。蓋精義、利用，力之所能爲也，過此以往，則窮神知化之境，非力之所能爲矣，故曰"未之或知"。然自精義利用而積之，使義之精者益以精，至於耳順心通之境，用之利者益以利，至於從心不踰矩之天，則德極其盛，而窮神知化之妙在我矣，故曰"窮神知化，德之盛也"。德之盛，是精義利用做到極處。《本義》曰"仁熟只是德盛"，蓋德盛則行仁之熟也。語學而至窮神知化，此是與天合一處，《上傳》所謂"成位乎其中"，"窮理盡性至命"，《中庸》"位天地，育萬物"、"知天地之化育"皆是此地位，所謂學問之極功，聖人之能事也。

一陰一陽之謂道，當其爲陰時，此道在陰；當其爲陽時，此道在陽。陰陽只管迭運,而此道無不在,故謂之神。既爲陰又爲陽,既爲陽又爲陰,陰陽只管更換,便是化。張子曰:"一故神,兩故化。"即是此理。惟是一物,故在陰在陽,而不可測,故曰"一故神"。惟是兩物,故彼此更易而循環不已,故曰"兩故化"。《本義》:"張子曰氣有陰陽,推行有漸爲化,合一不測爲神。"亦是此意。

精義入神以致用,是内有以養乎外也。利用安身,即致用也。而有以崇德,是外有以養乎内也,故曰"交相養"。致用是内之精義者見之行,外有以發乎内也;德崇則外之利者聚之於内,是内又有以發乎外也,故曰"互相發"。精義以利用,灼理也。利用以崇德,則其理得於心,非復向之灼理矣。義精於内而用利於外,用利於外而德崇於内,德崇於内而外之用益以利,用利於外而内之德益以崇,内外交養互發。如循環之無端,則直上[達]天德自此始,故德之盛而至於窮神知化,皆自精義利用而積之也。故《本義》曰:"下學之事,盡於精義利用,而交養互發之機自不能已。"即此意也。"德盛"之"德",即上"德崇"之"德"。德方升則曰崇,升之極則曰盛,聖人一字不苟下。

《易》曰:"困于石,據于蒺藜,入于其宫,不見其妻,凶。"子曰:"非所困而困焉,名必辱;非所據而據焉,身必危。既辱且危,死期將至,妻其可得見邪?"

天下之事,有非力之所及而終必取困,是非所困也。非所困,不能審己量力,妄冒爲之,而卒取困焉,則名爲累矣,故曰"名必辱"。天下之人,有非己之所可依而終必致危,是非所據也。非所據,不能知時識勢,苟一時之安而依據之,則禍必沿之而起矣,故曰"身必危"。劉備違衆論而伐吴,卒爲陸遜所折辱,是非所困而困也。劉表不可依而依之,卒爲曹操所攻,至奔身無所,妻子離散,是身危不見其妻也。

此只當泛説,不當用爻義,蓋聖人贊《易》,凡用卦爻之義以釋經者,皆係於各卦各爻之下,不係於各卦各爻而另爲《繫辭傳》者,多是論道理,不用卦爻之義。觀上文《中孚》九二、《同人》九五等爻,及此條以下至釋《益》上九爻義可見也。

《易》曰:"公用射隼于高墉之上,獲之,无不利。"子曰:"隼者,禽也;弓矢者,器也;射之者,人也。君子藏器于身,待時而動,何不利之有?動而不括,是以出而有獲,語成器而動者也。"

此釋《解》上六爻義,《蒙引》"藏器待時"欲説開,不承上文"解悖"説,看來未是。爲"隼者,禽也;射之者,人也"三句,意思未終,而説開又與上面意思不接,故只説"解悖"爲是。言隼者,鷙害之禽也;弓矢者,射隼之器也;執弓矢以射之者,人也。而射又不可無其時,君子藏弓矢之器於身,待其時而動,則一發矢,而隼可得矣,何不利之有?何也?蓋君子有爲於天下,常至於括碍者,惟無其器、無其時爾。既有其器,又有其時,則動自無括碍矣,是以一出隨能取利而有獲也。《易》曰"公用射隼于高墉之上,獲之,无不利"者,正是語上六以成器而動者也。

子曰:"小人不恥不仁,不畏不義,不見利不勸,不威不懲。小懲而大誡,此小人之福也。《易》曰'屨校滅趾,无咎',此之謂也。"

此釋《噬嗑》初九爻象。知恥不仁之人,自勸於仁,不待見利而後勸,蓋恥心勝也。小人不恥不仁,故不見利則不勸,必見利而後勸。知畏不義之人,自知懲戒,不待見威而後懲,蓋畏心勝也。小人不畏不義,故不見威則不懲,必見威而後懲。[懲]雖若甚小,而可以止惡於初,其所誡則甚大矣,此小人之福也。《易》曰"屨校滅趾",此之謂也。

"善不積不足以成名,惡不積不足以滅身。小人以小善爲无益而弗爲也,以小惡爲无傷而弗去也,故惡積而不可掩,罪大而不可解。《易》曰:'何校滅耳,凶。'"

"惡不積不足以滅身",小人以小惡爲无傷而弗去,則惡以之而積矣。故惡積而不可掩,罪大而不可解。《易》曰:"何校滅耳,凶。"正是積惡之極,而取罪之大也。

子曰:"危者,安其位者也;亡者,保其存者也;亂者,有其治者也。是故君子安而不忘危,存而不忘亡,治而不忘亂。是以身安而國家可保也。《易》曰:'其亡!其亡!繫于苞桑。'"

"危者,安其位"三句是泛論道理,"君子安而不忘危"至"國家可保",始著人上説。

平時自處,常若將危者,所以安其位者也;常若將亡者,所以保其存者也;常若將亂者,所以有其治者也。曰危、曰亡、曰亂,不是虚空無事徒有危、亡、亂之心也,其所以制治於未亂,保邦於未危者,必自有道矣。《孟子》曰:"今國家閒暇,及是時明其政刑。雖大國,必畏之。"即其道也。

子曰:"德薄而位尊,知小而謀大,力小而任重,鮮不及矣!《易》曰:'鼎折足,覆公餗,其形渥,凶。'言不勝其任也。"

爲君者,必度德量力而用人,然後不壞己之事。爲臣者,必度德量力而用於人,然後不壞人之事。德知力不足而任大事,鮮有不及於禍者,此雖專責人臣,然爲君者,亦當分受其責也。

子曰:"知幾其神乎?君子上交不諂,下交不瀆,其知幾乎!幾者,動之微,吉之先見者也。君子見幾而作,不俟終日。《易》曰:'介于石,不終日,貞吉。'介如石焉,寧用終日?斷可識矣!君子知微知彰,知柔知剛,萬夫之望。"

天下事皆有箇幾,獨於上交下交言之者,就一事之親切者示人也。蓋上交要恭遜,才恭遜,便不知不覺有箇卑諂底意思在裏面,自恭遜而諂卑也,其幾甚微,所謂幾也。知纔有卑諂底意思,便止而勿爲,此便是知幾。下交要和易,纔和易,便不知不覺有箇褻瀆底意思在裏面,自和易而褻瀆也。其端甚微,所謂幾也。知纔有褻瀆底意思,便止而勿爲,此便是知幾。所謂"知幾其神乎",正是此處。"幾者,動之微,吉凶之先見",是説幾之難知也,夫人皆見於[動之]已著與吉凶之已見,若動之微,吉凶之先見,皆是無形之事,人之所昧,而知之所以爲神也。“君子見幾而作,不俟終日”,是言君子之知幾,以終上文“知幾其神”之意。

自“知幾其神乎”至“其知幾乎”是言君子之知幾。“幾者,動之微”二句是説幾之難知。自“《易》曰介于石”至“斷可識”,重在“介于石”一句,是言君子之所以知幾。“君子知微知彰,知柔知剛”,正言知幾之事而贊之也。

微、彰、柔、剛,四字活看,各有幾存。今以孔子之言而驗之孔子之身,如過宋而微服,去魯而以微罪行,不顯君相之失,知微也。在朝廷,便便言,知彰也。在鄉黨,恂恂似不能言,見惡人以辟咎,知柔也。却萊兵,誅少卯,墮三都,請討陳恒,知剛也。其幾各有所在,其用各有所當,故兼舉而言之。

子曰:“顔氏之子,其殆庶幾乎?有不善,未嘗不知;知之未嘗復行也。《易》曰:‘不遠復,无祇悔,元吉。’”

以失之未遠,能復於善,不祇於悔觀之,則有不善初未見之行,故不祇悔。若已見之行,則已祇於悔矣。是念慮一差,隨即覺悟,不復行也。先儒謂顔子“無形顯之過”,正以其有不善未嘗不知,知之未嘗復行爾。《蒙引》曰:“不遠復之意,只主在未嘗復行上,而必兼言未嘗不知者,改過必由於知過也。”

“天地絪緼,萬物化醇;男女構精,萬物化生。《易》曰:‘三人行,則損一人;一人行,則得其友;言致一也。’”

兩相與則專,專始能成化育之功;三則雜而亂,亂則化育之功不能成矣。天地絪緼,是以兩相與而專一也,故萬物化醇。男女搆精,是以兩相與而專一也,故萬物化生。《損》之六三“三人行,則損一人;一人行,則得其友”,是以兩相與而專一也。蓋下卦本《乾》,上卦本《坤》,若不損去一人,便是三,則雜而亂矣。今損《乾》卦上畫之陽,益《坤》卦上畫之陰,是三人行損去一人也。一人既損去,則初與二兩相與,四與五兩相與,三與上兩相與。三上之相與也以相應,初二、四五之相與也以相比,雖有比、應之不同,其致專一則無不同也。

"化醇",以氣化言,飛、潛、動、植之物,皆在其中。"化生",以形化言,植物不與焉,蓋植物無男女搆精之事也。《蒙引》曰:"醇謂厚而凝也。天地之氣虚,萬物之質實,其質之厚而實者,乃其氣之化而凝焉者。化生,分明是那胎氣所出。"

子曰:"君子安其身而後動,易其心而後語,定其交而後求:君子修此三者,故全也。危以動,則民不與也;懼以語,則民不應也;无交而求,則民不與也;莫之與,則傷之者至矣。《易》曰:'莫益之,或擊之,立心勿恒,凶。'"

順理則裕,縱欲惟危。安其身者,順理而已。安其身而動,則動惟厥時而不致悔取羞矣,故民與之。與之者,歸順之也。

子曰:"不學《詩》,無以言。"解曰:"事理通達而心氣和平,故能言。"易其心者,心氣和平也,如此則言有序而無傷易、傷煩之失矣,故民應之。應之者,聽信之也。

太上忘德,其次施報,必有施然後可望其報。無平生之交,欲求之以所欲之事,欲其我與也,難矣,故必以道理定交於先,然後求之以欲爲之事,則人感其情而與之矣。與之者,不却其所求也。

"君子修此三者,故全也",言動而民與,語而民應,求而民與也,言無一不備也。

危以動,則動失其道,故民不與,失道者寡助也。懼以語,則言之無序而民不聽信,故不應。無交而求,則無施而難望其報,故民不與。

安其身而後動,易其心而後語,定其交而後求,皆立心有恒者。危以動,懼以語,无交而求,皆立心勿恒者,故凶,不與不應是也。雲峰胡氏曰:"上傳七爻,下傳十一爻,皆《象傳》之文言也,學《易》者可觸類而通其餘矣。"

右第五章

子曰:"乾、坤,其《易》之門邪?乾,陽物也;坤,陰物也。陰陽合德而剛柔有體,以體天地之撰,以通神明之德。

乾坤即是陰陽,《易》卦之初,只是陰陽兩畫而已,六十四卦皆由此而出,故曰"《易》之門"。陰陽合德而剛柔有體,正是説《易》之門處。蓋陰陽兩畫,交而生太陽、少陰、少陽、太陰之四象,四象交而生《乾》、《兑》、《離》、《震》、《巽》、《坎》、《艮》、《坤》之八卦,六十四卦皆因八卦之重而成,見六十四卦皆由乾坤兩畫而出,所以爲《易》之門也。只是上《繫》首章"剛柔相摩,八卦相盪"意。以體天地之撰,以通神明之德,又只是"鼓之以雷霆,潤之以風雨,日月運行,一寒一暑,乾道成男,坤道成女"意。

小註"闔闢之説"未是,《蒙引》有辯。

《蒙引》曰:"由乾坤轉陰陽,又轉剛柔。蓋稱乾坤父母,名目也;稱陰陽,通謂之辭也;稱剛柔,指卦畫體質言也。"

"天地之撰","撰"即"撰文"之"撰",言造作也。雷動、風散、雨潤、日烜之類,皆天地之造化也。體是體貼出來,如丹青之貌人物山水相似。"神明之德",如健順、動止之類。通,即曲暢旁通之通,只是發揮其義,使通達條暢也。《易》惟體天地之撰,通神明之德,則下文所言許多事物皆由此而出矣。

"其稱名也,雜而不越,於稽其類,其衰世之意邪?

此條指聖人繫辭而言,不然則"於稽其類,其衰世之意"句難通。稱名者,所稱之名物,當兼物事説。如《乾》之六爻,取象曰龍;《坤》之卦辭,取象牝馬;《離》之卦辭,取象牝牛。他如羸豕、鼫鼠、豚魚、鴻漸、翰音、莧陸、叢棘之類,物之稱名也。如建侯、行師、涉川、攸往、婚媾、祭祀、乘馬、需泥、負乘、喪茀、乘墉、伏戎之類,事之稱名也。據六十四卦、三百八十四爻之所稱名,可謂雜出而不倫矣。然一卦有一卦之取義,一爻有一爻之取義。蓋六十四卦、三百八十四爻,莫非陰陽之變,聖人繫辭皆本陰陽之變而爲稱名。如《乾》之龍,則取純陽至健之象;《坤》之牝馬,則取純陰至順之象;《離》之牝牛,則取中順之象;《姤》之羸豕,則取陰進之象。即此數端,餘可推而知也。稱名雖雜出,然皆有根據而非妄言,故雖雜出而不越乎義理。上古之時,世朴民淳,不曾經歷許多事變,無緣説得許多名物出來。及至衰世,民僞日滋,變詐日甚,許多崎嶇險阻,皆親身經歷過，故盡説出在於《易》上，以教民之趨避，此聖人憂天下後世之心也，故曰："於稽其類，其衰世之意邪？"

"夫《易》，彰往而察來，而微顯闡幽。開而當名辨物，正言斷辭則備矣。

陰陽消息之理，自有天地以來即有之，不是後來方纔逐旋添入。蓋是先前預定者，故曰"往"。《易》之卦爻，皆所以象陰陽之變，而辭又所以闡卦爻之義以示人者，故曰"彰往"。

吉凶悔吝之理，本緣人事而生，人事未作之先，初無吉凶悔吝之事，及人事既作之後，吉凶悔吝始可得而見。蓋方來之事也，故曰"來"。聖人之作《易》也，八卦以定吉凶，又設卦觀象繫辭焉以明之，使人問焉以言，受命如嚮，無有遠近幽深，遂知來物，察來也。

《易》中所有，如建侯、行師、婚媾、祭祀、涉川、攸往之類，凡涉於民生日用所爲者，皆顯也。《易》則推而根於理數，使人依理數而行，有吉利而無凶害，是顯者，有以微之也。如《復》之一陽來復，是以出入无疾，朋來无咎。《豫》順以動，故利建侯行師。《蒙》九二以陽受陰，故納婦吉。《隨》上六誠意之極，可通神明。《升》六二以順而升，登祭於岐山之象，故王用享于岐山。《需》以剛遇險而不遽進以陷於險，故利涉大川。《益》中正有慶，故利有攸往。似此之類，可見人事之顯者，《易》有以微之也。

幽是義理，只在人事之中。此理在於人事之中，百姓有終日由之而不知者，故曰："人莫不飲食也，鮮能知味也。"聖人作《易》，則就人事之中，發出以示人，使人由之以作事，是於幽者有以闡之也。

顯是人事，幽是天理。微顯是本人事於天理也，闡幽是發天理於人事也，二句交互説。蓋至微者理，至著者象，體用一原，顯微無間，微顯不外於天理，闡幽不外於人事。

凡成形於天地之間，大而君臣父子，小而事物細微，皆有箇名稱，當名者，必使實稱其名，不虛也。子曰："君君、臣臣、父父、子子。"當名也。"觚不觚，觚哉！觚哉！”不當名也。《易》中所稱名，自君臣、父子以至事物細微，皆教人務實以當其名，其有實不稱名而名不當者，則不在所與。如《比》有君道，則教人“原筮，元永貞”，然後无咎。《履》九五，傷於所恃，則曰“夬履貞厲”，要使君盡君道，此當名也。《大有》九二，必大車以載，然後有攸往，无咎。《鼎》九四，才不勝任，則曰“鼎折足，覆公餗，其形渥”，要歸使臣盡臣道，此當名也。其餘可例推矣。

辨物是即天下之事物，辨其孰是孰非，孰得孰失。蓋天下事物，是非得失，一皆具於卦爻之中，聖人繫辭皆有以辨之而不差。且以《乾》一卦論之，如初九，初陽在下，未可施用，則辨其爲潛龍；九二出潛離隱，則辨其爲見龍；九三過剛不中，則辨其有危道；九五剛健中正以居尊位，則辨其爲飛龍；上九過於上而不能下，則辨其爲亢龍，餘可推而知也。

當名辨物，如進齋徐氏説，全無意味。愚説似可用，識者詳之。

正言者，是非得失皆正言之，而無所偏曲回避也。轅固責公孫弘曰：“公孫子宜正學以言，無曲學以阿世。”可味正言之旨。《易》中如《否》卦，天地不交，則曰：“否之匪人，不利君子貞。”《姤》卦以一陰而遇五陽，則曰：“勿用取女。”似此之類，皆正言也。

斷辭者，於凡吉凶悔吝之理，皆判斷之，不使人疑惑也。如《易》曰吉、曰凶、曰利、曰不利，此類明白。

“其稱名也小，其取類也大，其旨遠，其辭文，其言曲而中，其事肆而隱。

“其稱名也小，其取類也大”，此因《易》辭中所稱，有極卑鄙瑣細者，恐人忽略，不以爲事，故從而張大之。如牝馬、牝牛、棟橈、遺音之類，卦之稱名小也，如乘馬、需泥、喪茀之類，爻之稱名小也，中間有事名之小者，有物名之小者，稱名雖小，然皆本於陰陽之變，是其取類則大也。如“牝馬”則取《坤》之柔順，“牝牛”則取《離》之柔順，“棟橈”則取四陽居中過盛，如“乘馬班如”，則取爲九三所難而不得進，“需泥”則取去險已近。其餘可以類推也。

大凡義理之文難工,《易》之所謂"旨遠"者,皆道德性命之理,有難於文,而聖人繫辭獨不然,故夫子因而發揚之也。

《易》之所具,皆天地之理、陰陽之變、道德性命之奥,其旨可謂遠矣。理遠則文辭難工,而聖人所繫之辭經緯錯綜、旁通曲暢,各有自然之華藻,而無或晦滯枯槁之病,是其辭則文也。

委曲其言者,未必皆中於理,《易》中之所言,有委曲遷就而不由乎正道者矣,然於道理皆切中,未嘗有所違背焉。如《睽》之"遇主于巷",《習坎》之"納約自牖",可見也。

鋪張其事者,其理或因之而浮泛。如相如、班固、揚雄作賦,上而天文,下而地理,中而人物,其事可謂肆矣,求意思之深沉,義理之平穩,則未也。《易》中之所敷陳,細而魚鳥之飛沉,大而龍虎之飛變,常而門庭之不出,變而明夷之南狩。其間事變,莫不悉陳其事,可謂肆矣。然上則根於陰陽之變,下則酌乎人事之宜,於至顯之中而有至隱者存焉,故曰"其事肆而隱"。

"因貳以濟民行,以明失得之報。"

言《易》之開示於人者,如此其至,何也?蓋民方疑於吉凶之途,而未知所趨避,而民行無攸濟。聖人繫辭,則因民心之疑而剖决其孰爲吉、孰爲凶,使民吉以之趨,凶以之避,而民行以濟。要之,實明失得之報以示人,使不迷於從爾。此言《易》之爲用也。

右第六章

《易》之興也,其於中古乎?作《易》者,其有憂患乎?

上古之時,世朴民淳,無有許多事變,及到中古之時,世態日新,就有許多事變出來,故夫子斷以爲《易》興於中古。《易》中所言,多處憂患之道,如《明夷》"利艱貞",《習坎》"有孚,維心亨,行有尚",《困》"亨,貞,大人吉,有言不信"之類,非身經憂患者,不能爲此語,故曰:"作《易》者,其有憂患乎?"蓋指文王與紂之事也。要之,周公繫爻,亦在其中,周公遭流言而避居東都,亦經憂患者,聖人統言其父,不及其子爾。

是故《履》,德之基也;《謙》,德之柄也;《復》,德之本也;《恒》,德之固也;《損》,德之修也;《益》,德之裕也;《困》,德之辨也;《井》,德之地也;《巽》,德之制也。

此因上言作《易》者之經憂患,隨承言處憂患之道。蓋以是教人,非文王之處憂患,皆用九德也。而其行事之脗合,則有之矣。

君子進修之功,惟禮最爲切要,蓋禮有尊卑、上下、貴賤、親疎之等,其間又有許多節文度數,明有塗轍可循,法則可依據。觀《曲禮》所記,坐立、進退、升降之類,雖極微細,亦有許多節文度數,如"坐如尸,立無跛","將上堂,聲必揚;將入户,視必下",至於"羹之有菜者,用梜,無菜者,不用梜","唯諾必慎"之類,皆有箇法。學者誠由此而謹之,則動静語默,皆在規矩準繩之中,放心邪氣不得而入,天理常存,由小積之,以至於高大矣,故曰"德之基",猶牆有基而牆由之起,壇臺有基而壇臺由之起也。

子曰:"不學禮,無以立。"註曰:"品節詳明而德性堅定,故能立。"又"立於禮",註曰:"禮以恭敬辭遜爲本,而有節文度數之詳,可以固人肌膚之會,筋骸之束。學者之中,所以能卓然自立而不爲事物之所摇奪者,必於此而得之。"即此可以參看"《履》,德之基"。

物必有柄方可執,持謙乃爲禮者之所當執持,故曰"德之柄"。蓋禮以恭敬辭讓爲本,若不謙則不得爲禮矣。故必執謙,乃成其禮,是謙爲德之柄,行禮者之所當執持也。

善端復於内,由是擴而充之,則如火之始燃,泉之始達,可以保四海,猶木有根本,而枝葉所由生也,故曰"《復》,德之本"。

善端復於内,衆善所由生而爲德之本,然未能保其不失也,故必執持之堅,然後善本不失而可以擴充,故繼之以《恒》,"《恒》,德之固也"。

善端雖守而勿失,然未能必人欲之盡去,故繼之以《損》。損者,懲忿窒欲,使人欲盡去,乃君子進修之道也,故曰“德之修”。

懲忿窒欲,雖所以修身,然未必善之能長益也,故繼之以《益》。益者,改過遷善,使善之日長也,故曰“德之裕”。處困能亨,始可以驗其德之進;若困不能亨,其爲德也末矣。德之進否,於此驗之,故曰“德之辨”。

“改邑不改井”,井,不動之物也,地亦不動,故《井》爲德之地。處困而亨,則物欲不能奪,如地之不動矣,故曰“德之地”。

《巽》,入也,深入於義理也。必能入,乃能制事於理,不能深入而能制事者,寡矣,故曰“德之制”。朱子小註曰:“要制事,須是將心入那事裏,而去順他道理,方能制事,方能行權。若心粗,只從事皮膚上掉過,如此行權便錯了。”《巽》,伏也,入也。

又曰:“《巽》之義,非順所能盡,乃順而入之義,如此方能斷得殺。若不見得盡,如何可以行權。”

九卦之序,自不可紊。執謙行禮,則善端復而可以固守矣,故次之以《復》、《恒》。又必以人欲日消、天理日長而後德自此成,故以《損》、《益》次之。德成則内重而見外之輕,雖處困而能亨,故次之以《困》。能亨則外物不能撓其志,是可與立之地也,故次之以《井》。可與立然後可與權,故以《巽》終焉。

《履》,和而至;《謙》,尊而光;《復》,小而辨於物;《恒》,雜而不厭;《損》,先難而後易;《益》,長裕而不設;《困》,窮而通;《井》,居其所而遷;《巽》,稱而隱。

《本義》:“此如《書》之九德。”蓋《書》之九德,每句皆反説,此亦然。禮順人情,似非其至者,却是至極底道理,不可以其和,遂謂其非至也。尊而光,與謙字相對,内有自卑意。蓋《謙》雖自卑,然由是而光也。一念善端之復,天理皎乎其昭彰,非群邪所得混淆。故曰:“《復》,小而辨於物。”言與衆物自有分辨也。如齊宣王見牛觳觫而不忍殺,雖人欲蔽錮,忍於興兵結怨,然此一點仁心,自不可掩也。

人有恒久之德,雖處横逆之地,而所守益堅,其所見者,仍以爲是而不自厭惡,故曰“雜而不厭”。不自厭惡者,不自悔也。蓋人到狼狽時節,多有自怨悔之意。執德之恒者，雖至狼狽，亦不悔也。如伯夷、叔齊，求仁而得仁，又何怨？正是此意。

《損》者，懲忿窒欲也。克己最難，故《損》爲“先難”，待久而熟，則不難矣，故“後易”。

《益》者，遷善改過也。遷善則善日長，改過則過日寡。過日寡，善日長，不待更有作爲，以求其長也，故曰“長裕而不設”。《蒙引》謂“著力處都在《損》之‘先難’時了”，似未是，蓋改過遷善，尚有事也。

“窮而通”，是處困而亨也。文王拘於羑里而演《易》，孔子厄於陳蔡而絃歌是也。“《井》，居其所”，是其德安定而不動也。然其功用，有以及物，故曰“《井》，居其所而遷”。事物繽紛沓至於吾前，若非權衡素定者，鮮不爲所動而發露於聲色也。《巽》者，深入於義理而權衡素定於胸中，故事物之來雖繽紛沓至，而吾應之皆潛隱不露。所謂“不動聲色而措天下於泰山之安”者，近之。

《履》以和行，《謙》以制禮，《復》以自知，《恒》以一德，《損》以遠害，《益》以興利，《困》以寡怨，《井》以辨義，《巽》以行權。

此和是“發而中節”之和，無所乖戾之謂也。禮有尊卑、貴賤、親疎之等，節文、度數之詳，行必由禮，然後行皆中節而無所乖戾，故曰“《履》以和行”。

禮以恭敬辭讓爲本，非謙則禮不行。人而能謙，則禮自我行矣，故曰“《謙》以制禮”。彷彿似禮以行之、遜以出之意。

人到復善之時，皆自覺悟，蓋天理萌動之幾也，故曰“《復》以自知”。如漢武輪臺一詔，深悟既往之非，方來之是，此自知也。“一德”者，始終如一而不變其初也。

《損》者，懲忿窒欲也。懲忿則無忘身及親之災，窒欲則無求利得害之禍，故遠害。《益》者，遷善改過也，如是則日進乎高明而希賢、希聖，何利如之？故曰“興利”。

“《困》以寡怨”，“困”字内含處困而亨意。處困而亨，則素患難行乎患難，無入而不自得矣，故寡怨。

《井》者，居其所而不動也，安而後能慮，故曰"以辨義"。

權者，聖人之用。權非體道者不能用也。體道猶體仁，蓋以道爲體，一身全是道也。一身全是道，則道理爛熟，横行直撞，無不是道矣，故能行權。

《巽》者，順以入乎義理，義理融會於心，即體道地位，所以能行權也。

此章三陳九卦，首節言九卦之德，二節言其德之妙，三節言其用。

右第七章

《易》之爲書也，不可遠。爲道也屢遷，變動不居，周流六虚，上下無常，剛柔相易，不可爲典要，唯變所適。

言"《易》之爲書也，不可遠"，以其"爲道也屢遷"。"變遷不居"以下至"唯變所適"，皆言"爲道屢遷"之事。

變動不居，言剛柔二畫，變化無定也。周流六虚，這六虚是統言六十四卦之六位，周流不是一卦自初流至二，自二流至三，自三流至四，自五流至六，乃是就六十四卦總看。如《復》卦一陽在初，《師》卦一陽在二，《謙》卦一陽在三，《豫》卦一陽在四，《比》卦一陽在五，《剥》卦一陽在上，以至二陽、三陽與一陰皆然，以是爲周流也。然不必一一皆依次序自初至上，然後爲周流。散見迭出，如二、三兩爻，在此卦則剛居二，柔居三，柔在上，剛在下；在他卦，又柔在二，剛在三，剛又居上，柔又居下。如三四、如四五、如五六皆然，此便是周流也，故曰"上下無常"。

"剛柔相易"承"上下無常"説，但"上下無常"是就兩位上説，"剛柔相易"只就一位上説。如三，一位也，既以剛居之，又以柔居之。二，一位也，既以柔居之，又以剛居之。故曰"剛柔相易"，言剛柔二畫，兩相交易而靡定也。

"不可爲典要"，承"上下無常，剛柔相易"説。典要猶言定則也。上下若有常，剛柔若不相易，則鐵定是一箇物，不能變化矣。惟"上下無常，剛柔相易"，則不鐵定是一箇物，故曰"不可爲典要"。既不可爲典要，則唯隨其變之所之而已，而其道則在是者變在何卦、何爻。若變爲《乾》，則爲《乾》之道。若變爲

《坤》，則爲《坤》之道。變爲《屯》，則爲屯之道。變爲《蒙》，則爲《蒙》之道。若變在《乾》之初九，則爲潛龍勿用之道。變在《坤》之初六，則爲履霜堅冰至之道。變爲《屯》之初九，則爲盤桓難進之道。六十四卦、三百八十四爻都是如此，變而其道因之，故曰"其爲道也屢遷"。

《易》若是確定之説，則不足以應萬事之變而周萬民之用，猶可遠也。今《易》不可爲典要，惟變所適，爲道屢遷，則足以應萬事之變而周萬民之用矣。其爲書也，惡可遠哉？

其出入以度，外内使知懼。

此承上文"爲道屢遷"説來，言《易》之"爲道屢遷"如此。要之，無非使人出而在外也，以法度而出，而知懼於外；入而在内也，以法度而入，而知懼於内。蓋聖人作《易》，教民出入俱有箇法度，故斯民用是法度以出入也。《本義》謂"此句未詳，疑有脱誤"。今爲之解，似亦通。

又明於憂患與故，无有師保，如臨父母。

此承上文"出入以度"二句説來。言《易》之爲道，不但使人出入以度，知懼於内外而已。又於凶、咎、悔、厲皆言以示人，而又必言其所以致憂患之故。如此，則雖无有師保在前以訓戒之，自然使人常懷兢惕，若臨之以父母矣，要不待師保也。在《易》中所説憂患，若凶、咎、悔、厲之類，皆有其故。如"即鹿无虞，惟入于林中"，"勿用取女，見金夫不有躬"等處自可見。

初率其辭，而揆其方，既有典常。苟非其人，道不虚行。

上文"《易》之爲書也，不可遠，其爲道也屢遷"，連卦與辭俱在其中。此則教人沿辭以求卦爻之義，蓋示用《易》者簡易法也。言《易》之爲道屢遷，不可爲典要，惟變所適，茫乎無可捉摸，似不得其常理所在矣，然求之有要，辭焉而已。蓋辭者，聖人設卦觀象，繫之以明吉凶者也。用《易》者當通變極數之餘，成文定象之後，惟率卦爻之辭，而求其事理之所向，則一卦有一卦之理，一爻有一爻之理，而見其有定矣。然必有默而成之、不言而信之人，然後能因辭求理，而見於行事之間。苟非如是之人，是卦爻之理，亦不能以自行也。此與上篇末章“神而明之，存乎其人，默而成之，不言而信，存乎德行”同意。

右第八章

《易》之爲書也，原始要終以爲質也。六爻相雜，唯其時物也。

“原始要終以爲質”，言必六爻備，然後成卦也。“六爻相雜，惟其時物”，言六爻之相雜，則惟各時之物爾。蓋隨其所居之位，而其義各不同，非若卦之合六爻而成體也。始指初爻，終指上爻，言初、上以該六爻爾。時是“六位時成”之“時”，物是“乾陽物、坤陰物”之“物”。如《乾》之六爻，其爲龍一也，初則潛，二則見，三則惕，四則躍，五則飛，上則亢，亦各隨其時爾。《漸》之爲鴻一也，初則干，二則磐，三則陸，四則木，五則陵，上則逵，亦各隨其時爾。六十四卦、三百八十四爻，莫不皆然。其爲時物，可見也。

其初難知，其上易知；本末也，初辭擬之，卒成之終。

此言初、上二爻。

“其初難知，其上易知”，以人之讀《易》言。各卦初爻，其義理俱難知，正以其爲卦之本也。本則體質未著，義理未彰，故難知。如草木之根初出地，未知是何草何木也。各卦之上爻，其義理則易知，正以其爲各卦之末也。末則體質已著，義理已彰，故易知。如草木已生完成，知是某草某木也。如《乾》、《坤》諸卦初爻，初看時，未知頭腦，未見意思，不免費心，其難知可見。既得初九爲潛龍，初六爲履霜堅冰之理，則上九之爲亢龍，上六之爲龍戰于野，不過因初九、初六而推之，特易易爾，故曰“易知”。

“初辭擬之，卒成之終”，以聖人繫辭言。緣其初難知，故聖人繫初辭亦難以商量擬議，看這爻是何意思，是何物象，當用何辭語，非可輕易胡亂寫在册上也。至於上爻之辭，不過因初爻之意而成其終，殆無難也。既以初九爲潛龍，則上九之爲亢龍，特因初而成之爾。既以初六爲履霜，則上六之與龍戰，特因初而成之爾。

若夫雜物撰德，辨是與非，則非其中爻不備。

此論卦中四爻。雜物，陳事物也。如《乾》爻二爲見龍，三爲惕，四爲躍，五爲飛；《漸》爻二爲磐，三爲陸，四爲木，五爲陵。他卦皆然，其雜物也可見。

"撰德"，撰作其德行也，乃事物所以然之理。二爲見龍，五爲飛龍，其德之能及物也。三爲惕，若其德之過乎剛也。上爲亢龍，其德之過乎高也。三百八十四爻莫不皆然，其撰德也可見矣。

"辨是與非"，只在"雜物撰德"内，物有是非，德亦有是非也。如初潛二見，各以其時是也，上九之亢則非矣。《坤》初六，小人將爲君子之害，非也；六二"直方大，不習，无不利"則是矣。蓋六爻之間，非是則非，非非則是，所雜之物如此，所撰之德亦是如此，無有出一箇是非之外也。非其中爻不備者，初、上二爻，非不可雜物撰德，但未周備爾。必合中四爻，然後周備也。

噫！亦要存亡吉凶，則居可知矣。知者觀其彖辭，則思過半矣。

此承上論六爻而言，謂一卦六爻，雜物撰德，辨是與非，既無不備，人惟據此以求其存亡吉凶之理，則居然可知矣，以其備故也。若在知者，只觀卦之彖辭，則六爻之孰爲存，孰爲亡，孰爲吉，孰爲凶，其意亦思過半矣，要不待遍求之六爻之辭也。蓋哲人即始而見終，中人就事而論事。彖辭統論一卦之理，雖未及於六爻，然六爻之理已具於一卦之中，要在人推之爾。故即卦可以知爻，不待遍求於六爻之内也。

二與四同功而異位，其善不同；二多譽，四多懼，近也。柔之爲道，不利遠者；其要无咎，其用柔中也。

此兩節論中四爻，又是一意，與上"雜物撰德，辨是與非"意不同。二與四俱陰爻，德性相似，故曰“同功”。二遠於五，所居不同，故曰“異位”。惟其異位，故其善不同。在二則多聲譽，在四則多危懼，是其善不同也。“近也”是解四之多懼，言四之多懼，以其近於五之君位爾。近君則承國家之重任，一則有陵逼之嫌，一則有覆餗之患，所以多懼，所謂處乎憂患之域而行乎利害之途者也。四之多懼，以其近君，則二之多譽，以其遠君也。然陰柔無立，依剛以立，其爲道本不利於遠也。而二乃大要无咎而多譽者，不但以其遠也，以用柔得其中也。用柔得中，則不過於柔，不失其剛，而足以自立矣。居遠地而又得中，此所以多譽也。若徒居遠居之地而無柔中之德，亦無沿多譽矣。

三與五同功而異位：三多凶，五多功，貴賤之等也。其柔危，其剛勝耶？

此論三、五二爻。三與五俱是陽爻，故曰“同功”。三居臣位而賤，五居君位而貴，故曰“異位”。所謂貴賤之等也。三居大臣之位，一作威福即有凶家害國之患，一不勝任即有覆餗形渥之憂，故“多凶”。五居大君之位，而受臣下之承載，凡人臣之善皆已之善，人臣之功皆已之功，故“多功”。“其柔危，其剛勝”，通言三、五雖有功凶之異，然大要以柔居之，則皆難勝任而有危，惟以剛居之，則足以勝任矣，此又不論其貴賤也。

右第九章

《易》之爲書也，廣大悉備：有天道焉，有人道焉，有地道焉。兼三才而兩之，故六；六者，非他也，三才之道也。

“廣大”，統言之也。“悉備”析言之也。三畫已具三才，重之而爲六畫，亦三才之道。此《易》書所以爲廣大悉備也。言“《易》之爲書也，廣大悉備”，何以見其爲“廣大悉備”也？以八卦言之，上一畫象天，有天道焉；中一畫象人，有人道焉；下一畫象地，有地道焉。然猶未也，聖人兼此三才而皆兩其畫，於是有六畫，六者非他也，亦即三才之道也。蓋天道有陰陽，上二爻爲天，則陰陽成象矣；人道有仁義，中二爻爲人，則仁義成德矣；地道有剛柔，下二爻爲地，則剛柔成質矣。夫天下之道盡於三才，而《易》書有之，非廣大悉備而何？

道有變動，故曰爻；爻有等，故曰物；物相雜，故曰文；文不當，故吉凶生焉。

此條即《易》中所有之名物而解其義。言《易》中有爻，何以謂之爻？夫六爻皆三才，六畫所在，道之所在也。道非確定之物，隨在而變動，如《乾》之初九，龍之潛也，至二則見，三則惕，四躍，五飛，而上又亢矣，可見其有變動也。惟其有變動，是故謂之爻。蓋爻者，交變之義也。《易》中有物，何以謂之物？六爻之位有遠近貴賤之等，如二、四同功而遠近異位，三、五同功而貴賤不同，可見其有等也。惟其有等，是故謂之物。蓋物之不齊，物之情也。既爲物，則自有等矣。《易》中有文，何以謂之文？是物也，一剛一柔，互相間雜，如初爲剛而間以二柔，二爲柔而間以三剛，四爲柔而間以五剛，五爲剛而間以上柔，可見其間雜也。惟其相雜，是故謂之文。必相間然後成文，若純一其色則不成文也。《易》中有吉凶，何以有吉凶？蓋剛柔間雜而成文，固有剛居剛而當者，亦有不當者；固有柔居柔而當者，亦有不當者。如《屯》初九以陽爲成卦之主，其文當矣。《大壯》初九剛陽處下而當壯時，則爲壯于進，是不當也。如《坤》六二以柔居柔，其文當矣。《同人》六二雖中且正，然有應於上，不能大同而繫於私，則爲同人于宗，是不當也。當則吉，不當則凶，是吉凶自此生也。

右第十章

《易》之興也，其當殷之末世，周之盛德耶？當文王與紂之事邪？是故其辭危。危者使平，易者使傾；其道甚大，百物不廢。懼以終始，其要无咎，此之謂《易》之道也。

文王遭紂之亂，身經憂患之事，危懼之心未嘗一日忘於懷，故其繫《易》之辭大抵危懼之意居多，故曰“其辭危”。“危者使平，易者使傾”，因上文“危”字而論《易》道，言危懼可致安平，不危懼必致傾覆也。“其道甚大，百物不廢”，言舉天下之事物皆不能外乎此，無有危而不平、易而不傾者。

"懼以終始",言懼人於其終,又懼人於其始,始終危懼而不敢有慢易之心也。其要歸使人去欲循理、去危就安而无過咎爾,此則"危者使平"之意,故曰:"此之謂《易》之道也。"

右第十一章

夫乾,天下之至健也,德行恒易以知險;夫坤,天下之至順也,德行恒簡以知阻。

乾、坤當人說。至健至順,言其性情;恒易恒簡,言其德行。德行者,得於心而見於行事也。

知險知阻,言其處憂患之事。要之,恒易恒簡、知險知阻,只在至健至順之内,猶《中庸》"聰明睿知,足以有臨"五句,只在"天下至聖"之内也。

言乾天下之至健也,至健則所行無難,故其德行恒易,至遇憂患皆知其險,而不易進以陷於險焉。坤天下之至順也,至順則所行不煩,故其德行恒簡,至遇憂患則知其阻,而不易進以困於阻焉。

能説諸心,能研諸侯之慮,定天下之吉凶,成天下之亹亹者。

此承上文言乾、坤所以知險知阻也。説諸心,研諸慮,《本義》謂"心與理會,理由慮審"。此理何理也?若只就吉凶上説則太狹,若不粘著吉凶説,又無歸著。要之,理本事物之理,吉凶則由此理而生。蓋順理則吉,逆理則凶,如所謂"惠迪吉,從逆凶"及"失得之報"是也。下文"變化云爲",即是此理。乾、坤天下之至健、至順,是其清明在躬,志氣如神,此理皆有以洞見於心,則自欣樂之而不厭,如所謂"不亦悦乎"、"義理之説我心"是也,故曰"説於心"。平時此理既説於心,及至臨事,又將此理再加研審,務要停停當當而無纖髮之差謬,故曰"研諸慮"。説諸心,統萬事而言;研諸慮,專就一事而言。蓋其所臨之事也,此理既説諸心,則若何而吉,若何而凶,皆判然於胸中矣,故曰"定天下之吉凶";既研諸慮則於吉而趨之,於凶而避之,皆欣躍鼓舞亹亹而忘倦矣,故曰"成天下之亹亹"。

是故變化云爲，吉事有祥；象事知器，占事知來。

“變化”，以天道言，如日月寒暑之往來，雨風雷露之變化，飛潛動植之生死，上傳所謂“幽明之故，死生之説，鬼神之情狀”是也。“云爲”，以人事言，如日用、動静、出處、語默，以至禮樂、征伐之類是也。變化云爲皆有吉凶之理，云爲之吉凶易明，如所謂“惠迪吉，從逆凶”是也。變化之吉凶難明，如夏潦則秋必旱，冬歲温暖無霜則來年陽氣無力，五穀不登。雨暘時若則年必順成，礎石潤則天必雨。歲星所在，其國有福。可見變化有吉凶也。

“吉事有祥”，“變化云爲”，俱有之。天垂象見吉凶，變化之吉事有祥也。國家將興，必有禎祥；國家將亡，必有妖孽。云爲之吉事有祥也。祥，徵兆也。即“視履考祥”之“祥”，不言凶事，有祥者言吉事，則凶可知也。

變化云爲，其吉凶之理皆一定而不可易，所謂器也。聖人即是事而貌象之，則一定之理皆有以洞見於胸中矣，故曰“象事知器”。吉事有祥，其吉凶之理雖隱於無形，然其勢所必至而無可疑者也，故曰“來”。聖人即是事而占驗之，則其將來之理已預知而不惑矣，故曰“占事知來”。此所以定天下之吉凶，成天下之亹亹者。

《蒙引》曰：“器與來，俱有吉有凶，知之所以趨吉而避凶也。”即上文險阻之義。蓋險阻，亦有一定之勢者，亦有從暗地生者。

天地設位，聖人成能；人謀鬼謀，百姓與能。

“天地設位”，凡吉凶消長之理，進退存亡之道，已在於其間，但不能以告人也。聖人於是作《易》，明其吉凶以告人。是天地之所不能者，聖人有以成之矣。聖人既成天地之能，天下之人將以有爲，將以有行也，既謀之人，看其事之可行與否，然後謀之鬼以决之，則吉知趨而凶知避，雖百姓之愚，皆得以與其能矣。象事知器，占事知來，聖人獨擅其能也。國將興聽於民，國將亡聽於神，故聖人教人用《易》，必先謀諸人而後謀諸鬼，曰“朕志先定，詢謀僉同，然後鬼神其依，龜筮協從”是也。

八卦以象告，爻彖以情言；剛柔雜居，而吉凶可見矣。

上言聖人作《易》以成天地之能，此言作《易》成能之事。蓋聖人作《易》，不外象辭變占，此兩節皆言象辭變占之事也。“八卦成列，象在其中矣”，此八卦以象告也。“聖人設卦觀象，繫辭焉以明吉凶”，是爻彖以情言也。八卦以象告，則剛柔雜居矣；爻彖以情言，則吉凶可見矣。

變動以利言，吉凶以情遷；是故愛惡相攻而吉凶生，遠近相取而悔吝生，情僞相感而利害生。凡《易》之情，近而不相得則凶；或害之，悔且吝。

變動是揲蓍求卦時事，自四營至十有八變者，皆變動也。蓍策之變動，乃是推明出事之利與不利以示人也。其時雖未有言，言在其中矣。其言利者，固以利人；言不利者，亦以利人，故曰“以利言”。

變動以後，所值之占有吉有凶，皆隨卦爻之情而遷變。《乾》之“元亨利貞”，是因《乾》之純陽至健而遷也。《坤》之“利牝馬之貞，西南得朋，東北喪朋”，是因《坤》之純陰至順而遷也。亢龍、龍戰因陽極、陰極之情而遷也。六十四卦、三百八十四爻，可以類推矣。

“愛惡相攻”以下，皆言吉凶以情遷之事。愛相攻而吉生，如《家人》九五下應六二，則爲“王假有家，勿恤，吉”是也。惡相攻而凶生，如《同人》九三欲同於二，而非其正，懼九五之見攻而“伏戎于莽，三歲不興”是也。

“遠近相取而悔吝生”，遠近俱有悔吝。遠相取而悔吝生者，其情相得也。如《屯》六二上應九五，乃爲九三所隔，而不得進是也。近相取而悔吝生者，其情不相得也。如《姤》九三下不遇於初，上无應於上，爲“臀无膚，其行次且，厲”是也。

情相感而利生，如《隨》九五“孚于嘉”是也。僞相感而害生，如《兑》九五“孚于剥，有厲”是也。

“近而不相得則凶”，是解“遠近相取而悔吝生”一句，并“愛惡相攻”二句亦解，蓋上文“遠近相取而悔吝生”這裹分情相得、不相得。情相得者，遠相取而悔吝;情不相得者,近相取而悔吝,但此意未明,故於此發之。只曰近不曰遠者,舉近則遠者可以三隅反也。

近而不相得則凶,可見惡相攻而凶生者,以其近也,僞相感而害生者,亦以其近也,故曰"是并解愛惡相攻"兩句。

言《易》之情,以相得爲貴,其不相得者,亦宜不相近。若近而不相得則凶,或害之悔且吝,故惡相攻而凶生、僞相感而害生者,皆以其近也,此所謂"吉凶以情遷"者。

項氏曰:"相攻相取相感之人,其居皆有遠近,其行皆有情僞,其情皆有愛惡,故總以相近一條明之,近而不相得,則以惡相攻而凶生矣,以僞相感而害生矣。"

將叛者其辭慙,中心疑者其辭枝,吉人之辭寡,躁人之辭多,誣善之人其辭游,失其守者其辭屈。

此以人之言辭,發明上文"吉凶以情遷"之旨。

將叛正理者心中慚愧,故其發諸言辭自然慚愧。昧於是非之途,而莫所從違者疑也,中心既疑,則其發於言者亦持兩端而無定執,故曰"其辭枝"。枝者,分開兩歧也,猶云"騎牆"。心定者,其言重以舒,故曰"吉人之辭寡"。心躁者其言輕以疾,故曰"躁人之辭多"。誣善爲惡之人,其言浮游而無根據。失其執守之人,於理既非,言之自不能出口,故"其辭屈"。屈者,説不來也。

右第十二章

易經存疑卷十二

説　卦　傳

昔者聖人之作《易》也，幽贊於神明而生蓍，

此即《中庸》"致中和，位天地，育萬物"之事。聖人之德，配合神明而有以贊助之，其篤恭不顯之妙有非人之所及知者，故曰"幽贊"。此章專言蓍，蓋《易》非蓍不行，此言蓍之所由生也。

參天兩地而倚數，

數指七、八、九、六，蓋《易》數不過七、八、九、六，實自參天兩地而起也。天數本三，故參之而爲三；地數本二，故兩之而爲二。參天兩地，《易》數就倚之而起。得三者，把一箇三倚之則成六，又把一箇三倚之則成九；若把一箇二倚之則成五，又把一箇二倚之則成七；得二者，把一箇二倚之則成四，又把一箇二倚之則成六；若把一箇三倚之則成五，又把一箇三倚之則成八。倚數當如此看，朱子小註可玩。

觀變於陰陽而立卦，發揮於剛柔而生爻，

"觀變於陰陽而立卦"，是統觀一卦。"發揮於剛柔而生爻"，是細觀六畫。蓋揲蓍求卦，不過陰陽之變化爾。觀其變也，陰畫幾何，陽畫幾何，所成者何卦，則卦於是乎立矣。如六畫皆陽，則爲《乾》。上五畫陽，下一畫陰，則爲《姤》。下五畫陽，上一畫陰，則爲《夬》。如六畫皆陰，則爲《坤》。上五畫陰，下一畫陽，則爲《復》。下五畫陰，上一畫陽，則爲《剥》。六十四卦皆然。既知所成者

何卦，然後就六畫細觀之。何者爲太剛太柔？何者爲少剛少柔？剛柔老少，凡有幾畫，看是何爻當動，則爻於是生矣。如上五畫少剛，下一畫太剛，則動在《乾》之初九。上五畫少柔，下一畫太柔，則動在《坤》之初六。《乾》上四畫少剛，下二畫太剛，則動在初二、兩爻，以上九二一爻占，《坤》上四畫少柔，下二畫太柔，則動在初二、兩爻，以上六二一爻占，三百八十四爻皆然。

"發揮剛柔"一句是主當動之爻言，不是六爻皆發揮。蓋既説蓍卦，便當就取用上説。就取用説，則當觀當動之爻象也。

"發揮"，如今稱士人會作經義者曰"善發揮題意"相似。蓋六畫不外乎剛柔，於剛柔老少，見其動静，其當動之爻，又要看中正不中正，以至乘承比應，亦要通看過。看是善與惡，然後爻義可明，此便如士人之作經義，善發揮題意也。

朱子小註第二條却是，《蒙引》非之，尚當再詳。

和順於道德而理於義，窮理盡性以至於命。

道者，事物當然之理。德者，人之所得乎天之理。義者，處物之宜。道泛説，德方就人心上説，理即事物之理，性者人得此理以有生，命則理性之所從出也。和順於道德而理於義，分合言之也；窮理盡性以至於命，淺深言之也。

吉凶消長之理，進退存亡之道，《易》皆有以模寫之，故曰"和順"，言無所乖逆也。其中何者爲吉？何者爲凶？何者爲存？何者爲亡？何者爲進？何者爲退？隨在各有條理而不相混，是理於義也。問："吉凶消長、進退存亡，何以謂之道德？"曰："道無定名，德爲虚位。道有仁、不仁，德有吉、有凶，然非有二也。只據一理而順逆之爾。蓋道一而已，順之則仁，逆之則不仁；順之則吉，逆之則凶。進退存亡亦然。故曰：'吉凶者，貞勝者也。''天下之動，貞夫一者也。'時當進則進，當退則退，亦惟理而已。順理則存，逆理則亡，是存亡亦以理也。"

消長是陰陽，乃天道也，於德似不貼，要亦大概言之爾。無緣得恰恰相貼。

窮理盡性至命，只就和順道德理義上見得，就一卦言，如何而吉？如何而凶？如何而消？如何而長？進退存亡是如何？皆窮究得明白，是窮理也。由是而行，是盡性也；所行脗合乎天道，是至命也。《蒙引》曰："即一卦言之，《乾》'元亨利，貞'者在《乾》之理當然也。教人如是去做者，盡人物之性也。如此，則與《乾》大通至正之本然者合矣，至命也。六十四卦、三百八十四爻，俱當以此法看。"

《本義》："此聖人作《易》之極功。"自"幽贊神明"至"發揮剛柔而生爻"，是聖人作《易》，"和順於道德"二句，是聖人作《易》之極功。

右第一章

昔者聖人之作《易》也，將以順性命之理。是以立天之道曰陰與陽，立地之道曰柔與剛，立人之道曰仁與義。兼三才而兩之，故《易》六畫而成卦；分陰分陽，迭用柔剛，故《易》六位而成章。

順猶小學生順字之順，蓋性命之理在天地間，聖人從而順之於《易》書也，只是模寫意。"立天之道"三句，是説性命之理。"兼三才而兩之"以下是説順性命之理。有陰有陽，然後天道立，如有寒無暑、有晝無夜，如何成箇天道？有剛有柔，然後地道立，水火土石、南北高深，此剛柔之顯然易見者。

有仁有義，然後人道立。如有慈愛而無斷制、有慶賞而無刑威、有静而無動，如何成箇人道？

天道有陰陽，地道有剛柔，人道有仁義，是三才各有兩也。故聖人作《易》，八卦已具三才矣。由是兼舉三才皆兩其畫，所以法三才之兩也。蓋兼三才皆兩其畫，不但兩其天而又兩其地，不但兩其地而又兩其人，是以有六畫而成卦。既成箇卦，從而細分之，初、三、五爲陽，二、四、六爲陰，則見其初剛而二柔、三剛而四柔、五剛而六柔，而剛柔之迭用矣。剛柔迭用則陰陽相間，雜而成章。夫既六畫而成卦，又六位而成章，則五爲天之陽、六爲天之陰，五、六之位，一天道也。初爲地之剛、二爲地之柔，初、二之位，一地道也。三爲人之仁、四爲人之義，三、四之位，一人道也。所謂順性命之理者如此。

右第二章

天地定位，山澤通氣，雷風相薄，水火不相射，八卦相錯。

此是解明先天圓圖之意。“天地定位”一節與“數往者順”一節平重，蓋易不外對待、流行二者而已，即交易、變易之義也。“天地定位”一節，乃對待之體，交易也。

數往者順，知來者逆，是故《易》逆數也。

此乃流行之用，變易也。邵子曰：“乾南、坤北、離東、坎西、震東北、兑東南、巽西南、艮西北，自震至乾爲順，自巽至坤爲逆。”潛室陳氏曰：“若一依橫圖之序，則乾坤相並，寒暑不分，可見二意俱重。”

大意謂：聖人作《易》，自乾一兑二以至坤八，生生之序，如橫圖之所畫者是矣。今欲以圓圖象渾天之儀，若一依其序，則乾坤相並，寒暑不分，與造化不相似矣。故取橫圖規而圓之，置乾於南，置坤於北，置離於東，置坎於西，震巽相對於東北西南，艮兑相對於東南西北，則見天地定位，山澤通氣，雷風相薄，水火不相射矣。此造化之對待者也。起震一陽，歷離、兑之二陽，以至於乾爲三陽，陽之極矣。陽極則陰生，由是起巽之一陰，歷坎、艮之二陰，以至於坤爲三陰，陰之極矣。陰極則陽生，陰極生陽，陽極生陰，陰陽循環無端。小而晦朔弦望，大而分至啟閉，以至元會運世，皆在其中矣，此造化之流行者也。聖人之意不專指一年之運，朱子就一年之運言者，欲其意之明也，得意忘言，得言忘象，斯可矣。

言伏羲之圓圖既成，自其八方之相對而觀之，則天地定位，山澤通氣，雷風相薄，水火不相射矣。自其八面之流行而觀之，則自左方之震，以至於乾，是數已生之卦也。據其見成，無勞於推測，其事爲順，故曰“數往者順”。又自右方之巽，以至於坤，是數未生之卦也。其卦未成，猶待於推測，其事爲逆，故曰“知來者逆”。圖之左右雖有順逆，若原《易》之所生，一於逆爾。

“《易》逆數”一句，是因言圓圖而本於橫圖，此意不甚重。《山堂考索》曰：“《説卦》所言，天地山澤雷風水火之象，先天圖之小成也。乾純陽爲天，位乎上，故居南。坤純陰爲地，位乎下，故居北。離火外陽内陰，居東，大明生於東也。坎水外陰内陽，居西，月生魄於西也。西北多山，故艮止爲山，居西北。澤萃東南，故兑説爲澤，居東南。雷起東北，故震陽動於下爲雷，居東北。風起西南，故巽入於下爲風，居西南。此對待之陰陽也。然八卦之序，旋轉無窮，八卦之位，交相爲用，對待者未嘗不流行也。"按《山堂考索》亦以此條爲對待之《易》。

天尊地卑，天地固有定位也。乾居南，坤居北，則天地定位矣。

山之氣下注則爲澤，故兩山之間必有川焉，此山之通氣於澤也。澤之氣上升於山，山方潤澤而能生草木，此澤之通氣於山也。

天下大勢，西北多山，東南多水，艮爲山而居西北，兑爲澤而居東南，故爲山澤通氣。

雷迅則風烈，風烈則雷迅，原是相擊之物。震爲雷而居東北，蓋雷發聲於東北之交也。巽爲風而居西南，蓋風至西南而始盛也。水火本相害之物，曰"不相射"者，取其相爲用者言也。故水火相交爲既濟，相滅爲革，天地之間，只是水火二物而已。故聖人作《易》以乾坤定上下之位，以離坎列左右之門，明水火二者天地之用也。人身亦然。故水火貴乎既濟，水火不交，則病因之而生矣。

《蒙引》曰："八卦相錯而成六十四者，如《乾》之未交，止於《乾》也。交於《坤》、《兑》，則成《泰》、成《夬》矣。交於《離》、《震》，則爲《大有》、《大壯》矣。交於《巽》、《艮》，則爲《大畜》、《小畜》矣。云云。《坤》之未交，止於《坤》也。交於《乾》、《兑》，則《否》也、《萃》也，交於《坎》、《艮》，則《比》也，《剥》也。云云。析而觀之，一卦各與一卦相交；合而觀之，但見《乾》、《坤》、《坎》、《離》相爲上下，《震》、《兑》、《巽》、《艮》互爲錯綜，而成六十四卦之相交爾。"

朱子曰："以横圖觀之，有乾一而後有兑二，有兑二而後有離三，而震四、巽五、坎六、艮七、坤八，亦以次而生，此《易》之所以成也。而圓圖之左方，自震之初爲冬至，離兑之中爲春分，以至於乾之末而交夏至焉。皆進而得其已生之卦，猶自今日而逆數昨日也，故曰'數往者順'。其右方，自巽之初爲夏至，坎艮之中爲秋分，以至於坤之末而交冬至焉。皆進而得其未生之卦，猶自今日而逆計來日也，故曰‘知來者逆’。然本《易》之所以成，則其先後始終如横圖及圓圖右方之序而已，故曰‘《易》逆數也’。”

右第三章

雷以動之，風以散之；雨以潤之，日以晅之；艮以止之，兑以説之；乾以君之，坤以藏之。

此解伏羲先天方圖也，《本義》云：“此卦位相對，與上章同。”《蒙引》曰：“謂其卦位之相對同，非謂卦之同也。”蓋震與巽相對，坎與離相對，艮與兑相對，乾與坤相對，與上章同也。既有圓圖又有方圖者，圓圖以象天，方圖以象地也。圖皆從中起，圓圖左方起震至乾，右方起巽至坤，從中起也。方圖震巽居中，巽居左而向乎東南，震居右而向乎西北，亦從中起也。

言方圖震居右而向乎西北，震之象爲雷，是雷以動乎物而發其生意也。巽居左而向乎東南，巽之象爲風，是風以散乎物而解其鬱滯也。次巽者坎，坎之象爲雨，雨以潤乎物，物由是而滋長也。次震者離，離之象爲日，日以晅乎物，物由是而宣暢也。次乎坎者，艮也，艮以止乎物，物之生意至是而收斂也。次乎離者，兑也，兑以説乎物，使物各得其所而欣説也。六子各有所職而皆統於乾坤，故曰“乾以君之，坤以藏之”。雷動風散，生物之功也。雨潤日晅，長物之功也。艮止兑説，收物之功也。乾君坤藏，天地父母，萬物之道也。

四卦言象，艮兑止言卦者，造化生長收斂之事，山澤不足以盡之，故舍象而言卦。乾坤可言象而亦言卦者，艮兑既不言象，乾坤與象爲一類也。

邵子曰：“此伏羲八卦也。伏羲畫八卦，即有六十四卦。圓者爲天，方者爲地，天地之理，皆在是也。”

邵伯温曰：“乾兑離震在天爲陽，在地爲剛。在天則居東南，在地則居西北。巽、坎、艮、坤在天爲陰，在地爲柔。在天則居西北，在地則居東南。陰陽相錯，天文也；剛柔相交，地理也。”朱子曰：“此圖圓布者，乾盡午中，坤盡子中，離盡卯中，坎盡酉中。陽生於子中，極於午中；陰生於午中，極於子中。其陽在南，其陰在北。方布者，乾始於西北，坤盡於東南。其陽在北，其陰在南，此二者，陰陽對待之數。圓於外者爲陽，方於中者爲陰，圓者動而爲天，方者静而爲地者也。"

邵子曰："《大傳》云'天地定位，山澤通氣，雷風相薄，水火不相射，八卦相錯，數往者順，知來者逆，是故《易》逆數也'。此一節明伏羲八卦，蓋乾南、坤北、離東、坎西、震東北、兑東南、巽西南、艮西北八卦相錯者，明交相錯而爲六十四。自震至乾爲順，自巽至坤爲逆。數往者順，若順天而行，是左旋也，皆已生之卦也，故云'數往'也。知來者逆，若逆天而行，是右行也，皆未生之卦也，故云'知來'也。夫《易》之數由逆而成矣。此一節直解圖意，固嘗推之。太極既分，兩儀立矣；陽上交於陰，陰下交於陽，而四象生矣。陽交於陰，陰交於陽，而生天之四象。剛交於柔，柔交於剛，而生地之四象。八卦相錯，而後萬物生焉。是即一分爲二，二分爲四，四分爲八，八分爲十六，十六分爲三十二，三十二分爲六十四，猶根之有榦，榦之有枝，愈大則愈小，愈細則愈繁。是故乾以分之，坤以翕之，震以長之，巽以消之。長則分，消則翕也。"消翕盡而爲純《坤》，又非静了便動，此又有所謂太極在一静一動之間。"一動一静，天地人之至妙。一動一静之間，天地人之至妙至妙者。"故又云："無極之前陰含陽也，有象之後陽分陰也。陰爲陽之母，陽爲陰之父，故母孕長男而爲《復》，父生長女而爲《姤》，是以陽始於《復》，而陰起於《姤》也。"蓋嘗有詩曰："耳目聰明男子身，洪鈞賦予未爲貧。須探月窟方知物，未躡天根豈識人。乾遇巽時爲月窟，地逢雷處見天根。天根月窟還來往，三十六宫都是春。"是以圓圖言也。若夫方圖，造化尤妙，又嘗有詩曰："天地定位，《否》《泰》反類；山澤通氣，《損》《咸》見義；雷風相薄，《恒》《益》起意；水火相射，《既濟》《未濟》。四象相交成十六事，八卦相盪爲六十四。"合圓圖、方圖而並論：圓圖，其陽在南，其陰在北；方圖，其陽在北，其陰在南，此尤造化之妙處。"圖雖無言，吾終日言未嘗離乎是，蓋天地萬物之理，盡在其中矣。"

朱子曰："此是説方圖中兩交股底，且如西北角乾、東南角坤，是天地定位，便對東北角泰，西南角否；次乾是兑，次坤是艮，便對次否之咸，次泰之損。後四卦亦如是，共十六卦。”又曰：“方圖自西北之東南，便是自乾以之坤；自東北之西南，便是由泰以之否。其間有咸、恒、損、益、既濟、未濟，所以又於此八卦見義。蓋爲是，自兩角尖射，上與乾、坤相對，不知怎生恁地行。”

又曰：“圓圖象天，一順一逆，流行中有對待，如震八卦對巽八卦之類；方圖象地，有逆無順，定位中有對待，四角相等，如乾八卦對坤八卦之類。此則方圓圖之辨也。圓圖象天者，天圓而動，包乎地外；方圖象地者，地方而静，囿乎天中。圓圖者，天道之陰陽；方圖者，地道之柔剛。震、離、兑、乾爲天之陽、地之剛，巽、坎、艮、坤爲天之陰，地之柔。地道承天而行，以地之柔剛應天之陰陽，同一理也，特在天者，一逆一順，卦氣所以運；在地者，惟主乎逆，卦畫所以成爾。”

愚按：伏羲將八卦規而圓之，比方圖似覺費力。蓋乾、兑、離、震置之左方，是已生之卦，故曰“數往者順”。巽、坎、艮、坤置之右方，是未生之卦，故曰“知來者逆”。有左右更置之勞、順逆之異，故曰費力。方圖則八卦之上各加八卦，只將八卦疊起，就成箇圖，無左右更置之勞、順逆之異，故爲省力也。但圓圖乾在南，坤在北，方圖則坤在南，而乾在北。圓圖震居東北，而雷發於冬春之交，巽在西南，而風發於夏秋之交，時位皆得；方圖震雷居中右，而向乎西北；巽風居中左，而向乎東南，比之圓圖，時位俱失。其理何也？圓圖一順一逆，對待中有流行，故雷風雨日皆順乎時位；方圖惟逆無順，有對待無流行，故雷風雨日不拘乎時位。圓圖震之初爲冬至，離兑之中爲春分，至於乾而交夏至，巽之初爲夏至，坎、艮之中爲秋分，至於坤之末而交冬至。自震至乾是已生之卦，爲順；自巽至坤是未生之卦，爲逆。此朱子所謂“卦氣之運”也。方圖八卦之上各加八卦，以乾一而加八卦，乾始加乾，則六畫純乾，而居西北角；以坤八而加八卦，坤終加坤，則六畫純坤，而居東南角。乾加八卦，以乾爲主，兑以下遞加至坤八，則乾在下、坤在上爲泰，而居東北角；坤加八卦，以坤爲主，上就加乾，則乾在上、坤在下爲否，而居西南角。其中震與巽、坎與離、兑與艮，各以八卦加之，至得本卦，則爲重震、重巽、重坎、重離、重兑、重艮，其位自西北而東南，皆斜角相次而相對，此皆出於理勢之自然，非人知力之所能爲。故邵子、朱子稱其巧，亦是八卦之上各加八卦，就八卦疊起，就成箇方圖，皆是未生之卦，皆是逆無順。初非如圓圖，自左而右，右而復左，欲象氣序之運，故朱子謂“卦畫所以成”是也。

右第四章

帝出乎震，齊乎巽，相見乎離，致役乎坤，説言乎兑，戰乎乾，勞乎坎，成言乎艮。

此文王後天之卦，亦是解剥圖意。蓋造化流行之用，帝出乎震，出者帝出也；齊乎巽，相見乎離，不可謂帝，是萬物齊相見也。

坤養萬物，乃爲物所役。坤之所以養萬物者，皆帝主之，是帝致役事於坤也。八卦何獨坤養萬物？土旺四季，而尤旺於夏秋之間，故能生秋金，又能養萬物也。説者欣歡之意，兑之時爲正秋，萬物至是生意向實，皆油然暢説也。如曰“物欣欣而向榮，萬物静觀皆自得”，可見説萬物之意。戰乎乾，陰陽相戰也。一陰生於巽，長於離，極於兑，至是交於乾之三陽。陰疑於陽必戰，萬物受氣於陰陽，當此之時，亦必内有所戰，故曰“戰乎乾”。

勞者，慰勞安存之意。萬物發生長成，及至窮冬閉斂之時，皆舍勞就逸，由動入静，便有慰勞安存之意。

今歲之生意，至艮而終；來歲之生意，自艮而始。是艮者，萬物之所成終而成始者也，故曰“成言乎艮”。

萬物出乎震，震東方也。齊乎巽，巽東南也；齊也者，言萬物之潔齊也。離也者，明也，萬物皆相見，南方之卦也；聖人南面而聽天下，嚮明而治，蓋取諸此也。坤也者，地也，萬物皆致養焉，故曰致役乎坤。兑，正秋也，萬物之所説也，故曰説言乎兑。戰乎乾，乾西北之卦也，言陰陽相薄也。坎者，水也，正北方之卦也，勞卦也，萬物之所歸也，故曰勞乎坎。艮，東北之卦也，萬物之所成終而所成始也，故曰成言乎艮。

此節言萬物隨帝以出入，只是明“帝出乎震”一節意，觀本文“故曰致役乎坤”、“故曰說言乎兑”諸句可見。

萬物出乎震，蓋震於方爲東，於時於(爲)春，故萬物於是而出也。齊乎巽，巽於方爲東南，於時爲夏春之交，品物之生至是始齊。齊也者，言萬物之鮮潔而整齊也，品物齊聚而相見，可謂明矣。萬物皆相見於離者，何也？蓋離南方之卦，於時爲正夏，故萬物皆相見也。意聖人南面而聽天下，嚮明而治，疑取諸此也。此句輕帶，不甚重。

坤也者，地也，於時爲夏秋之交，土氣是時正旺，萬物皆賴是以養之，故曰“致役乎坤”。

兑於時爲正秋，於方爲正西，萬物至是生意收斂而向於實，皆有欣懽自得之意，故曰“說言乎兑”。

戰乎乾，乾西北之卦也，於時爲秋冬之交，以兑陰而遇乾陽，陰疑於陽必戰，是陰陽相擊搏也，故曰“戰乎乾”。

坎者，水也，正北方之卦，於時爲正冬，水歸冬旺，正萬萬(物)所賴滋養之時。故爲慰勞安存之卦，爲萬物所歸，故曰“勞乎坎”。

艮，東北方之卦，於時爲冬春之交。今歲之生物至是而終，來歲之生物自此而始。“故曰萬物之所成終而成始”，故曰“成言乎艮”。

八卦多言方位，不言德象與時，獨離言德，坤、坎言象，兑言時者，離叨於(之)爲治，坤之養物，坎之勞物，皆有資於象。兑之說物，非時不見，故特言之。然不言時者，即兑可以互見，故各卦皆補入時說。

右第五章

神也者，妙萬物而爲言者也。動萬物者莫疾乎雷，橈萬物者莫疾乎風，燥萬物者莫熯乎火，說萬物者莫說乎澤，潤萬物者莫潤乎水，終萬物、始萬物者莫盛乎艮。故水火相逮，雷風不相悖，山澤通氣，然後能變化既成萬物也。

此章據朱子小註說，是文王後天之卦，末推本於伏羲之先天。今觀其圖，震、巽相次居正東、東南，而動、橈乎物；離、兑相次居正南、正西，而燥、說乎物；坎、艮相次居正北、東北，而潤、成乎物。其序一如上章“出震成艮”，而其爲用則不同矣。蓋上章所言,氣序之流行;此章所言,造化之作用也。

首言神妙萬物,下言雷動、風撓、火燥、澤説、水潤、艮始終,俱不及神字,何也?"神妙萬物"一句,當就下六句看出。蓋動物者,雷神不動物,而雷之所以動者,神也。撓物者風,神不撓物,而風之所以撓物者,神也。燥物者火,神不燥物,而火之所以燥物者,神也。説物者澤,神不説物,而澤之所以説物者,神也。潤物者水,神不潤物,而水之所以潤物者,神也。終始萬物者艮,神不終始,而艮之所以終始萬物者,神也。

動者,鼓動其生意也;撓者,撓散也。風一過,鬱結者皆爲之撓散也,此即是"風以散之"意。燥,乾也,暵即是乾意,故《詩》曰:"中谷有䕡(蓷),暵其乾矣。"澤是江河沚沼之水,萬物得之,皆有生意而喜説;水是天上雨露之水,萬物得之,皆有生意而滋潤。艮位東北,今歲之生成者終於是,來歲之生成者始於是,故曰"莫盛乎艮"。

"故水火相逮,雷風不相悖,山澤通氣,然後能變化既成萬物"者,此是因言後天之用而本於先天之體也。蓋雷動、風散、火燥、澤説、水潤,艮成,此後天之用也。非先天之體雷風得偶,何以能動撓;非水火得偶,何以能燥潤;非山澤得偶,何以能説成,大意不過如此。

邵子曰:"至哉文王之作《易》也,其得天地之用乎?故乾坤交而爲《泰》;坎離交而爲《既濟》也。乾生於子,坤生於午;坎終於寅,離終於申,以應天之時也。置乾於西北,退坤於西南,長子用事,而長女代母。坎離得位,而兑艮爲耦,以應地之方也。王者之法,其盡於是矣。"

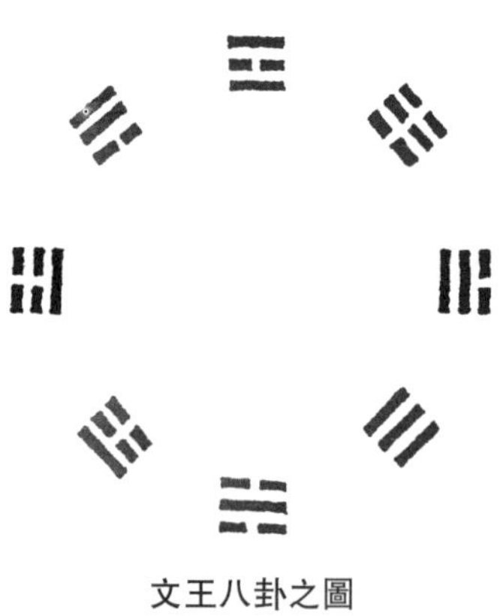
文王八卦之圖

朱子曰:"此言文王改易伏羲卦圖之意也。蓋自乾南坤北而交,則乾北坤南而爲《泰》矣;自離東坎西而交,則離西坎東而爲《既濟》矣。乾坤之交者,自其所已成而反其所由生也。故再變,則乾退乎西北,坤退乎西南也。坎離之變者,東自上而西,南自下而東也。故乾坤既退,則離得乾位，而坎得坤位也。震用事者，發生於東方；巽代母者，長養於東南也。”

雲峰胡氏曰：“先天對待，後天流行，先天變而爲後天，流行中又自有對待。所以《說卦》言先天，必繼之以後天，而於後天之末，又終之以先天也。”

《山堂考索》曰：“按《說卦》所言，震、巽、離、坤、兑、乾、坎、艮之序，後天圖之小成也。乾坤交而付其用於離坎，故離得乾位，坎得坤位，乾西北、坤西南者，退處於無爲之地。天傾西北，而樞紐不動亦在西北，故乾居西北。土居中央，致養之道在離、兑之間，故坤居西南。震東兑西者，震陽出陰而立春，兑陰說陽而立秋也；巽東南而艮東北者，巽陰入陽，長養萬物；艮陽止陰，終始萬物，此流行之陰陽也。然乾對坤，震對兑，坎對離，艮對巽，則流行者未嘗不對待也。故下文水火、雷風、山澤之相偶，又用伏羲卦云。”

右第六章

乾，健也；坤，順也；震，動也；巽，入也；坎，陷也；離，麗也；艮，止也；兑，說也。

八卦性情，夫子《彖傳》、朱子《本義》，解釋已明，此章之說只依之可也。但坎之德險，此云陷，離之德文明，此云麗，似難解。今細思之，陷即險，麗者好附麗於人也。

胡雲峰曰：“夫子欲於下文言八卦之象，故先言其性情如此。”

右第七章

乾爲馬，坤爲牛，震爲龍，巽爲雞，坎爲豕，離爲雉，艮爲狗，兑爲羊。

平庵項氏曰：“馬乾象，故蹄圓；牛坤象，故蹄拆。”今說乾馬坤牛當兼此，臨川吴氏說亦可用。

乾之數奇而性健，馬之蹄圓而力健似之，故乾爲馬；坤之數耦而性順，牛之蹄拆而性順似之，故坤爲牛。以動奮之身而静息於地勢重陰之下者，龍也，震以一陽動於二陰之下似之。以入伏之身而出聲於天氣重陽之内者，雞也，巽以一陰伏於二陽之下似之。前後皆陰之污濁而中心剛躁者，豕也，坎之外柔内剛似之。前後皆陽之文明而中心柔怯者，雉也，離之外剛内柔似之。外剛而能止物者，狗也，艮以一陽止於二陰之上似之。外柔説而内剛狠者，羊也，兑以一陰説於二陽之外似之。

此言八卦之象，乃遠取諸物者。

右第八章

乾爲首，坤爲腹，震爲足，巽爲股，坎爲耳，離爲目，艮爲手，兑爲口。

首會諸陽，尊而在上，乾積陽在上而覆物似之。

腹藏諸陰，廣而有容，坤積陰在下而載物似之。

足在下而動，震陽動於下似之。

股兩垂而下，巽陰耦居下似之。

耳輪内陷，陽在内而聰，坎陽陷陰中似之。

目精外附，陽在外而明，離陰麗陽中似之。

手剛在前而能止物，艮以陽止於上，手之象也。

口開於上而能説物，兑以陰析於上，口之象也。

此言八卦之象，乃近取諸身者。

右第九章

乾，天也，故稱乎父；坤，地也，故稱乎母；震一索而得男，故謂之長男；巽一索而得女，故謂之長女；坎再索而得男，故謂之中男；離再索而得女，故謂之中女；艮三索而得男，故謂之少男；兑三索而得女，故謂之少女。

此是文王後天八卦圖解，蓋《易》卦繫辭中有"男下女"、"二女同居"等諸説，故明之。只依《易》序、附録之説，不用《本義》，蓋《本義》乃初稿，未改入者。《語類》曰："揲蓍有不依這序時，便説不通。"故今不用其説。

附録：朱子曰："坤求於乾，得其初九而爲震，故曰'一索而得男'。乾求於坤，得其初六而爲巽，故曰'一索而得女'。坤再求而得乾之九二，以爲坎，故曰

‘再索而得男’。乾再求而得坤之六二,以爲離,故曰‘再索而得女’。坤三求而得乾之九三,以爲艮,故曰‘三索而得男’。乾三求而得坤之六三,以爲兑,故曰‘三索而得女’。”又曰:“乾索於坤而得女,坤索於乾而得男,初間畫卦時,不是恁地,只是畫卦後便見有此象爾。”

此即《大傳》“乾道成男,坤道成女”道理。

坤求於乾,是坤爲主,宜得女而反得男;乾求於坤,是乾爲主,宜得男而反得女。何也? 蓋陰求於陽,陽應乎陰,陰開納陽,陽入在内而爲主,故成男。陽求於陰,陰應乎陽,陽開納陰,陰入在内而爲主,故成女。此理《褚氏遺書》言之最明,予已引之於《上繫》首章矣。學者詳之。

右第十章

乾爲天,爲圜,爲君,爲父,爲玉,爲金,爲寒,爲冰,爲大赤,爲良馬,爲老馬,爲瘠馬,爲駁馬,爲木果。

純陽而至健者爲天。乾六畫純陽,其性至健,故其象爲天。

陽之體圜,乾,純陽之卦,故其象爲圜。

君於萬民,無所不統。乾統萬物,故其象爲君。

人生於父,萬物資始於乾,故爲父。

玉性純粹,金性堅剛,乾,剛健中正,純粹精也,故爲玉,爲金。

天地嚴凝之氣,盛於西北,故寒生焉。乾位西北,爲寒。又爲冰者,寒極冰凍而成之。

陽之色赤,三畫純陽,故爲大赤。

良馬,純陽,健之最善者也。老馬,老陽,健之最久者也。瘠馬,多骨少肉,健之最堅强者也。駁馬,鋸牙食虎豹,健之最威猛者也。乾之爲卦,純陽至健,故皆有其象。圓而在上爲木果,乾體圓而居上似之。

坤爲地,爲母,爲布,爲釜,爲吝嗇,爲均,爲子母牛,爲大輿,爲文,爲衆,爲柄,其於地也爲黑。

積陰在下,至順極厚者,地也。坤純陰而至順,故有地象。坤作成物,有母道焉,故爲母。

質柔而平廣者,布也。坤之質柔而平廣,故象布。

虚而容物者,釜也。坤陰虚而能容,故爲釜。

陰性吝嗇,坤静盒(翕)而不施,故爲吝嗇。

均者,均匀而不偏多也,坤動闢而舒,故象之。

牛性本順,子母牛以母畜子,子母相隨而不離,則尤順也。坤,純陰至順,故爲子母牛。

厚而能載物者,大輿也。坤厚載物,故爲大輿。

獨陰不成文,物相雜,其文成矣。坤,三畫皆偶,故爲文象。

少不成衆,多始成衆,坤偶畫多,故爲衆。

在下而承物於上者,柄也。如戈矛刀劍之類,莫不有柄,坤在下而承物於上,故象之。

陰之色黑,北方之色也。坤,純陰之卦,故於色爲黑。

震爲雷,爲龍,爲玄黄,爲旉,爲大塗,爲長子,爲决躁,爲蒼筤竹,爲萑葦,其於馬也爲善鳴,爲馵足,爲作足,爲的顙,其於稼也爲反生,其究爲健,爲蕃鮮。

雷出地奮,震一陽動於二陰之下,故其象爲雷。

以動奮之身而静息於地勢重陰之下者,龍也。震一陽動於二陰之下,故其象爲龍。

旉之義,施也。陽主舒,陰主翕,震一陽始生於下,故其性主於敷施。凡人之流動、發達、進作,皆旉也。

大塗,四通八達之塗,無阻塞也。震一奇動於内而二偶開通,故爲大塗。

震一索而得男,故爲長男。

一陽進而决乎陰,而其動也躁,故爲决,爲躁。

蒼者,東方之色。《玉篇》:“筤,籃也。”蒼筤竹謂蒼竹,可爲籃也。震東北方之卦也,竹下本實而上幹虛,震之陽下陰上似之,故爲蒼筤竹。

萑,荻也。葦蘆,竹也。皆下本實而上幹虛,震之陽下陰上象之,故爲萑葦。

馬,陽氣在内,開口爲鳴。震一陽在下,二陰上開,故其象爲馬之善鳴。

馬,直伸一足而挈然一足,若懸之,是爲馵足。震一陽動於下,若馬之懸足也。

作足,作,起也。馬騰躍而起,是爲作足,震陽動於下實似之。

馬之顙在上,的者,色之白也。震二陰在上,其色白,故其象爲的顙。

稼者,諸穀之類,萌芽自下而生,而反向上,是反生也。震以一陽動於二陰之下,似之,故曰“其於稼也爲反生”。

陽長必終於乾,故其究爲健,至於乾,則三陽開泰之時,草木蕃庶而鮮美矣。

巽爲木,爲風,爲長女,爲繩直,爲工,爲白,爲長,爲高,爲進退,爲不果,爲臭,其於人也爲寡髪,爲廣顙,爲多白眼,爲近利市三倍,其究爲躁卦。

物之善入者莫如木,氣之善入者莫如風。巽以一陰入於二陽之下,故爲木,爲風。

巽一索而得女,故爲長女。

糾木之曲而取直者,繩也。制器者,工也。巽,德之制,故爲繩直,爲工。太陰之色黑,巽爲少陰,故於色爲白。

風行地上,無遠弗到。唐詩曰:“長風千萬里,吹度玉門關。”其長可見。巽爲風,故爲長木。下入而上升,積小以高大,巽爲木,故爲高。

陰性多疑,巽,陰也,故爲進退,爲不果。

物之香臭皆上達,巽二陽外達,故爲臭。

髪屬陰,陰血不升,則髪寡。巽陰在下而不上升,故爲寡髪。

陽氣上升則顙廣,巽二陽在上,故爲廣顙。

眼之白者爲陽,黑者爲陰。離目上下白而黑者居中,黑白相間而停均,巽目上中白而黑者在下，上白多於黑，故爲多白眼。

陽主義，陰主利，巽陰在内而善入，故爲近利而市三倍。

震爲躁卦，巽三畫皆變則成震，故曰“其究爲躁卦”。

坎爲水，爲溝瀆，爲隱伏，爲矯輮，爲弓輪，其於人也爲加憂，爲心病，爲耳痛，爲血卦，爲赤，其於馬也爲美脊，爲亟心，爲下首，爲薄蹄，爲曳，其於輿也爲多眚，爲通，爲月，爲盜，其於木也爲堅多心。

水，内明外暗而能陷，天下之至險者也。坎陽陷陰中，内明外暗，故其象爲水。嘗入水，開眼則見其光，可見其内明。

《蒙引》曰：“水之内明是矣，何以見其爲外暗？”曰：“只以火對水觀之，則火之外明、水之外暗，昭昭可辨矣。”愚謂：水内照見人物而外不能照，是内明外暗也。

溝瀆所以行水，水流而不盈，故爲溝瀆。

陽匿陰中，故爲隱伏。如孔子微服而過宋，沛公見羽鴻門託如厠而去是也。

矯者，矯曲而使之直，如張良招四皓以存太子，狄仁傑勸武后反周爲唐是也。

輮者，輮直而使之曲，如舜之爲無後不告而娶也，孟子爲嫂溺援之以手是也。陽在陰中，抑而能制，故爲矯輮。

弓體彎、輪體圓，皆矯輮之所成也，故爲弓輪。

陽陷陰中，陽失所也，則憂患於是生矣，故爲加憂。

心、耳皆以虚爲體，坎中實則爲病、爲痛。

血之在人身，猶水之在天地間。水者，天地之血，血者，人身之水也。坎之象爲水，故爲血卦。

陽之色赤，乾三畫純陽爲大赤，坎只一陽，故只爲赤。

脊與心皆在馬身之中。坎陽在中，故爲美脊，爲亟心。亟者，性急難御也。

馬首在上，蹄在下，坎上柔則馬首下而不上，下柔則馬蹄薄而不厚，曳足亦下柔之象。

陽陷陰中，阻滯而不得進，故於輿爲多眚，言轗軻也。水周流而無滯，故爲通。月者，水之精，故又爲月。

陽匿陰中，故爲盜。

陽剛在中，故於木爲堅木而且多心也。

離爲火，爲日，爲電，爲中女，爲甲胄，爲戈兵，其於人也爲大腹，爲乾卦，爲鼈，爲蟹，爲蠃，爲蚌，爲龜，其於木也爲科上槁。

内暗而外明者，火也。離内陰而外陽，似之。

得陽之精而明無不照者，日也。離以陰麗於陽，其德爲文明，故其象爲日。

雷，火之光，電也。離之德爲文明，故亦爲電。

離再索而得女，故爲中女。

離剛在外，故爲甲胄，爲戈兵。

中虚，故於人爲大腹。

火性燥，故爲乾燥之卦。

鼈、蟹、蠃、蚌、龜，皆剛殼在外，離内柔而外剛，故象之。

科，木枝内空也。木枝内空，上必枯槁，離中虚，故象之。

艮爲山，爲徑路，爲小石，爲門闕，爲果蓏，爲閽寺，爲指，爲狗，爲鼠，爲黔喙之屬，其於木也爲堅多節。

一陽止於二陰之上，陽自下生，極上而止，故其象爲山。取坤地而隆其上之狀，亦止於極而不進之意也。一陽横亘於二陰之上，似山徑路横亘於山上也，故爲徑路。

小石在山之上，艮一陽小而剛在坤體之上，故爲小石。

闕者，門之出入處。艮上畫陽連亘，下陰畫雙開而虚，有似於闕，故爲闕。

果者，木實，蓏者，草實，而皆在草木之上。艮一剛在上，小而實者，似之，故爲果蓏。

閽人掌王宫中之禁,止物之不應入者。寺人掌王宫之内人及宫女之戒,止物之不應出者。艮之德爲止,故爲閽寺。

艮爲手而所用以止物者,又在於指,故爲指。

外剛而止物者,狗也。艮内柔外剛,故有其象。

鼠,喙最利,能噛物。艮陽在上而剛,故象之。

禽鳥之喙,其色皆黔而能止物,以其剛也。艮一陽在上而前剛,故似之。

坎陽在内,於木爲堅多心。艮陽在上,於木爲堅多節。

兑爲澤,爲少女,爲巫,爲口舌,爲毁折,爲附決,其於地也爲剛鹵,爲妾,爲羊。

水,流爲用,瀦爲澤。兑乃坎水而塞其下流,瀦水之澤也,故似之。

兑三索而得女,故爲少女。

巫,口舌之官,以口説神者。兑上拆,口象,故爲巫,爲口舌。

金氣肅殺,條枯實落,毁折也。兑,正秋也,故爲毁折。

柔附於剛,剛乃决柔,故爲附決,柔之附於剛也。小人,柔媚之態,固欲求附於君子,剛之决乎柔也。君子剛正之心,初不以小人之媚而遂爲所溺也。

地積鹹水爲鹵,故俗呼鹹淡水者爲酸鹵。兑二陽在下爲剛,一陰在上爲鹵。鹵必下剛,方不滲漏,否則滲漏而乾矣。

少女從姐爲娣,故爲妾。内狠外説,故爲羊。

右第十一章

序 卦 傳

有天地然後萬物生焉。盈天地之間者唯萬物,故受之以《屯》;屯者盈也,屯者物之始生也。物生必蒙,故受之以《蒙》;蒙者,蒙也,物之稺也。物稺不可不養也,故受之以《需》;需者飲食之道也。飲食必有訟,故受之以《訟》。訟必有衆起，故受之以《師》；師者衆也。衆必有所比，故受之以《比》；比者比也。比必有所畜，故受之以《小畜》。物畜然後有禮，故受之以《履》。履而泰，然後安，故受之以《泰》；泰者通也。物不可以終通，故受之以《否》。物不可以終否，故受之以《同人》。與人同者，物必歸焉，故受之以《大有》。有大者不可以盈，故受之以《謙》。有大而能謙必豫，故受之以《豫》。豫必有隨，故受之以《隨》。以喜隨人者必有事，故受之以《蠱》；蠱者事也。有事而後可大，故受之以《臨》；臨者大也。物大然後可觀，故受之以《觀》。可觀而後有所合，故受之以《噬嗑》；嗑者合也。物不可以苟合而已，故受之以《賁》；賁者飾也。致飾然後亨則盡矣，故受之以《剥》；剥者剥也。物不可以終盡，剥窮上反下，故受之以《復》。復則不妄矣，故受之以《无妄》。有无妄然後可畜，故受之以《大畜》。物畜然後可養，故受之以《頤》；頤者養也。不養則不可動，故受之以《大過》。物不可以終過，故受之以《坎》；坎者陷也。陷必有所麗，故受之以《離》；離者麗也。

有天地然後萬物生焉，故《乾》、《坤》居首。

“屯者盈也，物之始生也”是應“盈天地之間者惟萬物”。盈天地之間惟萬物，《屯》也。此《屯》所以次《乾》、《坤》也。

以需爲飲食，是本《需》卦“需于酒食”及“君子以飲食宴樂”意。飲食必争訟者，蓋民生有欲，有欲必争。飲食，人之大欲也。故訟由之起。獄訟皆因田土，其爲飲食，顯然矣。

訟必牽連多人，不止一人，故曰“必有衆起”。

“民非后，罔克胥匡以生。”故曰“衆必有所比”。

衆人比輔於我，必須有以養之。制田里、教樹畜，皆養民之事也，故受之以《小畜》。

禮義生於富足，故曰“物畜然後有禮”。

人有禮則安，無禮則危，故曰“履而泰，然後安”。泰，寬舒也；安，安平也。必寬舒然後安平。

否者，上下不交。同人者，彼此相交也。始不相交而終必交，故《否》之後受之以《同人》。

與人同指、爲人所歸者，物必歸之。方有人歸之，萬物歸之，則所有大矣，故受之以《大有》。

盈者，滿也。滿招損，故曰“有大者不可以盈”。

高而不危，所以長守富也；滿而不溢，所以長守貴也。故有大而能謙必豫。

隨生於豫，蓋樂則隨，不樂則不隨，故曰“豫必有隨”。

喜樂隨人者，必有所事。弟子之從師，將以傳道、解惑也。臣子之從君，將以行道、建功也，天下豈有無事而隨人者哉？

臨不訓大，今曰大者，是引附可大之義。然以二陽而遍臨四陰，非小小者所可能，是臨亦大也。物必巨大，然後可觀，若小小事物，何足觀哉。

物有可觀，然後人與之合，聞所聞而來，見所見而去，是無可觀也。

物不可以苟合，必有禮以飾之，不執贄則不可以成賓主之交，不納幣則不可以成男女之交。

致飾然後亨則盡者，賁極反本之義也。南軒張氏曰：“賁飾則貴於文。文之太過，則文滅其質而有所不通，故致飾則亨有所盡。”言其不通，故受之以《剥》。

物不可以終剥，物極則反之義也。《剥》之爲卦，陽窮於上，則反於下，故受之以《復》。《剥》者，上之窮也；《復》者，下之反也。

既復於善，則無復不善之雜矣，故曰“復則无妄”。

既无僞妄，然後可積畜而至於大矣。充實而有光輝之謂大也，故曰“无妄然後可畜”。

德既畜積於己，然後可以優游涵泳而充實之矣，故曰“物畜然後可養”。《乾・文言》曰：“君子學以聚之，問以辨之，寬以居之。”即此理也。

不專一，則不能直遂；不翕聚，則不能發散。故必有養然後能動，不養則不可以動。孟子曰：“人有不爲也，而後可以有爲。”即此理也。故受之以《大過》，《大過》即動也。以大過之才，當大過之時，而行大過之事，是之爲動而本於養也。

物極則反，勢盈則傾，故曰“不可以終過”，故受之以《坎》。坎者陷也，過之所必至也。

陷必有所麗，然後可以扶危拯溺而出於險，故受之以《離》，離者麗也。

右上篇

有天地然後有萬物，有萬物然後有男女，有男女然後有夫婦，有夫婦然後有父子，有父子然後有君臣，有君臣然後有上下，有上下然後禮義有所錯。夫婦之道不可以不久也，故受之以《恒》；恒者久也。物不可以久居其所，故受之以《遯》；遯者退也。物不可以終遯，終受之以《大壯》。物不可以終壯，故受之以《晉》；晉者進也。進必有所傷，故受之以《明夷》；夷者傷也。傷於外者必反其家，故受之以《家人》。家道窮必乖，故受之以《睽》；睽者乖也。乖必有難，故受之以《蹇》，蹇者難也。物不可以終難，故受之以《解》；解者緩也。緩必有所失，故受之以《損》。損而不已必益，故受之以《益》。益而不已必決，故受之以《夬》；夬者決也。決必有所遇，故受之以《姤》；姤者遇也。物相遇而後聚，故受之以《萃》；萃者聚也。聚而上者謂之升，故受之以《升》。升而不已必困，故受之以《困》。困乎上者必反下，故受之以《井》。井道不可不革，故受之以《革》。革物者莫若鼎，故受之以《鼎》。主器者莫若長子，故受之以《震》；震者動也。物不可以終動，止之，故受之以《艮》；艮者止也。物不可以終止，故受之以《漸》；漸者進也。進必有所歸，故受之以《歸妹》。得其所歸者必大，故受之以《豐》；豐者大也。窮大者必失其居，故受之以《旅》。旅而无所容，故受之以《巽》；巽者入也。入而後説之，故受之以《兑》；兑者説也。説而後散之，故受之以《涣》；涣者離也。物不可以終離，故受之以《節》。節而信之，故受之以《中孚》。有其信者必行之，故受之以《小過》。有過物者必濟，故受之以《既濟》。物不可窮也，故受之以《未濟》終焉。

有天地然後有萬物，有萬物然後有男女。《太極圖》：“乾道成男，坤道成女，二氣交感，化生萬物。"此曰"有萬物然後有男女"。《太極圖》先有男女者，氣化也。有男女而後生萬物者，形化也。《序卦》"有天地然後有萬物"者，氣化也；"有男女然後有夫婦、父子"者，形化也。有天地則氣化流行，生出萬物，萬物之内就有男女，故曰"有萬物然後有男女"。

夫婦配合然後物生，生之者父也，所生者子也，故曰"有夫婦然後有父子"，不言母者，統於父也。

君尊臣卑，固有定分。然當初有父子時未有君臣，及至有君臣，尊卑從何而起？必是先有父子，然後父坐子立，有箇尊卑。及至有君臣，然後依此立箇尊卑等第，使君尊臣卑若父子然，故曰"有父子然後有君臣"。《蒙引》曰："有父子則尊卑之分起。"此之謂也。

上下統言，不止君臣，自天子至於庶子，隨在皆有箇上下，上下既具，則拜趨、坐立之節形，宫室、車旗之制興，行之必有禮，處之必有義，故曰"禮義有所錯"。

夫婦相託以終身者，故不可不久。

物不可久居其所，是舍上文夫婦泛論物理。范質云："爵位難久居。"即其理也。聖人知進退存亡不失其正者以此。

遯，衰退也。衰極則盛，故受之以《大壯》。

既壯必求進，非終於此而已，故受之以《晉》。學業既立，必求進於聖賢；治道既立，必求進於帝王，人之處家、處事皆然。

晉必有所傷，此進極必止之理也，故受之以《明夷》，明而見傷也。

傷於外必反其家者，反之以求安也，故受之以《家人》。家道如何而窮，此以時運言之也。夫"有孚，威如，終吉"，正家久遠之道也。不幸遭家不道，信有所不孚，威有所不振，此則家道之窮也。家道既窮，則人心乖離，父不父，子不子，兄不兄，弟不弟，夫不夫，婦不婦，而家人離散矣。

乖必有難，家人乖睽，則相戕相賊之禍從此起矣，故受之以《蹇》。

物不可以終難，亂極則治之理也。解，難之散也，故受之以《解》。解者，緩也。不是遲緩之緩，乃是怠緩之緩，是懶散、不嚴求、整飭意，故以緩釋解。朱子小註“懈怠之意”是也。此又是轉一意，非復難解之義矣。

業精於勤而荒於嬉，懈怠不勤，其失必矣。爲學爲治皆然，故受之以《損》。損者，失也。

損而必益，謙受益之理也。謙降之極，天地人鬼之所予，福履之攸鍾也，故受之以《益》。

益而必決，貴不期驕之理也。當盛之極，必越理而妄爲，有似於決隄防也。

決必有所遇，如孔、孟去齊則遇於魯，去梁則遇於齊，蘇秦去秦則遇於六國是也。此亦語其常爾。孔子之不得志於春秋，孟子之不得志於戰國，則終身無所遇也。

物情必相遇然後聚，如伊尹之遇成湯，吕尚之遇文王，孔明之遇劉先主，故聚。孔、孟周流無遇，安能一日聚哉？

聚而上者，謂之升，積小以高大之意。物必積聚，方能上升。學業治道及立身成家，皆然。

升而不已必困，知進而不知退之故也，故受之以《困》。困乎上者必反下，前既不得遂其進，勢必退却，無所往之故也。井，在下之物，故取其象。此亦扭捏説過，非正義也。

井久必污濁不可食，必革去其污濁，方可食，故曰“井道不可不革”。變腥爲熟，易堅爲柔，以爲飲食者，鼎也，故繼革以鼎。

主器莫若長子，震爲長子，故繼鼎以震。

物不可以終動，動極則止，故繼震以艮。

物不可以終止，止極則進，故繼艮以漸。

進必有所歸者，川流之進必歸於海，學業之進必歸於聖賢，行者之進必有歸著之地也。

得人之歸，則大業可集。文王之三分天下有二，武王伐紂，諸侯不期而會者八百，可謂得所歸矣。

富貴之極而驕盈，必喪敗而失其所有，故曰“窮大者必失其居”，唐明皇、宋徽宗是也。

爲旅而無所容,必謙巽以求容,必然之勢也。

不深入則不能得其意而致悦,故曰“入而悦之”。

人和悦,然後胸中鬱結以之而散,故曰“悦而後散之”。物終離則離散遠去而不止矣,不可也,故受之以《節》。節,止也。符節所以示信也,故曰“節而信之”。此節字又是轉一意,非復上之節矣。

有其信,是自恃其信也,自恃其信,必决行之,故爲小過,行之决乃過也。

有過人之才,然後能濟天下之事,故受之以《既濟》。物無終盡之理,盡則復生矣,故以《未濟》終焉。

右下篇

雜卦傳

《乾》剛《坤》柔,《比》樂《師》憂;

《乾》剛《坤》柔,《乾》六畫純陽,故剛;《坤》六畫純陰,故柔。

比爲人所親輔,故樂。師,兵衆也。兵,凶器;戰,危事,故憂。

《臨》、《觀》之義,或與或求。

臨人必有以惠人,故與。觀人必望於人,故求。

《屯》見而不失其居,《蒙》雜而著。

《屯》,震遇坎。震動而著見,將以有行也,遇坎險則不能行,故失其居。

《蒙》,坎遇艮。坎陽陷陰中,不免於雜亂,遇艮則篤實而有輝光,故著明。

《震》起也,《艮》止也;《損》、《益》盛衰之始也。

《震》一陽動於二陰之下,故起;《艮》一陽止於二陰之上,故止。

損而不已則衰,是損爲衰之始;益而不已則盛,是益爲盛之始。

《大畜》時也,《无妄》災也。

乾非可止而能止之者,適然之時。无妄,不宜有禍而有禍者,意外之災爾,此皆非常之事。

《萃》聚而《升》不來也,《謙》輕而《豫》怠也。

[萃]聚者,聚而不往也;升不來者,往而不來也。

謙者,不自尊大而輕身下人;豫者,妄自尊大而輕慢於人,《大學》所謂"傲惰"是也。

《噬嗑》食也,《賁》无色也;

噬嗑,頤中有物,乃人之飲食也。賁本有色,而曰"无色",乃取上六之義。《本義》又取"白受采"之義而爲色,以對噬嗑之食,爲反對。朱子所謂"有不可曉處",此類是也。此是以食色反對。

《兑》見而《巽》伏也。

《兑》見《巽》伏,只取陰陽之隱顯而言。

《隨》无故也,《蠱》則飭也。

凡事惟隨於人,故无故,所謂"公等碌碌,皆因人成事"者近之。蠱,壞之極,亂當復治,故當飭治。

《剥》爛也,《復》反也。

《剥》陽窮於上,故消爛。《復》陽生於下,故復反。

《晉》晝也,《明夷》誅也;

《晉》,明出地上,故爲晝。《明夷》日入地中,故見誅傷。

《井》通而《困》相遇也。

井道上行,故通。剛柔相遇,剛爲柔所掩,則不通矣。

《咸》速也,《恒》久也;

咸非訓速,其事速也。蓋天下之至速者,莫如感通,故以咸爲速。恒本訓久,故與咸反對。

《涣》離也,《節》止也。《解》緩也,《蹇》難也。《睽》外也,《家人》内也。《否》、《泰》反其類也。

涣,離也,外去而不止。節,止也。止則止而不去,故爲反對。

緩者,不急也,蓋難既解,則不急而緩矣。紀信謂漢高曰:"事急矣,請誑楚。"可味"緩"字之義。蹇則在難中而事方急也,以是爲反對。《蒙引》、《小註》説,恐未是。

睽,人情乖離也,故爲外。外者,疎也。家人,一家之親也,故爲内。内者,親也。

《否》"大往小來",《泰》"小往大來",故曰"反其類"。

《大壯》則止,《遯》則退也。

"《大壯》則止,《遯》則退",兩"則"字,俱含"當"字意,蓋陽壯懼於鋭進,陰長宜於退避也。

《大有》衆也,《同人》親也;《革》去故也,《鼎》取新也;《小過》過也,《中孚》信也。《豐》多故也,親寡《旅》也;

《大有》衆也,言歸附者衆也;《同人》親也,言彼此相親厚。衆則寡親,所謂愛博而情不專是也,同人親則情專矣。故二者反對。革者,掃除舊物,故曰"去故"。鼎者,變腥爲熟,易堅爲柔,故曰"取新"。小過,有過也;中孚,有信則無過矣。只借"過"字用,"小"字輕。豐,明動相資,必大振作,故多故。旅,羈客於外,寡徒小侶,故親寡。

《離》上而《坎》下也。

離,火性自炎上;坎,水性自潤下。

《小畜》寡也,《履》不處也。

《小畜》以一陰而當衆陽之衝,其勢小,必不進也。《履》和悦以躡剛强之後,其勢必進,不肯處也。此以"進不進"爲反對。

《需》不進也,《訟》不親也。《大過》顛也,《姤》遇也,柔遇剛也。《漸》女歸待男行也。《頤》養正也,《既濟》定也。《歸妹》女之終也,《未濟》男之窮也。《夬》决也,剛决柔也;君子道長,小人道憂也。

《需》卦,以剛遇險,而不遽進以陷於險,故曰"不進"。《訟》卦從訟争辯,其情不親,方進訟而不可已。以此對反。

《大過》中强而本末弱,故顛。

姤,遇也,是解字義。柔遇剛,方是言卦體。言以一柔而遇五剛,遇之不善,是鑽穴隙相窺、踰牆相從之類是也。

其進有漸,莫如女歸,故以《漸》爲"女歸待男行"者,待男子而後行爾。是與《姤》之"柔遇剛"者不同也。

頤之義,養也,養必以正,卦辭"貞吉"之義也。

事既濟,則無復事矣,故曰"定也"。

未嫁爲女,歸妹則女道之終,婦道於是乎始矣。

《未濟》之卦三陽皆失位,故曰"男之窮"。此曰"男",以配歸妹之女爾,六爻皆失位,獨言陽者,陰不足言也。

《本義》:《大過》以下,卦不反對,或疑其錯簡,今以韻協之,又似非誤,未詳何義。雲峰胡氏謂:"以互體言之,覺牽强。"依愚見,似是錯簡,今據理更定於韻亦未嘗未協。

《大過》顛也。本末顛也,本末弱,故顛。《頤》養正也。正則不顛矣。

《漸》女歸待男行也。《歸妹》女之終也。《既濟》定也。《未濟》男之窮也。《姤》,遇也,柔遇剛也。《夬》,剛決柔也。君子道長,小人道憂也。

《雜卦傳》所叙,除《乾》、《坤》、《坎》、《離》、《大過》、《頤》、《中孚》、《小過》八卦外,其餘皆以二卦反覆成兩卦,亦是巧妙之理,此《傳》之不可少者也。自《乾》、《坤》至《困》三十卦而雜下經十二卦於其中,自《咸》至《夬》三十四卦而雜上經十二卦於其中,胡雲峰謂之"變易"。以愚見,若是偶然,何上下經恰恰十二卦? 似乎有意。然以之爲變易之象,又似無味,今姑缺之爾。

上經三十卦,終之"柔掩剛"。下經三十四卦,終之剛決柔。雲峰謂:"聖人贊化育,扶世變之意。"亦似有理。

附録一

四庫全書總目提要

臣等謹案:《易經存疑》十二卷, 明林希元撰。希元字茂貞,號次崖,同安人。正德丁丑進士,官至廣東提學僉事,見《自序》及王慎中《序》,《泉州府志》稱"官至大理寺丞",誤也。《明史·儒林傳》附載《蔡清傳》中。是書用注疏本,其解經一以朱子《本義》爲主,多引用蔡清《蒙引》。故楊時喬《周易古今文》謂其"繼《蒙引》而作,微有異同"。其曰"存疑"者,洪朝選《序》謂"存朱子之疑以羽翼程朱之《傳》、《義》也"。《自序》謂:"今必下視程朱,則吾之説焉能有易於彼。無已,則上宗鄭、賈,按鄭康成注《易》,賈公彦未嘗注《易》,此語有誤,謹附訂於此。鄭、賈之説其可施于今乎?"蓋其書本爲科舉之學,故主於祧漢而尊宋。然研究義理,持論謹嚴,比古經師則不足,要猶愈于剽竊庸膚、爲時文弋獲之術者。蓋正、嘉以前,儒者猶近篤實也。原刻漫漶,此本爲乾隆壬戌其裔孫廷玶所刻,舊有王慎中、洪朝選二《序》,載朱彝尊《經義考》,廷玶删之,所言皆無大發明,今亦不復補録焉。乾隆四十六年九月恭校上。

總纂官臣紀昀、臣陸錫熊、臣陸士毅。

總校官臣陸費墀。

附録二

易經存疑序

今日取士之制，使士必盡出於經術，而患學不純師，經説無所統一，人人得竭其所見，而異端並起於其間，欲一以折衷之，則無可取正，非所以一道德而同問學，故使治經者一以宋儒朱考亭先生之説爲宗。上之所取，士之所以取於上；師之所教，弟子所以傳於師，其説皆必出於是。上之所以取而不出於是，猶變禮易樂，叛於時王之法也，無所逃當世之責。師弟子之所習而不出於是，其罪若爲符節尺量之罪也，狥於路者得而譏之。行之幾二百年，海内同風，不講於朱氏之説，不名爲士，以其行之之專，信之之衆，名爲士者，宜莫不能爲朱氏學。然能通其意以自行其言，蓋亦鮮矣。一有能通其意者出其間，則其言之載於書，爲世所須，急於[1]符節尺量之須於用也。上之於士，日有以取之，師弟子相與語於塾，業於庠序，不得一日廢，宜其須之急也。故士往往有焦苦其心，靡弊其精神，極己之所至，以務出乎人之所未詣，期言之行以售世之所須，其書亦往往而著也。

自朱氏之學行，學其學焉者以爲時之所以取於我者以此，將以決賢科、取世資，非其説無由也。其勞心憊神以行其言者，以爲售世之須之具而已，而豈爲有得於朱氏哉！然則，其尚之雖篤，治之雖攻，講訓專精而論議據守，質其所以爲學，其淺焉者苟以修遵制之陋業而深焉者，勉以鈎崇正之猥譽，其於朱氏之學，猶爲茫然以思，懵然以讀而已。

蓋予所見林次崖先生所爲《易經存疑》，信於朱氏深矣。先生之業，固以從今之制，其爲書足以資世之所須，至其篤信妙契，慨然於聖人之學，以爲可以明既晦而接不傳，前乎有言者，至於此而不可加；後乎有作者，考乎此而不能易，是先生所以獨尊於朱氏者也。學者讀其書由吾之説而求之,則不忽乎先生之用心矣。

先生以直道爲大理,守理斷獄,歷忤權勢,其謫爲欽州,稍叙遷爲廣東僉事,議取交趾,具有謀略,雖不用而其志甚壯。《易》之爲書,於人事靡不畢備,其大者尤在於折獄用師。先生蓋不爲徒講於《易》之文矣。故予序其書而併著之云耳。

嘉靖癸卯孟冬之吉,晉江後學王慎中頓首謹序。

【校記】

①“於”:《文淵閣四庫全書》本《遵巖集》作“如”。

重刻林次崖先生易傳存疑序

予少時習《四書》、《易傳》,博觀諸家訓義,言人人殊,或主意名家,或講章專門。大都拘泥章句,緣飾芬采,出入套數,滿紙而是。甚則支離汗漫,併聖人之意而失之,何取于垂訓哉! 自虚齋先生《蒙引》一出,而後聖人之精藴可尋。自次崖先生《存疑》一出,而後虚齋之精藴以洩。蓋其根極理要、發揮性靈,字字句句,俱於心上體認出來,而於聖門旨趣多所發明,故學者從事於斯,自然義理融暢,天機感發,心得爲多,真後學之筌蹄也,海内宗之已久。近時學者,多牽滯于俗儒之見,或捷徑于排比之文,視先生之書若弁髦然,無惑乎經學之不傳也。予佩服先生有年,得奉命來令兹土,拜先生之祠,取先生之遺孫而教育之。因搜其家刻,得所爲《易傳存疑》本,較坊間所傳,更有未盡載者,抑或有晚年訂正而不傳者,悉萃博士諸生,校閲而梓之,使先生之學大明于世,而亦以發人心于同然也。夫先生之學,與虚齋、紫峰並盛于一時,又同生于泉。而先生立朝,危言激論,直節正氣,與虚齋不少讓。今二先生俱並祀于鄉,而次崖先生則所謂鄉先生,宜祀于鄉者也。予屢請而未下,當必終所請,而後天下有公論云。是書之傳,亦未盡先生之藴,而所注《太極圖解》諸書,更有補於濂洛之傳,學者其悉究之。

時萬曆貳年季夏之吉,後學丹徒中齋陳文頓首拜識。

易經存疑序

《易經存疑》刻成，林君才甫屬朝選序其首，序曰：

“自天地設位，而《易》行乎其中矣。”未有《易》之名也，鴻荒聖人以開創獨得之智，先天而作，於是乎有畫《易》，有字《易》。中古聖人，兼述與作，爲之辭，爲之翼，於是有書《易》。數聖人者之心，何心哉？將以洩天地之秘，探三才之奥，順性命之理，而開萬世心學之源者也。是天地之《易》，而非數聖人之《易》也。漢唐以來，訓詁、術數、卦氣、曆象紛紛，無慮數十家。是雖不能無得於《易》之一體也，其可謂之數聖人之《易》哉？宋儒伊川程子、考亭朱子生於千五百年之後，獨抱遺經於衆言淆亂之餘，覃思研慮，得其粹精，然後筆之於書，爲程氏《易傳》，爲朱氏《本義》。謂之曰“數聖人之《易》”，吾固未之敢。以[①]視之漢唐以來諸儒之《易》，不[②]猶霄壤哉！

國朝以經術取士，士[③]不得兼治别經，經不得兼治别注。《易》始猶兼《傳》、《義》，最後專治朱。其所以排異議、息群疑而歸之一者，何其至也。由是以來，諸儒之治《易》者，得專肆其力於朱，絲分縷析，其業愈精，而尤莫盛於吾郡之晉江，倡之以虚齋，繼之以紫峰、筍江，而集其成於《存疑》。《存疑》者，存諸子之疑而羽翼程朱之《傳》、《義》者也。或曰：漢唐諸儒之《易》之後爲程朱，程朱《傳》、《注》之《易》之後爲舉業，比於數聖人之《易》，不其愈遠哉？予曰：不然。登崑崙者，貴陟其顛；涉黄河者，貴窮其源。然顛非可遽至也，不由麓而進乎？源未易遽窮也，不由津而達乎？是書固學《易》者之津麓也，而又何分於傳注、舉業之云哉！

是書爲次崖翁林氏著。翁仕至南京大理寺丞，立朝有風節。其在家，手不釋卷，其學最邃於《易》，其書尚多未刻。才甫君能首刻此書，以惠多士，是能繼父之至者也。

萬曆甲戌夏五月望，姪女夫門人洪朝選頓首謹序。

【校記】

①“以”：原刻漶漫，據《經義考》卷五十三補。

②“不”：原刻漶漫，據《經義考》卷五十三補。

③“術取士，士”：原刻漶漫，據《經義考》卷五十三補。

易經存疑後序

《易》之爲書也，上言天道陰陽之變，下言地道剛柔之藴，中言人事世變之繁。蓋三才之道也，豈易説哉！説之蔓者既失潔净精微之旨，説之拘者又滯意言象數之末，咸無取焉。吾宗師次崖林先生之《存疑》也，研四聖之心，極三才之奥，義精而神入，意得而象忘。其爲説也，不蔓不拘，前人之所未言者言之，前人之所未發者發之。是故《易》之旨有直者焉，《存疑》則説之而使委曲；《易》之旨有微者焉，《存疑》則説之而使顯典；《易》之旨有膠結而參錯者焉，《存疑》則説之使洞洞玲瓏。辨釋明白，猶大明之麗於上也；發揮透徹，猶利刃之破於竹也；援引曲譬而當于理，猶明珠走盤而不出於盤也。美哉，此書也乎！業是經者，優而游之，厭而飫之，則下學而上達，資深而逢原。三才之道，四聖之心，有不在我也哉？

不肖龍垂髫時補弟子員，幸領宗師督造，手授《存疑》，而開發之功不少，然猶未覩其全也。兹忝諭同安，得令孫學范輩家傳增訂全稿，捧而讀之，議論益精，解析益密，大非諸説所可同日而語者。因出貲而謀諸梓，庶乎先生之道，天下爲公，而天下之寳，與天下共之也歟。

萬曆二年仲春之吉，同安儒學教諭門生黄世龍頓首再拜謹序。

書易經存疑後

《易經存疑》刻既成，郁作而嘆曰：大哉，《易》也！孔子學之，必待於假年而後可以無大過。嘗讀之至於韋編三絶，以其道之未易明也。泉自虚齋先生之有《蒙引》，紫峰先生之有《通典》，次崖先生之有《存疑》，三書出，凡海内之治《易》者悉宗之。而《存疑》之重梓，則成於厥子才甫君者也。昔崖翁視學嶺南時，郁方髫稚，弗能親炙其教，兹備員庠中，乃得與校讐之後，何其幸歟！蓋翁之學問才猷，勳業氣節，垂於當時，天下仰之不□□□□欲執鞭門□而不可得□□□□□經術□精華而厠名□間信□□□□□□其孫學范□以序請。予以翁之於《易》，實心得而推行之，諸名公已詳之矣，復奚容贅。惟吾子朝夕兢兢，大肆力於其間，以求程朱之《傳》、《義》，探四聖之微旨，則所以繩武而用譽者，胥在是矣。謹書此以寓規，並告諸學《易》者。

後學古岡譚文郁頓首謹識。

易經存疑後序

夫《易》者，易也。《易》始無言，然象立而意寓焉。文王、周公、孔子繼之，而後有辭，則言盡而意以彰，亦未嘗有説也。自箋解興，訓詁盛，其説始長，而潔净精微之旨愈晦，又奚貴於説哉！蓋《易》本諸象數，然有理而後有象，有象而後有數。求《易》於理，求理於心，則心《易》在我。其象數特吾心之法象耳。昔張橫渠每稱二程深明《易》道，觀諸《易傳》，皆其心之精藴所宣也。今《易》宗晦翁《本義》，以兼象數言之，唯《程傳》專主於理，則可該夫象數，非有二也。近世治《易》多門，或泥於象，或執乎辭，於聖人之意，欝而弗見，其失之誣甚矣。

泉南虚齋蔡先生於《易》，潛玩有年，博采衆説而會其精，著爲《蒙引》一書，以明《易》道。及門如紫峰諸先生，從而推衍其説。今其教大行於世，次崖先生獨心領神受，妙悟秘隱，稽諸説於理，有疑者必求諸心，想之象辭占變之表，精研默索，真與聖人之意渾融無間，乃存其説以俟知《易》者。則斯《存疑》之作，所以羽翊虚齋，以明聖人之心，以通天下之志，以斷天下之疑者也。予聞先生苦心是書，幾更四稿，刪削乃成。然則，先生於《易》蓋以没身焉耳。後之學《易》者，能味先生之心，緣説求經，緣經求理，則諸可疑者，殆怡然理順，涣然冰釋於“凡象數皆蹄筌”也,意得則盡忘之矣,又何疑之可存。此先生惠後學之深意也。鳳崗君於是書知其美而愛,愛而珍之,然又不敢自秘,命工梓而鋟之,以廣四方,則既愛而傳矣。予尤嘉鳳崗君克成先志,且有功後學,有裨於《易》道者,因序于末簡。

萬曆甲戌季夏之吉,同安縣儒學訓導長泰後學蔡墵謹書。

校點後記

《易經存疑》十二卷,明林希元著。

林希元,字茂貞,號次崖,明泉州府同安縣人。生於明成化十七年(一四八一),卒於嘉靖四十四年(一五六五)。正德十一年(一五一六)、十二年聯捷成進士,授南京大理寺評事。嘉靖元年,明世宗朱厚熜登基,林希元條上"務正學,親正人,用舊臣,清言路,急交修,持久大,息中官機務以拔禍根,罷中宦鎮守以厚邦本"之"新政八要"。世宗優詔嘉納,遷大理寺丞,名動兩都。後歷廣東按察僉事,尋改提督學校,復署按察篆,討平劇寇,再升南京大理寺丞。因忤旨謫欽州知州,旋升海北道兼管兵備。終因安南用兵事,與督臣異議,於嘉靖二十年去職返鄉。

林希元家居手不釋卷,深究義理精微之極,參訂諸儒所定之說,學邃於《易》。早年私淑《易》學名家蔡清,與蔡清弟子陳琛爲同年進士,對《周易》有很深的研究。以蔡清爲首的一批學者,包括林希元、陳琛、張岳等人,嘗在泉州開元寺結社研究《易》學,號稱"清源治《易》二十八宿",在學術界産生了很大的影響,有"今天下言《易》者皆推晉江"的稱譽。其中,蔡清《易經蒙引》的影響最大,被人奉爲金科玉律。陳琛著有《易經淺説》,林希元著有《易經存疑》。《蒙引》、《淺説》、《存疑》三書,並行於天下。《明史》説:"林希元……所著《存疑》等書。與琛所著《易經通典》、《四書淺説》,並爲舉業所宗。"清代著名學者蔡世遠《周易淺説序》説:"虚齋之學獨守程朱經書講義,《蒙引》尤爲學者所宗,《存疑》、《淺説》相繼出,遂與並峙一時。次崖蓋私淑虚齋者,紫峰則虚齋之高弟子也,自宋元諸儒以後,言講義者必推三家。"以《蒙引》、《存疑》、《淺説》爲代表的清源《易》學,在堅守、傳承、弘揚程朱《易》學過程中,起到了砥柱中流的作用。

林希元的《易》學成就主要表現在《易經存疑》一書中。據其《自序》所説，該書是在整理舊日札記的基礎上編纂而成的，成書時間在林希元"坐考察不謹，罷歸"的第二年，即嘉靖二十一年。書成之後，書林詹氏求刻，林希元"懼其訛亂不倫"，親爲校正。但該刻本今已不見，目前所知的版本有：

國内有《新刊增訂易經存疑》十二卷，明萬曆二年（一五七四）書林林氏鳴沙刻本；《增訂易經存疑》十二卷，清康熙十七年（一六七八）仇兆鰲等刻本；《易經存疑》十二卷，清乾隆七年（一七四二）其孫林廷玠刻本，原本王慎中、洪朝選二人所作之序，刊刻時被删去。《文淵閣四庫全書》所據之底本即爲此本，福建省同安縣文化館圖書室藏有該刻本，然僅存十卷，缺第九、第十兩卷；《易經存疑》十二卷，《景印文淵閣四庫全書》本，臺灣商務印書館，一九八六年影印本；《易經存疑》十二卷，清光緒三十二年（一九〇六）厦門會文堂印本。

此次點校，以臺灣商務印書館《景印文淵閣四庫全書》本爲工作底本（簡稱"《四庫》本"），以明萬曆二年書林林氏鳴沙刻本（簡稱"鳴沙本"）爲參校本。

《易經存疑》是在蔡清《易經蒙引》的基礎上，對朱熹《周易本義》作進一步的闡發，故書中引及《本義》、《蒙引》二書之處，又以二書的本文參校。書中又多有引"朱子小註"者，其引文都見《朱子語類》，亦據原文參校。凡引文與原文語意有較大出入者出校註，語意無大差異者，則不出校。

上述諸書所用版本分别爲《朱子全書》本《周易本義》、《朱子語類》（朱傑人等主編，上海古籍出版社，二〇一〇年）和《景印文淵閣四庫全書》本《易經蒙引》（臺灣商務印書館，一九八六年）。

《四庫全書總目提要・〈易經存疑〉提要》置於"附録一"。《文淵閣四庫全書》本只保留林希元的自序，鳴沙本原有之序置於"附録二"之中，以備閲覽。

工作底本偶有文字缺漏，據校本補齊，用[ ]符號標識。

編　者

二〇二一年四月

圖書在版編目(CIP)數據

易經存疑／(明)林希元著；肖滿省點校. —北京：商務印書館，2022
(泉州文庫)
ISBN 978-7-100-20990-8

Ⅰ. ①易… Ⅱ. ①林… ②肖… Ⅲ. ①《周易》—研究 Ⅳ. ①B221.5

中國版本圖書館 CIP 數據核字(2022)第 055675 號

責任編輯　閻海文
特約審讀　李夢生

易經存疑
(明)林希元　著

商　務　印　書　館　出　版
(北京王府井大街36號　郵政編碼100710)
商　務　印　書　館　發　行
山東韻傑文化科技有限公司印刷
ISBN 978-7-100-20990-8

2022 年 8 月第 1 版　　開本 705×960　1/16
2022 年 8 月第 1 次印刷　　印張 30.25　插頁 2
定價：215.00 元